中国旅游协会推荐教材 旅游管理专业新视野教材

谢彦君 · 主编

饭店业导论
（第二版）

孟庆杰　陈学清　唐飞 · 编著

中国旅游出版社

项目策划：段向民
责任编辑：段向民　武　洋
责任印制：谢　雨
封面设计：武爱听

图书在版编目（ＣＩＰ）数据

饭店业导论 / 孟庆杰，陈学清，唐飞编著． -- 2 版
． -- 北京：中国旅游出版社，2020.9
中国旅游协会推荐教材．旅游管理专业新视野教材
ISBN 978-7-5032-6448-1

Ⅰ．①饭… Ⅱ．①孟… ②陈… ③唐… Ⅲ．①饭店业
－中国－高等学校－教材 Ⅳ．① F726.93

中国版本图书馆 CIP 数据核字（2020）第 026175 号

书　　名：饭店业导论

作　　者：孟庆杰　陈学清　唐　飞　编著
出版发行：中国旅游出版社
　　　　　（北京静安东里 6 号　邮编：100028）
　　　　　http://www.cttp.net.cn　E-mail:cttp@mct.gov.cn
　　　　　营销中心电话：010-57377108，010-57377109
　　　　　读者服务部电话：010-57377151
排　　版：北京旅教文化传播有限公司
经　　销：全国各地新华书店
印　　刷：河北省三河市灵山芝兰印刷有限公司
版　　次：2020 年 9 月第 2 版　2020 年 9 月第 1 次印刷
开　　本：787 毫米 × 1092 毫米　1/16
印　　张：21
字　　数：433 千
定　　价：36.00 元
ＩＳＢＮ　978-7-5032-6448-1

《饭店业导论》（第二版）前言

　　中国饭店业四十年的发展历程，市场的总量、结构和特征都发生了根本性的变化，对饭店业相关理论研究提出更高的要求和挑战。新版《饭店业导论》遵循高等教育新的教育理念和新的教学思想，结合新时期饭店业的发展特点，在原版教材基本结构保持不变的基础上，对部分章节和内容进行了调整，注重理论和实践相结合，完善更新相关信息和数据，增加阅读链接和案例分析，提高新版教材的时效性和应用性。

　　新版教材共 11 章，包括饭店与饭店业、饭店业的发展、饭店的类型与等级、现代饭店企业、饭店集团化经营、主题饭店和精品饭店、经济型饭店、分时度假和产权式饭店、绿色饭店、饭店业法规制度、饭店职业经理人等。本书由东北财经大学旅游与酒店管理学院孟庆杰、大连大学旅游学院陈学清和东北财经大学唐飞共同编写。具体写作分工为：孟庆杰编写第 3、10、11 章，陈学清编写第 5、6、7、8、9 章，唐飞编写第 1、2、4 章。全书由孟庆杰统稿。

　　本教材在编写过程中，借鉴和参考了大量国内外相关资料及研究成果，在此向有关作者表示诚挚的谢意。同时，还要感谢丛书主编谢彦君教授对本书的建设性意见，感谢中国旅游出版社的领导和编辑所做的辛勤工作。教材中不足之处，诚请读者不吝指教。

编者

2020 年 5 月

《旅游管理专业新视野教材》丛书
序　言

中国旅游出版社发起的编写《旅游管理专业新视野教材》丛书的倡议，主要是基于对目前旅游管理专业学科发展的状况和大学教材的状况而提出的，旨在推进大学旅游教育向更加成熟的方向发展，并在一定程度上推进旅游管理的学科建设。此倡议甚为及时，立意也比较高远。作为这个项目中的一员，我个人认为，值得我们用两年的时间投身于这项工作，为旅游学科发展添砖加瓦。

中国旅游出版社委托我就这套丛书做一些具体的铺垫性的工作，盛情之下，只好不揣鄙陋，勉强充当这个角色。值此丛书出版之际，我谈一谈我对目前旅游管理专业所使用的教材的几点看法。这些见解，当初曾作为我们编写教材时的一种思路上的依据，今天也可以作为反省编写成果时的一种参考。

一

中国的旅游教育已经开展了将近三十年，现在的教育总体规模已经相当大，2005年底教育部统计的全国设有旅游管理专业的高等院校总数已经达到355所。从我们能够在短短的三十年时间里便构建了这样一个庞大的专业教育体系而言，旅游高等教育所取得的成就是有目共睹的。

但是，我们不得不承认，旅游高等教育发展的质量远远没有跟上数量上的急剧扩张。这种落后尽管表现在方方面面，但其中一个重要环节也体现在教材建设上。就目前情况看，旅游管理专业的教材建设可能存在以下一些问题：

（一）有些教材是传统学科的简单移植。在这些可以找到传统学科渊源的领域，基本上是照搬原有学科的框架和内容，没有总结出旅游现象的特殊性，因此难免显得知识牵强，观点肤浅，与传统的渊源学科相比，还显得幼稚。致使很多人甚至认为，这样的学科在教学组织上，干脆将"旅游"二字去掉算了。我个人同意这种看法。如果不能将旅游现象的特殊性抓住，这些学科的存在就没有意义。勉强移植一些概念和命题，只能误导学生。因此，对于这样的学科，新教材的编写，一定要重在发掘旅游现象的特殊性。而这一点能否做到，又和旅游学基础理论研究的水平密切相关。

（二）旅游基础理论研究目前似乎还没有找到自己的研究对象，人们对于旅游现象的理解，知道的主要是"综合"这种特征，这一认识导致旅游管理专业最主要的一门课程总是以"概论"的形式出现，这就是《旅游学概论》目前的状况。当前的多数旅游学概论课程，不能不说是一个浅薄知识的大杂烩，在作为学科这一点上，由于缺乏足够独立的概念、系统的理论、专门的方法，使得这门课程在传授知识方面捉襟见肘。我个人认为，在这类教材中，有为数不少的版本所传达的知识都存在老旧、琐细（但不是精致）、虚假、无用或者不系统等问题。这些问题表面上看似乎可以忽略不计，但长此以往，必然影响整个学科的发展和教育的质量，也影响这个专业的社会声誉。另外，旅游学概论课程与其他分支学科的课程也存在严重的重复现象。

（三）旅游企业管理类课程的视角全都是一个模式，《饭店管理》《旅行社管理》《风景区管理》等，全都是一样的"管理"套路，都是由营销管理、财务管理、人力资源管理等内容外加一点部门知识介绍构成，而涉及的相关知识又往往蜻蜓点水，学生学了照样不会做、不明白。毋庸置疑，这些课程的建设，都没有抓住相关领域研究的核心地带，从而总是不能确立一个特殊而独立的研究领域。其实，这种状况大家心里都很明白，但却无力改变，于是一推就是若干年。摆脱这种状况的出路，我感觉就是为每一门课程探讨新的认识视角，从而有可能重构课程的内容框架，并以此为基点，推动相关知识的深化和系统化。比如，在旅行社管理领域最重要的知识，莫过于旅行社产品设计，而这种产品与传统以及其他类型的旅游产品最突出的区别，就在于产品形式的柔性化特征。抓住了这一点，旅行社管理的框架结构就有机会重新整合。但是，到目前为止，还很少有人从这个角度去考虑，即使有也没有做深入的研究，没有提出一个合适的框架。

（四）有些领域，教材写了不少，但至今似乎对该领域最核心、最基本的范畴都没有弄清楚。比如《旅游文化学》，现在可以肯定地说，为数不少的相关教材其实并不是旅游文化学。人们常犯的一个错误，是把"旅游文化"与"文化（民族或种族）旅游"以及"文化旅游资源"混为一谈，结果，永远也难以构建一个适当的旅游文化学体系。我个人的看法，在旅游文化这个问题上，典型地存在着前旅游文化时期、旅游文化时期和后旅游文化时期（这个时期是旅游文化经过沉淀而成为文化旅游对象的时期），但人们没有注意到这一点。

（五）旅游管理专业的教材，也始终没有处理好理论和实践的关系问题。很多人误认为，旅游管理是操作性的专业，所以，教材要注重实践上的操作指导。实际上，操作性是有层次的，基础理论也是操作性的（马克思是通过研究商品二重性而发展出社会冲突范式的），是针对应用理论的操作性指导，而应用理论是对具体操作实践的理论指导。

将不同层次的理论相提并论甚至予以混淆，并用"理论脱离实践"这样冠冕堂皇的理由讥讽扎实的基础理论研究，是没有意义的，也表现为方法论上的无知，结果也只能误导他人。作为学科或专业而存在的一个知识领域，如果没有扎实的基础理论作为前沿、先导和根基，其应用就会变得非常浅薄。这样的结果，直接的受害者是学生，间接的受害者是产业部门以及政府决策者。

二

实际上，对国内旅游高等教育中教材所存在的上述问题，大家都看得比较清楚。可是，为什么这些年来问题并没有得到根本性的解决呢？我觉得，一方面，问题的复杂性不可能轻易在短短三十年中完全解决；另一方面，或许我们在解决问题的思路和角度上，存在着值得改进的地方。

詹宁斯（Jennings）曾在他的《旅游研究方法》中提到，雷珀（Leiper）认为我们需要为旅游现象寻找到一个共同的基础，一个内在的核心。这种认识，显然是出自对旅游学科体系构建的关切而提出的富有见地的观点。所以，要想克服旅游专业各个分支学科之间存在的重复问题，最根本的方法，是深化对旅游现象本质属性的认识，通过寻找这种现象的硬核，借以整合各种相关分支学科的知识体系。这个使命任重而道远，但绝非遥不可及，只要我们伏下身来聆听、揣摩、求索，是能够走到这一步的。

根据我的粗浅理解，教科书的知识（这些知识一般应该属于那种得到多数人认同的带有结论性的知识），是来自足够数量的专著的积累，而专著的积累，又离不开更多数量的探索性学术论文的积累，即：论文→专著→教科书。学术论文是根基和前提。如果这个理解有些道理的话，我们再来反观中国旅游学术界的状况，就会发现一个很明确的现象：这三者之间的转换的链条是很不确切的。有时，一个研究领域——由此构筑了一个分支学科——所积累的学术论文的数量少得可怜，而专著几乎是空白，比如旅游心理学就是这样。在这种情况下，不难想象，用在大学课堂上的旅游心理学教科书，如果不从普通心理学上照搬各种适合一般人的命题和理论，它就几乎玩不转了。有时，某个研究领域可能积累了不少的学术论文，但是，一方面有些论文的质量使引用者视若垃圾；另外，有些人又不能驾驭其中数量可观的优秀论文。因此，倘若出现了有限的几本专著，也往往不能够完全反映当前的研究成果。这时，教科书的编写人员还是没有多少可以直接凭借的材料，而自己又不能跨越专著的阶段深入到林林总总的学术论文中去梳理、提炼。结果，教科书的知识来源，还是在教科书之间抄来抄去。这两种情况，在根本上影响了教科书的质量。我认为，中国旅游教育中存在的教科书质量不高的问题，大抵是这个根由。一句话，论文撰写者的研究深度不够，专著撰写者的整合能力不强，导致教科书撰写者取材无门，是教科书质量不高的系统性症结所在。

如果这个结论是真的，我们其实没有多大希望能在近期解决教科书的质量问题！

三

中国旅游出版社组织的这套教材，初衷体现在视角的创新上。但是，这实在是一个不易应对的挑战。我在这里将这种困难略作剖析，或可供今后人们在做这方面探索时的一个垫脚的台阶或歧路的警示。

首先，对一个学科而言，倘若存在一个可通用的视角，那么，这种通用性应该直抵各个分支学科。但是，旅游学研究，大家都知道，从最初的散兵游勇式的独立作战，到后来的群贤毕至式的多学科介入，再到后来如同存在于人们的梦想中的跨学科状态，这个有些怪诞的学科演进史一直都未能向我们呈现一个可以为大多数人所用的审视旅游现象的通用视角，自然也就更难以俘虏各个分支学科的研究人员"那颗独特的心"。在这种情况下，要编撰一套丛书，并使它们统一在某一种视角下，其实很难。

其次，基本上，我们的研究人员还没有对"统一的视角"的价值有足够的重视。到底旅游这个在大学里向人们传道的专业知识体系是否需要有一个共同的视角，并不是所有人都持有一个相互认同的结论，甚至可以说，肯定的观点可能仅仅存在于极少数人的头脑中，并且是一种模糊的状态，一种与潜意识比较接近的状态，一种难以与人交代的理念性的东西。在这种情况下，寻找新视野的动力，本身就成了一个问题。

再次，即使我们认同视角的重要性，但是，我们每个人由于各自的背景的差异，又会截然不同地看到事物的不同方面。于是，视角的统一最终仍然不是一件容易的事情。

四

但是，毕竟我们是把目标提出来了。于是，读者会看到，在这套丛书里，或直或曲地，或明或晦地，有着某种变化的努力，甚至是挣扎着的努力。根据策划者的想法，只要有机会，我们这套书就会努力向着既定的目标靠近——当我们在一路前行的时候，能够看清目标的时候。

是为序。

谢彦君

2007 年 4 月 12 日凌晨于灵水湖畔

目　录

第1章　饭店与饭店业 ……………………………………………………………… 1
　第1节　饭店的含义与功能 ……………………………………………………… 1
　第2节　饭店业的产业特点和地位作用 ………………………………………… 5

第2章　饭店业的发展 …………………………………………………………… 12
　第1节　世界饭店业的发展历程 ……………………………………………… 12
　第2节　中国饭店业的发展历程 ……………………………………………… 20
　第3节　饭店业的发展趋势 …………………………………………………… 32

第3章　饭店的类型与等级 ……………………………………………………… 48
　第1节　饭店的业态类型 ……………………………………………………… 49
　第2节　饭店业等级制度 ……………………………………………………… 76
　第3节　世界最佳饭店的评选 ………………………………………………… 98

第4章　现代饭店企业 …………………………………………………………… 108
　第1节　饭店企业的使命与目标 ……………………………………………… 108
　第2节　饭店产品 ……………………………………………………………… 113
　第3节　饭店企业的组织结构 ………………………………………………… 120
　第4节　现代饭店的运行管理 ………………………………………………… 131

第5章　饭店集团化经营 ………………………………………………………… 140
　第1节　基本概述 ……………………………………………………………… 140
　第2节　世界饭店集团化经营发展 …………………………………………… 144
　第3节　中国本土饭店集团化经营发展 ……………………………………… 152

第6章 主题饭店和精品饭店 ··· 170
第1节 主题饭店 ··· 170
第2节 精品饭店 ··· 187

第7章 经济型饭店 ·· 197
第1节 经济型饭店及其发展历程 ·· 197
第2节 经济型饭店的类型及特征 ·· 203
第3节 经济型饭店与星级饭店的异同点 ·································· 207
第4节 国外经济型饭店的经验启示 ······································ 209
第5节 中国经济型饭店发展的途径 ······································ 215

第8章 分时度假和产权式饭店 ·· 224
第1节 分时度假及其发展 ·· 224
第2节 产权式饭店概述 ·· 232
第3节 中国产权式饭店发展概况 ·· 236
第4节 中国产权式饭店发展的路径选择 ·································· 241

第9章 绿色饭店 ·· 248
第1节 绿色饭店的起源和发展 ·· 248
第2节 绿色饭店的理论体系 ·· 253
第3节 绿色饭店的创建 ·· 261

第10章 饭店业法规制度 ··· 276
第1节 饭店业法规制度概述 ·· 276
第2节 旅游住宿业治安管理制度 ·· 282
第3节 中国旅游饭店行业规范 ·· 287
第4节 食品安全管理法规 ·· 294

第11章 饭店业职业经理人 ··· 304
第1节 饭店业职业经理人的概念和特征 ·································· 304
第2节 饭店职业经理人的角色定位 ······································ 307
第3节 饭店职业经理人的心智模式与职业能力 ···························· 311
第4节 中国饭店职业经理人的现状及发展 ································ 319

第1章 饭店与饭店业

【学习目标】

通过对本章的学习，应该掌握饭店的定义；理解现代饭店必须具备的基本条件；了解饭店的属性；重点掌握饭店产业的特点和地位作用。

【内容结构】

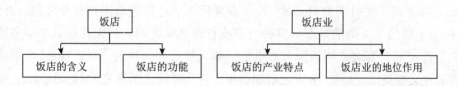

【重要概念】

饭店　旅游饭店　饭店业

第1节　饭店的含义与功能

一、饭店的基本概念

（一）饭店的称谓

饭店是伴随着人类旅行活动的开展而出现在人类社会的。人们外出旅行时，都要寻求"旅途之家"，以满足其休息和栖身的需求，这类专门为旅行者提供临时性住宿服务的行业，通常被称为住宿业。在中文里对住宿设施的称谓有很多，如饭店、酒店、旅馆、宾馆、大厦、度假村、旅店、旅社、客舍、招待所等。这些不同的称谓都反映了各自的特点，也可以大致反映其住宿设施的档次。档次较高的住宿设施一般都叫饭店、酒店或宾馆，如北京中国大饭店、广州花园酒店、广州白天鹅宾馆等；而被称作旅店、旅社或招待所的住宿设施一般都是档次相对较低的。

迄今为止，对这些称谓仍然没有统一。在东南亚、中国的港澳地区，人们习惯地称为酒店，在我国台湾地区又习惯叫饭店。原中国国家旅游局制定的《旅游饭店星级的划分与评定》和其他各种标准中，都是使用"饭店"一词来概括以上各种称谓。因此，本书为了叙述方便，也统一使用"饭店"这一名称，同时把住宿业也称为饭店业；在讲到档次低或规模小的住宿设施时，有的也使用"旅馆""旅店"等名称。

在英文中，表示饭店意思的词也颇多，Hotel，Motel，Inn，Guesthouse，Tourist Resort，Tavern，Lodge，House 等。其中最为重要的有两个，一是 Hotel，二是 Inn 。前者泛指一切饭店，使用最为广泛；后者多指传统的小客栈、小旅店，特别是那些家庭式的住宿设施。人们似乎有这样一个概念，一讲到 Hotel，想到的是一种标准的住宿设施，一切都例行公事；一提到 Inn，便想到的是家庭中那种特有的温暖、热情与方便[①]。

英文 Hotel 源于拉丁文 Hospes，意为接待客人的人或主人，由它派生出来的另一词 Hospice（或 Hospital），意为主人接待客人的地方，或主人向客人奉献热情和殷勤的处所。后来，拉丁文表示主人的词 Hospes 引入古法文时变成 Hoste，到现代法文里又变成 Hote，引进到英文时则为 Hostel。但早在现代饭店在世界范围内普及之前，在法国，Hotel 这个字眼的本义指的是那些富贵门第或官宦之家所拥有的宏伟而豪华的宅第。即主人们款待宾朋、为之炫耀的地方，也是一般人赞赏和向往的去处。Hotel 真正成为现在饭店的含义在英国应该是 18 世纪后期的事。在当时的法国称之为 Hotel garni，是指一幢大房子；其中的房间按天、周或月向客人出租。因此，英文中的 Hotel 最初之意，仅仅指那些特别大而异乎寻常的客店，以示与传统的家庭式的客店的区别。

（二）饭店的定义

在当代，饭店已经成为国际性的定义，其含义已经发生深刻的变化。一般来说，饭店是客人暂时居住的处所。但这种饭店的定义过于简单，只阐述了饭店的最基本的功能，并未包含饭店的全部含义。国外的一些权威词典曾经下过不同的定义。例如，被誉为"世界三大百科全书"ABC 百科全书，即《美利坚百科全书》（Encyclopedia Americana）、《大不列颠百科全书》（Encyclopedia Britannica）和《科利尔百科全书》（Collier's Encyclopedia）对饭店所下的定义如下：

《美利坚百科全书》——饭店是装备完好的公共住宿设施，它一般都提供膳食、酒类以及其他服务。

《大不列颠百科全书》——饭店是在商业性的基础上向公众提供住宿，也往往提供

---

① 张广瑞·世界旅馆旅馆世界［M］.北京：中国经济出版社，1991.

膳食的建筑物。

《科利尔百科全书》——饭店一般地说是为公众提供住宿、膳食和服务的建筑与机构。

《牛津插图英语词典》——饭店是提供住宿、膳食并收取费用的住所。

《韦伯斯特美国英语新世界词典》——饭店是提供住宿，也经常提供膳食与某些其他服务的设施，以接待外出旅游者和非永久性居住者。

从上述定义中，可以概括出饭店之所以成其为饭店，必须具备以下基本条件：

（1）它是一个建筑物或由诸多建筑物组成的接待设施；

（2）它必须能够提供住宿设施，也往往能提供餐饮和其他服务设施；

（3）它的服务对象是公众，因此，既包括外来的旅行者，也包括当地的社会公众；

（4）它是商业性的，以营利为目的，所以使用者要支付一定的费用。

总之，饭店的定义可以限定为：为公众提供住宿与其他服务的商业性的建筑设施与机构。从静态上看，饭店是以建筑物为凭借，通过提供住宿以及餐饮、娱乐、购物等方面的综合服务，使旅游者的旅居成为可能的一种投宿设施或场所：从动态上看，饭店是以住宿建筑物和设施为依托，进行营利性经营活动的经济组织。

随着社会的进步和发展，饭店的设施和功能日趋多样、丰富。现代饭店是由客房、餐厅、酒吧、商场，以及宴会、会议、通信、娱乐、健身等服务设施组成的，能够满足客人多种需求的商业性的综合建筑设施。

作为一个饭店，无论其设施是简单还是豪华，都必须具备提供住宿的功能，否则就不能称之为"饭店"。另外，饭店中的其他各种设施可以根据其规模、等级、市场变化等因素进行取舍。

中国现代饭店业在 20 世纪 80 年代得以发展。改革开放后，世界各国人士纷纷来到中国。为了接待日益增多的境外旅游者，适应他们现代旅游生活的需要，把经有关部门批准的，允许接待外国人、华侨，以及港澳台同胞的现代化饭店统称为"旅游涉外饭店"（现在称为旅游饭店）；并且按照旅游饭店星级标准，将其划分为不同的星级。这样，我国饭店业就有旅游星级饭店和非星级饭店之分。本书所讲的饭店，涵盖一切住宿设施，而以旅游星级饭店为主。

二、饭店的功能

饭店功能是指饭店为满足宾客的需要而提供的服务所发挥的效用。饭店最基本、最传统的功能就是住宿的功能。随着客源及其需求的变化，现代饭店的功能已较传统的饭店有了很大的发展，其功能日益多样化。饭店的功能主要有：

（一）住宿功能

现代饭店早已超越传统意义上单纯为客人提供床位的服务，取而代之的是更舒适、更多元化、更个性化的客房设计以及睡眠服务。一般饭店会有各种类型的房间，如单人客房、标准客房、大床房、套房，甚至是总统套房。为了满足客人对饭店的多元化需求，饭店除拥有各种基本房间以外，还必须配备各种特殊类型的客房，如商务楼层客房、休闲度假客房、无烟客房、女士客房、儿童客房、老年客房、残疾人客房、组合客房等。

饭店为客人提供各种客房设施，以清洁、舒适的环境和热情、周到的服务使游客在旅途中得到很大的便利和很好的休息，获得"宾至如归"的体验。有些饭店，深入研究客人的喜好，为不同需求的客人提供不同软硬程度的床铺、不同功能的枕头，以期带给客人最佳的睡眠质量。

（二）餐饮功能

现代饭店的餐饮服务功能与住宿服务功能相辅相成，共同决定着一家饭店的形象和档次。所以，饭店要针对市场推出适合饭店自身特点以及顾客需要的餐饮服务。餐饮服务的功能主要是营造一个环境和一种气氛满足宾客对饮食的需求。宾客对饮食的需求，不仅是满足生理和享受的需要，而且还是对一种文化的探求，在精神上感受一种民族文化的氛围。饭店要以精美的菜肴、良好的环境、可靠的卫生条件和规范的服务，向宾客提供各种形式的餐饮服务。

饭店一般都设有多个不同类型的餐厅，如大餐厅、小餐厅、宴会厅等。我国的高星级饭店除了设有地道的中国餐厅外，还设有西餐厅、日本餐厅、韩国料理餐厅等各国特色餐饮产品，在满足宾客需要的同时提升饭店的文化品位。另外，饭店还提供自助餐、包价餐、客房小酒吧以及客房送餐等服务来满足宾客的不同消费需求。

（三）商务功能

商务型饭店为住店客人从事商务活动提供各种方便快捷的服务。饭店设置商务中心、商务楼层、商务会议室与商务洽谈室，提供传真和国际、国内直拨电话等现代通信设施。有些饭店设置商务客房，安装传真机、两条以上的电话线、与电话连接的打印机、互联网接口。有的饭店还在发展电子会议设备，设有为各种联络所需要的终端，通过高科技手段使饭店智能化、信息化，从而满足商务客人的需求。

（四）家居功能

饭店是客人的"家外之家"，努力营造"家"的氛围是饭店经营管理的宗旨，使入住饭店的客人感到像在家里一样亲切、温馨、舒适和方便。尤其是公寓饭店，一般带有生活住宿性质，主要为长住客人服务，价格便宜，自助服务设施齐全（如自助厨房、自助洗衣等），客人方便自由。

（五）度假功能

度假饭店一般位于风景区内或附近，通常注重提供家庭式环境，客房能适应家庭度假、几代人度假以及独身度假的需要，娱乐设施先进、齐备。

（六）会议功能

饭店可为各种从事商业活动、贸易展览、科学讲座等客人提供会议、住宿、膳食和其他相关的设施与服务。饭店内一般设有大小规格不等的会议室、谈判室、演讲厅、展览厅。会议室、谈判室都有良好的隔板装置和隔音装置，并能提供多国语言的同声翻译，有的饭店还可以举行电视会议。

此外，饭店还具有娱乐健身、通信和信息集散、文化服务、商业购物服务等功能。可见，现代饭店已不仅仅是住宿产业，而且是为旅游者提供多种服务、具备多种功能的生活产业。

第 2 节　饭店业的产业特点和地位作用

按照经济学理论的学说，所谓产业，是指一群提供可相互替代的产品或服务的经济组织的集合体。它是基于使用价值来理解的，其产品或服务可满足相同基本客户的需要，如工业、农业、商业、服务业等。饭店产业是一群以提供住宿接待服务为主的综合性服务企业的集合体。按三次产业分类标准《国民经济行业分类》（GB/T 4754—2002）的划分，它就是第三产业中"住宿和餐饮业"大类中的住宿业。

一、饭店业的产业特点

随着我国经济持续发展，饭店业已经成为第三产业中新的经济增长点。2018 年第三季度，全国星级饭店统计管理系统中共有星级饭店 10667 家。我国的饭店业已经成为一个规模宏大的产业部门。

饭店业的产业特点主要有：

（一）劳动密集与资金密集

作为传统的劳动服务行业，饭店业是典型的劳动密集型产业，吸纳劳动力门槛低、空间大，员工是饭店服务的提供者和价值的创造者。到 2018 年，全国饭店业从业人员超过 180 万人。

饭店（尤其是星级饭店）所需投入的资金数量是巨大的，是比较典型的资金密集型行业。与其他行业相比，它仅低于民航业和石化业，是高投入、高回报的行业。据估计，根据国际酒店业的一般标准，五星级酒店的投资成本，换算为每间客房为单位来计算，在 15 万美元到 20 万美元之间；四星级酒店的投资成本，在 10 万美元到 14 万美元之间；三星级酒店的投资成本，在 5 万美元到 8 万美元之间；经济型酒店的投资成本，在 1.5 万美元到 4 万美元之间。根据不完全数据统计，我国近几年建造的不同星级的酒店，投资成本都大大超出国际行业标准。在沿海发达城市，五星级酒店的投资成本，换算成每间客房为单位来计算，是在 20 万美元到 30 万美元之间；四星级酒店的投资成本，在 18 万美元到 25 万美元之间；三星级酒店的投资成本，在 7 万美元到 10 万美元之间；经济型酒店的投资成本，在 2.5 万美元到 5 万美元之间。按酒店的档次进行两者相比，我国目前的投资成本平均水平，要比国际标准高出 30%~40%。这高出的成本部分，给日后酒店的正常经营，造成了一个极大的"黑洞"。

建造一个酒店所需的资金，少则几千万元，多则几个亿，乃至几十个亿。这种数额的投资，资金的结构往往是多元的。尽管饭店资产价值可按几种不同方法计算，全球各地饭店业主也以不同方法评估其资产价值，但此数据至少反映了全球饭店业规模之大，表明饭店业是一个资金高度密集型行业。从旅游业固定资产投资的构成来看，旅游饭店业一直占绝对比重。据国家统计局发布的数据，经核算，2016 年中国实现旅游收入 4.69 万亿元，其中国内旅游收入 3.94 万亿元，占 GDP 比重超过 6%。据前瞻产业研究院发布的《酒店行业发展趋势及投资决策分析报告》数据显示，2017 年星级酒店总体继续保持向上态势。全国星级酒店平均房价为 359.17 元 / 间天，平均入住率为 60.40%，同比上一年上升 3.50%。

（二）易进难退的市场壁垒

构成行业进入障碍的规模经济、产品差别化、资金需求量、转换成本、分销渠道、原材料与技术优势、政府政策等，在饭店业投资中，均难以构成障碍。饭店业是典型的资本与劳动密集型产业，技术含量不高。对于我国这种劳动力充裕且资本并不十分稀缺的国家来说，产业进入壁垒较低。这很容易导致企业过度进入、重复建设、产业结构趋同、竞争加剧。

与较低的行业进入壁垒相比，饭店业的退出壁垒极高。饭店属于资金密集型与劳动密集型行业，因此主要的退出壁垒来自于沉淀成本与劳动力安置成本。造成饭店高退出壁垒的根源是有形资产专用性强，无形资产随着饭店退出而彻底丧失。

沉淀成本是饭店最大的退出壁垒，沉淀成本的大小与资产专用性密切相关。由于饭店的资产专用性较强，饭店产品很难转产为其他产品，对于饭店资产的用途改变需要投入高昂的成本。目前饭店资产的退出也仅仅表现为产权主体和经营主体的转移和退出，不能做到生产要素的退出，即行业生产服务能力的消亡。因此饭店只能改置成对饭店业具有高度替代性的设施，如公寓、写字楼之类，若改作工厂厂房或其他用途，其沉淀成本至少在其资产价值的 60% 以上，而且饭店最重要的资产——品牌等无形资产将彻底丧失。

从劳动力安置成本看，我国许多饭店初建的一大动机就是安置本单位的富余人员，解决就业成为当时建饭店的一个重要目的。而今若要退出，重新安置饭店员工将是一大难题。饭店业本身就是劳动密集型行业，解雇员工的成本也就成为饭店的一大退出壁垒。

（三）离散性与规模经济

由于市场需求的分散性以及饭店必须在所在地实现生产、交换及消费，因此，饭店供给在本质上具有空间分布的离散性特征。饭店产品所具有的无形性、不可储存和转移、生产消费的同步性等特征，决定了它无法像制造业那样，选择在最适宜的场所、以最低的成本组织生产，并将其产品转移到异地销售，或通过增加库存及增减生产量来调节供求矛盾，它必须高度依赖客源市场的流量及流向。

在饭店业中存在一定的规模经济，即饭店的客房数量及其他产品的数量应具备相应的规模以分摊所有的经营及管理成本，实现理想收益。

就单体饭店而言，缺乏足够的规模经济。由于饭店企业及其产品的特殊性，通过饭店企业内部的规模经济化来分享日渐扩大的市场份额是相当困难的。企业内部无限制的扩张造成经营成本和管理费用居高不下，即使市场需求大，销售收入也很难同步增长。这样，不仅不能带来规模效益，反而会出现边际效益递减及规模不经济的现象。

饭店行业的规模效应是通过饭店集团的集约经营来实现的，企业的经营费用和管理成本可以通过分摊得以降低。在饭店集团，管理人员的管理幅度相对扩大人力资源可以通过季节性和结构方面的调整得以共享，降低管理费用；集团联合营销可以开展大规模的产品市场开发和广告宣传以降低单体分店的平均营销费用通过批量集中采购可以增强与供应商的谈判能力，进而降低采购成本；通过产品服务的标准化以及管理模式的重复使用，可以获得经验曲线效应，提高劳动效率降低单位服务产品成本。

（四）综合性和强文化性

饭店是一种综合性的企业，其综合性表现为：（1）饭店产品的多样性。住宿服务是饭店产品的基本形态，但随着行业规模的扩大和市场需求的多样化，饭店同时提供饮食、娱乐、购物、交通、商务、会议、休闲度假等一系列服务，甚至包括"金钥匙"服务、管家服务、托儿服务等。（2）各部门提供服务的联系性。饭店各项业务不是孤立的，而是相互联系、相互影响，从而形成一个有机的整体。（3）饭店服务的使用价值往往是多个部门同时产生效用时的综合结果。例如，客人入住，住宿本身是个简单的过程，但这个过程需要提供客房和设施，要锅炉房供暖，配电房供电，空调室调节空气等，由众多的部门同时提供不同的效用在同空间组合而形成一种使用价值。（4）饭店要在同一时间的不同空间里满足客人多种不同的消费需要。

饭店必须带有文化色彩，饭店是带有强文化色彩的企业。这里所说的文化是通常所说的大文化，是指由地域、民族、历史、政治所决定的人类知识、信仰和行为的整体，它包括语言、思想、信仰、风俗习惯、禁忌、法规、制度、工具、技术、艺术、礼仪、仪式及其他有关成分。文化所包含的内容在饭店的各个方面都会充分地表现出来，从而体现饭店的文化内涵，饭店业强文化性的表现形式是多方面的，具体地说，主要表现在饭店的硬件和软件两个方面：硬件方面主要有建筑物造型和外环境、外装修，饭店的环境艺术和内装修设计，设备设施及用品物品的造型、色彩图案、款式、CI 设计的视觉效果等。软件主要有饭店的服务理念、饭店的文化理念、服务程序设计、产品及业务设计、服务中的 CI 设计、服务过程中的文化点缀、服装设计、语言文字的设计、对客服务的设计等。

除了饭店软、硬件的文化性外，饭店的餐饮特别是菜肴是饭店文化的重要方面。餐饮文化要通过菜系、菜单设计、餐饮原料选择、餐饮服务方式、菜肴色香、味形、菜肴烹调方法、家具用品选择、餐具的选择与配套等方面来体现。

（五）敏感性和脆弱性

饭店业是一个高敏感度和高风险的产业。从影响饭店业经营的外部环境看各种自然的、政治的、经济的和社会的因素都存在着不同程度的不确定性与复杂性。一旦出现不利的变化，都可能对饭店业的经营产生影响，其中有些因素的变化可能造成致命影响。无论是政治风波、"9·11"事件，还是伊拉克战争、"非典"疫情，饭店企业都首当其冲，可谓处于风口浪尖。因此说饭店业是一个非常脆弱的产业。

二、饭店业的地位作用

在当今世界，旅游业已经成为世界经济的主要贡献力量。饭店业作为旅游业的三大支柱之一，在旅游业发展中起着非常重要的作用，并可以支持工业、改善环境、直接创汇并能创造大量的就业机会，在现代发达国家的经济体系中占有极其重要的地位，也是发展中国家积极推动和扶持的朝阳产业。

（一）饭店业在旅游发展中的重要作用

1. 饭店业是旅游业的重要支柱

旅游业是世界经济规模最大的产业之一，是 21 世纪朝阳产业和新兴经济产业，已成为我国服务贸易创汇的优势产业。随着我国社会主义市场经济的确立和人民生活水平的提高，中国旅游业经历了前所未有的持续快速发展。目前中国旅游业已实现了由亚洲旅游资源大国向亚洲旅游大国的历史性跨越，并正朝着世界旅游大国和旅游强国的目标前进。按照联合国《国际产业划分标准》的定义，旅游业基本行业由"那些与旅游者直接发生联系并为之服务，且来源于旅游者的收入在总收入中占相对显著比例的行业"组成。从旅游活动的过程来看，旅游业有三方面内容：（1）有关旅游"准备"的行业，如办理旅游咨询和预订业务的旅行社等；（2）有关旅游"移动"的行业，如交通运输部门；（3）与旅游"逗留"有关的行业，如饭店业、餐饮业、景区景点等。我国把旅行社、饭店和旅游交通作为旅游业三大支柱。

饭店是旅游者在旅游目的地开展活动的基地，是旅游者食宿等基本生活的物质承担者。旅游者食、住、行、游、购、娱六大要素中至少食、住两项通常都在饭店内进行。有中国旅游研究院、国家旅游局数据中心的测算，2016 年，中国旅游业提供了 2813 万个直接就业岗位，约占全球旅游直接就业人口的 1/4。另外还提供了约 5100 万个间接就业岗位，直接和间接就业总量占中国就业人口的 10.26%。创业创新拉动旅游就业方面，中国经济型酒店门面门店加速超过 1.7 万，员工总数达 20 万：2016 年 1 月，中国大陆客栈民宿总数达 42658 家，从业者近 90 万人。由此可见，饭店无论是从服务功能和服务对象上，还是从资产规模和从业人员数量上都在旅游业中占有重要的位置。饭店业发展规模和水平通常还成为一个城市、地区的对外窗口，是反映一个国家和地区旅游接待能力的重要标志。饭店拥有的固定资产、从业人数及实现的营业收入和利税在旅游业中都占有举足轻重的地位。

2. 饭店业是旅游服务体系的重要环节

从产业划分以及社会再生产过程产、供、销之间的联系来看，饭店业处于消费环节，属于第三产业。

饭店业是构成旅游业的基本要素之一，与旅游景区、旅行社、交通等组成旅游服务体系。一个国家或地区只有拥有丰富的旅游资源才能吸引旅游者，交通是实现旅游活动的重要工具和手段，饭店则是向旅游者提供基本生活服务的重要环节。各个要素既互相联系，又互相促进，缺一不可。

发展旅游业，首先要考虑饭店业的设施条件。我国饭店业 40 多年发展的经验表明，饭店业的建设应适度超前，否则就难以适应市场需求的发展和起伏变化。

有了相对宽松的饭店供应空间，就能吸引更多的游客，延长游客的逗留期和增加旧地重游的机会。因此可以说，饭店业的发展水平是影响一国一地客源量的重要因素之一。

3. 饭店业是创造旅游收入的重要行业

饭店业是创造旅游收入的重要来源。国内外统计资料表明，饭店业收入一般都占旅游业总收入相当大的比重。20 世纪末以来，全球饭店业年营业收入均超过 2500 亿美元。据《2016 年旅游行业经营统计报告》，2016 年全国 2254 家国有星级饭店，共实现营业收入 483.7 亿元，上缴营业税 13.1 亿元，全国外商和港澳台投资兴建的 379 家星级饭店，全年共实现营业收入 246.2 亿元；上缴营业税 6.3 亿元。

国外旅游者不仅食宿在饭店，而且还在饭店内购买旅游纪念品和进行其他消费，为饭店带来大量的外汇收入。

（二）饭店业在社会发展中的作用

1. 饭店是改革开放的先导

饭店业是中国对外开放最早和开放程度最高的行业之一，也是政府确定的外商投资优势产业，具备良好的投资和发展环境，在投资、管理和服务方面都已对外开放，饭店业已经实现了国内竞争的国际化。全球主要大型国际饭店集团都已进入中国市场。

中国饭店业的形成和发展本身就是改革开放的产物，而饭店业的发展对我国的改革开放又起到了十分重要的推动作用。饭店在经营过程中的创新和发展更带来了新的管理观念和管理制度，这些对各地改革开放都起到了重要的推动作用。一个地区、一个城市的饭店业构成了当地投资环境的重要组成部分，其发展水平在一定程度上标志着该地改革开放的水平，直接影响客商对当地投资环境的认可程度，因而也是各地经济发展的窗口。正是因为中国饭店业从一开始就是改革开放的窗口行业，所以在一定意义上可以说，我国的饭店业是国民经济中管理制度最严密、管理标准与国际水平基本同步、管理手段最先进的产业之一。

2. 饭店是对外交往、社会交际活动的中心

对于一座大城市来说，一家大饭店基本上就形成了一个社区的经济、文化和社交中心；对于一座中小城市来说，一家大饭店大体上成为整个城市的活动中心。随着城市经济的发展，这种中心的功能逐步有所淡化，但是仍会有相当一批饭店始终保持着中心的功能，使饭店成为所在城市、地区举办和进行重要会议、经济洽谈、新闻发布、文化交流、外交活动的重要"舞台"，在社会交际、文化交流、信息情报传递等方面都起到重要的作用。

3. 饭店为社会创造直接和间接就业机会

作为世界人口第一大国的中国，由于人口数量庞大，对就业造成的压力一直是（而且今后若干年内也将仍然是）非常大的。40多年来旅游业和饭店业的高速发展，为城乡就业提供了更多的机会，在一定程度上缓解了劳动就业的压力。2016年星级饭店从业人数为119.66万人，星级饭店大专以上学历从业人员正在增加，2016年为25.90万人，占星级饭店从业人数的21.64%，较上年增加2.57个百分点，从业人员素质有一定程度提升。

国外有关研究表明，近年来新增的劳动就业人口中，每25个人中就有1人就职于饭店。据统计，全球饭店业就业人数超过1200万人，相当于全球就业总人数的5%。全球饭店客房数与员工人数大致比例为1∶1。同时，高档饭店每增加一间客房，可以直接和间接为5~7人提供就业机会。

4. 饭店业发展带动其他行业的发展

饭店的建设装修及更新改造与社会的建筑业、装潢业、轻工业、电气业等紧密相关，客人住店期间在店内消费的物品也大多由其他行业提供。所以，饭店业的发展带动了其他相关行业的发展，具有相当大的"乘数效应"。

5. 饭店促进文化的融合

饭店不仅是作为一种经济中心、服务中心存在，同时也是作为一种文化中心存在。因此，它客观上带来了中西文化的融合，带来了各城市之间文化的融合，

以至社会各个阶层之间文化的融合，由此也促进了社会消费方式和消费结构的发展与变化。例如，西方的"圣诞节""情人节"等都是从大饭店开始的，现在也变成了许多中国人（特别是青年人）的节日。

6. 饭店促进社会服务水平和文明程度的提高

饭店是社会文明的窗口。饭店将国外文明礼貌的内涵和形式引进来，并充分吸收我国传统的文明礼貌美德，形成我国饭店业文明礼貌的规范和程序。饭店业的发展对整个社会服务水平和文明程度的提高起到了非常重要的作用。作为服务行业的排头兵，多年来，饭店业的服务水平一直起着示范作用，同时也起着扩散作用。各个服务行业（如社会餐馆、商业、金融保险、医院甚至政府机构等）的服务理念、服务规范与质量标准，许多都是从星级饭店演化而来的社会整体的服务水平和文明程度在这个过程中自然而然地得到了提高。

 思考与练习

1. 怎样理解饭店的定义？饭店必须具备的基本条件是什么？
2. 饭店的主要功能有哪些？
3. 饭店业的产业特点是什么？
4. 饭店业在旅游发展和社会发展中的作用有哪些？

 推荐文献

张广瑞.世界旅馆旅馆世界［M］.北京：中国经济出版社，1991.

何建民.现代宾馆管理原理与实务［M］.上海：上海外语教育出版社，1994.

魏小安，沈彦蓉.中国旅游饭店业的竞争与发展［M］.广州：广东旅游出版社，1999.

王方华，吕巍.战略管理［M］.北京：机械工业出版社，2011.

杜江.戴斌.中国饭店业市场壁垒研究［J］.北京第二外国语学院学报，2001（1）.

余炳炎.朱承强著：现代饭店管理（第二版）［M］.上海：上海人民出版社，2002.

姜笛.国企酒店经营的互联网业态转型分析［J］.管理观察，2018（22）：17-19.

孙圣红.互联网时代下酒店服务创新的影响因素及发展策略研究［J］.内蒙古科技与经济，2018（15）.

黄琦玲.近十年国内酒店发展创新理论研究综述［J］.现代经济信息，2016（20）：348.［23］.

鲁元珍.拿什么迎接大众旅游时代［N］.光明日报，2016-03-31（14版）.

薛静.浅谈经济全球化条件下我国酒店业发展的战略选择［J］.品牌，2015，09：27-29.

第2章 饭店业的发展

【学习目标】

　　通过对本章的学习，重点掌握世界饭店业的发展历程及饭店业发展不同阶段的特点；了解中国饭店业的产生和发展，特别是中国现代饭店业的发展历程；熟悉国际饭店业的基本态势，并掌握饭店业的发展趋势。

【内容结构】

【重要概念】

　　客栈　中西式饭店

第1节　世界饭店业的发展历程

　　在人类的历史上，饭店业是一个古老而常青的事业。人类旅行活动古已有之，为旅行者提供食宿的设施经历了漫长的历史。在西方，从古希腊和古罗马时期至今，其发展历程大体经历了古代客栈时期、大饭店时期、商业饭店时期等阶段，其间几经起落，几经荣衰。第二次世界大战以后，欧美各地旅游业迅速发展，饭店业进入了现代新型饭店时期，至20世纪60年代，已出现了不少在世界各地拥有数十家甚至上百家企业的大饭店集团，形成了庞大独立的饭店行业。

一、古代客栈时期

客栈，英文单词为 Inn，美国人称之为 Tavern，是指位于乡间或路边的、主要供过往客人寄宿的小旅店、小客店。客栈是随着商品生产和商品交换的发展而逐步发展起来的。最早期的客栈，可以追溯到人类原始社会末期和奴隶社会初期，是为适应古代国家的外交交往、宗教和商业旅行、帝王和贵族巡游等活动的要求而产生的。

从历史遗迹和古代文献综合考证来看，世界古代客栈起源于古罗马时期。在意大利南部旅游胜地庞贝和赫库兰尼姆，留存着几千年前的客栈遗迹，人们对古罗马时期的客栈的基本轮廓有了一定的了解。曾以"以眼还眼，以牙还牙"格言而闻名于世的巴比伦国王汉穆拉比（Hammurabi），对当时巴比伦客栈的经营管理十分关注，并在巴比伦法典中禁止客栈主在饮料中掺水。这也说明那时的客栈比较盛行，经营较为兴旺。那时的客栈，接待较多的还是古代经商者。古代经商者往往组成商队进行长途贩运活动，在他们经常出入的沿途，客栈需要为其提供食宿设施，古代客栈就是适应这种需求而产生的。在古代中世纪，人们外出旅行比较少，即使外出旅行通常也不住宿在客栈里，他们或在野外露营，或寄宿贵族城堡，与此同时，教堂和寺院也常以低廉价格向旅行者提供食宿服务。

1096 年开始的历时近 200 年的"十字军东征"带来了巨大的社会变革，加强了东西方文化和技术交流，极大地促进了经济与贸易的发展，从而推动了客栈的兴起。意大利北部地区最早受到十字军东征所带来的文艺复兴的影响，从而使那里的客栈成为当时最具有实力和影响力的行业。到中世纪后期，随着商业的发展，贸易和旅行兴起，对客栈需求量大增，导致客栈业有了进一步的发展。

在西方，客栈时期一般是指 12 世纪到 18 世纪之间这段漫长的历史时期。客栈作为一种住宿设施虽然早已存在，但真正流行却是在 12 世纪以后。客栈不是完整意义上的饭店（Hotel），而是饭店的锥形。从设施上讲，它的特点是规模小，建筑简单，设备简陋，多建设在乡间或小镇，一般相距马匹一天可以行走的路程。从服务上讲，客人在客栈往往挤在一起睡觉，吃的也是和主人差不多的家常饭，除满足住宿、吃饭与安全这些最基本的需求之外，客栈对客人无其他服务可提供，价格也很低廉。客栈是独立的家庭生意，客栈的房舍一般是家庭住宅的一部分，家庭是客栈的拥有者和经营者。客栈的使用者多半是宗教或经商外出的旅行者。随着社会的发展，贸易和旅游活动种类的增加，客栈的规模也日益扩大，客栈的种类不断增多。

到了 15 世纪，客栈已经盛行。当时，虽然欧洲许多国家如法国、瑞士、意大利和奥地利等国的客栈已相当普遍，但以英国的客栈最为著名。英国早期客栈主要还不是专门为客商提供食宿的场所，而主要是为人们提供聚会和交流信息的地方。直到后来出现了公共马车，商业和旅游活动日益兴旺，客栈的主要功能才转变到为过往行人提供食宿。到 15 世纪中叶，英国客栈业有了较大的发展，在马车道旁每隔 15 英里左右就有一家客栈。英式客栈往往比其他国家客栈的经营规模大些。例如，英国早期客栈建有一座大房子，内有几间客房，每个客房有几张床。后来，客栈经营规模不断地扩大，比较大的客栈已拥有 20~30 个房间，还配备餐饮设施，如酒窖、食品间、厨房等。自 15 世纪末以来，客栈无论在经营规模上，还是在服务项目上，都已经具有近代饭店的一些雏形，如许多客栈都有花园草坪以及带有壁炉的宴会厅和舞厅等。据有关资料记载，1577年英格兰和威尔士就有 1600 多家这样的客栈。此时的英国客栈已是人们聚会并交流信息的地方。实际上，在 18 世纪，世界许多地方的客栈不仅仅是过路人寄宿的地方，还是当地社会、政治与商业活动的中心。

二、大饭店时期

18 世纪末至 19 世纪末，是饭店业发展史上的大饭店时期。18 世纪末，产业革命为现代旅游的发展注入了生机。科技发展首先引发交通工具的革命，1807 年美国发明了第一艘载客轮船，自此人们更热衷于海上旅行；1814 年英国出现了蒸汽机车，1825 年9 月，世界第一条铁路在英国正式通车。火车成了 19 世纪欧洲最主要的陆上交通工具。轮船和火车的普及方便了人们的出行，港口和车站成了游人聚集的地方，一座座饭店拔地而起，专为上层统治阶级服务的豪华饭店应运而生。

（一）大饭店时期饭店业的发展

18 世纪末，美国的饭店业就有了较快的发展，以 1794 年在美国纽约建成的第一家饭店——都市饭店为标志进入了大饭店时期。都市饭店拥有 73 套客房，其建筑风格就像一座宏伟的大宫殿，很快成为当时仅有 30 万人口的纽约市的社交中心，成为当时美国服务行业标志性服务设施。随后，波士顿、费城、巴尔的摩等城市也纷纷建造和开办了类似的大饭店。1829 年波士顿建成的特里蒙特饭店（Tremont）被称为当时的现代化饭店。该饭店拥有 170 套客房，客房设置较为齐全，有脸盆、水罐和肥皂等。饭店餐厅设有 200 个座位，供应法式菜肴，服务人员训练有素，礼貌热情。该饭店被称为美国饭店业发展的第一个里程碑，推动全美乃至欧洲饭店业的蓬勃发展。之后相继出现了许多有名的饭店，如纽约的阿斯特饭店、芝加哥的太平洋饭店和希尔曼饭店、旧金山的宫殿饭店等。20 世纪初，美国出现了一些豪华饭店，其中有些饭店，如纽约广场饭店（Plaza Hotel），至今仍称得上是美国的一流饭店。由于美国对外开放政策的影响，世界各国旅游者和企业家，以及社会名流都纷纷前往美国，使其旅游业和饭店业发展极为迅速。正因为如此，一些投资于饭店的老板，在建设饭店上不惜资本，将饭店装饰得十分时髦、阔气，店内高档陈设十分讲究，食品也做得精美。

在美国饭店业迅速发展的同时，欧洲的许多国家也在大兴土木，竞相修造豪华饭店。当时颇有代表性的饭店有：1850 年在巴黎建成的巴黎大饭店；1874 年在柏林开业的恺撒大饭店；1876 年在法兰克福开业的法兰克福大饭店；1885 年建成的罗浮宫大饭店和 1889 年开业的伦敦萨沃依饭店等。

　　大饭店时期的代表人物是瑞士恺撒·里兹（Cesas Ritz，1850—1918）。他在饭店服务上有许多创新，首先提出"客人永远不会错"这样的饭店经营格言。他所经营的饭店是豪华饭店的代表。Ritzy 一词也因其名而来，意即极其时髦，非常豪华，讲究排场。

（二）大饭店时期饭店的特点

　　大饭店时期饭店与客栈有着许多根本的区别，它的主要特点是：

　　（1）大饭店全都是建在最为繁华的大都市、铁路沿线或码头附近，规模宏大，建筑与设施豪华，装饰讲究，许多饭店还成为当代世界建筑艺术的珍品。饭店服务的对象仅限于王室、贵族、官宦、巨富和社会名流。

　　（2）管理工作从接待服务中分离出来，逐渐形成专门的职能部门。随着饭店规模的扩大，企业内部分工较明确，出现了专门的饭店管理机构，形成了饭店管理人员的分工合作，从而促进了饭店企业管理的发展。

　　（3）饭店企业管理尚处于经验管理阶段，没有形成一门专业学科。

　　（4）讲求服务质量，管理工作要求严格。豪华饭店接待的对象主要是王公贵族，他们住饭店的目的是炫耀身份、地位乃至权力。因此，豪华饭店价格昂贵，饭店管理工作十分重视服务质量，对服务工作和服务人员要求十分严格，注重服务礼仪和服务技巧。

　　（5）饭店投资者的根本兴趣并非是取得多少经济收益，而是取悦于社会上层，求得社会声誉，因此，他们也往往不大考虑成本。

三、商业饭店时期

　　商业饭店时期，是指 20 世纪初到 20 世纪 40 年代末之间五十余年的发展时期。19 世纪中叶工业革命后，随着商品经济的发展和资本主义制度的建立与扩张，国际市场的开辟，火车、轮船、汽车、飞机等现代交通工具的运用，使大批资本家、冒险家、业务推销员、传教士及形形色色的有钱人往来于世界各地，旅行活动的量与质都发生了深刻的变化。人们对价格低廉、设备舒适、服务周到的住宿设施的需求量增加，因此主要为商务旅游者和一般中产阶级旅游者服务的商业饭店也就应运而生了。

（一）商业饭店的发展

　　商业饭店时期分为两个重要阶段。前期以美国饭店大王斯塔特勒为代表，他享誉饭店世界达四十年之久。后期是美国又一位饭店大王希尔顿，他取代了斯塔特勒的地位。

　　20 世纪初，美国出现了世界上最大的饭店业主，他就是埃尔斯沃思·弥尔顿·斯塔特勒（Ellsworth M. Statler，1863—1928）。斯塔特勒以自己多年从事饭店业的经验和对市场需求的充分了解，立志要建造一家"在一般公众能承受的价格之内提供必要的舒适与方便、优质的服务与清洁卫生"的新型商业饭店。1908年，斯塔特勒在美国布法罗建造了第一家由他亲自设计并用他的名字命名的斯塔特勒饭店，实现了他多年的夙愿。该饭店是专为旅行者设计的，在建造、经营与服务等方面有许多创新，使人耳目一新。"一个房间一浴室，一个美元零五十"（A room with a bath for a dollar and half）实为前所未有、闻所未闻。一间客房有一部电话，电灯开关安在屋门旁边，楼房各层设防火门，门锁与门把手装在一起等均为他的创造。而且，水、暖、电管线都集中在一起的设计，至今仍被称作"斯塔特勒竖井"（Statler Shaft）。该饭店建成之后，立即得到宾客的广泛欢迎，名声大振。接着他又建了很多饭店，同时发展饭店联号。

斯塔特勒在饭店经营中也有许多革新措施：他按统一标准来管理他的饭店，不论你到波士顿、克利夫兰，还是纽约、布法罗，只要住进斯塔特勒的饭店，标准化的服务都可以保证；他的饭店里设有通宵洗衣、自动冰水供应、消毒马桶坐、送报上门等服务项目；他讲究经营艺术，注重提高服务水平，亲自制定《斯塔特勒服务手册》，开了现代饭店服务的先河。斯塔特勒的饭店经营思想和既科学合理又简练适宜的经营管理方法，如他提出了饭店经营成功的根本要素是"位置、位置还是位置"的原则，还提出了"客人永远是正确的"等至理名言，至今对饭店业仍大有启迪，对现代饭店的经营管理具有重要的影响。因此，斯塔特勒被公认为现代饭店的创始人，他建造的饭店被誉为世界现代商业饭店的里程碑。

随着美国资本主义经济的迅速发展，对商业饭店的需求量大大增加。到20世纪三四十年代，美国又出现了一位饭店大王——康纳德·尼柯尔森·希尔顿（Conrad N. Hilton，1887—1979）。

希尔顿1887年圣诞节出生于新墨西哥州的圣安东尼。第一次世界大战期间曾服兵役，并被派到欧洲战场，战后退伍，一度生活无着，后经营饭店业。1919年希尔顿在德克萨斯州的Cisco创建了他的第一家饭店，而第一家以希尔顿名字命名的饭店1925年建成于达拉斯，其后一发而不可收。到1928年，希尔顿在达拉斯、阿比林、韦科、马林、普莱恩维尤、圣安吉诺和拉伯克都相继建起了以他的名字命名的饭店——希尔顿饭店。1943年，希尔顿建成了首家联系东西海岸的饭店连锁集团。随后他的饭店集团跨出美国，向全世界延伸。1949年，希尔顿国际公司从希尔顿饭店公司中拆分出来，成为一家独立的子公司。

希尔顿先生著名的治身格言是：勤奋、自信和微笑（Diligent、Confident and Smile）。他认为，饭店业根据顾客的需要往往要提供长时间的服务和从事无规则时间的工作，所以勤奋是很重要的。饭店业的服务人员对宾客要笑脸相迎，但始终要自信，因为饭店业是高尚的事业。

20世纪20年代以来，美国不仅在一些大中城市纷纷建起许多规模较大的饭店，而且一些小城市也纷纷在建设饭店。一些投资家向政府和社会呼吁，如果没有现代化饭店设施，将极大损害城市的形象。而后便采取向居民兜售债券的方法，集资兴建饭店，有力地促进了饭店业的发展。在城市大饭店发展的同时，在乡镇和交通要道旁小规模的专业饭店也悄然兴起。例如，由于汽车业发展很快，因而在大路旁和汽车站旁汽车饭店便应运而生；在铁路迅速发展的形势下，沿线车站及其附近也兴建起一批铁路饭店；在许多农村小镇，小规模的简陋饭店也风起云涌。在第二次世界大战结束时，从城市到乡村，从车站到码头，规模大小不一的商业饭店星罗棋布地出现在美国大地上，在世界商业饭店业中独占鳌头。

（二）商业饭店时期饭店的特点

商业饭店时期饭店发展主要有如下突出特点：

（1）商业饭店的服务对象是一般的平民，主要以接待商务客人为主。饭店规模较大，设施设备完善，服务项目齐全，讲求舒适、清洁、安全和实用，不追求豪华与奢侈，并考虑客人的需求和承受能力，收费合理。

（2）饭店经营者与拥有者逐渐分离，饭店经营活动完全商品化，讲究经济效益，以营利为目的。

（3）饭店管理逐步科学化和标准化，注重市场调研和市场目标选择，注意训练员工和提高工作效率，并形成了行业规范和相应的管理机构，如各国相继成立了饭店协会与世界性的国际饭店协会。

（4）成立了一些进行饭店管理培训的专门学校，其中有斯塔特勒慷慨解囊资助的美国康乃尔饭店学院、柏林的饭店管理学院、伯尔尼大学的饭店经济专业等。此时，不仅饭店业成了一个重要的产业部门，饭店管理也正式成为管理学的一个重要的独立分支。

商业饭店时期是世界各国饭店业最为活跃的时代，是饭店业发展的重要阶段，它使饭店业最终成为以一般平民为服务对象的产业，从各个方面奠定了现代饭店业的基础。

四、现代新型饭店时期

现代新型饭店时期大约从 20 世纪 50 年代开始至今。它是社会生产力高度发展，社会消费结构深刻变化，国际旅游活动"大众化"的必然结果。第二次世界大战结束后，随着世界范围内的经济恢复和繁荣，人口的迅速增长，世界上出现了国际性的大众化旅游。科学技术的进步，使交通条件大为改善，为外出旅游创造了条件；劳动生产率的提高，人们可支配收入的增加，导致对外出旅游和享受饭店服务的需求迅速扩大，从而加快了旅游活动的普及化和世界各国政治、经济文化等方面交往的频繁化。这种社会需求的变化，促使饭店业由此进入了现代新型饭店时期。

（一）现代新型饭店的发展

20 世纪 50 年代，美国饭店业得到蓬勃发展。众所周知，美国是第二次世界大战最大的胜利者和受益者，国内基本上没有遭到战争的破坏，因而其政治、经济、军事是当时世界上最强大的，商业饭店时期发展起来的饭店业一直处于良好发展之中。"二战"结束后，世界各国到美国学习、旅游、参观、考察、开会、探亲访友和进行商务活动的人越来越多，使饭店生意十分红火。这种市场环境，为美国现代饭店业的发展提供了巨大的空间。因此美国饭店的经营规模越来越大饭店经营规模的不断扩大。

饭店经营规模的不断扩大，首先表现在单个饭店的经营规模越来越大，如单个饭店从原有的几十间客房发展到几百间客房的大饭店，进而发展到几千间客房的超级饭店。例如，美国拉斯维加斯市的米高梅大饭店（MGM Grand Hotel）拥有 5034 间客房。

饭店经营规模不断扩大的另一个表现，就是饭店集团在全球扩张的速度不断加快。20世纪 50 年代初，隶属于美国泛美航空公司的洲际饭店集团的出现，标志着现代饭店集团开始迈出国际化步伐。该集团在 20 世纪 60 年代初，已经在巴西、乌拉圭、智利、墨西哥、委内瑞拉、哥伦比亚、古巴等地都有饭店。到 20 世纪 80 年代，该集团的饭店已遍及 50 多个国家和地区。20 世纪 60 年代以来，在洲际饭店集团向海外扩张发展的推动下，美国一批规模较大的饭店集团，如诺特饭店集团、假日饭店集团、谢拉顿饭店集团、韦斯汀饭店集团和凯悦国际饭店集团等纷纷向海外扩张，从而带动海外饭店所在国的饭店业的发展，使饭店业成为第三产业中影响最大的服务行业。上述这些饭店集团经营规模巨大，在全世界拥有上千家连锁分店，如假日饭店集团就拥有 2700 多家连锁分店，遍及世界 50 多个国家。1985 年，世界最大的 50 家饭店集团就拥有 200 多万间客房，约占世界饭店集团客房总数的 18%。1995 年世界最大的 20 家饭店集团就拥有 270 多万间客房，约占世界客房总数的 20%。这充分说明，饭店集团规模越来越大，饭店业集中化趋势十分明显。

在饭店经营规模不断扩大的同时，饭店服务项目也越来越多。职能性服务项目如住宿、餐饮、交通、游览、购物和娱乐等一应俱全，一个饭店的职能几乎覆盖了旅游者的全部需求；个性化服务项目不断增加，如在娱乐服务项目中，开设游泳池供客人游泳，开设康乐中心供客人玩台球、打保龄球，开设舞厅供客人跳舞，开设健身房供客人锻炼身体，开设音像厅供客人看电影、电视和录像片等，总之，能满足客人在娱乐健身方面的需求。由此可见，随着饭店服务项目的日益完善，饭店已成为旅客的"家外之家"，一个规模巨大、项目齐全的饭店，其功能不亚于一个城市提供的服务。特别重要的是，现代饭店集团实行连锁式的统一的科学管理，使综合服务质量越来越高。

自 20 世纪 50 年代以来的半个多世纪，美国饭店业一直走在世界饭店业的前头，以较大的优势独占鳌头。据美国《旅游周刊》1995—1997 年的统计，世界前 20 名规模最大的饭店，世界著名饭店品牌的前 12 名，世界前 20 名饭店联号（集团）基本上都在美国，可见美国饭店业的强大实力和领先地位。由于自 20 世纪 50 年代以来美国饭店集团不断地向世界各国和地区进行渗透，世界各国或地区的主要饭店也都成为美国饭店集团的连锁分店。

在现代新型饭店时期，饭店业发达的地区并不仅仅局限于欧美，而是遍布全世界。

特别值得一提的是，亚洲地区的饭店业从 20 世纪 60 年代起步发展到如今，其规模、等级、服务水准、管理水平等方面都毫不逊色于欧美的饭店业。亚洲地区饭店的崛起及迅速发展，举世公认。在美国《公共机构投资人》杂志每年组织的颇具权威性的世界十大最佳饭店评选中，亚洲地区的饭店往往占有半数以上并名列前茅。由香港东方文华饭店集团管理的泰国曼谷东方大饭店，十多年来一直在世界十大最佳饭店排行榜上名列榜首。在亚洲地区的饭店业中，已经出现较大规模的饭店集团公司，如日本的大仓饭店集团、日本的新大谷饭店集团、中国香港东方文华饭店集团、中国香港丽晶饭店集团、新加坡香格里拉饭店集团、新加坡文华饭店集团等，这些饭店集团公司不仅在亚洲地区投资或管理饭店，并已将此类业务扩展到欧美地区。

（二）现代新型饭店时期饭店的特点

综观现代新型饭店时期饭店业的发展，具有以下主要特点：

（1）饭店规模扩大，饭店集团占据着越来越大的市场。自 20 世纪 50 年代以来，一些大的饭店公司通过联号管理、特许经营等方式，逐渐形成了统一名称、统一标志、统一服务标准的饭店联号经营，促进了饭店的集团化发展。到 20 世纪 80 年代初，国际上大型饭店公司就有 269 家，其中假日饭店公司（Holiday Inns）有 1700 多家饭店，29 万多间客房；希尔顿公司有 200 多家饭店，10 万多间客房。仅希尔顿国际（Internation Hilton）公司在 47 个国家和地区就有 75 家高级饭店。

（2）旅游市场结构的多元化促使饭店类型多样化。现代旅游市场规模庞大市场结构更加复杂，有观光旅游、商务旅游、会议旅游、汽车旅游、度假旅游等多种形式。这种市场结构的多样性带来饭店企业类型的多元化：有适应大城市特点的商务饭店；有适应著名风景区特色的观光饭店、度假饭店；有设在交通要道的汽车饭店、机场饭店等。饭店类型不同，客源构成不同，经营方式也不完全相同。为了适应宾客的不同需要，不同饭店企业普遍采用了灵活多样的经营方式来招徕宾客，提供优质服务。这是现代饭店结构复杂化，客源竞争激烈的必然结果。

（3）市场需求的多样化引起饭店设施的不断变化，饭店经营管理更加复杂。由于旅游市场结构的多元化，使得饭店企业的设备不仅继承和发展了商业饭店的特点，而且普遍增加了大量娱乐消遣设施，如舞厅、剧院、各种运动娱乐设施等囊括了吃、住、行、游、购、娱等各种服务。这就使得现代饭店企业综合性更强，内部分工更细，组织更严密，管理工作更加复杂。各种科学管理知识在饭店管理中得到广泛运用。

（4）现代饭店管理日益科学化和现代化。现代饭店是一种高级消费场所，对管理工作和服务工作的要求很高。随着现代科学技术革命和科学管理理论的发展，使现代饭店企业管理运用了概率论、运筹学等现代自然科学和自动仪器、电子计算机等技术科学成果。社会学、心理学、市场学、行为科学等也被广泛用来解决饭店管理中的问题。饭店企业管理日益科学化和现代化。

第2节　中国饭店业的发展历程

中国最早的饭店设施可追溯到春秋战国或更古远的时期。数千年来，中国的唐、宋、明、清也被认为是饭店得到较大发展的时期。19世纪末，中国饭店业进入近代饭店业阶段，但此后发展缓慢。直到20世纪70年代末，中国推行改革开放政策以后，饭店业才开始快速发展。中国饭店业的发展经历了古代饭店设施、近代饭店业和现代饭店业三个主要发展阶段。

一、中国古代饭店的形成与发展

中国是文明古国，也是世界上最早出现饭店的国家之一。中国最早的饭店设施可追溯到春秋战国或更早的时期，唐、宋、明、清被认为是饭店业得到较大发展的时期。中国古代住宿设施大体可以分为官办住宿设施和民间旅店两类。

（一）官办住宿设施

古代官办的住宿设施主要有驿站和迎宾馆两种。

1. 驿站

（1）驿站的起源。在描写中国古代军事和政治的电影和电视中，我们经常能够看到这样的场景：一人骑马飞驰而来，正当人困马乏之时，一间简朴的屋舍会忽然出现在前方；骑马人当即下马，略作休息后，在此换上另一匹高头大马，继续前行。这就是驿站，它是中国古代供传递官府文书和来往官员途中食宿、换马的场所。

据史料记载，驿站制始于商代中期，止于清光绪二十二年，有长达3000多年的历史。因而，驿站堪称中国历史上最古老的饭店设施。在古代，只有简陋的通信工具，统治者政令的下达，各级政府间公文的传递，以及各地区之间的书信往来等，都要靠专人递送。历代政府为了有效地实施统治，必须保持信息畅通，因此一直沿袭了这种驿传制度，与这种制度相适应的为信使提供的住宿设施——驿站便应运而生。驿站在中国古代运输中有着重要的地位和作用，担负着各种政治、经济、文化、军事等方面的信息传递任务。

中国古代驿站在其存在的漫长岁月里，由于朝代的变更、政令的变化、疆域的展缩以及交通的疏塞等原因，其存在的形式和名称都出现了复杂的情况。驿站初创时的本意是专门为传递军情和报送政令者提供食宿，因而接待对象局限于信使和部卒。秦汉以后，驿站接待对象的范围开始扩大，一些过往官吏也可以在此食宿。至唐代，驿站已广泛接待过往官员及文人雅士。元代时，一些建筑宏伟、陈设华丽的驿站除接待信使、公差外，还接待过往商旅及达官贵人。

（2）驿站的管理制度。我国古代驿站各朝代虽形式有别，名称有异，但是组织严密，等级分明，手续完备是相近的。封建君主依靠这些驿站维持着信息采集、指令发布与反馈，以达到封建统治控制目标的实现。

明代开始驿站网络已遍及全国，从京师至各省的交通要道都设有驿站，负责供应使用驿站官员的吃、住、夫役和交通工具，称为驿递制度或驿站制度，此种驿传严禁私人进入，民间通信只得由私人转递，不得涉入官方驿传。各级官员按照驿传条例领到勘合后，便可凭勘合使用驿站，并遵守驿站的管理制度，如符验簿记制度、饮食供给制度，交通工具供应制度等。

①驿站的符验簿记制度。为防止发生意外，历代政府均明文规定：过往人员到驿站投宿，必须持有官方旅行凭证。战国时，"节"是投宿驿站的官方旅行凭证。汉代，"木牍"和"符券"是旅行往来的信物。至唐代，"节"和"符券"被"过所"和"驿券"取而代之。在出示旅行凭证的同时，驿站管理人员还要执行簿记制度，约相当于后世的宾客登记制度。

②驿站的饮食供给制度。中国古代社会是一个实行严格的等级制度的社会，"公差人员"来到驿站，驿站管理人员便根据来者的身份，按照朝廷的有关规定供给饮食。为了保证对"公差人员"的饮食供应，驿站除了配备相当数量的厨师及服务人员以外，还备有炊具、餐具和酒器。驿站的这种饮食供应制度，被历代统治者传承袭用。

③驿站的交通工具供应制度。为了保证"公差人员"按时到达目的地和不误军机，历代政府还根据官的等级制定了驿站的交通工具供给制度，为各级"公差人员"提供数量不等的车、马等。我国古代的驿站制度曾先后被邻近国家所效仿，并受到外国旅行家的赞扬。中世纪世界著名旅行家，摩洛哥人伊本·白图泰在他的游记中写道：中国的驿站制度好极了，只要携带证明，沿路都有住宿之处，且有士卒保护，既方便又安全。

2. 中国早期的迎宾馆

我国很早就有设在都城的迎宾馆，它是古代官方用来接待外国使者、外民族代表及商客，安排他们食宿的馆舍。从历史文献资料记载来看，"迎宾馆"一词最早见于清朝。在此之前，这类官办的食宿设施也有过多种名称，如春秋战国时期接待各国使者的馆舍称为"诸侯馆"和"使舍"；西汉时期长安都城接待各国使者的馆驿，称为"蛮夷邸"；南北朝时期洛阳、建康都城接待各国使者的馆舍，称为"四夷馆"；唐、宋时期都城洛阳、长安和汴梁接待外国使者的迎宾馆，称为"四方馆"；元、明时期接待外国使者的食宿场所，称为"会同馆"。迎宾馆适应了古代民族交往和中外往来的需要，对中国古代的政治、经济和文化交流起到了不可忽视的作用。

我国早期的迎宾馆在宾客的接待规格上，是以来宾的地位和官阶的高低及贡物数量的多少区分的。为了便于主宾对话，迎宾馆里有从事翻译工作的道事；为了料理好宾客的食宿生活，迎宾馆里有厨师和服务人员。此外，迎宾馆还有华丽的卧榻以及其他用具和设备。宾客到达建于都城的迎宾馆之前，为便于热情接待，在宾客到达的地方和通向都城的途中均设有地方馆舍，以供歇息。宾客到达迎宾馆后，更是受到隆重接待。例如，使团抵达时，会受到有关官员和士兵的列队欢迎。为了尊重宾客的风俗习惯，使他们的食宿生活愉快，迎宾馆在馆舍的建制上还实行一国一馆的制度。

我国早期迎宾馆原为政府招待使者的馆舍，但是，随同各路使者而来的还有一些商客，他们是各路使团成员的一部分。他们从遥远的地方带来各种各样的货物，到繁华的都城进行交易，然后将土特产运回出售，繁荣了经济。我国早期迎宾馆在当时的国内外政治、经济、文化交流中，是不可缺少的官方接待设施，它为国内外使者和商人提供了精美的饮食和优良的住宿设备。迎宾馆的接待人员遵从当时政府的指令，对各路使者待之以礼，服务殷勤，使他们感到在中国迎宾馆生活得舒适而愉快。翻译是迎宾馆的重要工作人员，我国早期这种迎宾馆的设置，培养了一代又一代精通各种语言文字的翻译，留下了一本又一本的翻译书籍，丰富了中国古代文化史。

（二）古代民间旅店

1. 古代民间旅店的出现和发展

古代民间旅店作为商业性的住宿设施在周朝时期就已经出现了，被泛称为"逆旅"，以后逆旅成为古人对旅馆的书面称谓。它的产生和发展与商贸活动的兴衰及交通运输条件密切相关。

西周时期，投宿逆旅的人皆是当时的政界要人，补充了官办"馆舍"之不足。到了战国时期，中国古代的商品经济进入了一个突飞猛进的发展时期，工商业越来越多，进行远程贸易的商人已经多有所见。一些位于交通运输要道和商贸集散枢纽地点的城邑，逐渐发展为繁盛的商业中心，于是，民间旅店业在发达的商业交通的推动下，进一步发展为遍布全国的大规模的旅店业了。秦汉两代是中国古代较为兴旺发达的时期，民间旅店业也得到了很大的发展。自汉代以后，不少城市逐渐发展为商业大都会，这导致了管理制度及城市结构布局的变革，从而导致了民间旅店逐渐进入城市。中国古代民间旅店在隋唐时虽然较多地在城市里面出现，但是，却由于受封建政府坊市管理制度的约束而不能自由发展。在这种制度下开办的城市客店，不但使投宿者感到极大的不便，而且也束缚了客店业务的开展。到了北宋年间，随着商品经济的高涨，自古相沿的坊市制度终于被打破，于是包括客店在内的各种店铺，争先朝着街面开放，并散布于城郭各繁华地区。明清时期，民间旅店业更加兴旺，由于封建科举制度的进一步发展，在各省城和京城出现了专门接待各地应试者的会馆，成为当时饭店业的重要组成部分。

2. 古代民间旅店的特点

我国古代民间旅店在漫长的发展过程中，受政治、经济、文化诸因素的制约，以及来自域外的各种文化的影响，逐渐形成了自己的特点。

（1）建筑特点。我国古代民间旅店首先是重视选择坐落方位，它们通常坐落在城市繁华区域、交通要道和商旅往来的码头附近，或是坐落在名山胜景附近，同时，还注意选择和美化旅馆的周围环境，许多旅店的前前后后，多栽绿柳花草以美化；旅店的建筑式样和布局还因地而异，具有浓厚的地方色彩。

（2）经营特点。我国古代民间旅店的经营者，十分注重商招在开展业务中的宣传作用，旅店门前多挂有灯笼幌子为商招，使行路人从很远的地方便可知道前面有下榻的旅店。在字号上，北宋以前，民间旅店多以姓氏或地名冠其店名，宋代旅店开始出现富于文学色彩的店名。在客房的经营上，宋元时代的旅店已分等经营。至明代，民间旅店的客房已分为三等。在房金的收取上，当时有的旅店还允许赊欠。在经营范围上，食宿合一是中国古代旅店的一个经营传统。在经营上，以貌取人、唯利是图是封建时代旅店经营的明显特点。

（3）接待服务特点。在接待服务上，我国古代民间旅店有着极其浓厚的民族特色。古代中国人对旅店要求的标准，往往是以"家"的概念来对比衡量的，不求多么豪华舒适，但愿方便自然。由此，也派生出了中国古代旅店在接待服务上的传统。"宾至如归"是我国传统的服务宗旨，也是客人衡量旅店接待服务水平的标准。

在礼貌待客上，要求店主和店小二不但要眼勤、手勤、嘴勤、腿勤、头脑灵活、动作麻利，而且要眼观六路、耳听八方、胆大心细、遇事不慌，既要对客人照顾周全，还要具备一定的风土人情知识和地理知识，能圆满地回答客人可能提出的问题，不使客人失望。

二、中国近代饭店业的兴起与发展

中国近代由于受到外国帝国主义的入侵，沦为半殖民地半封建社会。当时的饭店业除有传统的旅馆之外，还出现了西式饭店和中西式饭店。

（一）西式饭店

西式饭店是 19 世纪初外国资本侵入中国后兴建和经营饭店的统称。这类饭店在建筑式样和风格、设备设施、内部装修、经营方式、服务对象等方面都与中国的传统客店不同，是中国近代饭店业中的外来成分。

1. 西式饭店在中国的出现

1840 年第一次鸦片战争以后，随着《南京条约》《望厦条约》等一系列不平等条约的签订，西方列强纷纷侵入中国，设立租界地、划分势力范围，并在租界地和势力范围内兴办银行、邮政、铁路和各种工矿企业，从而导致了西式饭店的出现。至 1939 年，在北京、上海、广州等 23 个城市中，已有外国资本建造和经营的西式饭店近 80 家。处于发展时期的欧美大饭店和商业饭店的经营方式，也于同一时期，即 19 世纪中叶至 20 世纪被引进中国。代表饭店有：北京的六国饭店、北京饭店，天津的利顺德大饭店，上海的礼查饭店和广州的万国酒店等。

例如，天津利顺德大饭店是一位英国传教士在 1863 年建造的。这座很中国化店名的英式建筑面对美丽的海河，设施豪华，环境幽雅。饭店经历了一百五十多年的风雨历程，仍保留着英国古典建筑风格和欧洲中世纪田园乡间建筑的特点，是天津市租界风貌独具特色的代表建筑。北京的六国饭店也是一座历史悠久，闻名海内外的饭店。它是1900年英国人在当时的北京使馆区建造的，为四层楼房。六国饭店主要供当时各国公使、官员及上层人士在此住宿、餐饮、娱乐，形成达官贵人的聚会场所。另外当时下台的一些军政要人也常常到这里避难。老北京的许多重大历史事件都和这里有着这样或那样的联系。

1927年后，在北京、上海、西安、青岛等大城市，都兴办了一批专门接待中外旅游者的招待所，除提供食宿和服务外，还设有浴室、理发室、游艺室等附属设施。与此同时，我国的一些沿海口岸城市如上海、天津、广州也都相继建起了一批高层次的现代化旅游饭店。例如，上海的国际饭店、广州的爱群酒店，这些饭店在当时的东南亚也是比较著名的。

2. 西式饭店的建造与经营方式

与中国当时传统饭店相比，这些西式饭店规模宏大，装饰华丽，设备趋向豪华和舒适。内部有客房、餐厅、酒吧、舞厅、球房、理发室、会客室、小卖部、电梯等设施。客房内有电灯、电话、暖气，卫生间有冷热水等。西式饭店的经理人员皆来自英、美、法、德等国，有不少在本国受过饭店专业的高等教育，他们把当时西式建筑风格、设备配置、服务方式、经营管理的理论和方法带到了中国。接待对象主要以来华外国人为主，也包括当时中国上层社会人物及达官贵人。

客房分等经营，按质论价，是这些西式饭店客房出租上的一大特色，其中有美国式和欧洲式之别，并有外国旅行社参与负责介绍客人入店和办理其他事项。西式饭店向客人提供的饮食均是西餐，大致有法国菜、德国菜、英美菜、俄国菜等。饭店的餐厅除了向本店宾客供应饮食外，还对外供应各式西餐、承办西式筵席。西式饭店的服务日趋讲究文明礼貌、规范化、标准化。

西式饭店是西方列强侵入中国的产物，为其政治、经济、文化侵略服务。但在另一方面，西式饭店的出现客观上对中国近代饭店业起了首开风气的效应，对于中国近代饭店业的发展起了一定的促进作用，把西式饭店的建筑风格、设备配置、服务方式、经营管理的理论和方法带到了中国。

（二）中西式饭店

中西式饭店是指受西式饭店影响，由中国民族资本开办经营的饭店。20世纪初，西式饭店的大量出现，刺激了中国民族资本向饭店业投资。因而从民国开始，各地相继出现了一大批具有"半中半西"风格的新式饭店。至20世纪30年代，中西式饭店的发展达到了鼎盛时期，在当时的各大城市中，均可看到这类饭店。其中比较著名的包括：北京的长安春饭店（1912）、东方饭店（1918）、西山饭店（1920）等；天津的国民饭店

（1923）、惠中饭店（1926）、世界大楼（1941）等。在上海，这类饭店以纯粹的西式建筑居多，如东方饭店、中央饭店、大中华饭店、大上海饭店、大江南饭店、南京饭店、大沪饭店、扬子饭店、百乐门饭店、金门饭店、国际饭店等。

中西式饭店在建筑式样、设备、服务项目和经营方式上都接受了西式饭店的影响，一改传统的中国饭店大多是庭院式或园林式并且以平房建筑为多的风格特点，多为楼房建筑，有的纯粹是西式建筑。中西式饭店不仅在建筑上趋于西化，而且在设备设施和服务项目上也受到西式饭店的影响，在经营体制和经营方式上也仿效西式饭店的模式。

饭店内高级套间、卫生间和电灯、电话等现代设备，餐厅、舞厅等应有尽有。饮食上对内除了中餐以外，还以供应西餐为时尚。这类饭店的经营者和股东，多是银行、铁路、旅馆等企业的联营者。中西式饭店的出现和仿效经营，是西式饭店对近代中国饭店业具有很大影响的一个重要方面，并与中国传统的经营方式形成鲜明对照。中西式饭店将欧美饭店经营管理的观念和方法与中国饭店经营的实际相融合，成为中国近代饭店业中引人注目的部分，为中国饭店业进入现代饭店时期奠定了良好的基础。

三、中国现代饭店业的发展历程

中华人民共和国成立后，中国饭店业进入了新的发展时期。1978 年改革开放后，中国饭店业迎来了发展的第一个春天。从 20 世纪 70 年代招待所水平，到 80 年上台阶，以及后来星级饭店发展，40 年来，中国饭店业发生了翻天覆地的变化，整个行业的软硬件和管理水平发生了脱胎换骨的改变。中国饭店业发展速度之快、档次之高，实属世界罕见。至今已形成了以 11000 多家星级饭店为主体、一大批各种类型的饭店设施为补充的饭店产业。中国现代饭店业发展主要经历了以下几个阶段：

（一）萌芽阶段（1949—1978）

这一阶段是指新中国成立后，到 1978 年实行改革开放之前的阶段。新中国成以后，我国饭店业在企业性质、职业地位、服务对象等方面都发生了根本的变化。

新中国成立初期，人民政府对一批老饭店进行整顿和改造，如北京的北京饭店、上海的国际饭店和上海大厦、天津的利顺德大饭店、沈阳东北饭店、广州爱群大厦、厦门华侨大厦等。同时，一批新宾馆、饭店也逐步建立起来，这些饭店一般都建于全国各省的省会城市和风景游览胜地，承担着接待外宾的任务。例如，1951 年建成的北京和平宾馆，就是专为亚洲及太平洋区域和平会议而修建的；1953 年，为接待苏联专家新建了一批标准较高的宾馆和专家招待所，如北京、兰州、大连和洛阳的友谊宾馆等。这段时期可以说是新中国成立后我国饭店发展史上的一个特殊时期。

这一阶段，我国的涉外饭店主要有以下特点：

（1）饭店数量稀少，硬件设施落后。到 1978 年，全国有接待外宾资格的饭店仅有208 家。

（2）饭店的性质，属于行政事业单位，不是企业组织。饭店的目标主要是为政治服务、为外交政策和侨务政策服务的。饭店对加强国际交往，促进中外政治、经济和文化交流，提高我国国际地位和国际声誉曾起过很好的作用。

（3）饭店的服务对象，以接待国际友好人士、爱国华侨和国内高级会议为主，政治要求高；饭店管理注重服务质量，追求工作效率，重视思想政治工作，注重发挥饭店职工的主人翁责任感；讲究民主作风，并在此方面积累了一定的管理经验。

（4）在财政上实行统收统支、实报实销制，经营上没有指标，也没有计划饭店既没有压力，也缺乏活力。

（5）饭店管理处于经验管理阶段，没有科学的理论指导，在管理体制、管理方法、接待程序、环境艺术、经营决策等方面都比较落后。

1978年以前，我国的社会大众化住宿设施，大多是由商业部门和部分政府单位管理的旅社或招待所。这些饭店更是设施陈旧，功能单一，条件简陋，管理落后，服务欠佳，谈不上满足客人的各种需要，更达不到接待外宾的条件。

显然，这个时期的中国饭店还不是完全意义上的现代饭店，更没有形成一个饭店产业，只是中国现代饭店的雏形或萌芽。

（二）起步阶段（1979—1982）

在此阶段中，饭店业在局部城市始终处于高速增长的状态，但由于发展的基数比较小，所以全国每年饭店增长的绝对量并不大，总体上处于起步阶段。

1978年12月，具有伟大历史意义的中共十一届三中全会胜利召开，这次会议确定了以经济建设为中心与改革开放的基调，从此开辟了中国改革开放的新时代。随着国门的打开，古老文明、奇异风光、绚丽文化、多元化民族、特殊社会制度以及长期封闭所造成的"神秘感"，对全世界产生了一种巨大的吸引力，从而促进了中国现代旅游业的崛起。海外旅游者来华旅游要求之强烈和来华旅游人数增长速度之快，是始料未及的。单就1978年来看，全国旅游入境人数达180.9万人次超过以往20年人数的总和，1979年又猛增到420.4万人次。但是，这一喜人的数字后面却隐藏着一系列棘手的问题，其中饭店住宿设施紧张表现得极为突出，成为当时中国旅游业发展的瓶颈。例如，泱泱大国的首都北京，此时仅有7家涉外饭店，床位5200张，实际达到接待标准的仅1000张左右，而且基础设施、服务态度、管理水平都与国外的星级饭店相去甚远。

庞大的旅游大军令北京的接待单位措手不及，许多外国客人一下飞机，不是立即安排宿舍，而是被拉到景点去游览，晚上再到饭店等床位；许多外宾由于住不进房间，只好在大厅的沙发上过夜；有时不得不请求国家政府有关领导派出专列将在北京无法安排住宿的入境游客送往天津过夜；甚至发生过请求中央领导同志批准派出专机，将北京的游客运到南京住宿的情况。

在这种情况下，1979年，国务院在北戴河召开办公会议，研究国家投资和利用外资、侨资建造饭店问题。会议决定批准在北京、上海、广州、南京等 4 个城市利用侨资外资建造旅游饭店 6 座。同年 6 月，国务院批准了关于利用外资 2000 多万美元建设北京建国饭店的请示报告。同年 10 月，中国国际旅行社北京分社与美籍华人陈宣远代表的香港中美旅馆发展有限公司正式签订了合作建造和经营建国饭店的合同书。北京建国饭店成为我国第一家利用外资合作建造的现代化饭店。

1982 年 4 月，北京建国饭店正式开业，并首次引进境外饭店管理公司——香港半岛管理集团进行经营管理，成为我国旅游业改革开放和现代饭店业崛起的标志，标志着从此拉开了大规模引进外资建造饭店的帷幕。

（三）高速发展阶段（1983—1993）

在这个阶段，国家提出了发展旅游服务基础设施建设，实行"国家、地方、部门、集体、个人一起上，自力更生和利用外资一起上"的方针，国内外各种渠道的资金投入饭店业，到 1993 年达到高潮。

继北京建国饭店开业之后，1983 年 2 月广州白天鹅宾馆全面开业；1983 年 12 月北京长城饭店试开业（1985 年 3 月由美国喜来登饭店管理集团接管）；1984 年 2 月北京丽都假日饭店开业，并聘请国际假日饭店集团管理；1984 年 6 月广州中国大酒店开业——从此以后，合资外资饭店在中国如雨后春笋，蓬勃发展。到 1984 年年底，我国旅游涉外饭店数量达到 505 家，客房 76944 间，比 1980 年翻了一番，初步缓解了饭店供不应求的矛盾和硬件管理差的状况。

1985 年，国家提出了发展旅游服务基础设施，实行"国家、地方、部门、集体、个人一起上，自力更生和利用外资一起上"的方针，调动了各方面的积极性。在继续引进外资的同时，大量的社会资金和各部门的资金也开始投入饭店业，饭店业显现了强大的发展势头。到 1993 年，饭店数量增加到 2552 家，客房 38.6 万间。中国旅游饭店业逐步形成了一个规模巨大的产业。

与此同时，饭店业档次结构也发生了明显的变化，20 世纪 80 年代初那种只是提供一食一宿的招待型饭店，已经被当今的豪华级、高级、舒适级、经济级等多档次饭店所取代；过去那种简单的会议型饭店，已发展成为品种齐全、种类丰富的商业型饭店、疗养型饭店、综合型饭店等。这个阶段是旅游饭店发展的黄金时期，在这个时期，发展的总体速度较为迅速，经营效益逐步上升，在一个更高的层次上满足了社会需求的增长和旅游发展的需要。可以说，这十年我国饭店建设速度和规模超过了同时期世界上任何国家的发展速度。

但是，这一发展过程并不是一帆风顺的。1989 年，由于北京政治风波的影响，使中国旅游业遭受了重大打击，处于蓬勃发展中的饭店业突然跌入低谷，饭店客房出租率大幅度下降，1989 年饭店全国平均客房出租率仅为 40% 多，较 1988 年降幅巨大。1988 年中国旅游外汇收入 22.47 亿美元，1989 年降为 18.6 亿美元。在这个阶段，旅游饭店的增长速度显著下滑，从 1989 年 21.5% 的客房增长率下降到 1990 年的 9.83%，1991 年的 9.28% 和延续到 1992 年的 9.32%。新兴的饭店业第一次体会到市场的残酷滋味。同时，在高速发展的过程中，也产生了市场秩序混乱、竞争无序、各种各样的恶性竞争行为不断发生的问题。这些反面的教训使全行业在较短时间内受到冲击，也增加了阅历，增长了经验。激烈的市场竞争迫使饭店将管理的重心转到强化内部管理、提高饭店档次和服务水平、增强市场竞争力上来。

在行业规模扩大、设施质量提升的同时，我国饭店业的经营观念也发生了质的变化，经营管理水平得到了迅速的提高。中国饭店在这十多年间经历了从转型、上轨道到进入现代化水平的三个阶段，初步实现了由落后到比较先进，由国内水平向国际水平接近的巨大进步。

1. 由事业单位招待型管理走向企业单位经营型管理

改革开放以后，我国饭店的事业型接待模式，与满足国际旅游业发展和为国家增加创汇的要求极不相称。自 1978 年，旅游行业管理部门重点围绕三个方面，即如何使我国饭店业从招待型管理转轨为企业化管理型，如何提高饭店管理水平和服务，如何提高管理人员素质使之掌握现代化饭店管理知识等做了大量工作。在总结和推广当时一些饭店先进经验的基础上，提出了饭店应在经济性质上实现企业化。在管理上，建立岗位责任制。在经营上，增加服务项目，开展多种经营，在管理队伍建设方面，着手抓管理人员的培训和知识更新，经过几年努力，使一大批原来的事业单位初步实现了企业化，饭店经营水平有了明显变化，服务质量有了显著提高。

2. 由经验型管理走向科学化管理

1984 年，在全行业推广北京建国饭店科学管理方法，是我国饭店业在"软件"发展中迈出的第二步。

建国饭店开业时间不长，就以符合国际水准的服务蜚声中外，并取得了良好的经济效益。建国饭店的意义不仅在于引进了资金和现代化饭店的建筑形式，更在于突破性地引进了市场经济观念，引进了现代化的饭店经营管理理念和高标准的饭店管理模式。为了进一步推动我国饭店业的加速改革开放，1984 年 3 月，中央和国务院领导同志指示，国营饭店也应按照北京建国饭店的科学办法管理。国家旅游局在认真总结该饭店经营管理办法的基础上，在全国分两批选定 102 家饭店进行试点。试点的主要内容是：第一，推行总经理负责制及部门经理逐步负责制；第二，推行岗位责任制，抓好职工培训；第三，推广严格奖惩制度，打破"大锅饭"和"铁饭碗"，调动员工积极性，保证服务质量稳步提高；第四，推行充分利用经济手段，开展多种经营，增收节支，提高经济效益的办法。通过推行这套管理方法，全国饭店业在 102 家试点单位带动下，在管理上、经营上、服务上都发生了深刻变化。其效果概括起来讲，企业化管理进程加快了，科学管理体系开始形成了，经营方式灵活了，管理队伍活力增强了，服务质量进步了，经济效益和社会效益提高了。

3.推行饭店星级评定标准

1988 年 8 月 22 日，国家旅游局发布了《中华人民共和国旅游涉外饭店星级标准》，1989 年国家旅游局的星级饭店评定工作开始推行，这标志着中国旅游饭店业跨入了国际现代化管理的新阶段。我国的饭店星级标准，是在对国内外饭店业进行大量调查研究的基础上，参照国际通行标准并结合我国实际情况，在世界旅游组织派来的专家指导下制定出来的。饭店星级是国际旅游业的通用语言，我国饭店业实行星级制度，可以促使饭店管理和服务符合国际惯例和国际标准。评定星级既是客观形势发展需要，也是我国饭店管理走上轨道的重要一步。饭店有了星级，既可为客人选择饭店档次提供条件，满足不同客人的需要，又可以促使饭店按照星级标准向客人提供服务。

1993 年 9 月，对星级标准进行修改后，并由行业标准上升为国家标准。这是我国旅游业第一个国家标准，星级标准的制度和星级评定制度的推行，符合市场经济内在的发展规律，符合饭店企业的长远发展需要，也大大推动了我国饭店业真正与国际惯例接轨。

（四）回落阶段（1994—1998）

这个阶段表现出来的特点是饭店的增长速度大幅度飙升，与之相伴的是饭店的经营效益持续下滑，进入另一个竞争激烈、经营艰难的时期。1993 年以后，饭店业逐步进入利润平均化阶段，建设高潮开始回落，同时由于市场不景气、经营不善等方面的原因，盲目建设的恶果已开始凸显，饭店业的利润率逐年下降，1995 年中国饭店业利润开始下滑，1998 年全行业出现亏损现象（见表2-1）。面对这种市场形势，"走集约型发展之路"越来越成为饭店业界的共识。

表 2-1　1991—1998 年中国旅游涉外饭店增长的基本情况

年份	旅游饭店数量（家）	增长率（%）	出租率（%）	利润率（%）
1991	2130	7.5	61.4	5.03
1992	2354	10.5	66.2	4.12
1993	2552	8.4	67.7	9.44
1994	2995	17.3	62.2	9.82
1995	3720	24.2	58.1	6.50
1996	4418	18.7	55.3	4.50
1997	5201	17.9	53.8	1.00
1998	5782	11.2	51.7	−5.80

资料来源：根据历年中国旅游统计年鉴数据整理。

20 世纪 80 年代以来，国际上许多知名饭店管理集团纷纷进入中国饭店管理市场，向我国饭店业展示了专业化、集团化管理的优越性以及现代饭店发展的趋势。1994 年我国已经形成了一定的产业规模。经国家旅游局批准，成立了我国自己的饭店管理公司，这为迅速崛起的中国饭店业注入了新的活力，引导我国饭店业向专业化、集团化管理方向发展。

（五）恢复上升阶段（1999—2009）

在国内旅游经济热潮的快速崛起以及来华旅游和进行商业活动的客源数量持续增长的带动下，经历了1996年的全行业效益大幅滑坡之后，国内饭店业的客房、出租率开始回升，但由于行业内的竞争日益加剧，平均房费下降，全行业的赢利没有达到同步增长（见表2-2）。

2000年，随着一批原作培训中心、招待所、公寓使用的住宿设施主动要求纳入旅游饭店管理，我国旅游饭店数量规模有较大增长。到2000年年末，全国共有旅游饭店10481家，比1999年年末增加3446家，增长了48.98%，其中星级饭店数量增幅高达56.35%。2003年，突如其来的"非典"对中国经济造成了负面影响，也给中国旅游业带来了自新中国成立以来最为严重的打击，中国饭店业受到了整体性损失。当年的饭店业业绩普遍下降。2005年，中国饭店业开始实质性地增长，全面扭亏为盈。从中国饭店业整体业绩看，无论是住宿率还是平均房价都保持了持续增长的势头。2008年北京奥运会、2010年上海世博会以及同年在广州举办的第十六届亚运会，给中国饭店业带来了巨大的商机。

国际饭店集团特许经营快速发展，从单个饭店间的合作走向了饭店集团的合作，如喜达屋"双百目标"的提出；经济型饭店的扩张如火如荼，如七天、华住、如家等经济型饭店都陆续在美国纳斯达克上市；中国本土饭店集团取得了非常显著的成果。非标准生活方式型饭店开始出现，如精品饭店、主题饭店、民宿等。移动媒体技术在饭店业开始应用，许多饭店集团微博、微信营销已经比较普遍，喜达屋集团推出微信公众号等。

表2-2　1999—2009年中国星级饭店数量变化基本情况[①]

年份	饭店数量（家）	增长率（%）	出租率（%）
1999	3856	—	54.34
2000	6029	56.35	57.58
2001	7358	22.04	58.45
2002	8880	20.68	60.15
2003	9751	9.80	56.14
2004	10888	11.70	60.62
2005	11828	8.63	60.96
2006	12751	7.80	61.03
2007	13585	6.50	60.96
2008	14099	3.80	58.30
2009	14237	0.90	57.88

① 根据中华人民共和国文化和旅游部官网整理 https://www.mct.gov.cn/.

　　这个时期，由于国内旅游业高速发展，消费者需求多样化，中低端市场快速成长，使饭店业的发展呈现出新的特点：①饭店业重心从高端饭店向中低档饭店转移，由单一业态向复杂业态转变，逐步形成一个以高端市场为龙头，以多业态为发展格局的饭店业体系；②充分细分的饭店形态开始出现；③在星级饭店成为饭店业主流的背景下，非星级饭店也开始分化，多种形式的饭店业态快速推进。经济型酒店正是这个时代应运而生的饭店业态之一。饭店业态的丰富和完善是我国饭店业的一次全面提升，意味着我国饭店业整体软硬件的推进，对饭店业发展意义深远。

（六）整合转型阶段（2010 至今）

表 2-3　2010—2018 年中国星级饭店数量变化基本情况[①]

年份	饭店数量（家）	增长率（%）	出租率（%）
2010	13991	−1.7	60.27
2011	13513	−3.4	61.00
2012	12807	−5.2	59.46
2013	13293	3.7	55.97
2014	12803	−3.6	54.17
2015	12327	−3.7	54.19
2016	12213	−0.9	56.60
2017	10962	−10.2	57.71
2018	10667	−2.6	60.86

　　随着国内经济新常态绝产业转型升级，饭店业进入调整期。该阶段，新增饭店规模逐年减少，饭店业整体效益开始下滑，除中端饭店仍活跃之外，高星级和经济型饭店已进入饱和期。2014 年国内饭店行业业绩下滑明显，亏损达到 59.21 亿元。高星级饭店目标市场从海外顾客为主转向本土顾客为主，房价持续下降，高星级饭店的过剩趋势明显，利润率逼近负值。饭店业开始进入微利甚至亏本阶段。截至 2016 年年底，国内饭店市场仍以经济型饭店为基础，其占比约 73%，中档饭店发展速度超过高端，占比 7% 左右。随着消费需求多样化和个性化的显现，经济型饭店因品牌同质化问题逐渐失去吸引力，发展速度减缓。与此同时，非标准型饭店的房价则保持上升趋势，投资规模开始扩大。饭店并购频发，品牌化、集团化和连锁化成为新趋势。在 2016 年 Hotel 杂志全球饭店集团排序中，中国锦江集团位于第五位，首旅如家集团位于第八位和华住集团位于第九位。在快速发展的过程中，中国饭店业也面临着新的发展机遇和严峻的挑战。互联网、人工智能、技术手段等在饭店行业的应用。2017 年开始，国家推行"营改增"税收改革，直接受到减税影响，星级饭店在连续几年亏损后重新开始盈利。

---

①　根据中华人民共和国文化和旅游部官网整理 https：//www.mct.gov.cn/.

第 3 节　饭店业的发展趋势

一、中国饭店业的发展现状

中国饭店业经过改革开放 40 年的发展，取得了举世瞩目的成就。据中国国家文化和旅游部相关数据显示，至 2018 年第三季度，中国共有星级饭店超过 10667 家，星级直接就业人数超过 180 万人。全国共有饭店及旅游住宿单位超过 46 万个，从业人员超过 600 万人。

中国饭店业已成为一个规模庞大的产业部门，发展现状呈现以下特点：

1. 饭店业进入调整转型期

从饭店业发展情况看，饭店供给整体呈增长趋势，其中以中端型饭店为代表的新型饭店供给增长最为迅速，其次是高端饭店供需较稳定，非标准业态饭店快速兴起。随着外部环境的变化和消费观念的转变，饭店业进入结构调整和优化升级阶段，供给增速减缓，消费升级带动需求增加，饭店平均房价下降，提高饭店产品品质和品牌效应成为饭店业未来增强内力关注的重点。

2. 饭店并购潮高涨

跨国饭店集团重新洗牌，饭店兼并浪潮高涨。2015 年，万豪收购喜达屋，成为全球最大饭店集团；上海希尔顿饭店在 30 年后开始撤牌；锦江集团并购铂涛集团和维也纳集团；华住饭店集团收购桔子饭店集团、星程饭店集团，战略投资雅高饭店集团；首旅集团收购如家饭店集团；携程、艺龙和去哪儿整合等等。在第十五届中国饭店集团化发展论坛上面公布的"2017 年度中国饭店集团 60 强"榜单中，排名靠前的饭店集团，几乎都实施了非常重要的资产重组。目前，饭店业的兼并重组成为中高端饭店规模化经营的重要路径。

3. 中端饭店发展迅速

近年来我国限制三公消费的政策导致了原有高端饭店的客户下沉到中端饭店消费，随着居民生活水平提高，消费升级背景下中端饭店发展迅速。截至 2018 年 12 月 31 日，中国十大主流中端饭店品牌，如维也纳、全季、亚朵等，合计总量为 2980 家。与 2017 年相比，总量增幅为 44%，其国内饭店占比 34% 左右（见图 2-1）。中端饭店尚存较大连锁化经营空间。目前，经济型饭店连锁率超过 90%，而中端饭店连锁率仅 15% 左右，品牌竞争格局尚未形成，连锁经营和品牌竞争将成为中端饭店未来发展的重点。

图 2-1　中国十大主流中端酒店品牌总量[①]

4. 新住宿空间的崛起

消费升级和多元化需求促使新型饭店业态不断涌现，饭店业开始从关注游客食宿转向生活方式及个性体验，甚至整个旅游业都在和生活方式挂钩，如民宿、客栈和共享住宿等非标准化饭店的兴起。虽然非标准住宿缺乏统一的标准，但它拥有个性化程度高、价格、使用面积与设施成正比、性价比高等优点，受到市场的关注和青睐，得到迅速发展。据商务部发布的《中国住宿行业发展报告 2017》显示，中国住宿类型市场规模占比最高的为包含民宿客栈与度假饭店等细分类型的"其他饭店"。非标住宿的兴起，加剧了饭店市场的竞争，特别是对中低端饭店、经济型饭店冲击较大。

5. "互联网 +" 融入饭店业

互联网技术的应用正在逐步渗透到饭店业的整个经营环节，第三方在线住宿预订平台的兴起，使得"互联网 + 饭店"的运营方式对住宿企业也日益重要。据 Analysys 易观发布的《中国在线饭店预订市场数字化专题分析 2018》显示，截至 2017 年年底，中国在线住宿市场交易规模达到 1586.2 亿人民币，在线饭店预定占比是 95.8%，增幅达26.8%（见图 2-2）。

在线饭店预定市场流量日趋集中化，活跃用户向头部厂商聚集。携程、去哪儿、飞猪继续保持领先，民宿预定 APP 的途家发展迅速。在线预订市场以 30 岁以上客户群体为主，占比接近七成。各年龄段用户消费偏好差异较大，90~00 后年轻群体追求个性、特色产品；70 后、80 后人群注重高品质消费；50~60 后中老年群体仍属价格导向型偏好。在线用户消费能力强，高星级饭店和中高端生活方式型饭店预定需求量旺盛，家庭亲子出游预定量大幅增加，预定市场呈现多样化趋势。在线饭店预定市场产业链不断完善，与电商平台、移动平台、团购平台等结合性质的饭店经营模式将成为一个未来发展的新型业态或方向。

---

① 来源：2018 年中国中端饭店发展报告 . 饭店产权网 .http：//www.hotelpn.cn.

人工智能技术的应用为饭店智能化服务提供了重要的支持，但是如何将"技术＋服务"理念有效运用到饭店业转型升级中，将成为饭店业在激烈市场竞争中取胜的关键。

图 2-2　2014—2018 年在线饭店预定市场交易规模[①]

二、饭店业发展趋势

人世间，变化是永恒的。世界在发展，全球在变化。在改革开放过程中的中国，变化更是其突出的特色。各行各业都在这些变化中不断寻找自己的位置，谋求生路，遵循"物竞天择"的公理发展。因此，在考虑旅游业和饭店业的发展时，也应当随着关注世界发展的大势，从而不断调整产业发展的战略与策略，应对可能发生的变化，顺应天时，仗其地利，力求人和，以立于不败之地。

（一）21 世纪的新特点

处于变化中的世界，呈现出一些突出的特点，这些特点对世界各地的各个行业都产生着不同程度的影响，其中包括旅游业与饭店业。

1. 全球化与本土化

经济全球化的重要表现为开放与合作成为世界经济发展的主流，区域经济的一体化是一个发展趋势。生产和资本的国际化进一步促进了经营的国际化，超大型的跨国公司、集团公司、无国籍公司应运而生。这些超大型国际公司，其资本集中程度和经济实力，甚至超过了当代世界上的许多主权国家，它们在世界经济发展中的影响越来越显著，这是全球化发展的另外一个特征。这一点，既体现在制造业，也体现在服务业。

人们还注意到另外一种现象，那就是存在于世界各地的本土化的意识加强。本土化并非和全球化相抗衡，而是并行不悖，长期共存。如果说全球化催生了国际化、标准化、网络化，那么本土化则张扬了民族化、特色化和差异化。前者从整体上说可以提高

---

① 来源：Analysys 易观 www.analysys.cn.

效率，而后者则会提高国家和企业的竞争力和比较优势。值得说明的是，全球化主要指的是经济的全球化，而经济的全球化并不意味着文化的全球化，尽管有的国家希望如此，但这一条路是走不通的。

2. 新技术与新媒体

在人类发展的过程中，技术的发展发挥着极其重要的作用，科学技术发展是社会发展的重要推动力。人类历史的发展进程表明，技术的发展和更新呈加速度推进，当代技术的发展速度超出了人们的想象。

21 世纪最为突出的特点是技术和网络技术发展，人们从技术发展的角度把当代描绘成"电子时代"或"e 时代"。随着信息技术的发展，新媒体日益增多，新媒体扩大了信息的传播渠道和速度，它对主流媒体、传统媒体来说是个补充，也是挑战。新媒体也许更受"小众"的青睐，但它在针对性、及时性、主动性方面具有优势，而其互动性则更是高出一筹，更能体现或实现"人本主义"。

3. 服务时代与体验经济

目前世界正在进入"服务革命"时代。这个时代的特征是，以人力资源为基础、多样化的服务经济正在成为经济的主体，知识与技术发挥着越来越重要的作用。一个国家或地区服务业的发达程度成为这个国家或地区经济发达程度的象征。在服务革命时代，无形产品的生产显得更加重要，创造人的体验变得更受关注。实践证明，在当代社会里，周到的服务自然是饭店增值的重要手段，而创造特殊体验的举措增值的幅度更大。

4. 休闲需求与休闲产业

21 世纪，消费的休闲化和休闲的市场化成为新时代的一个重要的特征。休闲活动成为人类发现自我、发展自我、完善自我的一个过程，休闲的感受与体验是人们生活质量的一个组成部分。而随着经济的发展、社会的进步，休闲逐渐被看作是一种权利，一种投资，一种生活方式。休闲不仅仅是休息，更不是简单的睡觉，也不仅仅是外出旅游。休闲的方式是多种多样的，休闲的需求也因人而异，满足休闲的途径也越来越多。休闲需求的增加造就了一个具有巨大潜力的休闲产业。现在，人们对待休闲的观念也在发生变化，"一个人的休闲可以换来另外一个人的就业"。服务业在满足消费者休闲需求的同时，也努力创造新产品引导人们的休闲需求。

5. 可持续发展的理念变成全社会的承诺

"可持续发展"的概念作为一个新理念在 20 世纪 80 年代被推出，它是所有产业发展的出发点和归宿。世界旅游组织、世界旅游理事会和地球委员会制定了《关于世界旅游业发展的 21 世纪议程》，对旅游发展的相关者——政府、企业和旅游者——都提出了具体的要求。世界旅游组织还专门制定了《全球旅游伦理规范》。"绿色"成为当今世界的流行色，"绿色经营""绿色消费"越来越被社会所崇尚。这一理念的传播也在悄悄地改变着那些并不适宜的传统、礼仪，甚至某些道德规范。

（二）世界饭店业发展的新趋势

世界是一个整体，旅游业被称作世界第一大产业，是这个整体中的一个组成部分。旅游业最为突出的特征就是它的综合性，而且旅游消费是一种非必要消费，外部环境的发展变化对旅游消费和旅游产业的发展会产生重要的影响。饭店业作为旅游业的一个重要部分，而且，其服务的范围还会超出旅游这个领域。因此，作为为各种访问者、旅游者提供服务的重要产业——饭店业来说，其经营管理模式与理念的变化也是为适应全球发展的变化而产生的。

1. 个性和体验化

面对市场需求碎片化和个性化，饭店服务更注重以"人"为本的体验设计。新千禧一代是饭店业增速最快的客户群体，探索、交互、情绪体验是这个群体的重要标志，预计2025年该市场占比接近50%。饭店业将更透明、更精通科技，服务设计将更关注情感共鸣和客户联络。体验性住店需求将成为主流，如入住民宿本身，就是出行的目的，消费模式将发生变化，比如付款方式、主流消费人群、消费文化、消费特点等等。未来市场需求形态的碎片化要求饭店企业必须进行市场细分，精准定制，宽泛的市场定位已经远远不够了。

2. 艺术和人文化

在物质丰富的今天，游客开始追求精神和自我价值的实现，传统星级饭店标准化的服务已经不能满足新的需求，饭店的品质和格调越来越体现在文化和艺术方面。符合客人独特的审美和生活方式是饭店服务设计构思的源泉，如针对顾客旅行期间对健康和养生的需求，饭店提供空气净化、加强照明、瑜伽空间、室内训练设备和含维生素的淋浴水服务等。饭店如何将主题艺术和谐、自然地融合到饭店服务中，为顾客提供独特品质的人文精神和服务体验成为竞争取胜的关键。

3. 生态和绿色化

可持续性发展和控制资源消耗是未来饭店必须遵循的基本理念。饭店设计上是否可以永续，材料的选择是否可以更减少环境伤害，这都是饭店必须面对和重视的社会责任。生态友好已经是饭店业的常态，饭店应施行相关"绿色政策"，积极开发和利用可再生能源资源，培育和引导游客环保意识，参与某些饭店环保绿色项目，为饭店持续发展提供条件。

4. 移动和智能化

移动媒体等新技术的发展对人们的生活方式和消费行为产生了重大影响，特别是千禧一代新兴市场群体，他们期望使用科技办理入住、进行支付、吃饭和购物。此外，他们会积极地参与到社交媒体中，如：在Twitter、Yelp、Facebook和TripAdvisor上点评和分享饭店体验。他们期望能够在旅游服务商和个人的日程安排之间建立更深层次的联系。地理信息定位软件实现了手机入住和跨平台、设备无缝连接服务，内容营销将成为饭店成功拓展市场的关键环节。

数字化、智能化饭店服务的应用将越来越普及，饭店顾客更偏向于利用科技手段而不是人工服务，前台，门童等传统饭店岗位将逐渐隐退。对推荐引擎的创造性应用，将使旅客通过网络获得以往只有饭店才能满足的优质旅行服务。饭店如何利用新技术和大数据，将"人文+科技"有机融合思想更有效地实施，成为未来饭店业发展的重要环节。

5. 创新和多元化

共享经济时代，饭店业不断涌现的新的业态形式，包括：点对点网络生活（Airbnb、Uber 和 Lyft）、多边平台（Google、eBay）、免费服务（Skype、Flickr），这些商业模式将改变行业前景。随着点对点网络的扩大和发展，他们会变得更加专业，对传统旅行服务造成更大的直接竞争威胁。日益普及的中继搜索引擎（如：Google 和 Microsoft）和迅速发展的公司（如：Kayak）会改变用户体验，定义移动端体验，导致整合并影响 OTA（在线旅行社）与饭店的合作关系。

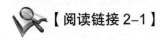

【阅读链接 2-1】

2019 住宿业朝着更广阔的市场迈进 ①

用更贴切的细分产品满足消费人群——首旅如家酒店集团总经理孙坚

当下，酒店行业对消费升级的认知，已经高度反映在中端酒店的爆发式增长上。而当我们向上思考，产品消费分级可能是一个更加巨大的裂变需求。在产品消费分级之上的消费升级，或将成为未来中国酒店业更丰富的深耕方向。所以我们要消费分级，要有贴切的产品细分来满足消费需求更加多元化的人群。截至 2018 年 9 月 30 日，首旅如家拥有中高端酒店 610 家，除了具有明显商务特质的品牌外，还有主打中式禅隐风格的璞隐酒店、定位法式尊享体验的柏丽艾尚酒店，以及专为 90 后打造的 YUNIKHOTEL，2019 年首旅如家将加速中高端产品的发展。

"变"与"新"将提供更多机会——洲际酒店集团大中华区首席执行官周卓瓴

得益于不断发展的经济及强劲的消费能力，中国酒店市场将持续释放其潜能并稳健加量，市场需求也将更趋于多元化。除此之外，宾客对"体验"的需求日益增长和演化，包括需要更新、更丰富、更个性化的入住体验，运用各类新技术的综合体验、对目的地的探索和人文体验等。

中国酒店业"变"与"新"的发展趋势势必将为洲际酒店集团提供新的机遇。集团将继续加速力拓中国市场，在经营升级、规模拓展和品牌扩张上发力，包括继续通过深化特许经营模式开拓旗下中端酒店品牌在华规模及市场渗透，通过夯实豪华酒店品牌实

---

① 2019 住宿业朝着更广阔的市场迈进. 中国旅游报 /2019 年 /1 月 /10 日 / 第 A01 版.

力和精品特色酒店品牌组合，为宾客提供丰富多元的选择。集团还将持续探索打造更符合新一代消费者需求的旅居和会员体验，持之以恒地提供更加个性化、更加丰富且拥有高科技元素的产品及服务。

民宿将向品牌化、连锁化、国际化、集聚化方向有序发展——中国旅游协会民宿客栈与精品酒店分会会长张晓军

乡村民宿政府主导时代已开启，2018 年 11 月 30 日，文化和旅游部在浙江安吉召开了"全国发展乡村民宿推进全域旅游现场会"，会议的召开标志着乡村民宿产业进入了政府主导、市场主体的全新时代。乡村民宿标准化建设再启航，今年，民宿标准体系化建设将全面展开，民宿标准化规划的编制，国家标准、社团标准、地方标准等各类标准的制订与宣贯，将成为旅游标准化的热门领域。

此外，民宿拉动农家乐转型升级的同时，也将有越来越多的成功民宿不再满足于小体量、小规模和小收益，在资本的助力下将走向精品化；去年年末，智慧酒店不断"霸屏"，具有移动互联网基因的民宿，对于高科技的引进、使用与融合极其敏感，今年智慧民宿将开始出现；民宿社团将如雨后春笋并将发挥更加重要的作用；两岸民宿合作由务虚进入虚实结合，越来越多的台湾民宿业者到大陆发展。

☆在线短租行业进入洗牌阶段——途家网首席运营官杨昌乐

2018 年，在线短租行业的发展越来越规范化，并且涌现了一些新的变化，比如民宿从网络化向智能化升级转变，途家今年和京东等推出的智能民宿，将大数据、人工智能、物联网技术应用在民宿服务上，获得消费者的广泛好评。2019 年，在线短租行业会进入洗牌阶段。除了各地民宿合法化进程加快；民宿运营更趋集团化、品牌化以外，民宿场景化趋势明显。民宿不仅能够保证品质的连锁品牌，还是一个线下流量入口，另外也是一个体验营销的场景。

2018 年，途家做了一系列尝试，比如和京东以及网易严选的跨界合作，将智能民宿和消费场景进行功能结合，用户扫一扫家具就可以直接下单购买。这种浸入式住宿体验，深受年轻用户的喜爱。这些合作和尝试都是正在打破民宿的边界，希望以民宿为载体将用户纳入更广阔的场景中，一方面既提高用户体验，另一方面用户也是愿意为优质的体验埋单的。乡村民宿将是我国共享住宿市场的重要组成部分。目前，仅途家民宿平台共上线近 7 万套乡村民宿房源，占平台房源总数的 9%。

☆中国酒店业投资将呈现理性增长——北京第二外国语学院旅游科学学院院长谷慧敏

2018 年中国酒店市场整体呈现出业绩上扬的积极态势，住宿率、平均房价止跌回升。2019 年，酒店业投资预测会体现以下特征：一是居民消费保持增长，有助于促进酒店绩效回升，进一步释放酒店投资积极信号；二是受政府宏观经济稳增长目标影响；三是从酒店投资结构上看，驱动之前周期中的大型投资如商业综合体及房地产配套性酒店投资将进一步下降，基于特色小镇等模式的投资受投资效益负面影响其热潮也将得到抑制。综上所述，2019 年中国酒店业投资将呈现出理性增长和结构优化的特征。

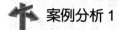 **案例分析 1** --

缔造豪华饭店之父——里兹

谈起饭店，人们自然会想起其创始人里兹先生。他的饭店在当时吸引着达官显贵、社会名流和富庶之辈，以设施豪华、服务精良而著称。他的名字，带他的名字的饭店被看作是"时髦"与"豪华"的象征。这位里兹先生是瑞士人，他的全名叫恺撒·里兹（Cesas Ritz）。

恺撒·里兹 1850 年 2 月 23 日出生于瑞士南部一个叫尼得瓦尔德的小村庄里。15 岁时父亲把他送到布里格城，跟着老朋友埃斯切尔老板在一个叫三皇冠的饭店学徒，恺撒当一名配酒服务生。但是埃斯切尔觉得恺撒不适合干饭店这一行，便对他说："你不具备这种资质。"之后，恺撒先在当地的一所耶稣神学院里当一名见习服务生，又被辞退。他被迫出走巴黎，在一家小而无名的饭店——忠诚饭店当了一名杂役。后来又到一家工人酒馆里当招待。在另外一家饭店里当服务生时，曾因手脚勤快、干活麻利受到赞扬，但却因他打破的盘子太多而被解雇了。

他在艰难寻找职业又屡屡遭解雇的实践中悟出了一个道理来，决心找名师，从头学起，把饭店这一行真正学透。恺撒去了巴黎的一家叫沃依辛的名饭店，老板贝林格先生是名高手，对服务业要求严格。恺撒在沃依辛饭店不仅学会了服务技术，更重要的是学会了待人接物，应酬答对各种客人。由于他的勤奋好学和聪明机灵，时间不长，恺撒就出了名，一些社会名流来饭店用餐，就指名道姓地要他这个"身材消瘦、沉默寡言、头发黑黑且剪得很短"的人来服务。沃依辛饭店是他名声与影响的发祥地。在沃依辛饭店工作期间，他还有机会为许多国王、王后服务，其中有法国国王和王储、比利时国王利奥彼得二世、俄国的沙皇和皇后、意大利国王和丹麦王子等。这些经历，使他形成了一双眼睛盯向权贵的势利性格，奠定了他后来要创建旨在为上层社会服务的饭店和服务方式的思想基础。

1870 年普法战争爆发了，巴黎被围困，燃料、食品奇缺，饭店也就没有生意了。幸好他是个瑞士人，顺利地逃离了这个是非之地。战争结束后，他又回到巴黎，在华丽店当楼面服务员。那个时候，刚刚进入欧洲的美国人习惯上并不怎么饮酒。可他执掌餐厅时，昂贵的名酒销售甚佳，全靠他积极主动的推荐。他告诉客人，初到一个生地方，可能对当地的饮水不适应，最好饮用点果酒，它可以解毒消灾。老板对他的能干很赏识，不到一年的工夫，就被提升为餐厅总管。到这个时候，他不仅仅成了一名老练的服务生，而且对那些第一次来欧洲的阔佬们来说，他还是个很好的向导。据说，是他在那里最先发现美国人是离不开冰水的，所以不管客人要不要，到时他总是主动送上去。当年，巨富范德比尔特和摩根等光顾巴黎时，他曾引导他们品尝欧陆风味。1873年维也纳国际博览会期间，他到维也纳的一家饭店当服务生。这家饭店靠近帝宫，每当弗朗茨·约瑟夫国王举办大型宴会或招待会时，总向恺撒工作的那个饭店借最好的侍者，自然每次也少不了他，使他有幸为英国王储服务。

经过多年在各种饭店里的工作经验，里兹已经成为饭店业的行家里手。但他老是盘算着有自己的饭店。为此，他下决心把饭店这一行弄通，然后才可以知道从哪儿下手。他以前从未在度假饭店工作过，于是就在瑞士的马侨列湖畔的洛伽诺饭店找到一个餐厅总管的工作。在其他季节，他还要到别的饭店去找事做。当他在意大利的雷莫饭店工作时，他发现有不少顾客是肺病患者。他本来很注意讲究卫生，在这种情况下，他更是严格要求、一丝不苟。他反对使用厚而沉重的材料做窗帘、被罩和桌饰，因为这样的面料不易拆洗。床罩、床单的面料也要轻，颜色要浅，容易洗涤。他认为，饭店所有的织物必须能够洗涤。凡有可能，墙壁装饰都用油漆而不用壁纸。当时，他只是个小饭店的经理，无力解决浴室匮乏之难，但从那时他便下决心，一旦拥有自己的饭店，一定要让每间客房都有自己的单独浴室。

早在里吉饭店工作时，里兹就很受当时瑞士的土木工程师、建筑师马克斯·非弗尔上校的赏识。1870年，菲弗尔上校自己在卢塞恩建造起瑞士最大、最豪华的国民大饭店，但当时由于经营不善，连年亏本。1877年，菲弗尔上校请仅27岁的里兹来当这座大饭店的经理。里兹着手干的第一件事是扩大影响、推销宣传。他以个人的名义，向过去的一些老主顾和那些推崇菲弗尔的意大利名流发出了大批信函，欢迎他们光顾。没过多久，一些公爵、君主、巨富、显贵们携带眷属，慕名而至。他亲自迎送，甚至率饭店职员列队相迎。经过他的精心经营，这家豪华的国民大饭店又重新充满了活力，成为欧洲大陆上层社会的一个社交中心。

当他在法国蒙特卡洛的格兰德大饭店当经理时，听说一位名叫奥古斯特·埃斯特菲耶先生是位名厨，于是到处寻找并最终把他聘请来。两个人一见如故，十分投缘，在饭店与饭店的经营上看法完全一致。从此，两个人成了一对志同道合的老搭档。实际上，里兹后来在饭店业上的成功和埃斯特菲耶的精诚合作是分不开的。埃斯特菲耶是法国著名的烹饪大师，有"厨师之王""王者之厨"之称。和里兹结识后，他随里兹到萨伏依饭店、卡尔登饭店任厨师长，并以接待澳大利亚歌星梅尔巴夫人而创造的西餐名点"梅尔巴桃"出了名。在长期的烹饪生涯中，他创造了无数名菜，并写出了《菜谱集》（1912）和《烹饪技术》（1934）两部专著，使法式烹调名扬四海。1920年他曾被封为名誉爵位。据传，威廉二世曾对他说："我是德意志之帝，但你是厨师之王。"到1887年，里兹辞去了所有其他聘任，专心地与埃斯特菲耶合作，经营起德国巴登－巴登和法国戛纳两地的饭店来。

正在里兹全身心地经营自己的小饭店时，有人请他去伦敦，出任那里的一家豪华饭店萨伏依的总经理。该饭店有不少新奇之处：整个饭店建筑是钢筋混凝土结构，可以防火，这在伦敦是头一家；饭店的地下室里装有自己的发电机，饭店到处使用电灯照明，不再使用煤气，这也是头一家；饭店打了自己的深自流井，独立供水。全楼共有 6 部电梯，彻夜服务；楼内有浴室 67 个，这又是一奇。因为当时伦敦最豪华的维多利亚饭店，能住 5000 人，但也只有 4 个浴室。萨伏依大饭店还有一个 6000 平方英尺的花园，花园里有绿地、花圃、喷泉、池塘，别有一番情趣。饭店内有许多各种各样的餐厅，专供法国菜肴。客人在房间内，可以通过传声管通知服务员要茶订饭。这也是萨伏依的一大发明。但是饭店的负责人多伊里·卡特先生不懂饭店的经营，而且还缺少称职的经理与厨师。1889 年夏天，就在萨伏依饭店开业的几个月之前，多伊里先生在巴登一巴登疗养，住在离里兹经营的饭店不远的一家饭店里。他亲眼见到，里兹的饭店吸引着来自法国尼斯、巴黎，意大利的圣雷莫和瑞士卢塞恩的客人。一些君主、大公、百万富豪们把里兹视为知己，甚至英国王储从戛纳驱车到里兹的蒙特卡洛大饭店用餐。多伊里决定请他去经营即将开业的萨伏依大饭店。但是，里兹最初对多伊里的请求并不很感兴趣，因为他觉得伦敦并不是经营饭店业的理想之地。在多伊里的一再请求下，他只答应在萨伏依开业大典时到饭店去访问，或许能根据过去的经营经验对萨伏依饭店的经营提点建议。里兹应邀出席了萨伏依饭店的开业庆典活动。他来到了萨伏依，就被萨伏依给迷上了：明亮的电灯使他感到新奇，宽阔的大理石镶嵌浴室令他惊异，窗外泰晤士河两岸的风光叫他心旷神怡。在他逗留的几天里，对萨伏依饭店进行了深入的调查，他觉得无论从地点上说，还是从设备上讲，萨伏依饭店都是个好饭店。最后，他接受了多伊里的邀请，于 1889 年 12 月 21 日正式出任伦敦这家豪华饭店的总经理。里兹带去了一名副经理、一名出纳员、一位被称为超级品酒师的餐厅总管，还有他的老搭档"厨师之王"埃斯特菲耶。里兹到任后，首先根据自己多年积累的经验，对饭店的内部装潢、装饰和用具进行了一番调整。他认为，在这样一家豪华饭店里，所有的东西都必须是上乘的，而且尽量地利用容易清洗的材料，时刻保持清洁卫生。饭店里处处气氛典雅，环境要舒适，特别是餐厅，要使客人感到愉快。服务必须是精良的。在服务员与客人之间的关系上，他提出了"客人永远不会错"（The guest is never wrong）的观点，这和后来美国饭店大王斯塔特勒先生提出来的"客人永远是正确的"理论是一致的。在萨伏依饭店里，每位客人有一名专门指定的服务人员服侍，"一个客人一个仆从"的做法，也是其他饭店所不能比拟的。

正像他以前所考虑的，伦敦那时还不是搞饭店的好地方，上流社会的传统生活方式严重地影响着饭店的生意。里兹下决心要影响它，改变它。在那个时候，英国有各种各样的俱乐部，男人们闲暇之时总是在自己的俱乐部里吃喝、聊天，还没有到公共场所用餐或消遣的习惯，而妇女活动的范围更小。里兹千方百计把人们吸引到他的饭店来。他劝他的客人不仅仅来搞私人宴会，并要他们带夫人子女来饭店的餐厅用餐。为了打开妇女这个市场，他说服一位贵妇人，请她带个头，邀请她的女友们到大餐厅用餐。由于她的威望所产生的影响和出于赶时髦与嫉妒的心理，别的夫人们也效法她的样子，一下子把在公共饭店用餐的风气给掀起来。甚至英国的王室贵族，华尔街的富翁也慕名而来，渐渐成了萨伏依的常客。为了保持饭店的声誉，他要求客人举止文雅，衣着讲究，进餐厅者必须穿礼服，无男人陪伴的单身妇女不得入内。还规定，进餐厅进餐的妇女不得戴头饰。有一次，英国驻土耳其大使夫人就因拒绝摘掉她那无檐圆帽而被拒之门外。好设施好菜肴可以吸引客人，但要留住客人还要好气氛。英国人喜欢音乐。里兹不惜巨金，特别把奥地利音乐大师约翰·施特劳斯和他的乐队请来演奏华尔兹圆舞曲，为食客助兴，顿使萨伏依饭店名声大振。后来，里兹又发现，由于英国法律的限制，使饭店难以获得应有的效益。英国当时对饭店营业的时间限制得特别死，夜间不得超过11点，星期天不得开业。里兹决心向立法机构挑战。一是，他说服董事会的成员，向议员们提出要求；二是，利用他与上层社会接触的机会和多年来与他们打交道的经验，尽力感化他们，鼓动包括丘吉尔在内的贵族和知名人士为之奔走呼喊，施加影响。最后，里兹真的成功了。议会通过了新的法案，允许饭店营业时间延长到12点半，星期天可照常营业。新的法案公布后，里兹发现，英国的面包师星期天不工作。于是他专门从维也纳请来面包师，萨伏依自己做面包，香脆的维也纳面包又使萨伏依饭店的餐厅更胜一筹。

里兹在伦敦站住了脚。正如后人所讲，里兹不仅改革了饭店的设备与经营更重要的是，他影响了英国的立法，改变了英国人的习俗和上层社会的生活方式。萨伏依成功了，它逐渐变成上层社会的活动中心。里兹的名字自此在英伦三岛也广为人知。

里兹在萨伏依饭店任总经理的那段时间，是他一生中最忙碌的日子。除了这个豪华的伦敦饭店之外，他仍然经营着戛纳的普罗旺斯饭店，巴登－巴登的米诺瓦饭店和社交餐厅。另外，他还积极参加了罗马、法兰克福、巴斯莫（意大利）蒙特卡洛以及卢塞恩等地饭店的经营。

里兹很喜欢萨伏依饭店，在那里一连干了8年，后因人事不和而又无力抗衡只好愤然辞职而去。他也带走了他的老班底。他的离去，直接影响了萨伏依的声誉。当英国王储知道里兹离去的消息后，立即取消了他原定在萨伏依饭店举行宴会的安排，并宣称："里兹到哪儿，我就去哪儿。"

尽管里兹在饭店的经营方面取得了很大成功，但心中的夙愿并未实现，他还没有建立一个真正的里兹饭店。他无时无刻不在琢磨，寻觅着合适的时机与地点来建造他头脑中那个完美无缺的里兹饭店——这个饭店的规模不要大，但要能囊括他所有的经验，并能体现那些尚未来得及付诸实践的理论。

经过反复比较，里兹最后选中了巴黎。巴黎是历史名城，那里以丰富绚丽的历史文化遗产闻名遐迩，但饭店匮乏。1896年，专为里兹筹措资金的里兹饭店辛迪加有限公司在伦敦注册宣布成立，并决定未来的里兹饭店就在巴黎的旺多姆广场 15 号院。旺多姆广场在巴黎的市中心，是到巴黎的游客必游之地，而 15 号院又是闹市之中的幽静处。雄伟的古建筑和宽大的庭院，正是里兹建造小巧、典雅而豪华的饭店所需要的理想处所。里兹对这个巴黎里兹饭店倾注了他全部的心血。在建筑上，他保留了原来建筑特有的外观与门面，以"卫生、高效而幽雅"的原则，对建筑物内部进行彻底改造，使之成为巴黎最现代化的饭店。里兹在巴黎里兹饭店的一大突破是实现了一个房间一个浴室的夙愿。当时能做到"一个房间一个浴室"的豪华饭店，巴黎里兹饭店是第一个，比美国饭店大王斯塔特勒先生"一个房间一浴室、一个美元零五十"的布法罗饭店整整早 10 年。里兹的另外一个突破是巧用灯光。电灯照明是一种新发明，但在他眼里，它的作用不仅仅是照明，他要利用它创造一种气氛。他是利用反射光照明的开拓者，他用雪花石膏把电灯光打到有颜色的天花板上，使人感到柔和舒适。餐桌上灯光昏暗创造出一种神秘的静谧感和不受别人干扰的幽雅气氛。里兹也是为妇女们考虑得最多、最早的饭店主。早在萨伏依饭店里时，把餐厅的照明改成反射光，就是出于对妇女化妆效果的考虑。在里兹饭店里，他请自己的夫人做模特，他自己和电工反复实验调整灯光效果，直到完全满意为止。在客房里，考虑到贵妇人们旅行时行李多，凡有可能，就尽量多搞几个储藏室与壁橱。在这个饭店里，里兹还打破了惯例。那里没有当时广为流行的宽大而豪华的门厅，只有一个实用的休息室。他认为这样可以减少到饭店里闲逛的人。里兹的梦想实现了。巴黎里兹饭店于 1898 年 6 月被画入了巴黎的地图。

巴黎里兹饭店的成功使里兹更加雄心勃勃。他在精心经营巴黎里兹饭店的同时，又回到伦敦，把注意力集中在伦敦卡尔顿饭店上来。他和他的支持者们先是取得了这家店的控制股权，然后开始对它进行改装。这一次，他和他的建筑师们把从巴黎取得的经验全部都用上了。壁橱、储藏室更加阔绰，客房的浴室比以前更大更漂亮。卡尔顿饭店是伦敦头一家每间客房都有浴室的饭店。为了不使地下室的烤肉餐厅显得憋闷，他把四周墙壁都镶上了玻璃，玻璃里边加上了灯光。卡尔顿没有庭院，他就把餐厅的墙向后挪了几米，建起了一个精巧的棕榈园。卡尔顿饭店于 1899 年重新开业，而头一年股东们就得到了 7% 的红利。

两年以后，维多利亚女王去世了，王储继位，即爱德华七世。作为里兹老主顾的王储，这位新国王加冕时间正式公布了：1902 年 6 月 26 日。卡尔顿饭店的房间早就全部预订出去。因为卡尔顿餐厅的窗子面向葆尔美尔大街，是观看庆典队列的最理想的地方。那年里兹才 52 岁。就在加冕庆典的两天前，国王患了盲肠炎需要动手术住院治疗，加冕日期无限期地推迟了。里兹最初听到这个消息时还比较镇静，上午还安排饭店的工作，下午却突然晕倒了，经医生诊断是精神错乱。没想到就这样一蹶不振。从那一天起到他去世的 16 年期间，他再也没有恢复到以前那精力充沛、无时无刻不在考虑饭店的状态。这样一位赫赫有名的饭店经营家被病魔所困，终于在 1918 年 10 月 26 日，在瑞士卢塞恩附近一家疗养院默默地去世了。里兹永远离开了饭店界，首先继承他的事业的是他的夫人——玛丽·中易斯·里兹。她在与丈夫长期共同奋斗中掌握了经营饭店的技能，懂得了里兹的思想。她和丈夫一样，为饭店事业贡献了一生。从1953年开始，里兹唯一的儿子查尔斯·里兹任里兹饭店公司的董事长。

早在里兹有生之年，里兹开发公司于1902年成立，由里兹负责里兹饭店特许经营权的销售业务，里兹饭店相继在伦敦、纽约、马德里等地成立。他去世后，带里兹名字的饭店又出现在伊斯坦布尔、雅典、洛杉矶、东京等地，后来又传到蒙特利尔、里斯本、波士顿。然而国外的里兹饭店绝大多数是特许经营权的拥有者，有的仅是名字而已，属于巴黎里兹店公司拥有者极少。

和里兹饭店一样，里兹本人也有许多独特的地方。

里兹极其重视仪表。他认为，作为一个饭店主，其个人的仪表与饭店的声誉有着十分重要的关系。他的衣着特别讲究，他买衣服一次就要买八套，一周之内，他每天要换一套衣服，另外还有应付特殊场合时专用的。这里说的一套是分便服、礼服，一天之内根据不同的时间与场合更换。他的真丝大礼帽每一次也是买八顶，鞋和领带也一次买一打。他的西服扣眼里总是别着一枝花。他的胡子也是每天修剪，保持着一种特有的风度。里兹瘦小而不魁梧，但因衣着入时，看起来总是那么精神体面。这也是英文ritz有"过于讲究"之意的道理所在。

里兹讲究效率，他办事有条不紊、一丝不苟。不管他在什么地方，都需要知道时间，他认为到需要知道时间的时候再临时找表就是浪费时间，所以在他的饭店里，随时都可以看到表，客房的墙上有固定的表，就连仆人陪伴的房间里也有表。这也许是瑞士人的习惯与传统。

里兹了解客人，会投客人所好，他的饭店服务被认为已达登峰造极之地步。多年来饭店服务工作的经验，使他养成了一种认人、记人姓名的特殊本领。门庭相见，一握手，几句寒暄便能知道客人的爱好；把客人安排入座，便明白如何去服务。这也许是那些王侯、公子、显贵、名流们追逐他的原因所在。他常常告诫服务人员，要想使客人喜欢自己的饭店，一再光顾，首先要让客人对在那里服务的人员有好感。

里兹有创造性和丰富的想象力，为了取得某种效果，从不惜巨资与代价，令同行瞠目结舌。早年在卢塞恩国民大饭店当经理时为了让客人观赏夜景，他在对面山上燃起篝火，为了创造一种特殊气氛，竟然在山上燃起一万支蜡烛！

在一些意料不到的事情发生时，里兹不仅表现了创造性，还表现了脑子快、应变能力强等特点。有一次，里兹组织了游船赏月聚会。一切就绪，只等明月升空。突然有人发现：这一天不会有月亮，里兹搞错了日子。里兹也意识到这个错误，但他镇定自若，并笑嘻嘻地说，好，我们就自己造一个！于是他马上叫人用纸剪了一个大圆月，吊在船头，后边挂上一个灯笼，一个人造月亮出现了。人们在欢笑中参加了一次空前绝后的没有月亮的"月下聚会"。

"客人永远不会错"是里兹的信条，宁肯自己担风险，也不轻易得罪顾客。当然里兹和其他饭店主一样，也常遭受因顾客无知而提出的责难，但他总是心平气和地处理好。

饭店的生意使里兹学会了圆滑，善于逢场作戏；也使他学会了机警灵敏，善于辞令。

里兹能干、自信，但他很重视人才，他不唱独角戏。他善于发现人才，他常说"好人无价"，不少经理都是他从服务员中提拔起来的。他善于用人，授之以权。他重视集中大家的智慧。他执掌饭店时，每天都召集饭店各部门经理开碰头会，请大家就饭店管理提建议，畅所欲言，各抒己见。作任何决定之前，他总是广泛地收集资料，听取各方面的意见，进行逻辑推理分析。凡是决定了的东西，就一定坚持下去，绝不动摇。

对于里兹先生，历史上有各种评论褒贬不一。由于时代的限制，他的服务对象不是一般平民百姓。然而，他在饭店与饭店的竞争与管理上确有不少创新，巴黎的里兹饭店堪称世界饭店业的一个里程碑。里兹先生不失为一名卓越的饭店经营家。病魔过早地使他离开了他所热爱的事业，他的才华未能真正得到充分发挥，对饭店业来讲这不能不说是一种遗憾。

案例讨论题

1. 里兹饭店与里兹本人有哪些独特之处？对当今饭店经营管理有何启示？
2. 结合本案例，谈大饭店时期饭店业的特点。
3. 怎样理解"客人永远不会错"？

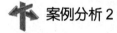 **案例分析 2** --

殷勤好客亚洲情——香格里拉国际饭店管理集团

一、香格里拉国际饭店管理集团概况

香格里拉国际饭店管理集团，是亚太地区发展迅速的豪华饭店集团，并且被公认为是世界著名的饭店集团之一。毫不过誉，全世界所有饭店的名字中，香格里拉的取名是最具匠心，最有魅力的。"香格里拉"一词源于英国作家詹姆士·希尔顿1933年撰写的《消失的地平线》一书，传说它是喜马拉雅山脉中的一个人间天堂。在那块乐土上，到处都充满着和平与欢乐的气氛，人们永葆青春。香格里拉一贯恪守为客人提供优质服务的承诺，并把其经营哲学浓缩为一句话："由体贴入微的员工提供的亚洲式接待。"香格里拉国际饭店管理集团的创始人是郭鹤年。

二、香格里拉饭店集团的经营战略

集团的目标是成为亚洲地区饭店集团的龙头，使命是成为客人、员工和股东的首选。

1. 香格里拉国际饭店管理集团的经营指导原则

香格里拉的经营理念是"由体贴入微的员工提供的亚洲式接待"。顾名思义，就是指为客人提供体贴入微的具有浓郁东方文化风格的优质服务。它有五个核心价值：尊重备至，温良谦恭，真诚质朴，乐于助人，彬彬有礼。

2. 建立客人忠实感

在顾客服务上，他们不再局限于传统的客人满意原则，而是将其引申为由客人满意到使客人愉悦，直至建立客人忠实感。在香格里拉，主要是通过认知客人的重要性、预见客人的需求、灵活处理客人要求并积极补救出现的问题四种途径来使客人感到愉悦。

3. 建立员工忠实感

4. 香格里拉相信有了忠实的员工才会有忠实的客人

（1）重视培训。

（2）提高凝聚力，尊重员工。

5. 削价与价值回报

6. 引人注目的广告宣传

它的广告有这样几个特点：

（1）关键时候舍得花钱；

（2）形式活泼，引人入胜；

（3）令人不得不读的广告词。

7. 与航空公司联合促销

8. 领先运用高科技

9. 重视领导技能

案例讨论题

1. 香格里拉饭店集团的成功给我们的启示有哪些？

2. 结合本案例，谈谈亚洲饭店业崛起的原因。

思考与练习

1. 世界饭店业的发展经历了哪几个时期？每个时期各具有哪些特点？

2. 中国饭店业的发展经历了哪几个主要发展阶段？

3. 简述中国现代饭店业的发展历程。

4. 中国饭店业的发展现状与问题是什么？

5. 世界饭店业的发展趋势是什么？

推荐文献

张广瑞 . 世界旅馆旅馆世界［M］. 北京：中国经济出版社，1991.

余炳炎，朱承强 . 现代饭店管理［M］. 上海：上海人民出版社，2002.

魏小安，乐志明 . 中国饭店发展创新之路［M］. 北京：旅游教育出版社，2011.

叶全良 . 世界饭店业的形成与发展［J］. 中南财经政法大学学报，2003.

曾博伟 . 改革开放 40 年：中国旅游业发展导向的演变［N］. 中国旅游报 /2018 年 /10 月 /9 日夏杰长，徐金海 . 中国旅游业改革开放 40 年：回顾与展望［N］经济与管理研究，2018. 6.

张润钢 . 回暖的市场与住宿业新时代——2017 年住宿业综述［N］. 中国旅游报 2017.12

杨宏浩 .2018 住宿业走上高质量发展之路 .［N］中国旅游报 .2019 年 /1 月 /10 日 / 第 A01 版

孙坚 . "互联网 +" 时代：旅游酒店业发展的新思考［J］. 旅游学刊 .2015（7）.

姜笛 . 国企酒店经营的互联网业态转型分析［J］. 管理观察，2018（22）：17-19.

普惠旅游 . 如何运营 "互联网＋民宿"［EB/OL］. http：//sanwen.net/a/tudjmpo，2016-12-11.

第3章 饭店的类型与等级

【学习目标】

通过对本章的学习，重点掌握饭店的基本业态分类及各种类型饭店的经营特点；重点掌握饭店等级制度的基本内容、目的和作用；了解国际上采用的饭店等级制度与表示方法；了解中国饭店星级标准体系；了解世界最佳饭店的评选办法和标准。

【内容结构】

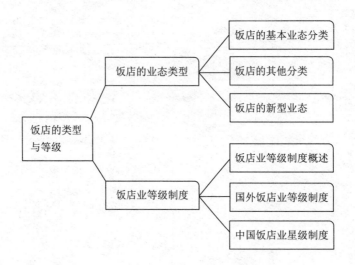

【重要概念】

商务型饭店　会议型饭店　度假型饭店　有限服务型饭店　完全服务型饭店
非标准住宿　饭店星级标准　饭店等级制度　美孚旅行指南体系　美国汽车协会
（AAA）体系　法国米其林红色指南体系　英国汽车协会体系　中国饭店业星级标
准体系

第 1 节　饭店的业态类型

一、饭店的基本业态分类

饭店业态是指饭店企业为满足不同的消费需求而形成的不同的经营形态。世界上的饭店业态与种类繁多，通常可以根据其各种不同特征进行分类。其中，最基本、最传统的业态是按客源市场和接待对象进行划分。根据客源市场和接待对象的不同，可将饭店划分为：商务型饭店、长住型饭店、会议型饭店、度假型饭店和汽车饭店。

（一）商务型饭店

商务型饭店（Commercial Hotels）也称暂住型饭店（Transient Hotels），此类饭店多位于城市的中心地区，接待商务客人、公务客人及因各种原因作短暂逗留的其他客人。这类饭店的客人在饭店平均逗留期较短，流动量大，饭店的服务及设施配备适应性广，在饭店业中所占的比例最大。这类饭店为适应细分市场的需求，也分有各种等级。

1. 商务旅游市场概况

商务型饭店是在商务旅游需求引导下市场竞争的产物。商务旅游自 20 世纪 80 年代以来获得快速发展。20 世纪 90 年代初，世界商务旅游年收入猛增至 2500 亿英镑，其后连年稳居世界旅游业总收入的 25%。

近年来，商务旅游是发展最快的旅游项目之一，从其规模和发展看，已成为世界旅游市场的重要组成部分，而且仍有巨大的发展潜力。全球每年旅游业收入的 35000 亿美元中，有 4200 亿美元属于企业的商旅支出，占全部旅游收入的 12%，并且随着世界经济的发展和全球化进程的推进，这一比例仍会提高。目前全球商务旅游人数约占旅游者总数的 1/3，国际上许多著名的连锁饭店通过调查发现，商务客人已占全球住房游客的 53%，占连锁饭店的 60%。

与世界其他国家商务旅游的消费者结构相类似，中国国内商务旅游市场主要由四个细分市场构成，包括一般商务旅游市场、公务旅游市场、学术旅游市场和其他各种大型活动、庆典相关的市场。

2. 商务客人的消费特征

从消费特征和档次分析，商务旅游无疑是旅游的高端产品。与其他类型旅游者相比，商务客人具有消费能力强、消费倾向明显、回头率高、对配套设施要求较高、不受季节影响、停留时间较长等特征。

（1）消费能力强。

商务客人的交通和住宿餐饮等费用由公司支付，加上他们一般都是收入较高的阶层，因而商务客人拥有较强的消费能力（据调查，商务客人与观光客人的消费比约为2.5：1）。较强的消费能力使得商务旅游者不太关注消费服务的价格，而更注重消费所带来的舒适性、安全性、便利性和服务质量，更注重服务的效率、品质、个性化及完善程度，更看重物有所值。

（2）需求价格弹性小，忠诚度高。

资料表明，商务旅游者的消费项目中，住宿、餐饮、交通、会议、宴会、通信等费用的支出比较稳定并占有较大比例。观光游览、购物和娱乐等消费则依商务旅游者的停留时间、商务旅游目的地的旅游配套设施完善程度和服务质量的不同而呈现较大的差异。商务客人更关注饭店品牌、地点和个性化服务，易产生品牌依赖，成为忠诚群体。

（3）时间观念强，对商务配套设施需求大。

商务游客旅行日程安排紧凑，强调效率，因此，他们希望旅行公司提供的商旅服务能统筹安排，提高效率，节约时间。近些年来，商务客人越来越追求快捷便利的现代化办公设施，据有关方面调查，10个国际商务客人中就有6人携带笔记本电脑，他们在饭店中使用传真比例高达97%，有超过50%的国际商务客人在差旅过程中使用互联网，因此，他们往往对办公地和住宿房间是否有宽带网比较计较。另外，商务客人对电子信箱、电传、国际直拨电话等使用频率也较高。

（4）以散客为主，受季节影响小。

统计表明，商务客人中散客居多，他们的主体是公司或机构的中高层管理者。商务客人旅行的主要目的是从事商务活动，完成商务目标。因此，旅行时间、旅行方式和目的地等在出行之前基本上已经确定。对商务客人来说，旅行意味着工作。观光旅游者所追求的旅游吸引物在他们选择目的地的决策过程中处于非常次要的地位。商务客人的目的地、交通工具以及从离开到返回工作地的时间等都是公司和机构的安排。进行商务旅行是一种公务，不受季节和气候影响。这就意味着商务客人在旅行过程中和在目的地期间，需要较多的"管家式服务"，以减少旅行过程中非工作本身所带来的麻烦，从而提高工作效率。但是，商务型饭店一般周一至周五开房率较高，周末则较为清淡。因此如何提高周末的开房率是商务型饭店加强促销、提高经济效益的经常性课题。

3. 商务型饭店的经营与服务

（1）商务型饭店要有完善的设施设备。

为方便商务客人开展各种商务活动，商务型饭店要设有商务中心（Business Centre），为客人提供打字、复印、传真、秘书、翻译等服务，并提供各类会议室，供商务洽谈之用。饭店还要在客房内提供办公文具、传真机、连接国际互联网的宽带等设施。

另外，商务客人在一天商务活动的紧张之余需要休息娱乐，有时也有一些商务上的应酬活动，商务型饭店应根据自身的实际客源状况提供一些康乐设施，如游泳池、健身房、台球室、保龄球、网球场等。

（2）商务型饭店要有高品位的服务。

商务型饭店除了在服务设施、服务项目的设置上要充分考虑到商务客人的需要外，服务人员还要提供高水平、高品位的服务。服务水准要高效、快捷、方便，服务标准应以满足商务客人需要为基本出发点，服务项目要考虑到商务活动和客人生活上的特殊要求。例如，提供快捷的洗衣、熨衣、送餐服务等。

有些高档商务型饭店为适应部分特殊商务客人（如高级行政人员、企业家等）的需要，在饭店内设立了"行政楼层"（Executive Floor）。行政楼层被称作"饭店中的饭店"，通常设在饭店的顶层或专门的楼层，有专用电梯和专门的服务。在行政楼层上，配有商务房、商务套房及豪华套房以及宽敞、典雅的商务廊。该类楼层的住客可在商务廊里休息、会客、阅读各种商务报刊，还可用早餐。客人不必去总台，可直接在楼层上办理入住和退房手续。

中档商务型饭店主要以一般商务人员、推销人员为服务对象。这类商务人员通常住店时间短，三两天为多，往往来去匆匆，要求饭店能够提供各种方便，但标准化的服务非常重要，这是该类商务客评价饭店的最基本标准。

一般来讲，商务型饭店是一个国家饭店业的主体部分。根据美国康奈尔大学所做的调查，利用饭店的目的可分为：商用（52.3%）、开会（24.2%）、私用（4.0%）、享乐（17%）、其他（1.7%）。另据中国饭店协会的统计，在饭店的接待客人中，商务客约占50%，旅游客约占12%，会议客约占11%，其他散客为12%。所以，我国中高档饭店的主流是商务型饭店。

（二）长住型饭店

长住型饭店（Resident Hotels）也称为公寓型饭店（Apartment Hotels）。此类型饭店一般采用公寓式建筑的造型，适合住宿期较长，在当地短期工作或度假的客人或家庭居住。

长住型饭店的设施及管理较其他类型的饭店简单。饭店一般只提供住宿服务，并根据客人的需求提供餐饮及其他辅助性的服务。饭店与客人之间通过签订租约的形式，确定租赁的法律关系。长住型饭店的建筑布局与公寓相似，客房多采用家庭式布局，以套房为主，配备适合宾客长住的家具和电气设备，通常都有厨房设备供宾客自理饮食。在服务上讲究家庭式气氛，特点是亲切、周到、针对性强。饭店的组织、设施、管理较其他类型简单。

长住型饭店的经营方式也被我国许多商务型饭店所采用，将某一楼层或部分房间长期出租给公司、单位和个人，作为办公或职员生活住房。饭店将这种经营方式视为保底收入的一种有效做法。

从发展趋势看，长住型饭店一是向豪华型发展，服务设施和服务项目日趋完备。二是分单元向客人出售产权，成为提供饭店服务的共管式公寓，不少饭店还实行定时分享制，与其他地方的相同类型设施的所有者交换使用。

公寓式饭店既有公寓的私密性和居住氛围，又有高档饭店的良好环境和专业服务，因此，公寓式饭店受到了一批消费者的广泛关注和欢迎。近几年，一些开发商在公寓式饭店的基础上已开发出饭店式公寓。

根据对发达国家同业情况的考察，饭店式公寓是一个国家和地区发展到一定阶段后将长期发展和存在的一个物业类型。由于它既具有饭店的品质，又低于饭店的价格，能满足许多商务、投资和高层次人员居家的需求，从而必将成为大城市、发达城市和地区中心独具魅力的新兴物业。

（三）会议型饭店

会议型饭店是会议产业的核心环节，发挥着至关重要的作用。据有关统计，2006年会议型饭店以及具备大中型会议功能的饭店已占星级饭店总数的80%。

1. 概念及其类型

（1）会议型饭店。

关于会议型饭店（Convention Hotel）的界定，主要有两种说法，第一，从饭店的营利构成来看，饭店营业收入的50%以上来自会议接待业务的；第二，从饭店的功能角度来看，以承办会议展览为基础而发展起来的具有完备设施的饭店。中国旅游饭店业协会在2007年起草了《会议饭店建设与运营指南》，该指南提出，会议型饭店即以会议群体作为主要目标市场，并且具备与会议服务相关住宿、餐饮、展览等服务功能的饭店建筑。综上所述，会议型饭店是能够承办和接待各类会议，包括展览会、交流会、学术研讨会及大型活动等在内的特殊类型的饭店。

会议型饭店的主要特点特征①住宿特征。会议型饭店的客房数量通常较多，所能接待的住宿人数最少要等同于会议室最大容纳人数；②会议功能。饭店内最少搭配一个大规模会议室或多功能厅，以及若干中小型会议室；③会议接待收入占主营收入的比例高于一般饭店，具体比例因各地区经济环境与饭店业经营情况而不同。

（2）类型。

根据饭店会议相关软硬件设施、饭店会议占饭店总体投入的比重、因会议带来的效益（包括直接经济效益和间接品牌效益等）、饭店经营战略、目标市场定位等因素，可以将会议型饭店分为以下两种类型：

①接待型会议饭店。

接待型会议饭店即具有接待会议能力的饭店，具备功能完善的会议服务、客房服务、餐饮服务、商务服务、交通服务等主要软硬件设施设备的饭店。该类型饭店并非专门为会议市场而建造，其会议设施只是饭店的配置资源之一，属于饭店的附属产品。例如，浦东香格里拉大饭店是接待商务会议、观光度假客人的综合性豪华饭店，拥有 981间客房与套房。会议市场是其重要的组成部分，饭店会议接待能力突出，但并非专业型会议饭店。饭店在会议接待方面，宴会和会议场地面积优势明显，能够提供 6500 平方米的室内、室外会议场所，包括两个无柱式宴会厅——浦江楼大宴会厅和紫金楼盛事堂，可分别容纳 1500 人和 1700 人举行鸡尾酒会。还有十个不同面积的会议室，尽可满足各类商务和社交活动的需求。所有会议厅或多功能厅都设有一流的先进影音设备，包括：宽带上网服务、室内同声传译系统、手提电脑 / 个人计算机、兼具录音服务的多元麦克风系统、多制式录像机幻灯机、投影仪、液晶投影仪及实物投影仪、视像 / 电话会议、视像 / 数据投影仪等。[①]

②专业型会议饭店。

与普通接待型会议饭店相比，专业型会议饭店是饭店和会议功能的复合，其功能定位是服从于会议需求的饭店，会议是其核心产品。专业型会议饭店在硬件方面，包括会议厅室的数量、格局、分布、厅室的灯光音响配置的专业化程度，有足够的客房数量和丰富的客房类型，同时具有承接超千人团体餐饮活动和高规格宴会的接待能力；在软件方面，员工队伍构成及其服务水平、经营目标的确定、饭店服务的标准规范、饭店文化的内涵等都是以会议为中心提出更专业的要求。例如，昆明云安会都饭店是云南省规模最大、功能齐全的专业型会议饭店，其营收的 70% 来源于会议市场。该饭店云安国际会议中心建筑面积 13000 平方米，会议大厅面积 2200 平方米，无柱式分隔，净层高 12 米，可以满足 2000~2500 人的会议需求。同时，中心的建设采用国际前沿设计理念，引进了同声传译系统、电子表决系统、自动升降吊点系统、会议发言和声控系统等先进设备，在区域内处于领先地位。[②]

会展作为综合性很强的产业，不但能带动房地产业、饭店业、餐饮业、交通业、商业、旅游业等相关产业的发展，还能成为城市经济的重要支柱。而作为在这个产业链上承担接待任务的饭店业来说，会展经济带来的既有机遇，也有挑战。由于大型的国际会议需要高规格的服务接待、更具规模的举办场所、先进的会议设施设备以及完善的会议整体策划等一系列专业化的服务，对饭店专业化会议服务提出了很高的要求。在饭店与会议功能的融合的基础上，探究会议专业策划组织公司（PCO）的加入、会议专业管理水平和服务质量的提升、会议专业人才管理等因素将成为未来专业型会议饭店竞争的焦点。

---

① https：//www.promo.shangri-la.com/cn/.

② 李晓冰.昆明云安会都酒店“国际会议中心”5 月启用.来源：会议.2014 年 04 月 08 日.

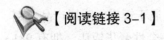

广州白云国际会议中心

广州白云国际会议中心以岭南集团饭店、会展、旅游一体化发展为依托，是国际大会及会议协会（ICCA）的协会成员，集会议、展览、饭店、餐饮、演出、物业于一体的大型综合性会议中心，占地面积 27 万平方米，拥有 1079 间山景客房、3 间专业剧院、66 间专业标准会议厅。中心配备先进和专业的会议设施装备，可同时举办多场 20~2600 人不同规模的会议，30000 平方米的多功能展场能满足各类大小型品牌的展演及宴会。云国际会议中心每年平均接待 3000 多场次国内外会议、展览、演出、宴会活动。

中心秉承可持续发展观念，建设"绿色场馆"。在设计上充分考虑广州地区亚热带季风气候征及功能使用的可持续性，对可再生能源的合理使用，以及在不牺牲舒适度的前提下尽量节约能源，如中央大厅采用自然通风、白天自然光照明等。在工程建造中采用多项节能、环保、生态建筑等先进技术，如使用转轮式全热回收器，减少冷却和除湿的能源消耗，降低空调 30%~60% 的系统容量；冷却水废热回收用来供热以节约燃料，会议厅采用置换空调，减少空调的能耗以及各种节水、节能照明控制等，实现循环经济和可持续发展的目的。

2. 我国会议型饭店兴起的背景

在我国，会议型饭店是在会议市场规模壮大的背景下逐渐兴起的。随着我国在世界上的政治、经济地位日益提高，我国与世界各国的政治、经济、文化交流与合作日益紧密与频繁，越来越多的国际大型会议、会展进入中国；同时，国内经济持续快速发展，各种类型的国内商贸会议、展览活动、奖励旅游也日益繁荣。中国旅游饭店业协会的《2007 中国会议酒店发展研究报告》显示，近十年来，我国会展业总规模保持年均近 20% 的增长速度，2006 年全国举办的各类展会 3000 多个，会展业直接收入 140 亿元人民币左右。

在我国，会展业的发展主要集中在几个大城市，尤其在北京、上海、广州这三大会展都市。北京作为全国政治、经济、文化中心，会展旅游的发展使当地饭店业具有得天独厚的经营优势。例如，为举办 2008 年北京奥运会，北京星级饭店达 800 家，以满足到京的 80 万运动员、记者、观众和游客的住宿要求。上海作为一个国际商务城市，一直都备受国际会展的青睐。"1999 年财富论坛年会""APEC 会议""上海六国元首会议""亚洲年会""福布斯论坛"等高层次会议相继在上海举行，2010 年将举办"世博会"，因此会展旅游成为上海市饭店业最主要的客源渠道。广州每年举办大型展览会 350 多个，各种展示、展销会 1100 多场；"广交会"被誉为"中国第一展"，仅在 2005

年春交会中，就吸引了来自 200 多个国家和地区，共计 30 万客商参加；广州会展旅游给饭店业带来的营业收入近全部收入的一半。

会展旅游市场的兴起为会议型饭店提供了稳定的客源，从而直接带动了会议型饭店的快速发展。一方面，会展旅游市场给会议型饭店带来了经济效益；另一方面，开展会议业务极大地提高了饭店品牌知名度与美誉度，带来了饭店无形资产的增值。会议型饭店接待来自不同国家、区域的宾客，成功的会议接待不仅使他们成为饭店的忠诚顾客，而且会向其他顾客传播饭店的良好口碑；同时，饭店接待重要国际、国内会议，必然成为世界新闻媒体关注的焦点，媒体在报道会议的同时也间接地宣传了饭店，从而极大地提高了饭店的知名度。因此，在国内饭店业竞争激烈、赢利水平较低的背景下，会议型饭店以其较高的综合赢利水平、广阔的发展前景而为广大投资者所青睐，从而推动了我国会议型饭店市场的逐步兴起和繁荣。

3. 会议客人的消费特点

各种不同会议的客人消费水平和特点都有所不同，但总的说来，会议客人的消费有如下共同特点：

（1）计划性强。

会议旅行活动计划性强，且不受气候和季节的影响，客房一经预订，到客率高，便于饭店经营管理，提前做好接待准备。计划性强还表现在全部会议活动的"集中性"：报到集中、开会集中、休息集中、用餐集中、客房整理集中等。

（2）消费全面。

会议客人除有住宿、餐饮和会场服务需求外，还有娱乐、购物、车船票预订、市内交通服务和参观游览安排等需求，包含了旅游活动的全部食、住、行、游、购、娱六个要素。为满足客人的各种需求，饭店要向客人提供全面的设施设备和全面的服务。

（3）消费水平高。

在不同的旅游目的地过夜的旅游者中，会议客人平均收入高于总平均水平，据香港旅协的统计数据，在港参加展览、会议的商务客人人均消费达 1.2 万元左右，是普通游客人均消费 5500 元的一倍之多。据 2007 年中国饭店业务统计显示，在 2006 年五星级饭店市场的房价贡献中，饭店会议团体的平均房价为 736 元，其中大型会议 / 会展的平均房价为 905 元，而国内旅游团的平均房价仅为 508 元。

（4）逗留时间长。

参加会议的人员，既要参加会议、展览，有时还要参观游览，因此，他们逗留的时间比一般旅游者要长。

（5）季节消费均衡。

会议旅游多避免在旅游旺季进行，这样可以有效地调节饭店旺季与淡季客源的不平衡，提高饭店的全年利用率。

4. 会议型饭店的服务与管理

随着会议市场的日益成熟及业内竞争日趋激烈，市场竞争的胜负和市场竞争力将最终取决于服务质量水平和服务的专业化程度。

（1）确保设备设施运行正常。

为确保会议活动顺利进行，会议型饭店的硬件管理工作非常重要。其中预先控制尤为关键。第一，从饭店筹建确定客房、餐饮、会场的规模格局起就要精心设计，尽量要做到相互配套合理、功能齐全；第二，会议设备设施的配置选购和安装调试要保证质量；第三，要制定各项操作规程，并定期反复培训，杜绝违规操作、设备损伤的现象发生；第四，饭店要通过定期大修、日常保养达到延长其使用寿命的效果；第五，在会议开始之前，一定要做好全面调试，确认完好无误。

（2）打造一支协作高效的员工团队。

会议（特别是大型会议）客人人数多，活动集中。饭店在会议接待高峰期，如何调兵遣将、指挥作战并恰到好处，是会议接待工作中的首要环节。所以，饭店要拥有一支高素质员工队伍，这是做好会议接待的必要保证。服务人员不仅需要专业技能，而且需要其他多方面的能力，主要包括：交际能力、仪容仪表、合作能力、销售能力、观察能力和自我调节能力。在此基础上，饭店要注重营造员工之间相互理解、相互协调、换位思考的良好氛围。

会议型饭店，因其客人每次的消费需求都是同时出现的，这就要求各部门员工之间要有极强的合作能力，在短时间里为所有的客人提供同一项服务。员工之间、岗位之间、部门之间要通力协作，无论客人提出多高的要求，员工们都能临阵不乱，胸有成竹，顶得住一时超负荷的工作量，禁得住随机应变的考验，发挥饭店整体战斗力的作用。

（3）科学合理地调配人力。

与其他类型饭店相比，会议型饭店的经营与服务有客情明显的忙闲不均衡的弊端，这给饭店的人力资源管理工作提出了既要节约又要保证接待的难题。

为了科学合理地调配和使用人员，并使饭店经营尽可能处于相对的平衡状态，会议型饭店可按周或按旬调节控制员工的累计工作小时数，即实行灵活适度的弹性工作制。这样，既保证了员工的法定权益，又给饭店降低人力资源成本带来了空间。

（4）提供专业化的服务。

会议型饭店会议服务的专业化程度，决定了饭店服务水准及档次。会议型饭店通常都设有专门的组织机构，配备专门的人员，提供专业化的会议服务。从会议承揽到会前准备、会议接待服务、后勤保障、会议结束后的跟踪服务，形成一整套科学可行的服务流程，并不断总结经验，不断加以完善。

（四）度假型饭店

度假型饭店（Resort Hotels）就是以接待休闲、度假的宾客为主的饭店。此类饭店多位于海滨、山区、温泉、海岛、森林等旅游胜地，远离繁华的城市中心和大都市，但交通要便利、畅通。

与商务型饭店不同的是，度假型饭店除提供一般饭店所应有的服务设施和项目外，还应尽量满足客人休息、娱乐、健身、疗养等方面的需要，要有足够、多样的娱乐设施，如多功能厅、影视厅、游泳池、台球、棋牌室等。有条件的还应辟有各种户外娱乐、体育项目，如滑雪、骑马、狩猎、垂钓、划船、潜水、冲浪、高尔夫球、网球等活动来吸引客人。度假区活动的吸引力的大小是一个度假型饭店成功的关键。疗养型饭店亦属此类。

度假型饭店的集中与分散程度往往依风景区或疗养地的规模大小而定。风景区规模大，度假型饭店就较为集中，容易由此而形成旅游度假城。例如，夏威夷，加勒比海地区，泰国的帕塔亚（当地称芭堤雅），我国的北戴河、青岛、大连、三亚等城市。夏威夷每年接待游客400多万人次，其中75%为度假旅游者，夏威夷的饭店90%为度假型饭店。一般城市周围地带或郊区，也会发展一些相对分散的度假饭店，这类饭店大多建在湖畔或山区风景秀丽、自然景观优美的地方，主要客源是周边城区的周末度假客。

1. 休闲度假旅游

从国际旅游业发展来看，旅游已从单一的观光旅游转向观光旅游和度假旅游相结合，在旅游业发达的国家和地区，旅游业已向度假旅游发展。业内专家指出，2015年后，发达国家将进入"休闲时代"，休闲产业将在2015年左右，主导世界劳务市场。休闲产业将是今后世界产业发展的潮流。

在我国，为了提高旅游业的发展层次，1992年8月，国务院决定试办国家旅游度假区，当时确定了12个国家旅游度假区：大连金石滩、青岛石老人、苏州太湖、无锡太湖、上海横沙岛、福建武夷山、湄洲岛、广州南湖、北海银滩、三亚亚龙湾、昆明滇池、杭州之江。

1996年中国度假休闲游开幕式在亚龙湾举行，它标志着中国旅游业转型的开始，也意味着中国度假饭店将有更多的机遇。

与其他旅游形式相比，休闲度假旅游具有几个方面的优势：历史文化、思想观念、哲学艺术、风俗习惯、环境气候、人文社会等资源的开发利用是旅游者消费的深层次需求；重复消费比较多，为了充分满足休闲生活的需要，人们会根据支付能力、闲暇时间、个人嗜好等，选择比较固定的度假地和度假方式；度假旅游还可将观光、娱乐、运动、会议、商务、康体等各种旅游活动有机结合，形成以观光度假、体育度假、疗养度假、休闲度假、娱乐度假等为主题的度假产品。

2. 国际度假饭店发展中的典型模式

（1）希尔顿模式。

这类度假饭店以管理品质为依托的品牌影响力来拓展市场，定位于高端度假市场和豪华业态。每晚数千美元的住宿体验、专属海上飞机的往来接送、海底或沙漠地下餐厅的就餐经历对于度假者来说都构成了独特而难忘的度假体验。在客房和卫浴的设计和建造上，希尔顿饭店更强调人文性和与自然的交融。总的来说，饭店本身独具匠心的设计以及现代建筑的精美绝妙对于下榻于此的度假者可能更是一种别样经历。

（2）迪士尼模式。

迪士尼度假饭店明显定位于普通家庭的休闲和度假旅游者。一般毗邻迪士尼乐园，与乐园一起构成度假目的地。住店客人可享受往来饭店与乐园间的多种交通工具；可提前进园或延长在园内游玩时间；特别针对不同年龄层次的儿童设计俱乐部活动或主题游艺、餐饮活动。由此可见，与迪士尼配套的游乐经历是迪士尼度假饭店的主要卖点。

（3）地中海俱乐部模式。

地中海俱乐部（Club Med）是在法国注册的国际度假饭店集团，力求以不同类别和等级的度假住宿设施来满足全球范围内更多的细分市场。该公司旗下的度假饭店分布在全球数十个国家和地区，在现实的经营过程中，则努力以不同的主题活动串联起独特的村落生活方式，特别针对儿童设计的俱乐部活动以及友好的"文雅的组织者"（gentleorganizer）共同构成了度假者度假期间的美好经历。

值得关注的是，地中海俱乐部在不同程度上直接参与或影响了饭店所在区域的度假地规划与建设。风格各异的餐厅、酒吧、商店、剧场、工艺品制作间、计算机房、各种体育活动、健身场与保健医疗场所和设施，可以满足每一位度假者的消遣、娱乐与休憩的需求。实际上，地中海俱乐部不仅是一个旅游住宿设施的经营者，还是关注生活品质的"人居环境"的构建者。正是在更大范围内的度假地的规划参与过程中，它创造性营建了一个自然环境友好，原住民和谐共存，从而更加适宜度假旅游者休闲的场所。

（4）邮轮经济模式。

邮轮原指海上定线、定期航行的大型客运轮船。现代邮轮则更多的成为一种旅游体验的载体，有时邮轮本身就是一个旅游吸引物，集住宿休闲娱乐设施、公共市政设施于一身，独特的海上"漂浮状态"体验可以承载现代人亲水性的需求。截至2002年底，国际上实际航行的邮轮为223艘，实际载客为1030万人，上客率为90.5%，销售收入估计为154亿美元。官方资料显示，国际邮轮旅游业传统市场已日趋成熟，正需要寻找新的发展空间。中国众多港口城市都具有发展邮轮经济的巨大潜力，如上海、深圳、青岛、大连和海口等。

（五）汽车饭店

汽车饭店（Motor Hotels 或 Motels）常见于欧美国家公路干线上。它是随着汽车的迅速普及与高速公路的迅速扩展而逐渐产生的一种新型住宿设施，以接待驾车旅行的客人和家庭而得名。

汽车饭店是伴随着公路、汽车业的发展而发展起来的。早在第一次世界大战以后，热衷于驾车旅行的美国人对公路两旁的简易住宿设施产生了极大的需求，这种饭店气氛随便，收费低廉，驱车来去方便，很快便形成了一定的市场。1925 年，美国加利福尼亚州的一位汽车老板将英文"Motor"和"Hotel"二字的首尾相接，杜撰了一个新词 Motel，称为汽车饭店。此种说法虽无从考证，但确有新意，反映了这类旅馆的特色。

汽车饭店的真正崛起是在第二次世界大战以后，美国交通公路的不断延伸、完备，形成网络，使驾车成为美国人外出的主要方式，而伴随着人们生活水平的提高，对原有"夫妻店"式的汽车饭店开始采取排斥性态度。

1951 年，美国商人凯蒙·威尔逊（Kemmons Wilson）先生带领全家驾车做了一次度假旅行。这是一次"最糟糕"的旅行，旅行中烦恼多于快乐，而最大的不顺心是住宿与吃饭。威尔逊憋了一肚子气，他在途中就表示，等到他一回到孟菲斯，马上就自己建一个汽车饭店，把这一路上失去的东西全都补回来。

1952 年威尔逊从银行借了 30 万美元的贷款，在通向孟菲斯城的主要通道上建成了第一家以"假日饭店"（Holiday Inn）命名的汽车饭店。他一改传统的汽车饭店的"小店"风格，领导了汽车饭店的新潮流。在他所拥有的 120 个单元房的假日饭店中，客房清洁卫生，价格低廉，带有卫生间、浴室，房前有宽敞的汽车停车场，走廊有自助售卖机器，除进店办理住宿手续和交费外，用不着麻烦什么人。

当时，威尔逊建的假日饭店都在 100 间客房以上，整齐、清洁、方便、价廉、规模大的特点，迎合了驾车旅游者的要求，再加上汽车饭店建造成本低，投资少，经营灵活，服务简单，人工费用低，很快迅速发展起来。威尔逊也依靠其创造的特许经营方式，使假日饭店成为全世界最大的饭店联号。

当今的汽车饭店不仅设施方面大有改善，且趋向高档，大多可提供现代化的综合服务。除假日饭店联号外，华美达饭店集团、霍华德约翰逊集团等都有大量的汽车饭店。

汽车饭店在西方国家经过了 80 多年的发展历程，具有成熟发展模式。随着我国汽车工业的发展以及私家车的增多，高速公路网的不断完善，自驾车旅游的盛行，为汽车旅馆的发展提供了合适的土壤。因此具备了发展汽车旅馆的初步经济条件。上海锦江饭店集团已率先在沪宁、沪杭公路沿线兴建适应驾车旅游的饭店。

二、饭店的其他分类

除上述的基本业态分类外，饭店还可以按其他各种不同的标准，进行不同的分类。主要有：

（一）根据饭店规模划分

根据饭店规模大小划分，可将饭店分为大型饭店、中型饭店和小型饭店三类。表示饭店规模大小的基本指标是饭店的客房数量。目前国际上还没有一个统一的划分标准，通常大型饭店是指拥有 600 间以上客房的饭店（拥有 1000 间以上的客房的饭店为超大型饭店）；中型饭店是指拥有 300~600 间客房的饭店；少于 300 间客房的饭店则为小型饭店。

按照这样的标准划分，世界上绝大多数的饭店都是中、小型饭店。

目前，世界最大的饭店是马来西亚云顶高原的第一世界酒店，拥有 6118 间客房。世界最大的豪华饭店是美国拉斯维加斯的米高梅大饭店（MGM Grand），拥有 5034 个房间，29 个客户服务中心都有 24 小时待命的主管。在最为奢华的饭店套间中，包括了一间豪华餐厅、一座配温泉的私人游泳池。在米高梅大饭店中，最小的套间面积约为 260 平方米，最大的超过 800 平方米。最豪华房间的每晚房费高达 1.5 万美元。

而小型饭店可以只有几十间、甚至几间客房。世界上有许多各具特色的迷你型饭店，如荷兰的 the Grand Hotel de Kromme Raake de Kromme Raake 豪华旅馆坐落在小镇 Eerum，它的前身是一个杂货店，后被改成一个仅设一间客房的旅馆。如今它已作为世界上最小饭店而载入吉尼斯纪录。

按照我国的星级饭店评定标准，要求星级饭店至少拥有可供出租的客房数为：一星级 15 间（套）；二星级 20 间（套）；三星级 30 间（套）；四星级和五星级 40 间（套）。

（二）根据建筑投资费用划分

按饭店的建筑投资费用分类，可按每个标准间的建筑投资费用作为划分标准，把饭店分为中低档饭店、中档（或中档偏上）饭店、高档饭店、豪华饭店和超豪华型饭店等各种等级类型。许多国家实行有明确标准的、严格评定的饭店等级制度来区分各种不同等级的饭店，如在世界饭店业中较普遍采用的饭店星级评定制度。从需求和市场角度讲，主要涉及进入饭店的消费者的经济支付水平和消费满意度的主观评价，饭店的客房价格是最重要的衡量指标。

1. 中低档饭店

按国际惯例，每个标准客房的建筑投资为 2 万 ~4 万美元，建筑面积为 25 平方米的饭店为中低档饭店。如我国的一星级、二星级饭店属于此类饭店。中低档饭店将市场定位于一般商务人士和普通旅游者等大众消费群体。

2. 中档（或中档偏上）饭店

中档（或中档偏上）饭店或称舒适型饭店。一般来说，此类饭店标准客房的建筑投资在 4 万~6 万美元，建筑面积为 36 平方米左右。它服务的人群主要是白领阶层的家庭游客以及对住宿要求不高的商务人士。我国的三星级饭店为中档（或中档偏上）饭店。

3. 高档饭店

高档饭店或称一流饭店，标准客房的建筑投资在 6 万~8 万美元，建筑面积为 36 平方米左右的饭店可以称之为高档饭店。饭店的设备先进，综合服务设施完善，提供优质服务。客人不仅得到高级的物质享受，也能得到很好的精神享受。它服务的人群主要是有一定经济实力的家庭游客以及对住宿要求较高的商业人士。我国的四星级饭店为高档饭店。

4. 豪华饭店

标准客房的建筑投资在 8 万~10 万美元，建筑面积为 47 平方米左右的饭店可以称之为豪华型饭店。豪华型饭店主要设立在大中城市以及知名的旅游度假胜地，为有经济实力的家庭客人以及商务人士提供全面、周到的服务和舒适、具有文化品位的饭店设施。我国的五星级饭店为豪华饭店。

5. 超豪华饭店

超豪华饭店的综合服务设施和服务水准大大超过一般豪华饭店标准，从悠久的饭店经营历史、优越的地理交通条件、鲜明的主题文化到精湛的建筑设计和装潢环境、品质一流的专业服务和运营系统，都体现着高雅与奢华的品位。例如，迪拜的 Burj Al-Arab 饭店、阿布扎比皇宫饭店、巴厘岛宝格丽饭店等。

【阅读链接 3-2】

阿布扎比酋长国宫殿饭店（Emirates Palace）

在阿拉伯联合酋长国首都阿布扎比西北的海岸边，有一个世界上最豪华的饭店——酋长国宫。这座与阿联酋总统府仅一街之隔的宫殿式饭店，占地面积超过 1 平方公里，饭店北面和西面临海，拥有 1300 多米长的黄金海岸线。酋长国宫饭店耗费 40 吨黄金，投入 30 亿美元。

该饭店目前由凯宾斯基饭店集团管理经营，由著名的英国设计师约翰·艾利奥特设计。这座超豪华饭店所有房间都配备了号称"22 世纪的设施"。整个酋长国宫共有 394 套客房，最小的客房面积为 55 平方米，最大的总统套间面积近千平方米。16 套宫殿套间位于饭店的六层和七层，每套面积达 680 平方米。每个套间有 7 名专门的服务员在门外 24 小时待命。饭店内部设有面积达 7000 平方米、1200 个座位的报告厅和能容纳 2000 余人的大宴会厅，另有 20 个不同风味的餐厅、40 个会议室和附带 12 个工作间的新闻中心。从饭店通道一头走到另一头，长近千米。酋长国宫现已成为阿联酋一道崭新而亮丽的风景线，成了与迪拜的"七星级饭店"——阿拉伯塔齐名的标志性建筑。而在阿联酋的外国人更愿意把酋长国宫称为位于阿布扎比的"八星级饭店"。

其实"七星"也好，"八星"也罢，在国际上都没有具体的评定标准。在我国星评体系中，"白金五星级饭店"是最高级别的超豪华型饭店。"白金五星级"与普通五星级相比，对饭店的硬件和软件都提出了更高的要求。

（三）根据服务功能范围划分

1. 完全服务型饭店

完全服务饭店是指能够提供住宿、餐饮、娱乐、购物等全面服务（Full Service）的饭店。目前我国三星级以上的饭店可视为完全服务型饭店，因为它们不仅具备住宿功能，还包括前厅、餐饮、娱乐、购物、商务、会议、度假等多项功能。

2. 有限服务型饭店

相对于完全服务型饭店，有限服务型饭店提供的是有限服务。它一般仅提供饭店的核心产品——住宿服务和简单的饮食服务，而对其他功能进行压缩或取消，基本没有其他的配套设施。通常是中低端层面的饭店。目前，我国《旅游饭店星级划分与评定标准》（2010）中规定，一星级、二星级和三星级饭店均视为功能有限型饭店，评级应重点关注住宿产品。

最为典型的有限服务型饭店是经济型饭店。经济型饭店（Budget Hotel）的本质特征就是有限服务，其基本服务模式为"B&B"（住宿＋早餐）。经济型饭店最早出现在20世纪50年代的美国，如今在欧美国家已是相当成熟的饭店业态。

经济型饭店是我国饭店业发展的一种新业态。经济型饭店的概念由"锦江之星"、"如家快捷"引入中国，是在传统星级饭店基础上发展出来的一种强化客房功能、弱化附属设施及服务的新型有限服务饭店。它主要从商务旅游顾客需求角度出发，重在提供物超所值的客房产品，它不同于传统的星级饭店标准，是对星级饭店的创新，其特点可概括为"一星级的墙、二星级的堂、三星级的房、四星级的床"，正是这些鲜明的特点迎合了许多消费务实、懂得享受时尚和休闲生活的现代人。

经济型饭店以"务实"为服务理念，一般没有豪华的大堂，简化甚至取消一些配套设施，如餐厅、会议室、康乐等，但是它特别讲究客房的舒适度，除了室内装修质地优良、独具风格外，房间的睡床从床垫到床上用品都是按照三星级以上水平配置，并提供免费宽带上网，它还提供卫生、便捷的大众式早餐（如面包、咖啡之类）以及其他外送洗衣、商务等综合性服务，该配套设施与商务型饭店相似。（关于经济型饭店，在后面的章节中进行专门论述。）

（四）根据地理位置划分

1. 城市饭店

城市饭店（Down Town Hotel）多数是商业饭店。但因城市中心社区规划不同，商务或公务活动的重点不同，甚至城市居住的分层格局不同，都会对城市中心饭店经营上造成一定的影响，形成城市中心饭店的不同特色。比如北京东部建国门一带，是传统的使馆集中区，东部朝阳门一带是新开发的使馆区，因此形成这一带商业饭店以外商投资的饭店居多，高档商务饭店多。西部西城、海淀一带为国家行政管理机构集中的区域，军队宿舍居多，这一带商业饭店则以国内商务活动为主，海淀北部为著名的科技文化区，高校集中，这一带商业饭店则以科技人员、学者等知识分子为主。

2. 乡村旅馆

乡村旅馆是指位于乡村地区，具有乡土特色，向外来游客提供食宿、餐饮等服务的旅馆。

19 世纪中叶的欧洲，工业化与城市化进程的加快及其带来的负面影响，导致城市居民向往宁静的田园生活和美好的乡间环境，乡村旅游应运而生。而真正意义上大众化的乡村旅游则起源于 20 世纪 60 年代的西班牙。当时的旅游大国西班牙把加泰罗尼西亚村落中荒芜的贵族古城堡进行一定的装修改造成为旅馆，用以留宿过往客人，这种旅馆称为"帕莱多国营客栈"；同时，把大农场、庄园进行规划建设，提供徒步旅游、骑马、滑翔、登山、漂流、参加农事活动等项目。

以后，乡村旅游及乡村旅馆在美国、法国等发达国家得到倡导和大发展。1995 年，美国农村客栈总收入为 40 亿美元。1997 年，美国有 1800 万人前往乡村、农场度假。法国居民素有以种植蔬菜为乐的习惯。自 20 世纪 70 年代以来，随着五天工作制的实行，许多农民投城市居民所好，在自家农场开辟"工人菜园"，为城市居民提供休闲场所。这种"工人菜园"在北部工业区比比皆是。

发达国家的乡村旅馆的类型是多样的，除了农家旅馆外，还有自助式村舍、度假村等。自助式村舍往往装饰精美、设施齐全、配有各种电器、参与星级评定，价格较高。例如，英格兰沃里克郡的自助式村舍提供：中央暖气系统、微波炉、厨具、洗衣机、电视 / 录像机、收音机 /CD 机、电热毯、羽绒被等。度假村（Resort）的现代化色彩较为浓厚，主要是面向高端的乡村度假旅游者以及商务团队会议旅游者。

目前中国乡村旅游住宿产品主要有两种类型：第一种类型是大都市中远郊区由旅游企业集团提供的度假村，客源市场定位中高端休闲度假旅游者和部分会议团体旅游者。第二种类型是家庭旅馆，农户将自己家中闲置房屋出租给旅游者，提供特色农家菜，使其能更好地了解乡村生活，风俗民情。

按地理位置划分，乡村旅馆还可分为城郊乡村旅馆和远郊乡村旅馆。前者距离城市中心近，作为城市的后花园，一般都会以"农家乐"的形式来吸引游客。比如位于杭州城郊梅家坞的乡村旅馆。远郊乡村旅馆是指那些距城市较远的乡村旅馆，它又包括景区乡村旅馆和特色乡村旅馆。景区乡村旅馆是指位于景区内外的旅店，它与景区的兴衰存亡息息相关。特色乡村旅馆是指那些独立于景区之外，以自己优美的自然风光、独特的乡土特性吸引游客前来入住，让他们在度假休闲之余又感知当地民风民俗、体验村民淳朴的生活的乡村旅馆。

3. 风景区饭店

风景区饭店是指位于海滨、山林等自然风景区或休养胜地的各种类型的饭店。度假型饭店大都集中设在著名的风景区域。例如，分布在美国度假胜地夏威夷各岛屿的度假饭店、商务饭店、度假别墅、产权饭店和分时度假饭店等各类饭店，客房总数达 65000 多间。再如我国的黄山风景区，除了风景区内的西海饭店、北海宾馆、玉屏楼宾馆等几家饭店外，在黄山山下还坐落着各种各样的饭店，如星级度假饭店、疗养院和家庭旅馆等。

风景区饭店的建造和经营，除了在客房、休闲娱乐等设施和服务上要适合和满足游客的需要外，在设计和装修上要特别强调饭店所在区域的景观适配性。要注意对风景名胜区资源和环境的保护，核心景区内，要禁止建设旅馆、招待所、培训中心、疗养院以及与风景名胜资源保护无关的其他建筑物。

4. 公路饭店

公路饭店（High Way Hotel）即汽车饭店（Motel），顾名思义位于公路旁，在交通发达的国家，主要是位于高速公路旁。这类饭店主要是向驾车旅游的人提供住宿和餐饮服务。

5. 机场饭店

机场饭店（Airport Hotel）位于机场附近，主要服务于一些大的航空公司和因转机短暂停留的飞机乘客。机场饭店客人停留时间短，客流周转率高，饭店主要提供住宿、餐饮服务和商品售卖服务，娱乐、健身设施倒不很重要。在国外，大机场附近饭店非常多，如新加坡、洛杉矶、纽约等。

有统计数据显示，目前机场饭店占据了全球优质饭店市场 5%~10% 的份额。随着航空旅行的不断增长，机场饭店将会拥有长期的市场发展潜力。

很明显，能够为机场饭店提供最佳发展机遇的无疑是那些拥有大量国际、定期和过境旅客的机场。其他的客源还包括：航班延误或取消的乘客以及机场供应商和机组人员、机场附近商业圈、工业园区的客源以及会议细分市场的客源等。

（五）根据经营方式划分

1. 集团经营饭店

集团经营饭店即联号饭店，是由饭店集团以各种不同方式经营的饭店。饭店隶属于某个饭店联号。所谓饭店联号（Hotel Chain）是指拥有、经营或管理两个以上饭店的公司或系统。在这个系统里，各个饭店使用统一的店名或店称，统一的标志，实行统一的经营、管理规范与服务标准。也有的联号，甚至连饭店的建筑形式、房间大小、室内设备、饭店的位置以及主要的服务项目也相同。

与独立经营饭店比较，饭店联号有其明显的优势。主要表现在：一是有统一的管理模式，在市场上形成了统一的品牌，形成了消费者的高度信任感；二是有统一的品牌，这样统一的品牌遍及世界，使消费者感到非常方便；三是有统一的饭店销售和组织网络，大的饭店联号内部彼此之间供应的客源一般可以占到30%以上。

联号饭店主要包括两大类：一类是公司联号饭店（Corporate Chain Hotels），通常由其所属的饭店联号公司所有并管理统一品牌和标志。另一类是特许经营联号饭店（Franchised Chain Hotels），由不同的公司所有，联号提供特许经营许可及技术支持，一般不对联号饭店进行管理。

联号不是独立的饭店业态，是一种企业经营形式和管理模式。它必须与具体的业态相结合，才显示它的存在形式和独特的魅力。

2. 独立经营饭店

独立经营饭店即单体饭店。它的一个重要特征是独立所有，独立经营，不属于任何饭店联号也不参加任何特许经营系统，有比较低的市场品牌认可度。在目前饭店业界，绝大多数中小型饭店都属于独立经营饭店。

当前国际饭店业中，独立经营饭店的比例有下降趋势，1980年全美最大的25家联号饭店数量占全国饭店数量的50%，到1994年这一比例已达到65%，越来越多的独立经营饭店以各种形式加入饭店联号中。

3. 联合经营饭店

联合经营饭店一般是由多家单个饭店联合而成的饭店企业，借联合的力量来对抗集团经营饭店的竞争。此种经营方式在保持各饭店独立产权、自主经营基础上，实行联合统一的对外经营方式，如建立统一的订房协议系统、统一对外的质量标准、统一的公众标志等，并可开展联合对外的促销、宣传和内部互送客源等，形成规模经济。

相对于饭店联号，饭店联合体是一种松散的组织形式。它是独立经营饭店的自愿联合，成员饭店通过联合体可以获得单一饭店无法取得的重要资源（如预订网络）。饭店联合体的成员饭店既享受到了隶属于一家饭店联号时所拥有的种种好处（如集体采购），又拥有了自己管理饭店的权利。因此，饭店联合体是独立经营饭店联合运作的一种有效方式。

在美国，目前约有31%的独立饭店采用联合体方式联合经营。美国最大的饭店联合体"帕格萨斯公司"（Pegasus Solutions）拥有饭店8700家，客房1802827间，第二大饭店联合体"莱克星顿服务公司"（Lexington Services Corp）拥有饭店3800家，客房494000间，在规模上都超过了不少国际大饭店集团，这充分说明在完善的市场经济条件下，饭店联合体也拥有广阔的发展空间。

（六）根据饭店计价方式划分

1. 欧式计价饭店

欧式计价（European Plan，EP）指饭店客房价格仅包括房租，不含食品、饮料等其他费用。世界各地绝大多数饭店均属此类。

2. 美式计价饭店

美式计价饭店（American Plan，AP）的客房价格包括房租以及一日三餐的费用。目前，尚有一些地处僻远的度假型饭店仍属此类。

3. 修正美式计价饭店

修正美式计价饭店（Modified American Plan，MP）的客房价格包括房租和早餐以及午餐或晚餐的费用，以使宾客有较大的自由安排白天活动。

4. 欧陆式计价饭店

欧陆式计价饭店（Continental Plan，CP）的房价包括房租及一份简单的欧陆式早餐即咖啡、面包和果汁。此类饭店一般不设餐厅。

5. 百慕大计价饭店

百慕大计价饭店（Bermuda Plan，BP）的房价包括房租及美式早餐的费用。

三、现代饭店的新型业态

酒店业态是根据消费者需求，有针对性地组合酒店要素所形成的类型化营业形态。随着社会的进步，技术的发展，顾客多元化的需求促使饭店业态呈现多样化的趋势。住宿业在细分过程中不断涌现新型饭店业态，如智能饭店、主题饭店和精品饭店、饭店式公寓、绿色饭店、产权饭店、民宿等，同时也包括那些满足补缺市场的特殊旅馆，这些多种多样的饭店类型在满足市场个性化需求和丰富饭店业态结构方面发挥了重要的作用。

（一）智能型饭店

饭店业是传统的服务行业，属劳动密集型产业。但是，随着数字技术的发展和计算机的普及，这种情况也在发生变化。饭店设备的智能化和管理手段的现代化将大大改变饭店的固有模式。

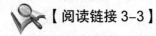

【阅读链接 3-3】

AI 智能饭店[①]

在互联网与传统行业的碰撞中，"互联网+"模式将成为企业未来发展的必然趋势。

---

① 董鹏．饭店智能化服务．STANDARD LIVING．2018 年 2 月 总第 623 期．

如今，传统的饭店行业开始走向移动终端智能化。饭店智能化的根本出发点是降低能耗，提高智能化水平给客人科技及人性化的体验，提高员工工作效率。以人为本的饭店智能化是未来的发展方向。

近年来，饭店智能化服务从过去登录 PC 端转向移动终端，通过相关 APP 软件，让饭店预定和服务更快捷，反应更迅速。机器人已成为人工智能的代言人。服务型机器人目前能够应用在饭店领域的主要包括：迎宾引导机器人、自助入住机器人、客房情感机器人、自主运送物品机器人、安防巡更机器人、商品售卖机器人、自助行李存取机器人、餐厅服务机器人等十余个工作岗位的机器人。2016 年，希尔顿和 IBM Watson 合作测试了机器人前台；喜达屋旗下的 Aloft 品牌已开始用机器人 Botlr 为客房递东西；洲际旗下的皇冠假日饭店也有类似功能的机器人。海航饭店集团旗下已有 7 家饭店开始使用智能机器人开展服务。这位智能机器人可以为客人房间运送物品，如浴巾、吹风机、儿童用品、客房用餐等；机器人可以和客人简单聊天，日常问好，讨论天气，引领有需要的宾客前往公共区域卫生间、会议室、健身房等场所；此外，机器人还能顺路插播一下饭店的各种活动和促销。人工智能将通过最精准的运算能力和平台优势，帮助饭店实现精准决策、精准服务、精准营销、精准管理，将成为传统收益管理的核心技术支撑或者重新谱写收益管理的方法论。

饭店行业人员流失率高，培训成本也高，人工智能在饭店行业的应用是必然趋势。中国目前有 200 多家饭店在使用机器人服务，已经超越世界上任何一个国家的应用数量。随着服务型机器人和人工智能技术的不断突破与应用，饭店行业作为服务业劳动力较密集的代表领域，将成为服务型机器人进军的重点行业。

在线旅游企业也在推进人工智能与饭店业的结合。前不久，携程宣布，其客服机器人能在平均一秒到两秒时间内回复消费者提出来的关于饭店预订等方面的"入门问题"，已累计服务超过 1 亿人次。人工客服也从重复性咨询等解放出来，进而能够为消费者提供更加高质量的服务。与此同时，阿里巴巴集团旗下旅行品牌飞猪宣布在杭州西溪天堂打造"人工智能饭店"。目前，西溪西轩饭店的部分客房可以通过屋内的智能音箱"天猫精灵 X1"用语音实现对窗帘、灯具、电视等设备的控制，还能够直接呼叫饭店客房服务。据统计，人工智能还没有显示应有的威力。以前饭店前厅部可能需要 10 个人，现在有人工智能的辅助，可能只需要 4 个人左右，降低 60%~80% 的人力成本，可提高运营效率、提高服务质量、提高宾客满意度，并且可使饭店管理更加科学化、精细化，通过对客源进行类比分析，推动产品创新。

（二）主题饭店与精品饭店

1. 主题饭店

主题饭店是以某种特定的主题为核心的饭店。主题饭店在饭店建筑设计、装饰艺术、服务方式、产品形态和企业形象设计等方面表述同一的文化理念，展示同一的文化形象，传递同一的文化信念，并能够以个性化的服务满足顾客物质与精神需求，让顾客在深度体验中获得知识和愉悦。主题饭店是近年来发展很快的一种饭店业态。

2. 精品饭店

精品饭店（Boutique Hotel）是饭店市场中一类个性特征突出的饭店产品，它是一个典型的市场补缺者。这种业态诞生于 20 世纪 80 年代中期的美国。1984 年开发商兰·施拉德（Lan Schrager）最早在美国纽约麦迪逊大街开办了 Morgans 精品饭店，1988 年又开办了 Royalton 饭店。进入 21 世纪后，精品饭店在欧美表现出越来越流行的趋势，并且也将会在中国逐渐流行起来。

（三）绿色饭店

"绿色饭店"（Green Hotel）是一种新的理念，它要求饭店将环境管理融入饭店经营管理中，以保护为出发点，调整饭店的发展战略、经营理念、管理模式、服务方式，实施清洁生产，提供符合人体安全、健康要求的产品，并引导社会公众的节约和环境意识、改变传统的消费观念、倡导绿色消费。它的实质是为饭店宾客提供符合环保要求的、高质量的产品，同时，在经营过程中节约能源、资源，减少排放，预防环境污染，不断提高产品质量。

（四）产权式饭店

产权式饭店，即饭店的开发商将饭店的每一个客房的产权分别出售给多个业主，业主每年拥有一定的时间段免费入住，其余时间段，可以委托开发商或管理公司经营，并享受一定的分红，同时业主可以转卖、继承、抵押、馈赠。

产权式饭店兴起于 20 世纪 70 年代欧美国家的一些著名旅游城市和地区，英文全称是"Timeshare"即"时空共享"，产权式饭店作为一种特殊投资和消费模式，符合经济资源共享的基本原则，它使业主闲置的空房和饭店的大门向社会开放，对公众推出一种既是消费又是存储，既是服务又是家产，既可自用又可赠送的特殊商品，是房地产业和旅游业的有效结合，是经济发展到一定程度的必然产物。无论对发展商还是投资商，产权式饭店都孕育着丰富的商机。（关于产权式饭店，将在后面的章节中进行专门论述。）

四、非标准住宿

信息技术的进步和互联网的普及，催生了各种新兴的商业模式不断出现，非标准住宿，如客栈、民宿、家庭旅馆等，凭借其更高性价比、更良好的人文互动和体验等优势，受到市场的青睐，并得到快速发展。

从 2008 年美国的 Airbnb 公司诞生，大量区别于传统酒店的非标准住宿产品成为人们出行住宿的新选择，并且发展势头不容小觑。据统计，2019 年，Airbnb 的估值已经达到 310 亿美元，并且对酒店业的收入造成了直接的影响。

近年来，随着国内旅游消费升级，非标准住宿逐渐被市场接受和认同，发展较快。据国家信息中心《中国共享住宿发展报告 2019》显示，2018 年我国共享住宿市场交易额为 165 亿元，同比增长 37.5%，在线房源量约 350 万个，较上年增长 16.7%，房客数达 7945 万人。报告预测，未来三年，共享住宿市场规模将继续保持 50% 左右的增长速度。

（一）概念界定

1. 非标准住宿

非标准住宿即区别于传统酒店的一种住宿形态，非标准住宿是由个人业主、房源承租者或商业机构，为旅游度假、商务出行及其他居住需要消费者提供的除床、卫浴外更多个性化设施及服务的住宿选择，主要包括客栈、旅游民宿、公寓、度假别墅、小木屋、帐篷、房车、集装箱、胶囊房和太空舱等。相比传统酒店，非标准住宿具有多种业态、房源分散、经营多元化、个性化和高性价比以及网络依赖等特征。随着互联网技术发展，非标准住宿逐渐从非主流转向主流市场、从线下分散经营转向线上经营，经营模式日趋多元化。

2. 旅游民宿

旅游民宿是非标准住宿业态的主要类型，发展迅速。根据国家文化和旅游部近期出台的《旅游民宿基本要求与评价》（2019）将旅游民宿定义为：利用当地闲置资源，民宿主人参与接待，为游客提供体验当地自然、文化与生产生活方式的小型住宿设施。根据所处地域的不同可分为城镇民宿和乡村民宿。与其他非住宿业态相比，民宿是主人意愿的体现，与主人同住、由主人亲自招待，突出独具一格的个性色彩。

民宿的本质就是为旅游者提供深度体验的"家文化"空间，强调主客互动以及多界面接触当地文化和生活方式的住宿选择。经营过程中，民宿外形建筑、装潢装修无不体现主人的审美情趣和当地的人文情怀，同时也更好地满足了民宿市场个性化和多样化的住宿需求。

民宿的差异化生活体验取决于不同的经营模式，其主要类型包括家庭副业、家庭主业与合作经营型民宿三大类。（1）家庭副业经营型民宿即传统型民宿。民宿仅作为户主副业的生活方式，非家庭收入的主要来源，游客可以真切地感受原住民家庭真实而有趣的生活。（2）家庭主业经营型民宿。房主将经营民宿作为家庭收入的主要来源。专门为民宿经营新建或改建住房，原住民与民宿客房相互独立，舒适性与私密性得到保证，服务配套设施更完善，更好地满足游客的需求。（3）合作经营型民宿。民宿由政府、社区或者企业与农户合作，经营规范且规模较大。合作方互为依托，充分利用当地独特的资源，租赁或新建富有特色的房子，同时发挥原住居民对本地文化的了解，结合地方文化特色，统一管理与建设，易形成品牌效应和规模效益。[①]

① 关迪，孙壮，李东会.民宿发展及其在不同经营模式下的分类研究［J］.住宅与房地产，2019（6）.

3. 在线短租

目前，互联网使在线短租平台成为民宿等非标准住宿经营的主要载体。在线短租是指房东通过在线短租平台发布相关的出租信息，租客根据自身的需求选择合适的房屋进行预订并支付价款，然后线下入住的一种住宿方式。其与传统酒店线上预订的不同在于房源覆盖广、种类多、性价比高，更加注重消费者个性化体验，为消费者提供更多样化的住宿服务。在线短租平台改变了传统民宿经营中信息不对称、交易成本偏高的局面，有效提高房东和租客之间匹配的效率，从而创造更多的经济价值和社会价值。

目前，在线短租主要有集中和分散两种模式，集中式是由第三方管理公司收购或租赁相关物业，改造后统一出租服务和管理，如 HomeAway、YOU+ 国际青年公寓和途家等。分散式是由个人房屋所有者将空置房通过在线租赁平台直接销售给租客，如 Airbnb、蚂蚁短租和小猪短租等。

在线短租模式相比于传统短租的优势表现在以下两个方面：一方面，利用网络平台信息资源共享，提高买卖双方匹配对接效率，降低了交易成本；另一方面，借助在线评价和体验分享，在平台和顾客之间建立了有效的反馈机制，促进口碑传播和宣传效果。

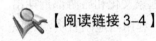
【阅读链接 3-4】

共享短租平台——Airbnb[①]

全球最大短租在线服务商 Airbnb（Air Bed and Breakfast 爱彼迎）是美国知名的旅行房屋短租平台，于 2007 年在美国成立，目前已经在全球 192 个国家有超过 200 万房间数，规模远超知名国际酒店集团。Airbnb 将游客和有闲置房屋可供短期租用的房主连接起来，私人住宅也成为承载游客住宿需求的新空间，是适合背包客、自助游、沙发游及驴友的非标准住宿形式。人们可以通过网站、手机等方式在这个平台上发布、发掘和寻找预订世界各地的独特房源，国际化程度很强。

Airbnb 的企业愿景与使命是致力于在全球构建一个安全的、值得信赖的社区，为所有房东和房客建立一个具有包容性的平台，构建一个"家在四方"的世界。其盈利模式是，每笔订单向房东收取 3%，向房客收取 6%~12% 不等的服务佣金。

Airbnb 于 2015 年 8 月联合红杉资本中国和宽带资本进入中国市场，并取名叫爱彼迎，但进入中国市场两年来，面对国内后来居上的本土短租平台的激烈竞争，如小猪、途家等，并没有取得很大的突破。据有关研究结果显示，中国内地游客对民宿类线上短租平台预定认知不高，用户使用率较低。但是，仅有的 20.51% 的使用过 Airbnb 的用户满意度、再次使用率及可接受程度评价却相对较高，说明该平台市场推广存在短板，有

---

① 刘歆玥. 从 Airbnb 浅析共享经济以及在中国的适应性研究 [J]. 现代商业，2016（7）.

待提升。因此，Airbnb 面临着巨大的国内市场竞争，想在中国市场上站稳脚跟需要明确的市场定位和有效的管理手段和营销策略，打造自己专属的品牌形象。

（二）发展历程

非标准住宿业——民宿起源于 19 世纪 60 年代的英国，被称为 B&B（Bed & Breakfast），主要提供住宿和早餐，至今近半数的英国人在出游时更倾向于入住民宿。美国民宿称为"Homestay"，强调其家庭属性，直至 20 世纪 70 年代，美国人开始追求自然生态和历史文化的探寻，具有浓郁家庭氛围的民宿才日渐崛起。2008 年，美国酒店行业短租平台 Airbnb 已经在全球 190 个国家的 34000 个城市拥有 200 万套房源，包括 6000 多万房间。亚洲地区较早引入"民宿"的是日本，也称"Minshuku"，于 20 世纪 80 年代，日本旅游业高速发展，而旅游住宿设施却相对匮乏，民宿兴起并日趋成熟。

中国民宿最初发源于台湾地区，与日本民宿发展本源相似，独特的自然人文资源催发民宿产业，至今已有约半个世纪的历史。中国大陆的民宿产业起步较晚，于 2011 年开始，多家提供非标准住宿产品的公司迅速崛起，市场交易规模从 2012 年的 1.4 亿元快速增长至 2019 年的 180 亿元，以莫干山、丽江、拉萨、阳朔、成都等地的为代表的民宿市场发展较为迅猛。

1. 起因

住宿业态变迁的驱动因素中，既包括国家政策、技术进步、产业升级与融合等宏观因素，也包括旅游观念转变、出行方式变迁、住宿企业创新等微观因素，具体表现在以下几个方面：

（1）市场供需的保证。

需求方面，非标准住宿主要面向那些目的地逗留时长 7–30 天左右，以康养休闲、求学求职等过渡性住宿需求为主的群体，他们消费实力较强，对生活品质要求较高，传统标准酒店和长租房难以满足这些需求，同时该市场潜量巨大。供给方面，我国目前大量闲置房产为非标准住宿消费提供了条件。根据小猪平台数据，2018 年二、三线城市作为出行目的地的人群已占整个出行人群的 76.1%，平台乡村民宿房源数也已突破 10 万套。

（2）信息技术与共享经济的推动。

网络为买卖双方搭建了便捷高效的沟通平台，实现了虚拟和现实的社区环境的互联，很大程度上满足了消费者对旅游目的地民俗和文化的深度体验需求，以及社交需求和尊重需求，为非标准住宿的发展与运营提供了重要条件。如小米开发的 YOU+ 国际青年公寓提供了 300 平方米的大厅，公共区域可以举行生日派对，充分体现了非标准住宿的社交功能。

（3）消费观念与消费方式的改变。

近年来，生活水平的提高促使旅游观念正在从狂热冲动的"到此一游"转向理智冷静的"体验与品味"，人们更关注高性价比的消费经历、与自然和谐共生的绿色消费方式以及与人分享的消费体验等。这些新观念的出现也推动了非标准住宿业态的兴起和发展。

以中国台湾与大陆为例，两地发展乡村民宿的原因相同，皆是为了实现传统农业的转型，摆脱原有单一的"农耕经济"模式。发展休闲农业不仅可以解决传统农业经营困境，还能够提供集农产品生产经营、休闲服务于一体的新型经营模式，为传统农业注入新的活力。乡村振兴战略下，"农业＋旅游"的乡村旅游结合体模式应运而生，由此带动乡村民宿发展。

2. 规范

民宿作为非标准住宿的主要形式，凭借其适宜的价格、温馨的入住气氛、原汁原味的目的地文化体验，在市场中快速崛起。然而，行业繁荣的背后，民宿监管、卫生、平台以及社区矛盾等发展瓶颈仍然存在，民宿在规范化和品质方面亟待提升。

非标准住宿的经营多元化和个性化特征对行业监管提出更高的要求。从国内外经验看，除了政策支持外，拓展非标准住宿市场必须重视诚信体系和规范监管。因为这种低标准化模式使得旅客不能像选择酒店那样简单凭借品牌做出购买决策。因此，住宿信息的真实性、品质保证、信用体系以及相关法规标准的保证体系是行业持续发展的重要条件。

2019年7月31日，中国文化和旅游部正式公布旅游行业新标准《旅游民宿基本要求与评价》（LB/T 065—2019）。与2017版相比，新标准更加体现文旅融合发展的新理念，更加注重用户体验标准的设置，更加侧重卫生、安全、消防等方面的标准要求，并健全了监管和推出机制，为提升旅游民宿高质量发展提供了重要保证。

【阅读链接 3-5】

新国标 新提升[①]

2019年文化和旅游部颁发的新标准《旅游民宿基本要求与评价》（LB/T065—2019）与2017年版相比，主要技术内容变化如下：

● 更加体现发展新理念，体现文旅融合；

● 加强对卫生安全、消防等方面的要求，健全退出机制；

● 将旅游民宿等级由金宿银宿两个等级修改为三星级、四星级、五星级3个等级；

● 明确了三星级、四星级、五星级旅游民宿的划分条件。

"旅游民宿"的定义中增加了"经营用客房不超过4层、建筑面积不超过800 ㎡"

---

① 夏金彪. 新国标引领旅游民宿业高质量发展. 中国经济时报/2019年/7月/26日/第006版 产业.

的内容。

本标准明确了旅游民宿的等级和标志。旅游民宿等级由原先的金宿级和银宿级两个级别，变为三星级、四星级和五星级三个级别。

本标准在"5.1规范经营"条款中明确规定旅游民宿要取得当地政府要求的相关证照。

本标准将安全和卫生组合在一起，"5.2安全卫生"中对经营场地的安全、食品安全以及从业人员有了更细化的要求。

本标准在"5.4其他"中健全了旅游民宿评定的"退出机制"。

本标准将对旅游民宿设施和服务的要求详细写入了"6等级划分条件"中，等级不同，要求也不相同。

从台湾经验看，民宿业良性发展必须侧重监管。2001年台湾颁布的《民宿管理办法》不仅给予了民宿合法的身份，还对民宿的经营资格、设施基准、管理监督等方面进行了严格规定，避免了监管滞后对整个民宿产业的消极影响。相关专家认为，未来共享住宿平台不仅需要建立一套适用非标住宿的标准化体系，提升用户体验，提高安全系数，解决民宿服务水平参差不齐的问题，更要探索新的业务增长模式，如加大自营民宿业务投入，通过参与城市及乡村旧房宅基地盘活改造丰富平台房源供给，打造围绕民宿上下游的生态服务体系等，以此保证行业的可持续发展。

（三）趋势

高增长、多元化、高端化和绿色化是中国非标准住宿市场未来发展的必然趋势。尽管目前该市场仍是标准住宿的补充，但是随着用户教育和市场培养的力度加大，大众旅游增长对住宿市场的渗透，非标准住宿将进入高增长态势。共享经济促使产业融合度加强，非标准住宿市场将会同旅游的其他领域进行深度整合，满足用户包括住宿在内的全旅程服务体验。个性化、定制化将是非标准住宿高端化定位的重要基础，品质提升与品牌效应将逐渐显现，标准化民宿品牌将引领民宿行业发展，一些不规范的个体民宿将被逐步边缘化。环保绿色将是非标准住宿可持续发展重要标志。

【阅读链接3-6】

乡村民宿怎样才能行稳致远？ [①]

"苔痕上阶绿，草色入帘青。"公元825年，唐代诗人刘禹锡作《陋室铭》时或许不会想到，时光荏苒千年，他所追求的简约自然的生活方式有一天也会被后世人趋之

---

① 肖颖．乡村民宿怎样才能行稳致远？中国自然资源报/2019年/8月/20日/第003版．

若鹜。

这几年，民宿很火，民宿很忙。各大卫视轮番推出的《三个院子》《向往的生活》《漂亮的房子》《青春旅社》等"慢综艺"真人秀节目，更是掀起了一股新的乡村民宿热潮。数据显示，仅途家民宿平台一家就有约 31 万套乡村民宿房源上线。截至 2019 上半年，途家乡村民宿交易总额较去年同期增长 180%。

乡村民宿一路高歌，盘活农村、山林和风景区等闲置资源的同时，也解决了农民在家门口就业的问题。但光鲜的另一面，却是衍生出的诸般乱象：部分乡村民宿违规侵占农地、林地，超高、超面积违建，透支着生态环境。

"靠山吃山"却挖山不止。"靠水吃水"却污水直排。更有甚者，假借乡村民宿之名，违规占用农地，触碰"农地姓农"这条底线，直接影响国家粮食安全。而上述这些问题，由于远离城市，监管难以及时发现，而一旦造成既成事实，对于环境的破坏往往是不可逆的。

纠偏扶稳，乡村民宿方能正向前行。对此，需要强有力的执法让从业者有所畏惧，也需要法规建设和监管机制的同步跟上，让从业者知道什么是有所为有所不为，知道什么是边界和底线。事实上，目前已有不少地方开始注重加强乡村民宿发展的监管和引导。比如：北京已经开始试点运行《乡村民宿管理导则》，上海发布指导意见对乡村民宿的设立条件、经营用房等都做出明确规定。

"无丝竹之乱耳，无案牍之劳形。"乡村民宿让我们放下疲惫，拥抱自然，其与自然生态也并非是"鱼和熊掌不可得兼"的关系。如何通过政策的平衡与介入，既能体现管理的柔性，又能引导乡村民宿健康平稳有序发展，考验着相关部门的管理智慧。

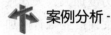 案例分析 --

主题饭店之都——拉斯维加斯

有专家指出，有自己特色，给人以文化、个性感受的主题饭店将是旅游饭店业发展的方向。

主题饭店这个形式最先出现在国外。在美国，拉斯维加斯被称为"饭店之都"。你也许会为此而惊讶，其实这样说一点也不过分。据统计，世界最大的 16 家饭店拉斯维加斯就占 15 家，现有饭店房间数超过 102000 间。其实它也是主题饭店之都。传统饭店的概念在这里已发生了转变，主题是拉斯维加斯饭店的灵魂与生命。一座座主题饭店就是一个个景点，它们交相呼应，组成拉斯维加斯的一道风景线吸引着万千的游客。

拉斯维加斯的主题饭店大约分以下几类：

1. 模拟城市氛围的饭店

这类饭店通常以历史悠久、有浓厚的文化特点的城市为蓝本。他们以局部模拟的形式，用微缩仿造的方法再现了城市的风采。其中比较出名的有纽约饭店。它把曼哈顿的标志性建筑——自由女神像，以 1：1 的比例搬到了门前。

2. 模拟神话、传说的饭店

它们以人们熟悉的神话故事为背景，使人觉得像进入了童话世界一样。如梦如幻，抛开一切现实中的烦恼，尽情享受这眼前的一切。

3. 模拟历史遗迹、自然风光的饭店

这种饭店充分表现出人文环境与自然环境的魅力。有的像一座花园，里面盛开着各式的鲜花，一朵朵娇嫩欲滴，弥漫着阵阵花香，叫人仿佛进入了绿色的世界。有的模仿古代帝王的宫殿，使人觉得进入了皇宫一般。还有的以海市蜃楼、火山爆发等自然现象为主题，让人不寒而栗。

拉斯维加斯的主题饭店普遍具有规模大、层次多、变化快的特点，他们充分利用空间和高科技的手段，配以大型的演出，使饭店增色不少。旅游饭店业是国民经济的晴雨表。主题饭店之所以在拉斯维加斯能如此红火，也是美国经济高度发达的体现。除此之外，与其赌博文化也很有关系。由于我国在主题饭店领域上起步比较慢，而且建主题饭店投资比较大，所以它现在的发展还不是很快。但是，主题饭店这一形式在我国已初露头角。

相比于传统饭店那种单一的服务形式，千篇一律的设施设备和模式化的服务，主题饭店具有不可比拟的优势。它从自己的主题入手把服务项目融入主题中去，以个性化的服务代替刻板的模式，体现出对客人的信任与尊重。历史、文化、城市、自然等都成了饭店借以发挥的主题。从此饭店不再是单纯的住宿、餐饮设施，而是寻求欢乐和刺激的天堂。

案例讨论题

1. 结合本案例，谈谈主题饭店的特征和优势。

2. 我国应如何发展主题饭店？

 **推荐文献**

吕建中. 现代旅游饭店管理［M］. 北京：中国旅游出版社，2004.

约瑟夫·派恩等. 体验经济［M］. 北京：机械工业出版社，2002.

戴斌，刘妍. 旅游的休闲市场与饭店的度假业态［EB/OL］http：//guanli.VeryEast.Cn［2007—03—06］.

宣玥. 打造中国度假型酒店［N］. 中国旅游报，2006—11—22.

袁世伟. 主题饭店产品开发与模型选择［J］. 商业时代，2005（17）.

伍蕾，杨宏浩. 国际饭店行业等级评定制度：现状、趋势与启示［J］. 热带地理，

2013 年 01 期，（112–118）．

李新泰．欧洲饭店业分级体系的现状与启示［J］．旅游论坛，2017 年 3 期．

第 2 节　饭店业等级制度

一、饭店业等级制度概述

随着"二战"以后世界饭店业的发展，各国政府和饭店业团体机构依据饭店的建筑、设施设备、清洁卫生、服务质量等标准，将饭店划分为不同的等级。所谓饭店等级即是指一家饭店在上述标准所达到的水准和级别，并按照不同国家的具体规定，以不同的标志表示出来，在饭店的显著位置上公之于众。

（一）饭店业实施等级制度的目的与作用

饭店等级制度是国际旅游业的通用语言，是世界旅游发达国家通行的一项制度。饭店实施等级制度的目的和作用主要表现在以下几方面：

1. 维护饭店宾客的权益

饭店的等级标志本身是对饭店设施与服务质量的一种鉴定与保证。对饭店进行分级，可使客人在预订或使用之前，对饭店有一定的了解，并根据自身的要求和消费能力进行选择。对饭店进行定级可以有效地指导客人选择饭店，为其提供物有所值的服务，保障他们的合法权益。

2. 便于行业的管理和监督

饭店企业的服务水平和管理水平，对消费者及所在国家和地区的形象和利益，均有重要的影响。许多国家的政府机构或其他行业组织，都将颁布和实施饭店等级制度作为行业管理与行业规范的一种手段，利用饭店的定级，对饭店的经营和管理进行监督，使饭店将公众利益和社会利益结合在一起。

3. 有利于促进饭店业的发展

饭店的等级，从经营的角度看，也是一种促销手段，有利于明确饭店的市场定位，并针对目标市场更好地展示饭店的产品和形象，同时也有利于同行之间平等、公平的竞争，可促进不同等级的饭店不断完善设施和服务质量，提高管理水平，维护饭店的信誉。对接待国际旅游者的饭店来说，也便于进行国际的比较，促进饭店业的不断发展。

4. 有利于增强员工的责任感、荣誉感和自豪感

通过分级定级，动员饭店全体员工参与，促使员工增强争级、保级或升级的责任感，激发了员工的工作热情。定级或升级的成功可增强员工的荣誉感和自豪感，从而可

增强饭店的凝聚力和竞争力，有利于饭店获得持续发展的内在动力。

（二）饭店分级方法

分级制度目前在世界上已较为广泛，尤其在欧洲更是普遍被采用。不同国家和地区采用的分级制度各不相同，用以表示级别的标志与名称也不一致。在国际上，由于每个国家所处的情况不同，国情不同，各个国家对饭店等级的概念也是不一样的。因而至今为止国际上对饭店等级尚未有统一的标准，因而也就不存在所谓的"国际标准"。尽管如此，各国、各地饭店分等定级的依据和内容却十分相似，通常都从饭店的地理位置、环境条件、建筑设计布局、内部装潢、设备设施配置、维修保养状况、服务项目、清洁卫生、管理水平、服务水平等方面进行评价确定。

目前，国际上采用的饭店等级制度与表示方法大致有以下几种：

1. 星级制

星级制是把饭店根据一定的标准分成的等级，分别用星号（★）来表示，以区别其等级的制度。比较流行的是五星级别。星越多，等级越高。这种星级制在世界上，尤其是欧洲采用非常普遍。例如，法国使用 1~5 星级，摩纳哥为四星豪华、四星 C、三星、二星、一星等。我国也是采用五星制。

2. 字母表示法

许多国家将饭店的等级用英文字母表示，即 A、B、C、D、E 五级。A 为最高级，E 为最低级。有的虽是五级，却用 A、B、C、D 四个字母表示，最高级用 A1 或特别豪华级来表示，如希腊为 A、B、C、D、E 五级，奥地利为 A1、A、B、C、D 五级，阿根廷为特别豪华、A、B、C、D 五级。

3. 数字表示法

用数字表示饭店的等级一般采用最高级用豪华表示，继豪华之后由高到低依次为 1、2、3、4。数越大，档次越低，如意大利和阿尔及利亚的饭店等级标志为豪华、第一、第二、第三、第四。

此外，还有一些等级分类方法，如价格表示法或以类代等，即用饭店的价格或类别代替等级，并用文字表示出来。例如，瑞士饭店的价格分为 1~6 级，中国台北地区分为国际观光、观光两类。

等级制度的划分是一件十分严肃和重要的事情，一般由国家政府或权威机构做出评定，但不同的国家评定饭店的机构不完全一样。国外比较多的是国家政府部门和饭店企业或旅游业的协会共同评定。也有一些地方由几个国家的饭店协会联合制定统一的标准，共同评定。有些国家强制性规定饭店必须参加评定等级，有的则由饭店企业自愿申请参加评定。此外，在一些欧美国家，汽车协会对住宿设施进行级别评定。例如，英国的皇家汽车俱乐部与英国汽车俱乐部，荷兰的皇家汽车俱乐部与美国的汽车协会都制定出自己的饭店评级制度，对该组织评定出来的级别也颁发证书与标志，定期进行复查、核查。我国饭店等级的评定主要由国家主管旅游业的职能部门国家旅游局和商务部的中国饭店协会根据各自所管理和监督的范围进行评定，饭店企业自愿申请参加评定。表3-1是部分国家饭店等级名称及评定机构。

当然无论用哪种方法评定等级，也无论由谁来评定，必须按照等级划分的有关要求和标准来进行，还要有一套完备的申请、调查、复查与抽查的鉴定程序。定级单位也有权根据规定对已定级的饭店进行降级或除名处理。饭店有权主动要求进行升级的鉴定或取消已定的级别。

表3-1　部分国家饭店等级名称及评定机构

序　号	国　家	饭店等级名称（由高到低）	评定机构
1	中　国	五星、四星、三星、二星、一星	政　府
2	美　国	五星、四星、三星、二星、一星 五钻石、四钻石、三钻石、二钻石、一钻石 超豪华、豪华、一般豪华、超一级、一级、一般一级、豪华旅游级、旅游级、一般旅游级、二级	美孚汽车协会 美国汽车协会 美国饭店协会
3	英　国	五星、四星、三星、二星、一星 五皇冠、四皇冠、三皇冠、二皇冠、一皇冠	皇家汽车俱乐部 英国旅游局
4	法　国	五星、四星、三星、二星、一星、〇星	政府与饭店协会
5	意大利	豪华、第一、第二、第三、第四	政府与饭店协会
6	西班牙	豪华、1A、2B、2、3	政　府
7	日　本	豪华、A、B、C、D	政　府
8	澳大利亚	五星、四星半、四星、三星半、三星、二星半、二星、一星半、一星	全国饭店与旅游者协会
9	挪　威	旅游、城镇、乡村、山区	饭店业协会
10	斯里兰卡	一星、二星、三星、四星、五星	政　府
11	菲律宾	豪华、一级、标准级、经济级	政　府
12	加　蓬	豪华、舒适、现代化	饭店业协会
13	葡萄牙	旅游、商业	饭店业协会

二、国外饭店业等级制度

目前在国际上，美国饭店业的美孚旅行指南体系和美国汽车协会（AAA）体系，欧洲的米其林评估体系和英国汽车协会体系被认为是最重要的。

（一）美国饭店的等级制度

1. 美孚旅行指南饭店评定体系

美孚旅行指南体系是由美孚石油公司采取的饭店星级评定制度。在北美，由美孚石油公司制作的《美孚旅行指南》，每年有 1500 万的使用者。《美孚旅行指南》从 1958 年开始出版，今天它已经包括了美国和加拿大的 7 个地区、4000 个城市、22000 个网点的 22000 家饭店、汽车饭店、客栈、小旅馆、度假地和餐馆。在世界上使用的大约 100 种饭店等级体系中，美孚评定体系被认为是最重要的。每年都有约 17000 家住宿设施被审查，只有 14000 家左右得以被列入出版物。在这些饭店中，60%~70% 为一星级和二星级；30% 为三星级；只有不到 5% 的饭店被有幸地评为四星级和五星级。由于饭店被年度评估，因此，评定的等级也不是终身的。几乎每年都有 10% 的饭店从名录上撤销，由新的饭店取而代之，以此保证指南的代表性。此制度使用的符号为一颗星至五颗星，按照标准划分为：

★：一星级饭店必须整洁、舒适，不必豪华。然而，对它们提供项目有最低要求的服务。这些饭店可能不提供 24 小时的前台、电话或客房服务，也未必有餐厅。如果该饭店的房价低于同地区的平均水平，那么在饭店星级标志旁打上"√"，以显示该饭店物有所值。

★★：二星级饭店稍好于一星级饭店，包括更好的家具、较大的客房、餐厅、每个客房内的一台电视机、直拨电话、客房服务及娱乐设施，如游泳池。不必豪华但必须清洁、舒适。

★★★：三星级饭店提供一星、二星级饭店所有的服务，并在这些服务基础上突出一项或多项内容。

★★★★：四星级饭店的客房比一般的要大，家具高档，服务人员受过良好的培训，他们彬彬有礼、热情有加，为宾客提供所需的一切服务，极少有宾客投诉。在四星级饭店住宿应给客人留下一次难忘的经历。

★★★★★：五星级饭店在美国通常被认为是全美最佳饭店之一。饭店内设有上等餐厅。一天两次标准化的客房服务。大厅应舒适、宜人并且富有美感。外部环境优美、整洁。五星级饭店的一个显著特点是：饭店的员工使宾客每时每刻都感到自己是个重要人物。

2. 美国汽车协会（AAA）饭店评定体系

美国汽车协会（以下简称 AAA）成立于 20 世纪初，20 世纪 30 年代开始，AAA 将饭店列到《旅行指南》之中，到 20 世纪 60 年代，开始依据一套简单的评估体系对饭店进行等级评定，这套体系将饭店划分为好、很好、优秀和杰出四个等级。从 1977 年开始，采用钻石体系——从一颗到五颗钻石，被用作档次和质量的象征。每年，AAA 在美国、加拿大（该组织在加拿大的名称是 CAA，Canadian Automobile Association，加拿大汽车协会，美加两国的会员证都是通用的）、墨西哥和加勒比地区，被检查的饭店超过 32500 家，其中只有 2500 家饭店、汽车旅馆、餐馆能够有幸被收录进《AAA 旅行手册》和《旅行指南》中。

AAA 评定制度的基本标准为舒适、方便、隐私、整洁、安全五大原则，采取每年一次的评价方式，受评估饭店不需付费即可申请加入成为会员接受评价，但经过评价后希望悬挂钻石标志者，则必须缴纳费用。AAA 的评价方式是在一年内不主动告知且不以一次为限，查后如无法达到最基本要求，则不列入手册内，并且寄信通知该饭店需要继续努力之处。

在饭店名录册中，大约只有 7% 的饭店能够获得 AAA 的四颗钻石奖，而可以登上"五钻"榜的更是非常少。自 AAA 的五颗钻石分级制度于 1977 年推出以来，共有五家物业可以长期维持最高级别，包括位于亚利桑那州 Scottsdale 的万豪 Comelback Inn。至 1998 年，共有 57 家饭店，包括 12 家丽嘉饭店获授五钻评级。

现行的 AAA 标准共有 300 多项，涵盖饭店的九大方面：外部、公共区域、客房装饰、客房设备、卫生间、客房清扫、维修保养、管理和对客服务。超出上述主要范围的部分（如娱乐设施），将会加以考虑，但在评分时不作硬性规定。每一部分又分成若干子项目。检查者首先评估子项目部分，并给它们进行评分；然后再对主项目进行评估和分数汇总等；最后提出对饭店的总体评估。对于四颗和五颗钻石饭店，无论初评还是复查，都必须对各个细节和服务进行仔细检查；同时还必须进行匿名住宿和就餐体验。该体系总分不是由各个单项汇总而成，而是累积总体印象；但是，饭店设施和服务检查都必须达到一定水准。

最终评定的饭店划分为五个等级，分别由一颗至五颗钻石表示。

一颗钻石：符合所有条文的基本要求。产品或服务洁净、安全及维修良好。

两颗钻石：拥有达一颗钻石水平的同时在房间陈设及家具方面显示明显改善。

三颗钻石：饭店在实质性、服务及舒适度方面显示明显升级。足以提供额外的款待、服务及设备。

四颗钻石：饭店反映出优异的亲善服务及细致，而同时提供高档的设备和一系列的额外款待。

五颗钻石：饭店设备及运作反映无懈可击的标准及卓越水平，同时超越顾客对亲善态度和服务的期望。此等著名的饭店不仅动人而豪华，同时提供众多额外的款待。

（二）欧洲饭店的等级制度

欧洲每个国家都有自己的评定标准，而且 70% 以上的饭店为独立经营。一些国家采用官方评级制度，包括英国、法国、西班牙和瑞士等，等级评定特点是强调硬件水平，比较轻视服务，甚至一些高税率国家的饭店管理者刻意调低饭店级别以便少缴税款。一些国家，如瑞典、德国和丹麦坚持用房价表示饭店等级，他们认为房价可表示饭店的服务水准，市场价格的本身就是最有效的等级标准。目前在欧洲，最具影响力的饭店等级评定体系有两个。

1. 米其林红色指南体系

米其林红色指南体系（Michelin Red Guide）是由法国民间团体自行制定和执行的饭店等级体系。该体系由法国米其林集团于 1900 年在其创始人安德里·米其林（Andre Michelin）的倡导下，出版的《米其林红色指南》（以下简称《指南》）开始，起初这只是一本简易方便的旅行手册，为驾车者提供一些实用资讯，如关于车辆保养的建议、行车路线推荐、汽车修理行的地址以及酒店、餐馆的地址等。后来《指南》开始每年为法国和欧洲的饭店和餐馆评定星级，并因此而著名。

《指南》的评定体系以独立、公正、积极而著称。米其林的评审法则多年来一直得到了读者和旅游者的认可和支持，并被公认为饭店业质量评鉴的基准。首先是遵循完全匿名原则，米其林公司派出匿名的资深专职评审员造访这些饭店；其次是《指南》依据不同价位和条件筛选出一系列的饭店，以满足不同读者和旅客的需要；再次是独立性原则，即《指南》完全独立于饭店行业，米其林不对任何选中的饭店收费，同时也征得评鉴对象的同意；最后一条法则，也是相当重要的一条，《指南》每年都翻新推出，以提高信息的保真度。

根据《指南》，饭店被划分为 5 个等级，从高到低依次为：豪华级（Luxury）、最高舒适级（Top Class Comfortable）、非常舒适级（Very Comfortable）、舒适级（Comfortable）、比较舒适级（Quite Comfortable），并通过房屋图形标志表现出来，最高级别饭店授予 5 个图标。此外，还有经济型饭店（B&B）。在《指南》上，等级的变化，意味着饭店经济效益的增减，甚至可能会导致某家饭店的成功或失败。

2. 英国汽车协会体系

英国汽车协会（Automobile Association，AA）自 1908 年起采用标准体系为英国及欧洲其他国家的饭店划分等级，并被广泛认为是国家体系。该体系针对协会会员，使用星号为符号，代表饭店等级，采用五星级制。

三、中国饭店业星级制度

中国饭店业的等级制度采用国际上通行的星级制度。以星的多少来标定一家饭店的硬件档次和服务水平，既巧妙地避开了各国语言文字不同的障碍，而且可以使客人一目了然地对饭店的各方面有一个全面的了解，因而星级制度在饭店业发展过程中越来越为社会所接受。

（一）中国饭店业星级制度的历史回顾

从 1987 年至今，我国饭店星级标准制度得到不断完善和提升，历经四次修订（1993 年、1997 年、2003 年、2010 年），对饭店行业基础设施和服务质量的双重提升发挥了重要的促进作用。发展历程可以分为五个阶段：

1. 起步阶段

1987—1992 年为起步阶段。1987 年星级标准开始制定，1988 年执行，由此开始了中国饭店行业一个新的起步。

从 20 世纪 80 年代初开始，中国的旅游饭店业进入了高速发展时期，到 1987 年全国的饭店数达到 1823 家，已经略成规模。在发展的过程中自然也发生了一系列问题，其中最突出的问题就是在饭店的设计、建设、装修、经营、管理、服务等各个环节，全行业普遍感觉到缺乏规范、缺乏规则、缺乏相应的秩序，海外客人对饭店的投诉也始终居高不下，行业整体形象不佳。

在这种背景下，原国家旅游局深感有必要制定一套按照国际惯例建立起来的星级标准，用以规范中国的饭店发展。1987 年，原国家旅游局聘请世界旅游组织专家、西班牙旅游企业规划司司长费雷罗先生到中国，先后考察了 113 家饭店，全面系统地调查研究了中国饭店行业的实际情况，结合国际经验和中国国情，制定了《中华人民共和国评定旅游（涉外）饭店星级的规定》，经国务院批准，于 1988 年 9 月正式开始宣传、贯彻、推行。

星级制度一出台就体现了强大的生命力，受到了饭店企业的欢迎，对适应我国国际旅游业发展的需要，提高我国饭店业的管理和服务水平起到了重要的作用。到 1993 年，全国的星级饭店总数已达 1186 家，占旅游饭店总数的比重达到了 46.47%。

2. 上台阶阶段

1993—1997 年，星级标准上台阶。1993 年饭店星级标准调整为国家标准。用现代化的、标准化的语言和体系对原有的标准作了规范和调整，为饭店行业的发展提供了更具有操作性的指导，在实践中发挥了重要作用。

星级标准推行几年之后取得了非常成功的经验，在社会上也造成了越来越大的影响，自然也引起了有关部门的重视。但是，星级标准只是经国务院批准由国家旅游局发布的一个行业标准，在国家标准化的工作序列中还没有占到应有的地位。因此，饭店星级标准上升为国家标准是十分必要的。1993 年 9 月 1 日国家技术监督局正式批复，发布了《旅游涉外饭店星级的划分与评定》为国家标准，编号为 GB/T 14308—93。1993 年 10 月在全国正式执行，正式纳入了国家标准化行政工作的序列。

星级标准虽然是推荐性标准，但在实践中始终体现了比较强的生命力，对企业也产生了足够的吸引力，其中最根本的一点就是饭店的星级标准作为国际性的概念帮助企业在市场上来定位，这种定位节约了企业的交易成本，企业在市场上树立了鲜明的形象。

3. 大发展阶段

1998—2002 年为大发展阶段。当时国家旅游局决策，要加快速度、加大力度推行饭店星级标准，因此形成一个大发展的局面，也促成了饭店统计口径的调整。从 2000—2002 年，星级饭店数量涨幅达到 47.29%。

尽管 GB/T 14038—93 为中国饭店业的国际化、标准化发展做出了巨大贡献，但是由于标准的具体规定过细、过死，强制性的内容比较多，给饭店企业的自主性过少。在实施过程中，导致中国饭店业行业性的整齐划一，形成千店一面的现象。中国饭店的特色化发展受到了阻碍，饭店企业也丧失了自由度与评星热情，星级标准的质量保证形象受到了极大的挑战。

为了适应形势的变化，适应饭店企业的长远发展，适应国际竞争，国家旅游局1997年10月对原有的星级标准和星级制度进行了比较大的调整和修订，重新以国家标准的形式再次发布，编号为 GB/T 14038—97，于 1998 年 5 月 1 日正式执行。修订后的标准增加了选择项目，使饭店可以按实际需要自主选择功能类别和服务项目，对避免饭店企业的资源闲置和浪费，促进旅游饭店建设和经营的健康发展发挥了积极作用。

4. 技术调整阶段

2003—2005 年为技术调整阶段。2003 年，饭店星级标准再次修订，从而使星级标准包容量增大，适应性增强，整个标准细化，技术性也更加到位。

随着全社会经济发展水平和对外开放程度的迅速提高，中国饭店业所面临的外部环境和客源结构随之发生了较大的变化，饭店自身按不同客源类型和消费层次所作市场定位和分工也进一步细化，这就要求饭店业的管理和服务应当更加专业化和高质量。为此，2002 年以后，国家旅游局再次组织修订星级标准。这次修订的指导思想是：通过修订使中国饭店星级制度更加贴近饭店业实际，促进星级饭店管理和服务更加规范化和专业化，使之既符合本国实际又与国际发展趋势保持一致。修订的重点是强调饭店管理的专业性、饭店氛围的整体性和饭店产品的舒适性。2003 年 6 月正式颁布《旅游饭店星级的划分与评定》（GB/T 14038—2003），标准从 2003 年 12 月 1 日起实施，2004 年 7 月 1 日起全面推广，并对星级饭店进行全面复核、更换星级标牌。

第三次修订后的星级饭店评定标准，有两个突出的特点：一是将"旅游涉外饭店"改为"旅游饭店"；二是借鉴国际做法，增设了"白金五星级"作为饭店的最高星级，中国饭店国际化程度进一步提高。

2006 年 3 月，国家旅游局颁布实施的《绿色旅游饭店》旅游行业标准（LB/T 007—2006），对《旅游饭店星级的划分与评定》（国家标准）进行了补充与细化。

2006 年 7 月，原中国国家旅游局创建白金五星级饭店试点工作正式启动。经过一年多的多轮严格筛选和审核，北京中国大饭店、上海波特曼丽嘉酒店、广州花园酒店三家饭店通过验收，正式成为我国首批"白金五星级饭店"。

5. 多元化发展阶段

改革开放 40 多年来，星级饭店评定标准在推动中国饭店产业发展的过程中扮演着重要的角色。我国饭店业态日趋多元化，星级饭店的质量呈现一定的地区差异性，中低星级饭店面临重新定位的挑战，建设环境友好型、资源节约型社会对饭店节能减排、绿色环保工作提出了更高的要求，各类突发事件对星级饭店应急管理的要求更加紧迫。在此背景下，原国家旅游局于2010年10月颁布了新版《旅游饭店星级的划分与评定》（GB/T 14308—2010）国家标准，并从2011年1月1日开始实施。

2010版星级标准在继承2003版标准提出的"三性"，即"管理专业性，氛围整体性，产品舒适性"原则的基础上，突出了六个"强调"的导向。一是强调必备项目；二是强调饭店客房为核心产品，突出舒适度要求；三是强调绿色环保；四是强调应急管理；五是强调软件服务；六是强调特色经营。

从标准的历次修订可以看出，标准始终关注饭店的个性化发展和差异化经营，始终关注饭店核心产品的舒适度，这是饭店星级标准一直在积极倡导的主线和不懈努力的方向。同时，标准的实施也为星级饭店理性发展、兼顾数量增长和质量提升并重提供了重要保证。

（二）中国饭店业星级制度的作用

总体来说，对40年的发展评价为：一个标准定义了一个行业，一个标准推动了一个行业。纵观饭店星级标准40年的发展，其在以下四个方面发挥了重要作用：

第一，饭店星级制度规范了饭店行业的经营与管理，提升了饭店行业，构造了规范化发展的局面。多年来，饭店星级标准一直是我国星级旅游饭店建设和评定的指南，也是设计人员进行饭店设计的一个重要功能依据。

第二，饭店业星级制度的市场影响扩大，构造了国际化发展的局面。从世界范围看，中国的饭店星级标准在世界上开创了一个新局面。一个服务业的标准、旅游业的标准能形成如此强大的国际影响力，并在一定意义上达成了共识，在全世界也是罕见的。海外的客人到中国来，选择饭店首先询问星级，因为星级代表着它的设备、价格和产品的质量和档次。

第三，饭店星级制度对旅游行业管理发挥着重要作用。饭店星级标准的作用在全国各行业中都是罕见的。我国的国家标准有50000多个，其中强制性的标准大体上有6000个，推荐性的标准有44000个，饭店星级标准只是这1/44000。但是按照国家标准化委员会的评价，这个标准是各类标准里执行最好的，影响最大的，由此也进一步推动了整个服务业标准化的发展。

第四，饭店"星级"已经突破了饭店单个行业的范围，在全社会扩大，星级的概念表现出一种星级的泛化。由饭店"星级"标准出发，形成了星级公寓、星级医院，乃至星级农户等概念，说明星级概念深得人心，这也反映出整个社会看重星级品牌，都在利用这个品牌来提升自己的服务。应该说，能够影响一个社会的标准是中国饭店业的光荣，这实际上是饭店行业对旅游业做的贡献，是对其他各个行业做的贡献，而且这种贡献一直在继续。

第五，饭店星级标准成为我国饭店投资的重要依据。饭店业是一种投资风险较大的行业，饭店建造和管理也是专业性较强的工作，产业链涉及专业的投资公司、咨询公司、管理公司、设计公司、工程公司、装饰公司及饭店用品等相关公司。饭店业发展迫切需要相关标准的引导，按照市场定位和标准组织生产，是最科学、经济、合理的生产方式。星级标准恰恰规避了这些风险，解决了设计和建造中不科学、不合理、不经济的问题。因而，饭店星级标准成为相关机构建造饭店必不可少的工具书。

第六、星级标准成为规范化管理的重要依据。饭店星级评定和复核评价是对标检查的过程，是健全各项规章制度的过程，更是提升服务品质和自我提升的过程。旅游行业管理部门同时为星级饭店建立起了全面、系统的统计制度，为科学评价企业经营提供了依据，为饭店资产管理、产权交易提供了便利，也为形成饭店业的大数据奠定了基础。

近年来，饭店业发展逐步呈现理性发展的趋势。从发展规模看，20 世纪 90 年代，星级饭店年递增 300 家至 600 家不等，至 1999 年年底，达到了 3856 家。2000 年至 2009 年，星级饭店年递增 500 家至 2200 家不等，2009 年达到最大规模，总计 14639 家，成为发展规模的历史分界线。从 2009 年至 2018 年呈现逐渐萎缩状态，星级饭店逐年递减，至 2018 年年底，全国星级饭店 10739 家。

（三）中国饭店业星级标准体系

中国饭店业的星级标准不仅仅是一个标准，更是一套完善的星级制度。这套制度吸取了国际上星级制度的成功经验，结合了中国饭店业的实际，是一个全方位考核评价饭店的星级标准体系。2010 版星级标准由标准部分和附录部分组成，其中附录部分均为规范性附录，包括必备项目检查表、设备设施评分表和饭店运营质量评价表，对于不同特色的饭店还附加一些与本特色相关的指标。由此构成了一套完整的、全方位的考核评价饭店的星级标准体系。该体系基本框架如图 3-1 所示。

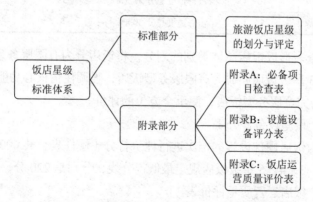

图 3-1 中国饭店业星级标准体系基本框架

1. 饭店星级的划分与评定

这是饭店星级标准核心部分。从范围、规范性引用文件、术语和定义、星级划分及标志、总则、各星级划分条件、服务质量总体要求、管理要求、安全管理要求等 10 个方面规范了饭店星级的基本内涵。

2. 饭店星级评定附录

饭店星级评定附录由必备项目检查表、设施设备评分表和饭店运营质量评价表等规范性附录组成。

（1）附录 A：必备项目检查表。

必备项目检查表又称饭店星级的划分条件，是区分不同饭店星级的基本条件，评定时需逐项通过。该表规定了各星级应具备的硬件设施和服务项目。《旅游饭店星级的划分与评定》（GB/T 14308—2010）实施办法要求相应星级的每个项目都必须达标，突出了必备项目的严肃性和不可缺失性，更加注重核心产品和硬件品质及舒适度，弱化配套设施，引导特色经营。评定检查时，逐项打"√"，确认达标后，在进入后续打分程序。

表 3-2　2003 版和 2010 版星标在舒适度方面的分值比较[①]

版本／区域	2003 版		2010 版	
	分值	所占百分率	分值	所占百分率
硬件总分	610	100%	600	100%
前厅总分	59	占硬件总分 9.6%	62	占硬件总分 10.3%
客房总分	192	占硬件总分 31.4%	191	占硬件总分的 31.8%
餐饮总分	92	占硬件总分 15%	59	占硬件总分 9.8%
舒适度总分	26	100%	49	100%
前厅	8	占舒适度总分 30.8%	6	占舒适度总分 12.2%
客房	10	占舒适度总分 38.5%	35	占舒适度总分 71.4%
餐饮	8	占舒适度总分 30.8%	8	占舒适度总分 16.3%

必备项目检查表形成饭店总体类别的划分，将饭店分为有限服务型饭店和完全服务型饭店。将 1、2、3 星级饭店归属为有限服务型饭店，强调住宿核心功能及其评价；将 4、5 星级饭店归属为完全服务型饭店，侧重全方位的评价。

（2）附录 B：设施设备评分表。

该表主要是对饭店硬件设施的档次进行评价打分（硬件表，共 600 分）。对 1、2 星级饭店不作要求，3、4、5 星级饭店规定最低得分线，分别是 220 分、320 分和 420 分。

（3）附录 C：饭店运营质量评价表。

该表主要是评价饭店的软件质量，包括对饭店各项服务的基本流程、设施维护保养和清洁卫生方面的评价（软件表，共 600 分）。评价内容分为总体要求、前厅、客房、

---

① 伍蕾，杨宏浩．我国旅游饭店星级评定制度的建构、内容变迁与未来展望．旅游论坛．2012.7.

餐饮、其他、公共及后台区域六个项目。按"优、良、中、差"打分并计算得分。具体公式如下：

$$得分率=该项实际得分/该项标准总分 \times 100\%$$

一星级、二星级饭店不做要求，三、四、五星级饭店规定最低得分率为70%、80%和85%。

（四）饭店业星级评定体系及实施

饭店星级的高低代表服务品质和水准，对消费者来说，饭店的星级成为消费者在信息不对称条件下选择饭店的重要标准。饭店星级品质不仅需要科学规范的标准体系，也需要建立长效评定机制和监督核查制度，即良好的星级评定体系，才能保证星级与饭店品质挂钩，兼顾消费者、企业和社会利益的一致性。

为配合新标准的实施，国家旅游局于2010年11月颁布《旅游饭店星级的划分与评定》（GB/T 14308—2010）实施办法（以下简称《实施办法》）。《实施办法》对星评工作的职责分工、星评和复合的程序及要求等均做出了详细的规定，并明确饭店星级标志为证明商标，受《商标法》保护。《实施办法》将星级饭店评定性复核的时间由以前的5年调整为3年，并对星评员和相关机构提出"十不准"的要求，以保证星评工作的公平、公开和公正，确保星级饭店的质量。

《实施办法》具体内容如下[①]：

1. 星级评定的组织机构和责任

我国旅游饭店星级评定机构总体实行"分级管理、下放星级标准与星级评定权"措施。国家旅游局设全国旅游星级饭店评定委员会，它是全国星评工作的最高机构，负责全国旅游饭店星评工作、聘任与管理国家级星评员、组织五星级饭店的评定和复核工作、授权并监管地方旅游饭店星级评定机构。各省、自治区、直辖市旅游局设省级旅游星级饭店评定委员会；副省级城市、地级市（地区、州、盟）旅游局设地区旅游星级饭店评定委员会。根据上级星评委的授权开展星评和复核工作。

2. 星级申报和标志要求

星级评定遵循企业自愿申报的原则。凡在中华人民共和国境内正式营业1年以上的旅游饭店，均可申请星级评定。经评定达到相应星级标准的饭店，由全国旅游饭店星级评定机构颁发相应的星级证书和标志牌。星级标志的有效期为3年。星级饭店标志是中国旅游饭店业协会在国家工商行政管理总局商标局登记注册的证明商标，其使用要求必须严格按照《星级饭店图形证明商标使用管理规则》执行。标志应置于饭店前厅最明显位置，接受公众监督。任何单位或个人未经授权或认可，不得擅自制作和使用，不得以"准星级饭店、相当于星级饭店、按星级标准建设饭店"等模糊用语等作为宣传手段，

---

① 原国家旅游局《旅游饭店星级的划分与评定实施办法》2010.11.

以上均属于违法行为。

3. 星级评定的标准和基本要求

饭店星级评定依据《实施办法》进行。申请星级评定的饭店，如达不到相应要求及最低分数或得分率，则不能取得所申请的星级。星级饭店强调整体性，评定星级时不能因为某一区域所有权或经营权的分离，或因为建筑物的分隔而区别对待。饭店内所有区域应达到同一星级的质量标准和管理要求。否则，星评委对饭店所申请星级不予批准。

饭店取得星级后，因改造发生建筑规格、设施设备和服务项目的变化，关闭或取消原有设施设备、服务功能或项目，导致达不到原星级标准的，必须向相应级别星评委申报，接受复核或重新评定。否则，相应级别星评委应收回该饭店的星级证书和标志牌。

4. 星级评定的程序和执行

五星级按照以下程序评定：

（1）申请。申请评定五星级的饭店应在对照《实施办法》充分准备的基础上，按属地原则向地区星评委和省级星评委逐级递交星级申请材料。申请材料包括：饭店星级申请报告、自查打分表、消防验收合格证（复印件）、卫生许可证（复印件）、工商营业执照（复印件）、饭店装修设计说明等。

（2）推荐。省级星评委收到饭店申请材料后，应严格按照《实施办法》的要求，于一个月内对申报饭店进行星评工作指导。对符合申报要求的饭店，以省级星评委名义向全国星评委递交推荐报告。

（3）审查与公示。全国星评委在接到省级星评委推荐报告和饭店星级申请材料后，应在一个月内完成审定申请资格、核实申请报告等工作，并对通过资格审查的饭店，在中国旅游网和中国旅游饭店业协会网站上同时公示。对未通过资格审查的饭店，全国星评委应下发正式文件通知省级星评委。

（4）宾客满意度调查。对通过五星级资格审查的饭店，全国星评委可根据工作需要安排宾客满意度调查，并形成专业调查报告，作为星评工作的参考意见。

（5）国家级星评员检查。全国星评委发出《星级评定检查通知书》，委派二到三名国家级星评员，以明查或暗访的形式对申请五星级的饭店进行评定检查。评定检查工作应在 36~48 小时内完成。检查未予通过的饭店，应根据全国星评委反馈的有关意见进行整改。全国星评委待接到饭店整改完成并申请重新检查的报告后，于一个月内再次安排评定检查。

（6）审核。检查结束后一个月内，全国星评委应根据检查结果对申请五星级的饭店进行审核。审核的主要内容及材料有：国家级星评员检查报告（须有国家级星评员签名）、星级评定检查反馈会原始记录材料（须有国家级星评员及饭店负责人签名）、依据《实施办法》打分情况（打分总表须有国家级星评员签名）等。

（7）批复。对于经审核认定达到标准的饭店，全国星评委应做出批准其为五星级旅游饭店的批复，并授予五星级证书和标志牌。对于经审核认定达不到标准的饭店，全国星评委应做出不批准其为五星级饭店的批复。批复结果在中国旅游网和中国旅游饭店业协会网站上同时公示，公示内容包括饭店名称、全国星评委受理时间、国家级星评员评定检查时间、国家级星评员姓名、批复时间。

（8）申诉。申请星级评定的饭店对星评过程及其结果如有异议，可直接向国家旅游局申诉。国家旅游局根据调查结果予以答复，并保留最终裁定权。

（9）抽查。国家旅游局根据《国家级星评监督员管理规则》（附件 2），派出国家级星评监督员随机抽查星级评定情况，对星评工作进行监督。一旦发现星评过程中存在不符合程序的现象或检查结果不符合标准要求的情况，国家旅游局可对星级评定结果予以否决，并对执行该任务的国家级星评员进行处理。

一星级到四星级饭店的评定程序，各级星评委应严格按照相应职责和权限，参照五星级饭店评定程序执行。全国星评委保留对一星级到四星级饭店评定结果的否决权。对于以住宿为主营业务，建筑与装修风格独特，拥有独特客户群体，管理和服务特色鲜明，且业内知名度较高旅游饭店的星级评定，可按照本办法第十六条要求的程序申请评定五星级饭店。

5. 星级复合及处理制度

星级复核是星级评定工作的重要组成部分，其目的是督促已取得星级的饭店持续达标，其组织和责任划分完全依照星级评定的责任分工。星级复核分为年度复核和三年期满的评定性复核。《实施办法》规定：星级评定周期为 3 年，分为年度复核和 3 年期满的评定性复核，年度复核由饭店自查自纠，3 年期满的评定性复核工作由各级星级委员会委派星评员以明查或暗访的方式进行，星评员由政府行业管理人员、饭店高级管理人员和有关专家学者组成。如果复核结果达不到相应标准，星评委会根据情节轻重给予饭店限期整改、取消星级的处理。近年来，全国星评委对星级饭店监管和处罚力度明显加强。截至 2018 年年底，共取消五星级饭店 119 家。

【阅读链接 3-7】

评星级饭店卫生事件：让违规者付出代价[①]

网上发布视频，曝光了多家高档饭店使用脏抹布、脏浴巾或脏海绵擦拭杯子、洗手台、镜面等问题，引发集中批评。"杯子的秘密"，揭开了饭店行业"隐秘清洁"的一角，也促使人们聚焦并反思服务质量问题。

客途常思归家。从某种意义上说，饭店就是外出者的家。然而，一些失范操作、失

---

① 评星级饭店卫生事件：让违规者付出代价 . 人民日报 .2018.11.23.

责管理，让本应有的"宾至如归"打了折扣。事实上，如果对工作规范、操作流程缺少敬畏之心，再严细的规定都可能"徒有其表"；如果让规章制度停留于"制定与张贴"，而执行缺乏力度、管理缺乏精度，品质就难以保障；如果对"星级"仅仅一评了之，不动态跟踪、实时监管，违规者便会有恃无恐。正因此，从客房服务到饭店经营管理，从政府监管到媒体监督，每个环节都影响着消费者的信任，也都应担负起相应的责任。

服务业应以高质量为价值导向，不断提升品质标准。近年来，从饭店的"毛巾门""床单门"，到餐饮后厨的"脏乱差"，再到物流行业的"暴力分拣""失窃门"……一次次"信任危机"，警示我们必须来一场质量变革、品牌再造。只有真正把消费者利益摆在首位，才能在市场竞争中立于不败之地；只有真正直面现实问题，才能在汲取教训中不断完善工作。相关部门也应完善制度、强化监管、及时惩处，让违规者付出代价。

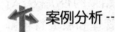 **案例分析**

民宿入住率高于星级饭店，品牌化连锁经营成发展新方向[①]

当前中国短租民宿市场上房源管理较为分散，而连锁化的民宿品牌相当于让民宿有了标准，甚至未来五年内连锁民宿的市场份额将进一步扩大。近日，易观发布了《中国在线民宿市场四维分析》报告，2018年第一季度全国主要城市星级饭店平均出租率在35%~75%之间，而71.5%的民宿入住率在50%~100%之间，入住率要高于星级饭店。而在刚过去不久的"十一黄金周"，民宿俨然成为游客新宠。中国旅行社协会联合美团旅行发布的《国庆黄金周旅行趋势报告》显示，民宿已经成为旅游住宿的重要住宿选择之一，尤其在中西部地区热度飙升。

民宿为什么会火？有专家解读为是消费者的住宿需求越来越趋于多样性和细分化，如多人的家庭出游、携宠物出游等很难被满足，民宿独立住所的包容性以及个性化很大程度上弥补了这方面的不足。另一方面，传统饭店业态的新变化也给民宿发展带来机遇，大量经济型饭店开始全面转型中高端，让这一市场出现大片空白区域，亟待新业态填补。

根据国家信息中心分享经济研究中心发布的《中国共享住宿发展报告2018》，2015至2017年，我国共享民宿的营业额年均增速约为65%，预计到2020年，市场交易规模有望达到500亿元，房源将超过600万套。尽管民宿行业势头向好，但同时因为民宿个人经营性质以及分散化特性，使得民宿市场的产品质量参差不齐，主要还是以经济型民宿为主，即便有更高质量的民宿，占比也不大。面对这一市场痛点，民宿企业也在纷

---

① 民宿入住率高于星级饭店，品牌化连锁经营成发展新方向.来源：长江商报 | 2018-11-13 10：32：18.

纷谋变。由携程领衔投资，蚂蚁短租推出的中国首个"舒适型"民宿连锁品牌"有家民宿"首批房源上线。业内人士表示，旺盛的市场需求刺激了城市民宿的快速发展，也对城市民宿提出了更高的品质要求，未来城市民宿将逐步进入"品牌化""连锁化"的全新阶段，有家民宿想要打造的新民宿，不仅仅是简单满足消费者住宿的需求，还将会是线下流量入口＋场景体验营销的新物种。

近日，由国家信息中心分享经济研究中心牵头，联合业内专家和共享住宿龙头企业，研究制定了《共享住宿服务规范》。业内专家和小猪短租、爱彼迎、途家、美团榛果等共享住宿领域龙头企业共同参与。业内人士指出，当前中国短租民宿市场上房源管理较为分散，服务水平不一，而连锁化的民宿品牌相当于让民宿有了标准，甚至未来五年内连锁民宿的市场份额将进一步扩大。不过，有家民宿虽然对民宿产品进行了标准化管理，但最终标准还得依据地方民宿标准。

案例讨论题：

1. 根据材料，与传统星级饭店相比，说明民宿的特点及其主要目标市场。
2. 面对饭店新兴业态的竞争，星级饭店应如何发挥自身优势，提升顾客价值？

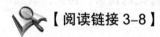 【阅读链接 3-8】

多种多样的特殊饭店

世界大多数的饭店可以类分，也可以分级别，甚至听到饭店的名字便可闪现出这个饭店的形象，想象出那里的设施、设备和服务，如里兹大饭店、希尔顿饭店、香格里拉大饭店等。但是还有一些住宿设施极为特殊，异乎寻常，千奇百怪，各具特色，甚至独一无二、举世无双。它们或处于特殊的地点，或奇在特殊的设计，或为了满足某些人的特殊要求与欲望，或是创造出特殊的经营方式，或是实现了人类的"异想天开"。这些形形色色的（有的是非常极端的）特殊饭店产品，使人类生活更加丰富多彩，同时也充分体现了每个饭店的个性色彩。除前面已经涉及的一些特殊饭店外，这里我们列举一些典型的例子。

一、残疾人旅馆

柏林有座独特的旅馆，是欧洲第一家专为残疾人服务的旅馆，这里服务周到，设备完善，大部分设施都采用先进的电子控制技术，以满足残疾人的特殊需要。整个旅馆看不到一个护栏或台阶，残疾人可坐轮椅直接进入自己的房间。房门的宽度在 1 米以上，客房的门锁、电源开关都可在床上遥控，聋哑人房间还装有助听装置和光信号发生器。因残疾人的残疾程度不同，旅馆安装了五种不同类型的澡盆，即使最严重的残疾人也能入浴。该旅馆目前有 65 名服务人员，其中 4 名是残疾者。这家设备完善的旅馆，吸引着来自世界各地的残疾者。

二、老年旅馆

罗马尼亚首都布加勒斯特有一座老年旅馆，专门接待 70 岁以上的老人。在这里可以用药物水淋浴和注射"返老还童"药，因而备受老年人的喜爱。

法国夏纳的奥泰利亚饭店里，客人的平均年龄为 83 岁。而这里的一切设施设备几乎都是为了老人，尤其是为 83 岁以上的老人特别设计的。在这里，信号显示用大号字，沿墙有扶手，电梯里有座椅，床是坐卧两用的，卧室里可以挂家人肖像。卫生间是用防滑玻璃纤维修造的，并设有软垫长椅，在那里可以安全洗浴。无论何时，一按铃就有人来查看，并经常举办各种适合老人的娱乐活动。而且无须预订，长住短住都无妨。这里接待的不是病人，而是需要关怀、照顾的老年客人。

需要指出的是，世界人口如今普遍向老龄化发展，老年人市场越来越受到重视。老年人在饭店的相对停留时间较长，消费较高，因此，"银发市场"已成为饭店新的竞争点。根据联合国的统计标准，如果一个国家 60 岁以上老年人口达到总人口数的 10% 或者 65 岁以上老年人口占人口总数的 7% 以上，那么这个国家就已经属于人口老龄化国家。按照这个标准，中国已进入老龄化社会。据专家预测，到 2050 年，中国 60 岁以上的人口占总人口的比重将上升到 28% 以上，中国将成为高度老龄化的国家。因此，我国的"银发市场"具有不可估量的开发潜力。

三、婴儿旅馆

奥地利人施哥夫于 1984 年开办了一间举世无双的婴儿旅馆，专门招待三周岁以下的婴儿入住。旅馆每一房间的家具设施都如家庭中的婴儿房，并设有婴儿餐厅，提供合乎营业标准的婴儿食物和饮品。旅馆还设有宽敞的游乐场。让人最放心的是旅馆工作人员为护士或儿童教育工作者，负责接待"小住客"的饮食、起居、洗澡、换尿片。婴儿旅馆开业以来生意兴隆，颇受欢迎。

四、胶囊旅馆

在日本有不少被称作胶囊旅馆（Capsule Hotel）的微型旅馆。之所以叫这个名字，是因为房间空间相当狭小，整个宾馆是几十个整齐摞起来的"胶囊"。每个胶囊"盛放"一个顾客。又因其形状看起来像一个小小的太空舱，所以也叫"仓式旅馆"。

早在 20 世纪 70 年代，有一位新宿商人突发奇想，想为那些喝醉酒而错过最后一班电车回家，或是厌倦第二天醒来一早又要赶着上班的日子的日本男人，设计一个可便宜过夜的旅馆。于是，1979 年，第一家胶囊旅馆就在日本东京最著名的繁华商业区新宿推出。这家旅馆的"房间"是 2.25 米长、1 米宽、1.2 米高，除床外，还有收音机、闹钟、电话和写字的地方，还有一架小型的彩色电视机。造价仅相当于欧洲大城市饭店客房的 2%，房价的便宜程度也就可想而知了。因此，胶囊旅馆很受那些腰包不鼓的旅行者青睐。

目前，作为日本特色产业的胶囊旅馆已经被世界各大城市引进、推广并加以改进，它以其经济、便捷、安全、卫生、环保的特点将会在世界范围得以普及，也更加适合人口密集、寸土寸金的中国城市。

五、海底旅馆

也许是有些人厌倦了人间凡事，愿与那自由自在的鱼虾为伍，或许是羡慕那海底世界，以寻求与世隔绝的安静。其实，生命本身就源于海洋，而回到大海是人类长久以来梦寐以求的愿望，于是就有了《西游记》中东海龙王的水晶宫。如今，这看似遥远的梦想已经变为现实。

世界上第一家"海底旅馆"建于美国佛罗里达州基拉戈沿岸对面 15 米以下的海床上。这座名为"朱利斯"（Jules）的海底旅馆，坐落在基拉戈最负盛名的基拉珊瑚礁附近。要进入旅馆，必须潜入深 10 多米的海底。在这里的人们早晨醒来，睁眼就可以看见窗外游来游去的热带鱼了。朱利斯海底旅馆是由做人类海底生活实验的建筑改造而成的，外形类似巡洋舰的船舱。旅馆虽小，只有两间豪华卧室，内有两张双人床和两张单人床，但里边设备齐全。不仅有豪华的浴室和厨房设备，还可以像在陆地饭店那样看电视，看录像节目；可以与地上通电话；而且还有冷暖设备，可以根据海水温度的变化而自动调节室温。

客人若有兴致，还可以带上一根与储气室相通的供气管，通过中心控制室，打开密封舱锁气门，到旅馆外的海水中游一游。对那些愿到海底度假的人来说，到此一游，体验一下海底世界的宁静或许是最大的享受。

据有关媒体报道，目前，美国和阿联酋的两家公司正在分别兴建"海底饭店"，并且两项工程将同时完工。

由美国富翁布鲁斯·琼斯投资 4000 万美元建造的海底饭店——"海神胜地"，坐落在巴哈马的伊柳塞拉岛，是世界上第一家海底五星级饭店。这座饭店设在海面下 18 米处，拥有 22 个标准间和两间豪华套房。客人无须穿着潜水服就可以来到海底。饭店与陆地间由一个隧道连接，并安装有滚梯。这一高档海底饭店将使众多奢侈享受变为现实。人们在房间的窗边将能欣赏到艳丽的珊瑚，缓缓游过的大海龟和五彩斑斓的热带鱼等奇特风景。如果运气好的话，还能看到庞大的鲨鱼从身边游过。

投资者认为，观看奇特的海底世界是每个人的梦想。尽管在"海神胜地"享受一晚的价格不菲，但其水下生活的独特体验却无与伦比，"物有所值"。

海底饭店的一个附加作用是推动人们的环保意识，"向人们展示美妙的海底世界是唤醒人们保护海底资源的最好方式"。

另一座在阿联酋的迪拜建设的水下豪华饭店迪拜 Hydropolis，在规模和档次上比"海神胜地"更令人叹为观止。这个水下综合设施建在波斯湾内的一个礁湖的水下，其外形酷似一只庞大的水母。据悉，这座总造价约 5.5 亿欧元的水下豪华饭店将由三部分组成：地面站——用于接待顾客；隧道——所有人员和物资将从这里抵达饭店的主体部分；饭店主体——总共拥有 220 个房间。除此之外，Hydropolis 还将成为世界上规模最大的建筑之一：其总占地面积为 260 公顷，与英国伦敦的海德公园相当。如此大手笔的投资，当然消费起来也是天价。

六、太空旅馆

目前，由美国比格罗航天公司设计制造的充气式飞船"创世二号"（Genesis—2）正在距地面约 560 公里的预定轨道遨游太空，其"乘客"是蚂蚁和蝎子，另外还载有照相机、私人物品和一款太空宾果游戏用具。该飞船是于 2007 年 6 月 29 日，在俄罗斯东南部奥伦堡州的亚斯内航天发射场，由"第聂伯"重型运载火箭发射升空的。

"创世二号"的使命，主要是为属于美国富翁罗伯特·汤姆斯·比格罗（Robert Thomas Bigelow）的航天公司计划建造的"太空旅馆"的性能及可靠性进行前期测试，与目前金属硬壳的航天器不同，该公司设计的"太空旅馆"由若干可充气膨胀的软壳模块组装而成，其最大优点是可节约发射成本。这些模块发射到轨道上后会自行充气"鼓"起，膨胀的表面有一定弹性，可以抵御太空垃圾、宇宙粒子等的撞击，为其内核提供保护。

对于美国饭店业大亨比格罗来说，他已经不满足在地球上的商业扩张，准备将廉价旅馆送到太空中，并将它命名为"创世"号。比格罗在 15 岁时就发誓要投身太空探索，但比格罗长大后长期做的事和太空毫无关系。受当房地产经纪商的父亲的影响，比格罗从 1988 年开始创建"美国廉价套间"连锁旅馆，1999 年比格罗已拥有 15 亿美元以上的资产。同年，雄心勃勃要实现儿时梦想的比格罗创建了自己的航天公司，宣布将投入 5 亿美元建造太空旅馆。

太空旅馆的概念由来已久，早在阿波罗飞船登月之前的 1967 年，著名饭店连锁公司希尔顿集团就提出了太空旅馆的构想。日本的清水建筑公司后来也提出过类似的计划。在近几十年的时间里，尽管太空旅馆的各种设计方案层出不穷，但却始终停留在概念上，从来没有谁为此真正投资。

2006 年 7 月，比格罗曾用俄罗斯火箭将"创世一号"试验舱送入太空，试验舱内安装了 13 台摄像机，携带了一些比格罗航天公司员工的私人物品以及数十只昆虫。2016 年 4 月 9 日，美国太空探索技术公司（SpaceX）执行 CRS-8 任务，载着"比格罗"太空舱 BEAM 的"龙"货运飞船发射升空与国际空间站完成对接。5 月 28 日，"比格罗"可充气式太空舱充气成功，耗时 7 小时 30 分。

比奇洛公司计划于 2020 年前后，将建造和发射两个完整大小的 B330 站进入太空。它的内部空间将达到 330 立方米，可以连接在国际空间站上，使其总容量增加近三分之一。该太空舱将安装有太阳能电池和热辐射片、半私人床位、一个零重力厕所、4 个窗户和两套控制推进系统，足够 6 个人在里面舒适生活。BEAM 宽大的窗口可以饱览地球和太空的美丽风光，将融饭店、实验室、大学以及娱乐功能为一体。比格罗希望到他的太空旅馆投入使用时，太空旅游的费用能从现在的 2000 万美元降到 700 万美元。目前，更强大的 2250 立方米容积的 Olympus 模块正在进行相关的研制工作。这些技术将为未来的空间站，月球基地和火星探测提供重要的支撑。

文献来源：

王燕．全球首个充气式活动太空舱成功展开及其影响分析［J］．中国航天，2016 年 7 期．

谢博．别开生面的充气式太空旅馆［J］．太空探索，2016 年第 6 期 –39.

七、井下旅馆

被称为"世界锅炉""赤道岛国"的马里以炎热著称，最高温度，白昼可达到 56℃，在马里最热的地方斐巴摩纳，为了使长途跋涉的旅客休息好，修建了一座"井下旅馆"。在高坡上打 3 米多深的干井，然后向四周挖一个高 2 米，面积为 40 平方米左右的空洞，安置 20~30 人的铺位，井下旅馆的温度可降低到 13℃~14℃。最有名的"兹勒库井中旅馆"有大井 10 个、小井 11 个，设有餐厅、游艺室等其他生活设施。

八、催眠旅馆

危地马拉有家催眠旅馆，它以治疗神经衰弱、失眠等症而闻名海内外。无论旅客患有多么严重的失眠症，上床 5 分钟后定能酣然入梦，至少要睡上 8 小时，醒后精神焕发，神采奕奕。原来，当地有种叫"留安那"的草药，从中提炼出来的"安那素"能抑制人的神经系统的活动。这家旅馆的床就是用浸透了"安那素"的木材制成，旅客一闻到床的气味，自然便有了浓浓的睡意。

九、温馨旅馆

温馨旅馆（Boutique Hotel）最早出现在 1981 年，代表作是伦敦的布雷克斯旅馆和旧金山的贝德福德旅馆。

温馨型小旅馆的主要市场定位是 20~50 岁、中高收入的旅游者，客房多在 150 间以下，设计、装潢时尚别致，环境温馨，房价在大饭店和经济型旅馆之间，地点大都坐落在繁华、时尚地段或者是异国情调的地方，如纽约、伦敦、旧金山、迈阿密或者是温泉所在地、蜜月旅行佳地。

在硬件方面，温馨型小旅馆的特点是时髦而温馨，而且注重体验经济的因素，充分运用建筑、装潢、灯光、画作、音乐等手段，使客房主题化，如纽约的图书馆饭店把每个客房布置成不同的主题，像浪漫客房、音乐客房等。

在软件方面，温馨型小旅馆强调服务的亲密性和戏剧性，所有的服务员都能记住每位旅客的姓名，他们能够运用幽默的力量。

温馨型小旅馆适应了新的消费群体在精神消费方面的要求，体现了酒店时尚化的与时俱进，因此它的出现绝不是偶然的，它的发展是必然的。

十、小说旅馆

在美国有家名叫西尔维亚贝奇的小说旅馆。这家旅馆的布置与摆设十分有趣。每个房间的设置都以世界上某位著名的作家为主题。每一位到此住店的旅客都能从房间的布置中联想到不同作家的著名作品中的情节和警句，从而引起你美好的遐思。

十一、冰屋旅馆

瑞士北部有个边陲小镇叫格布尔，这是一个寒冷而偏僻的地方，镇上只有一座小教堂，还有几家不起眼的小商店，专做为数不多的居民生意。但就这样一个天寒地冻且又地广人稀的地方，竟被一名瑞典女老板一眼看中了，认为这是个"生财的好地方"。于是，一到冬季，一座座冰砌的圆形小屋——冰屋旅馆（Ice Hotel）在空地上就盖起来。然后，女老板就在媒体上做广告，大肆宣传。游客们按照广告的指点来到这里。

这里确能满足好奇的旅游者。室温 -5℃，钻进睡袋，在羽绒的保护下竟然通体温暖。真是难得的冷中有暖，暖中有冷！此后这里的冰砌小屋一年多于一年，它和乘兴而来的游客同步增长，连冷冷清清的教堂也热闹起来，有的年轻人竟专程来这里举行婚礼。冰屋旅馆永远是干干净净的，因为每年春回大地，冰屋旅馆便融化解体了，待来年冬天再重建。

阿拉斯加的第二大城市费尔班克斯（Fraibanks），是地球上最适宜观赏极光的地方，在这里一年约有 243 天，也就是约 2/3 的日子看得到极光。在费尔班克拥有全世界唯一一家一年四季都存在的冰屋旅馆。冰屋旅馆内几乎一切的东西都是用冰制造的，冰墙、冰床、冰桌子、冰椅子、冰杯子、冰灯……再加上随时变幻的灯光效果，真是晶莹别透，仿佛进入一个梦幻般纯净的冰雪世界。冰屋旅馆的主人笑称：当他想开一家即使在夏天也不会融化的冰屋旅馆时所有人都以为他疯了，然而他却向世人证明了如何把不可能变成可能，如何把现实变成童话，梦想变成真实。去冰屋旅馆你不仅可以体验到冰雪世界的神奇，更可以感受到梦想的美丽。

十二、消气旅馆

美国芝加哥有家消气旅馆。旅馆的房间内摆设有屏风、家具、茶具及图书等，怒气冲冲的旅客可住在这种房间里来宣泄心中的不满，任意打碎室内的家什用品，但事后要赔偿。

十三、无噪声旅馆

美国有一种无噪声旅馆。这种旅馆专门接待那些怕吵的人。一进入旅馆，宛如走进了"静"的世界，再也听不到杂七杂八的声音。对那些患有神经衰弱和失眠的人来说，住宿在这种旅馆有很大的好处。

十四、监狱旅馆

瑞典首都斯德哥尔摩有一个由监狱改造的旅馆，所有客房过去都是囚禁犯人的牢房。这家 Langholmen Hotel 过去是一个建于 19 世纪的古老监狱。它在 1975 年送走最后一个囚犯，并在 1989 年改为旅馆。

除了 89 间单人囚室，监狱旅馆还有 13 间双人房。牢房的沉重大门被保留下来，但房内的装潢摆设却有了不少变化。窗户的铁条拆除了，经过加宽后，更多阳光可以通过窗户照进来。每个房间都设有电缆电视、收音机、电话和一个漂亮的浴室。坐监一点也不寂寞。据说监狱旅馆还有斯德哥尔摩最好的餐馆。牢房的收费并不便宜，不过旅馆人员特别保证，他们一定会给你钥匙，而且早餐肯定不只是开水和白面包。

在斯洛文尼亚有家青年旅舍名为"Celica"（意为单身牢房），这里曾经是奥匈帝国和南斯拉夫的军事监狱，直到 1991 年斯洛文尼亚独立后被改造为监狱旅馆。旅馆四周被带刺的铁线围着，窗户和门口都有围栏。据说，这里是卢布尔雅那最受欢迎的旅馆，内有 20 间客房，并由当地艺术家重新装饰过。游客可以踏踏实实地在这里作一回"犯人"。

在饭店的大千世界里，还有许许多多的特殊饭店，如地狱旅馆、洞穴旅馆、舟船旅馆、火车旅馆、树顶旅馆、寻偶旅馆、胖人旅馆……真是形形色色，令人眼花缭乱。这些特殊的饭店虽在世界饭店大家族中显得微乎其微，但却受到不少人的青睐。

十五、"紧凑型"新概念宾馆

相对于传统饭店（Hotel），新概念宾馆被定名为"Yotel"。Yotel 是一种与传统宾馆背道而驰的新概念宾馆理念。它的创始人是西蒙·伍德罗夫，最初的设计灵感来源于英国航空公司的豪华舱和日本的廉价"胶囊旅馆"（Capsule Hotel），简单来说，Yotel 其实就是结合了日本的胶囊旅馆"小"的特点，与英国航空头等舱的空间设计概念。历经三年的精心设计和 150 多次的反复修改后，一种世界上最为激进的宾馆概念最终在西蒙·伍德罗夫手中诞生，它将在目前世界各地千篇一律的豪华饭店业中注入一股清新的空气，同时唤起这一行业一场新的革命。

值得一提的是，Yotel 的设计者西蒙·伍德罗夫还曾参与过空中客车飞机的空间设计。面积仅为 10.5 平方米的 Yotel 饭店房间可分为标准间和豪华间。与日本胶囊旅馆不同点在于 Yotel 客房内基础设施丰富，房间内的基础设施包括索尼纯平彩电及环绕立体声系统、WiFi Access、成百上千种电影及 CD 碟片可供下载、空调、可翻转双人床、专用浴室、情调灯光、包括淋浴喷头在内的豪华浴室设备、豪华床上用品等，还可提供自助入住、结账服务等。标准间的房价是 55 英镑一天，豪华间是 80 英镑一天，4 小时为单位最短入住时间，入住价格是全天房价的一半。受到转机或是要搭乘早班飞机乘客的欢迎。

Yotel 宾馆中真正具有革命性的当属其房间的窗户设计。它摒弃了传统的外开窗，而将其改为内开窗，也就是说这些窗户朝向走廊而开，这样可以通过走廊内的反射机制和照明作用使得房间内被自然地照亮。这同时也使得 Yotel 敢为人先，独辟蹊径，选择其他宾馆所不敢触及之地——市中心、机场甚至地下等空间作为其选址的首选。当然，由于设计使得成本节省也使旅客获益匪浅，所以他们能够在有限的稀有空间内以付得起的价格享受超豪华的入住体验和高质量的服务。

Yotel宾馆的选址皆位于市中心、交通枢纽等繁华地段，旨在有限的稀有空间内以付得起的价格为往来城市的旅客提供豪华的入住体验和高质量的服务。

第3节 世界最佳饭店的评选

在英美国家，一些商业杂志和饭店专业杂志每年都会制作饭店排行榜，主持饭店排行榜的一般是专业性很强、社会公信度很高的权威媒体。制作榜单的目的，是为其核心读者群提供服务产品。在具体操作时，往往把评价权交给外聘的评审员，评价的指标体系公开，评价过程透明，评价结果向社会公布，是一种典型的外部评价模式。

一、世界最佳饭店评选机构和办法

目前，世界上评定最佳饭店活动的权威媒体很多，如美国的《公共机构投资人》杂志、《商务旅游者》杂志，英国伦敦的《旅游业》《公务旅行》杂志，还有英国的金融杂志《欧洲货币》，英国最大的饭店预订代理商艾克斯波特尔（Expotel）等。其中最有国际影响的是《公共机构投资人》杂志。

《公共机构投资人》（Institutional Investor）是美国一家颇具威望的金融杂志。该杂志社每年从世界各地挑选100位著名的银行界人士为评委，这些人必须是经常外出旅行的人，无论是因公务、会议或是度假旅游，每年在世界各著名饭店逗留的时间不少于80天。请他们对饭店进行打分，最高分为100分。这项评议做得十分认真，有时评委要到杂志社集中根据条件进行比较，最后根据分数确定全球最佳饭店的位次。当然，被评的饭店的范围也都限于服务于公务旅游者、位于大城市的大饭店。对所评的饭店来说，无疑是一次宣传和促销活动。

另一个最成功的是英国的《公务旅行》（Executive Travel）杂志的榜单。该杂志不仅评选世界最佳饭店，欧洲、北美和世界其他各地最佳饭店，还评选最佳经济型饭店、最佳会议饭店、最佳机场饭店、最佳饭店集团以及获得"年度饭店奖"的饭店。由于公信度很高，刊登榜单的当期杂志往往销量大增，各上榜饭店也大量采购用作促销工具。

中介组织为主体的饭店等级评定提供了利益相关者之外的另一种视野，其强烈的效率意识促进了饭店评价技术与评价理论的快速发展。然而，由于中介组织只关注极少数最优秀的饭店；加之获得重要数据资料的能力有限，评级结果往往只反映服务质量，却不反映经营质量。

二、评选标准

列入世界最佳饭店榜单的饭店虽然绝不是完美无瑕的，但它们的确是同类饭店中的佼佼者；虽然这些饭店都有自己的独特之处，但从总体上讲，它们又有许多共同的出类拔萃之处，这些共同点也正是世界最佳饭店的基本标准。

（一）最佳饭店要有一流的服务员

因为服务员是饭店为宾客服务的第一线人员。饭店对旅客服务的质量是饭店经营管理全过程的综合体现。影响服务质量的因素是多方面的，从饭店自身来看，主要有两个方面：一方面是物质的因素，即酒店的设施，人们称之为"硬件"；而另一方面是人的因素，即饭店整个员工队伍的素质，这是提高饭店服务质量的关键因素，人们称之为"软件"。优良的服务应是上述二者的结合，缺一不可。在饭店物质条件确定的条件下，饭店员工，特别是服务第一线的服务人员的素质能否达到一流水平（包括优良的思想素质、业务素质和身体素质）极为重要。因为饭店对宾客的服务水平能否达到一流的服务水准，最终是要靠一流素质的服务员去完成。最佳饭店一定要有热情、认真、熟练和训练有素的服务员队伍，才能提供快捷、热情、周到、细致的服务。服务是一种为了他人在物质上和精神上感到舒适方便的行为。因此，发自服务员内心的、自觉的、主动的、热情的服务才能收到好的服务效果。服务员应热爱自己的工作，对工作抱有自豪感、光荣感和使命感，努力钻研和做好自己的工作，使自己所从事的工作充满浓郁的感情味、人情味，受到宾客发自内心的欢迎和美好的评价。

美国乔治亚希尔顿饭店（Hilton Hotels Corporation, Atlauta, Geogia）对最佳饭店的评定是："一所最佳饭店，绝不是它的楼体设计、选型和陈设，也不是它的客房床具和餐厅食品，而是那些精心、细心，使客人有一种舒适、安全和宾至如归之感的服务员。这是成为一所最佳饭店的秘密。这个秘密会使饭店成为同行业中的强者并享有盛名。"

（二）最佳饭店要清洁、卫生、舒适、高雅、怡人

最佳饭店客房、餐厅、大堂、公共场所、会议厅等都要清洁、卫生、舒适、高雅、怡人。尤其客房的舒适、洁净、宁静、陈设高雅、环境怡人更为重要，因为客人大部分时间是在客房度过的，客房是客人感受时间最长最深的地方，客房服务质量如何，是关系到客人下次是否再来的关键因素之一。任何客人都十分重视客房的整齐、清洁、舒适、方便、宁静与安全。

（三）最佳饭店能提供富有特色的美味佳肴

饭店提供美味佳肴是满足客人需要的重要方面，它亦是吸引客源、开拓市场的重要条件。饭店能否提供色、香、味、美、形、器俱佳的饮食产品，对饭店的声誉、等级起着重要的作用。为此，最佳饭店应拥有制作特色菜肴、饭点，技术精湛、懂得服务心理学的特级、一级厨师和点心师。

（四）最佳饭店要有齐全的服务项目

最佳饭店应包括所有饭店设施和服务项目。例如，应有各种等级的客房、套间、豪华的总统套房、中西餐厅、酒吧、咖啡厅、康乐中心、健身房、美容中心、健身浴池（WhirlBath）、迪斯科舞厅、音乐茶座、独具一格的豪华餐厅、风味餐厅，室内和室外美景花园、公共服务部和商品部，还有快速服务的电脑设施，向客人提供快速开房住宿、预订及办理结账离店手续。

譬如，香港尖沙咀坐落着一个最显赫的五星级饭店——华美达丽都酒店在这方面就很有特色，为今后争取成为全球最佳饭店创造了一定的条件。酒店使用五个特别范围的先进的低压电源，包括电脑、电话接线系统、客房控制开关（含电子门锁系统）、电视及收音传讯系统和酒店宴会厅内各类视听系统。华美达丽都酒店将成为香港第一所向住客提供低压电力的酒店。由于低压可以防止火灾及电伤人的意外事故，故此可保障酒店顾客的安全。此外，低电压开关更可在色泽上与客房整体设计及色调互相协调配合。该酒店客房内最独特的设备是有一床头电子调控板，方便客人轻易控制房间内所有电器用品，住客可以按动这床头调控板上的开关按钮控制室内灯光、窗帘、空气调节、选择电视或电台节目及电视机画面接收访客留言或查核截止到该时为止的酒店账单。此外，该调控板亦有跳字电钟、留言信号及"请勿打扰"或"清理房间"服务信号之开关。每一个房间入口处也有类似的调控板。客房内的特大书桌上均设有一部无须手持听筒对话的电话，客人只需轻轻按按钮，便可查核电话叫醒服务员和预订食物送餐到客房进食。房间内邻近窗台附近的会客／起居间，放置有舒适的沙发、安乐椅和早餐桌。为了保证安全，还装了电子门锁系统和最新之警钟防火设备，如喷水器和烟雾控制器等。

（五）最佳饭店应使客人有"宾至如归"之感

"宾至如归""宾客至上""客人永远是对的"不仅是饭店营业信条，同时也是饭店所出售商品的最佳象征。

"宾至如归"要求一所最佳饭店应向宾客提供舒适、方便及一流的服务，同时饭店要有怡人怡心的环境，暖人的房间，它留给客人的第一和最后印象都应该使客人有一种"宾至如归"之感。这是马耳他国际饭店协会（Internation Hotel Assoeiation，Malta）的论述。

法国政府芝加哥旅游办事处（French Goverment Tourist office chicago）认为："一所最佳饭店要显示出它的多种服务和高级一流的服务项目，使客人享受高规格的热情礼仪接待和各项服务。最佳饭店客房陈设要高雅、怡人，室内显得宽敞、豪华，同时要有一流的服务员在等待和欢迎客人的到来。"

西班牙湖厦饭店集团（Husa Hotels Group Spain）评论："一所最佳饭店应该向客人提供至高无上的最佳服务，最佳饭店的含义应该是舒适、方便、安全、环境怡人；同时务必使客人感到，饭店便是他们远离故乡的别墅。"

（六）最佳饭店要有优越的地理位置

世界十佳饭店都是些地处世界名城的城市饭店，并且又都是坐落在该城市的最佳地点，或靠近最繁华的商业区，或与某一历史遗迹或名胜古迹相邻，或在风景迷人处。世界最佳饭店头名状元的保持者——曼谷的东方饭店，地处曼谷最为繁华的大街石龙军路的一个僻静的胡同里，与风景优美的湄南河为伴。汉堡的四季饭店坐落在靠近商业区的阿尔斯特湖畔（Alster Lake），与著名的汉堡大剧院仅有两幢楼之隔。香港的文华酒店地处香港中心的主要商业、购物区，与天星码头（Star Ferry）相距甚近，而那里的半岛酒店与丽晶酒店在九龙旅游区，无论到商业区还是到游览地，步行均可到达。巴黎的布里斯托尔饭店与里兹饭店都在巴黎最迷人的地方。而且这些被列入世界最佳饭店名单的饭店，其本身又多是该城市著名的旅游资源、新建筑，雄伟壮观，是新时代科学技术与精神的体现，是新的里程碑，还是古老历史、文明的见证。

香港九龙半岛酒店有 60 多年的历史，它被誉为九龙历史发展的见证，是一种催化剂，使九龙发展成一个拥有现代商业、娱乐与实业的中心区，它又好像是一块磁铁，把天涯海角的旅游者源源不断地吸引来。

（七）最佳饭店的建筑应是风格独特

最佳饭店应是独具特色、独具风格的一流水平的饭店。也就是说，它应在建筑设计、外部造型、内部设施、装修和陈设、饮食服务等方面富有特色，如突出民族风格、地方特色或特别现代化的时代特色等。譬如，香港丽晶酒店（1991 年以来世界最佳饭店的头名状元）是 1980 年建成的，它献给人们的是现代的豪华、现代的舒适、现代的享受。酒店的建筑，酒店的格调气氛，酒店的服务都十分突出地体现了酒店创建人对中西方文化传统的理解与巧妙的结合。

曼谷东方饭店的设计者更是独具匠心，在该饭店中的所有客房里无论在什么地方都可以看到湄南河，凭窗远眺，奔腾的大河上变化万千的帆过舟行之景，均可尽收眼底。地处东京闹市区的大仓饭店，是世界最佳饭店中比较年轻的一个，但它都把现代建筑艺术与各种传统的日本艺术巧妙地融合在一起，饭店显得格外雄伟、宏大、谐和、优雅。

这些最佳饭店，特别注意创造一种独特的环境与气氛。它们虽多处市内闹区，但又具有"闹中有静"的特色，使客人既感到活动方便又感到舒适。饭店的气氛则特别突出优雅、宽敞与别致。饭店的大堂（或门厅）是最值得炫耀的地方。东京的大仓饭店的大堂是现代舒适的典范。它的宽敞、豪华颇有京都皇宫的气魄。一串串古老传统的宝石灯悬挂在天花板上，饰以日本兰花的丝织幔帷遮住墙壁，而靠庭院的一侧用的是日本式移门隔板透过洁白的窗纸，园中风动的竹叶依稀可见。许多饭店的大堂被视做"观察别人与被别人观察"的地方，它成了当地社会活动中不可缺少的一部分。香港半岛酒店的大堂早已成为商人谈生意，新闻界收集消息，社会名流会朋友、闲坐、聊天消磨时光的场所。

这里值得一提的是鲜花。各最佳饭店为了美化环境，创造一种清新恬静的气氛，都不惜重金购置鲜花。曼谷东方饭店每年鲜花购置费达 30 多万美元。巴黎的雅典广场宾馆，每年购花卉的费用比它用于电的开支费用还大。日本的大仓更讲究"花道"，它那大堂里，餐厅里，以及套房中都摆放着精心挑选的盆花、盆景、插花，因时、因景而异，不仅给人以美的享受，更能使人感到一种受欢迎、受尊重的满足。

（八）最佳饭店要注意微小的服务和装饰

最佳饭店一定要注意那些微小的服务和装饰，全面做到服务的细致、周到，做到客人要求的理想服务。这一点往往是一些饭店容易忽视的。而最佳饭店的"佳"就应体现在常被人们忽视的方面，比别的做得更好。注意微小服务和装饰会使客人感到愉快和舒适，这是一所最佳饭店不可缺少的独特的服务项目。从客人步入前台、进行登记、开房住宿到他在大堂前台结账离店的每一项服务，都要注意微小服务，都应使客人感到热情、方便、舒适、满意。

客房是饭店的主体。多少年来，饭店业主无不把大量精力放在改善客房设施上。和一般饭店相比，最佳饭店对客房的设施不仅讲求实用，更讲求豪华、享受。因此，拥有豪华的套房几乎成了最佳饭店的基本条件之一。日本大仓饭店的顶楼有一个帝王套房，其面积达 369 平方米，并拥有一个屋顶花园，有自己单独的电梯，有宽敞舒适的卧室、起居室与书房，住在那里绝无置身于世界最繁华的大都市之感。新加坡的文笔宾馆共有五个总统套房，分别布置有中国古典式、日本式、波斯式、欧洲古典式和现代式的装潢与家具，其豪华程度令人咂舌。香港半岛酒店中最高级的套房叫马可波罗套房。它经过多次整修改造，是一个融居住、吃饭、休息、待客为一体的英格兰式庄园公寓，在其起居部分，有一台多功能电视机，包括激光视盘、录像机、激光唱片、磁带录音机以及多种多样可以在这些设备上使用的音像资料。写字台上还有一台多波段的收音机，客人用它可以收听到世界各地电台的节目。如果公务人员入住，还备有个人电脑，带有自己特定的号码的电传机，在客房可直接电传。其餐饮部分，有一个硕大的乔治时代的餐桌，四周由代表一年四季图案的古代屏风所围。主人卧室一式的蓝绿色，卫生间皆由黑白花纹的大理石装饰，那里有浴室、淋浴、桑拿浴、佳库兹洛（Jacuzzi）以及太阳灯与热风。客人的卧室一律为暖色。这两种卧室中都有电视、激光视盘。而且住在这个套房的客人有专门的厨师和侍者，豪华轿车随叫随到，为了安全与方便，客房还有电视监视器，观察套房门口的动静。

曼谷的东方饭店被誉为美食家的乐园，这个拥有 400 间客房与套房的饭店拥有七个餐厅，数以百计的技艺高超的西方、东方菜肴名厨为之服务。由法国名厨（曾两次获得米其林大奖）麦卡尔（Jean Barder）主持的专营法式西餐的顶楼餐厅享誉亚洲，而设在一艘游艇上的吉姆老爷（Lord Jim's）餐厅以其自助河鲜著称，人们边欣赏湄南河秀丽风光，边品尝美味佳肴更是别具情趣。拥有 210 间（套）客房的香港半岛酒店，有餐厅 5 个，其中有供应一日三餐的维兰大扒房（Voranda Grill），有音乐与舞蹈相伴的加迪（Gaddi's）法式餐厅，供应正宗瑞士菜肴的切萨（Chesa）餐厅，供应广式中餐的春日餐厅和供应日本风味的稻菊（Fnagiku）餐厅。另外，还有供应茶点饮料与酒类的酒吧、咖啡厅。为了与宾馆外日益增加的餐馆竞争，大宾馆的餐厅每年也举办多次美食周，不惜巨资从国外聘请厨师，进口餐料，邀请歌星助兴。

（九）最佳饭店要有名人在那里下榻和就餐过

通常名人住过的饭店，都及时将其拍成照片悬挂在饭店或保存起来，以此作为荣誉和最佳饭店的象征。这里所指的名人一般指国家领导人，如总统、总理、主席以及政府要员（部长级以上），或者是世界著名的艺术家、歌剧明星、大作家等。因为最佳饭店在地理位置、设施、设备方面的优势，特别是优质的服务，颇受政界、商界与其他各界社会名流的青睐，成为他们追逐聚集的地方。因此，吸引重要人物经常下榻也成了最佳饭店的一个重要标志。一串长长的名人录成了饭店炫耀的资本。香港半岛酒店的顾客介绍的材料中，记载着曾在那里住过的重要人物的名单中包括卡特、尼克松、里根、李光耀等国家领导人，英国、希腊、日本、西班牙、尼泊尔、瑞典等国的王室重要成员以及体育、影视明星 70 多人。汉堡的四季酒店，曾多次接待过希腊、丹麦、英国等国家的国王、女王及其王室成员，有的王室成员几代人都是那里的常客。这家酒店似乎对艺术家有一种特别的吸引力。它所接待的世界影视明星从英格丽·褒曼、索菲娅·罗兰到电影中的"詹姆斯·邦德"等不计其数。歌剧明星安娜·莫弗（Anna Moffo）自 1969 年到 1987 年曾在四季酒店里下榻过 115 次。奥地利艺术家西奥·林根（Theo Lingen）自 1959 年到 1976 年共在那里住过 503 个夜晚。

（十）最佳饭店应是举办历史上最重要的宴会的场所

这也是成为最佳饭店的一个标志。由于历史上或国际上有重要意义的宴会，一般也希望找一个名气大的饭店作为举行宴会的场所，以便提高宴会的身份，更能引人注目，最佳饭店能够有机会举办这样的宴会也说明自己的设备设施及服务达到了高水平，因此才能被选中。譬如，总统、总理、议长、委员长等要人主持的宴会、新闻发布会、答谢宴会等。

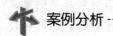 **案例分析**

来自泰国东方饭店的经典案例

1. 世界最佳饭店：曼谷东方饭店

泰国的曼谷东方饭店，近几年连续被评为全球 40 家一流饭店之首。不久前，美国权威的金融杂志《公共机构投资人》在征询了 100 位银行界人士的意见后，授予它"世界最佳饭店"的桂冠。

曼谷东方饭店的最大特色，就是以顾客需求为中心的一流服务水平。

曼谷东方饭店具有悠久的历史，传说超过120年。当年饭店落成后，整个饭店看上去就如同一艘沿着传说中的昭巴耶河（现称湄南河）停靠的船，而客房就像水手们住的船舱。这一美丽的传说一直被演绎延续至今。原先的饭店现已被今天的宏伟建筑所代替。而且今天的东方饭店已经是公认的世界一流的城市度假饭店。

饭店地址在风光秀丽的湄南河东岸，离繁华的商业区不远；饭店陈设具有东方特色，各种设施齐全，为顾客提供各种服务。

饭店的六家餐厅拥有数百名技术高超的大厨师，专做西餐、中餐、泰餐、伊斯兰餐和日本餐，其中以专营法国菜的顶楼餐厅最为著名，由法国名厨麦卡尔掌勺。麦卡尔的厨艺精益求精，每年都要去世界各大餐厅取经，不断将新设计的珍馐佳肴添进菜单里。餐厅里还设有快餐间、酒吧间。

喜欢观光的旅客，可乘宾馆拥有的豪华游艇逆江而上去参观，凭吊泰王朝古都遗址；迷恋健身运动的旅客，可到饭店的体育中心学打泰拳，或者到饭店一家摩登的狄安娜夜总会跳舞；热衷于采购的女士们，则可在饭店开设的21家特品和古董商店里买到如意的商品。每逢星期四和星期天，饭店还组织演出，表演泰国民间歌舞。

饭店善于了解不同顾客的爱好，并想方设法地给予满足，真正做到了体贴入微。一次，美国著名的艺术大师米宾·梅特率领了一个106人的纽约交响乐团来到泰国，下榻这里。得知这位大师喜欢吃杧果、玩蟋蟀后，经理们立刻私下寻遍了泰国农村，好不容易找到了一些落市杧果，又通过外交途径，得到一盒新录制的蟋蟀比赛录像带，一并送给他，令这位大师非常高兴。

还有一位相隔了30年再次访问泰国的英国人，出于怀旧，想重温一下在蚊帐里睡觉的乐趣，饭店马上找来一顶蚊帐，挂在他住的空调房间里。

有个美国电视小组住进饭店，要拍几部有关泰国丝绸和风俗习惯的电视片，饭店服务员为他们提供了大量的资料和场景，使其顺利地完成了任务。此外，饭店还不止一次地满足顾客的要求，代其联系、会见政府官员。

该饭店公关部经理说："最佳饭店是由最佳服务员创造的，而最佳服务员又是靠最严格的培训产生的。"饭店有雇员980人，年培训费高达11万美元。饭店对新雇员的要求非常严格，新招聘来的员工都要经过为期半年的严格训练，以后在工作期间，每隔一段时间还要进修。学习结束，员工经过口试和笔试，合格者发予证书，评定等级；不合格者重新培训，直到合格或解雇。经过如此严格的训练和进修，不需多久，绝大多数雇员都成了出色的服务员。

2. 于细微之处见真情

企业家王先生到泰国出差，下榻于东方饭店，这是他第二次入住该饭店。

次日早上，王先生走出房门准备去餐厅，楼层服务生恭敬地问道："王先生，您是要用早餐吗?"王先生很奇怪,反问:"你怎么知道我姓王?"服务生回答:"我们饭店规定,晚上要背熟所有客人的姓名。"这令王先生大吃一惊,尽管他频繁往返于世界各地,也入住过无数高级饭店,但这种情况还是第一次碰到。

王先生愉快地乘电梯下至餐厅所在楼层,刚出电梯,餐厅服务生忙迎上前:"王先生,里面请。"

王先生十分疑惑,又问道:"你怎么知道我姓王?"服务生微笑答道:"我刚接到楼层服务电话,说您已经下楼了。"

王先生走进餐厅,服务小姐殷勤地问:"王先生还要老位子吗?"王先生的惊诧再度升级,心中暗忖:"上一次在这里吃饭已经是1年前的事了,难道这里的服务小姐依然记得?"服务小姐主动解释:"我刚刚查过记录,您去年6月9日在靠近第二个窗口的位子上用过早餐。"王先生听后有些激动了,忙说:"老位子! 对,老位子!"于是服务小姐接着问:"老菜单? 一个三明治,一杯咖啡,一个鸡蛋?"此时,王先生已经极为感动了,"老菜单,就要老菜单"!

给王先生上菜时,服务生每次回话都退后两步,以免自己说话时唾沫不小心飞溅到客人的食物上,这在美国最好的饭店里王先生都没有见过。

一顿早餐,就这样给王先生留下了终生难忘的印象。

此后三年多,王先生因业务调整没再去泰国,可是在王先生生日的时候突然收到了一封东方饭店发来的生日贺卡:亲爱的王先生,您已经三年没有来过我们这里了,我们全体人员都非常想念您,希望能再次见到您。今天是您的生日,祝您生日愉快。

王先生当时热泪盈眶激动不已……

虽然泰国的经济在亚洲算不上最发达,但泰国的东方饭店却堪称亚洲饭店之最,几乎天天客满不说,入住的机会更是需要提前预订争取。

是什么令东方饭店对大都来自西方发达国家的客人充满如此魅力?仅仅因为泰国的旅游风情吗?抑或是其独到的人妖表演?都不是,其征服人心靠的是几近完美的客户服务,靠的是一套完善的客户管理体系。

据西方营销专家的研究和企业的经验表明:"争取一个新顾客的成本是留住一个老顾客的5倍,一个老顾客贡献的利润是新顾客的16倍。"这就是现在经常提及的客户关系管理的实质。

案例讨论题

1. 根据本案例,谈谈世界最佳饭店的真谛是什么?
2. 谈饭店如何培养"老顾客"群体?

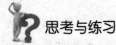 思考与练习

1. 饭店可以划分为哪些基本类型？

2. 商务客人的特点是什么？如何做好商务型饭店的经营与服务？

3. 长住型饭店经营与服务的特点是什么？其发展趋势是什么？

4. 会议客人的消费特点是什么？饭店如何做好会议服务与管理？

5. 国际度假饭店发展中的典型模式有哪些？

6. 我国应如何发展汽车饭店？

7. 除基本业态分类外，饭店还可以进行哪些分类？

8. 什么是主题饭店？主题饭店的一般类型有哪些？我国应如何发展主题饭店？

9. 什么是精品饭店？精品饭店的特征是什么？

10. "绿色饭店"的理念是什么？

11. 什么是产权式饭店？产权式饭店有哪些类型？

12. 饭店业实施等级制度的目的与作用是什么？

13. 目前国际上采用的饭店等级制度与表示方法有哪些？

14. 简述美孚旅行指南（Mobil Travel Guide）体系和美国汽车协会（AAA）体系。

15. 简述法国米其林红色指南体系和英国汽车协会体系。

16. 我国饭店业星级制度的发展历程划分为哪几个阶段？

17. 简述中国饭店业星级标准体系。

18. 世界最佳饭店的评选标准是什么？

📢 推荐文献

张广瑞.世界旅馆旅馆世界［M］.北京：中国经济出版社，1991.

魏小安，沈彦蓉.中国旅游饭店业的竞争与发展［M］.广州：广东旅游出版社，1999.

旅游饭店星级的划分与评定（GB/T 14308-2010），中国旅游饭店业协会，http://www.ctha.com.cn/detail-23-51-2803.html

吕建中.现代旅游饭店管理［M］.北京：中国旅游出版社，2004.

聂明林，杨啸涛，牟红.世界最佳饭店的经营之道浅析［J］.重庆工业管理学院学报，1996（12）.

杨宏浩.2018 住宿业走上高质量发展之路.中国旅游报./2019 年/1 月/10 日/第A01 版.

2019 住宿业朝着更广阔的市场迈进.中国旅游报./2019 年/1 月/10 日/第A01 版.

赖贞.中国在线短租市场强力启动 [J] . 互联网经济，2018（Z1）：66-71.

葛江徽.高星级酒店生存发展之路 [J] . 合作经济与科技，2018（11）：94-95.

冷云.文化资本的力量——民宿的蓬勃发展对传统酒店的启示 [J] . 市场周刊（理论研究），2016（04）：28-29.

周茂健，汤静.基于 TOPSIS 法江苏高星级酒店核心竞争力的研究 [J] . 市场周刊，2013.9.

第4章 现代饭店企业

【学习目标】

通过对本章的学习，应该掌握饭店企业的内涵和特征；了解饭店企业使命的含义和饭店企业战略目标的构成；重点掌握饭店产品的含义、构成和特征；了解饭店组织机构设置的原则、基本形式，以及饭店的部门机构设置及其功能；掌握饭店的运行机制与管理制度。

【内容结构】

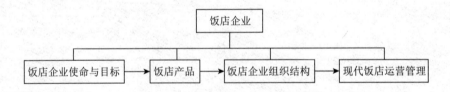

【重要概念】

饭店企业　企业使命　饭店产品　核心产品　现代饭店企业组织　直线——职能制　事业部制　服务　标准化　个性化服务　总经理负责制　职工民主管理制岗位责任制　服务规程

第1节　饭店企业的使命与目标

管理大师彼得·德鲁克（Peter Drucker）曾说过："一切工作源于使命，并与使命密切相关""明确企业宗旨和使命，是确定优先顺序、战略、计划和工作安排的基础"。德鲁克认为，使企业遭受挫折的唯一最主要的原因恐怕就是人们很少充分地思考企业的使命是什么。在激烈竞争的市场中，一家方向不明、使命不清的企业，就会像流浪汉一样无家可归，其命运将是极其危险的。

一、饭店企业的内涵与特殊性

（一）饭店企业的内涵

饭店是一个为公众提供住宿、饮食及其他服务的综合性服务企业。饭店同其他各类企业一样，是利用各种生产要素（土地、资金、设备、劳动力等），在创造利润的动机和承担风险的情况下，运用现代化技术和管理手段从事生产、销售等活动，以取得良好的经济效益和社会效益的基本经济组织。饭店作为企业，具有反映企业共性的一般特征。

1. 经济性

饭店是经济组织，它所从事的是经济活动，以谋求利润为目的。它以自己生产的产品或服务，通过交换来满足社会需要，并从中获得利润。饭店如果没有赢利，就不能发展，就会在市场竞争中失败。而且，如果没有赢利，就没有企业财产所有者和经营者的利益，饭店就会消亡。

2. 社会性

饭店是个社会组织，从商品生产角度看，饭店所从事的生产经营活动是社会化大生产的一个组成部分，饭店是社会经济系统中的一个子系统，它与其他子系统发生着广泛的经济联系；从饭店与社会其他各部门、各单位的非经济关系看，它既依赖于社会的进步与发展，也依赖于政府对社会的宏观管理，它从属于一定的政治和社会体系，还要承担一定的社会责任，因此它具有社会性。

3. 独立自主性

饭店是独立自主从事生产经营活动的经济组织，在国家法律、政策允许的范围内，饭店的生产经营活动不受其他主体的干预。饭店企业具有法人地位，法人企业的独立自主性在法律上表现为财产独立、核算独立、经营自主，并以自己独立的财产享有民事权利和承担民事责任。

4. 能动性

饭店是一个能动的有机体。饭店的能动性表现在对外部环境的适应能力，自我改造能力，自我约束能力和自我发展能力。从系统论的角度讲，饭店是一个耗散结构系统，它通过不断地与外界进行能量、物质和信息的交换，调整自己的内部结构，以适应市场环境的变化，并发展和壮大自己。

5. 竞争性

企业是市场中的经营主体，同时也是竞争主体。竞争是市场经济的基本规律。饭店企业要生存，要发展，就必须参与市场竞争，并在竞争中取胜。饭店的竞争性表现在它所生产的产品和服务要有竞争力，要在市场上接受顾客的评判和挑选，要得到社会的承认。市场竞争的结果是优胜劣汰。饭店通过自己有竞争力的产品或服务在市场经济中求生存，求发展。

（二）饭店企业的特殊性

1.饭店企业的服务性

饭店的经营活动是以租让饭店设施的使用权的形式进行的，消费者只是在一定时间和空间内购得饭店设施的使用权，获得特殊的使用价值，而无法占有它们。所以饭店的有形设施不是能够获得所有权并可以携带移动的实物商品形态，它实际上是饭店服务销售的辅助形态。这就决定了饭店是一个服务性质的企业，从而决定了饭店企业的经营活动不同于其他工商企业。

2.饭店企业的综合性

饭店是一种具有综合服务功能的企业。现代饭店不仅要满足宾客住宿和饮食的基本需要，还必须在同一时间的不同空间满足客人的多种消费需求。因此，现代饭店除了要有舒适安全并具有吸引力的客房、能提供美味佳肴的各式餐厅外，还要有康乐中心、商务中心、商品部、礼宾部，以及会议、洽谈、展览等配套设施。这些功能的完备程度是决定饭店档次的重要条件。

饭店提供给客人的产品，实际上是由饭店各部门相互配合共同努力而产生的结果。各部门之间的业务存在着广泛的联系性。为满足客人的各种需求，各部门在业务进行和联系过程中要保持和谐一致，在质量和水准上保持同一性。

3.饭店企业的依赖性

饭店经营活动对市政基础设施和水、电、能源、交通等行业有较强的依赖性。饭店客源来自国内外，受政治、经济、文化、自然等多种因素影响，饭店经营环境复杂多变，营销活动具有季节性、随机性和风险性，因而对国民经济具有依赖性。因此，饭店企业必须加强市场调查研究，掌握市场规律，加大市场开拓力度，灵活经营，才能取得理想的经济效益。

4.饭店企业生产的独立性

饭店的设施设备已经日趋现代化，但饭店的生产主要还是靠手工操作，饭店中的一线服务人员必须面对面地为宾客提供服务。现代化的设施设备不能代替人工服务，饭店的劳动现代化程度要比工业企业低得多。因此，饭店企业人力资源开发和管理是一项需要耗费大量成本，关系到企业生存的重要工作。

二、饭店企业使命

（一）企业使命的含义

企业存在的价值，不是由它的名字、章程和条例来定义的，而是由它的使命来定义的。企业使命是企业的存在宣言，它阐明了企业存在的理由和根据，同时揭示企业存在的目的、走向以及生存的意义等根本性问题。所以，企业要生存和发展，首先必须明晰自己的使命，发布"立身之本"的宣言。在世界上的优秀企业中，使命管理一直占据着重要地位。以下是一些世界优秀企业的"使命"：

迪士尼公司——使人们过得快活。

沃尔玛公司——给普通百姓提供机会，使他们能与富人一样买到同样的东西。

IBM 公司——无论是一小步，还是一大步，都是带动人类的进步。

马里奥特集团——通过有效培训员工使其提供出色的服务，致力于成为世界最佳住宿和餐饮企业，给股东以最大回报。

香格里拉集团——为顾客提供物有所值的特色服务与创新产品，令顾客喜出望外。

从上述例子中可以看出，企业使命是一个企业区别于其他企业的长期适用的对经营目的的叙述，反映了企业的最高追求。它明确了企业在社会生活中所担当的角色和责任，并将这种角色和责任贯穿于企业活动的始终。企业使命不是企业经营活动具体结果的表述，而是对企业开展活动的方向、原则和哲学的高度概括和提炼。

目前国际上普遍认同企业社会责任理念：企业在创造利润、对股东利益负责的同时，还要承担对员工、对社会和环境的社会责任，包括遵守商业道德、生产安全、职业健康、保护劳动者的合法权益、节约资源等。

（二）企业使命说明书

为了引导企业朝着一个方向前进，企业决策层应提出本企业的使命，并以书面报告形式加以表述，形成企业使命说明书。企业不必刻意追求一个多么伟大、正确的理念，而要切合自身实际，确定具有自身特色的、能凝聚和激励员工的使命，并达成上下共识，坚持下去，成为企业取胜的"利器"。使命说明书应具备以下条件：

（1）市场导向。有一个确切的市场定位，大方向要明晰和准确。

（2）切实可行性。目标、任务要务实，如果大而空，就等于没有目标。

（3）有鼓动性。能使员工从中感到力量，看到希望，并自愿为之奋斗。

（4）具体明确。有明确的、较集中的目标。知道怎么去一步步实现。

遵循以上原则，使命书要清晰地回答以下问题：

1. 经营范围

我们的企业是什么？为这一问题提供答案，是企业高层管理者的首要责任。他们需要深入思考和清楚地表述企业的宗旨和企业的使命，他们必须不断反躬自问："我们的企业是什么以及它应该是什么？"只有这样，才可能树立明确而现实的企业目标。

2. 目标客户群

我们的顾客是谁？这是首要而关键的问题。顾客是企业产品和服务的最终使用者。对一个企业来讲，会有各种各样的顾客。每一种顾客对企业都有不同的期望和价值观，购买不同的产品和服务。但是，企业必须使所有的顾客在"我们的企业是什么"这个问题的回答中感到满意。

3.所能提供的价值

我们对顾客的价值是什么？

4.发展前景

我们的企业将是什么？对这一问题，即使是最成功的答案，迟早也将成为过时的。德鲁克得出的结论是："关于一个企业的宗旨和使命的定义，很少有维持到30年的，更不用说50年了，一般只能维持10年。"因此，高层管理者在提出"我们的企业是什么"这一问题时，还有必要问一问"我们的企业将会成为什么样子"。

一份令人满意的企业使命说明书不是一蹴而就的，要花费很多的精力和时间。只有如此，才能使一个企业树立目标、制定战略、集中资源并进行卓有成效的管理。

三、饭店企业的战略目标

企业使命从整体上描述企业存在的理由和发展前景，而企业目标则具体指明在实现使命过程中所追求的长期结果，是在一些最重要的领域对企业使命的进一步具体化，它反映企业在一定时期内经营活动的方向和所达到的水平。与企业使命不同的是，战略目标要有具体数量特征和时间界限，一般为3~5年或更长。显然，一个简明、清晰、生动、明确的使命表述，再辅之以深入、细化、现实、可行的企业目标，定能激发士气，鼓舞斗志，从而充分调动员工的积极性[1]。

制定战略目标的基本依据是企业使命，此外，还受高层管理者的社会价值体系影响。因此，企业战略目标的内容，不同行业中的企业，不同发展阶段和规模的企业，不同环境条件下的企业，未必是一个模式。具体来说，饭店企业的战略目标，大体上由以下几个大目标组成：

（一）社会贡献目标

饭店企业是市场经济肌体的一个细胞，它的生存和发展取决于社会对它的承认。而社会对它的承认取决于它对社会做出的贡献，即饭店履行社会义务的情况。一般来说，饭店对社会的贡献目标主要表现在四个方面：①促进对外开放，改善投资环境，发展社会公益事业，以及促进本地区社会主义精神文明建设。②扩大劳动就业，安排失业人员，保证社会稳定。③强化基础，改革创新，提升管理水平，促进本地区企业管理水平提高。④满足社会需要，积累建设资金，促进地区经济繁荣。

（二）企业发展目标

饭店的发展标志着饭店经营的良性循环得到了社会的承认。它是饭店经营管理的内在动力和企业发展的后劲，对于增强饭店的市场竞争能力是至关重要的。

---

① 邹益民，周亚庆：饭店战略管理［M］.北京：旅游教育出版社，2005.

饭店的发展目标主要表现为饭店等级的提高、规模的扩大、设施项目的增加、经营范围的扩大等。

（三）市场经营目标

市场是饭店生存的空间。饭店市场目标主要表现为原有市场的巩固、潜在市场的开拓和新市场的创造。它以企业知名度和美誉度、顾客满意度和忠诚度来表示。市场经营最基本的指标是：营业收入、平均房价、人均消费、市场占有率、境外客人所占比率等。

（四）人力资源目标

人力资源是饭店最重要的战略资源。饭店人力资源管理的目标可以用人员流失率和员工满意度这两个最基本的指标来表示。人员流失率是饭店所不希望流动的人员的离职情况的数据，特别是重要岗位的流失。员工满意度反映了饭店的综合管理水平，即饭店管理政策和制度的科学性的问题，也有各级管理者的素质问题。

（五）财务管理目标

经济效益是饭店一切经营活动的原动力，它不仅关系到全体员工的切身利益，还决定着饭店的发展。饭店的财务管理目标主要有两大目标，一是资金目标。资金是饭店企业正常运行的基本要素，一般可用资金结构、现金流量、新增普通股、运营资本、贷款回收期等财务指标表示。二是赢利能力目标。赢利能力反映了企业给业主、股东的回报率和经营效益大小，一般可用营业收入、利润总额、投资收益率、销售毛利（净利）等指标来表示。

第 2 节　饭店产品

饭店作为企业经济组织，在经营过程中以提供产品为自身生存和发展的前提，但饭店企业提供给宾客的产品是有形设施设备和无形服务的综合，以此满足宾客的需要。由于饭店产品的特殊性，宾客购买和使用饭店产品以体验为主，只有用后才知道是否满意，因此，对饭店产品无形性的研究是饭店产品研究的重点。

一、饭店产品的含义

所谓产品（Product），即"过程的结果"（ISO09000，2000 版）。该定义表明，产品是广义的概念，企业提供给市场的，用于满足人们某种需求的任何过程的结果都可称为产品，包括实物、服务和软件（如计算机程序、产品使用说明书）等。实际中的完整产品多包括物质产品与非物质产品两种因素。饭店产品由满足顾客需求的某种物质实体和非物质形态服务构成。物质实体包括饭店建筑、设施、用品、菜肴、酒水等，称作有形产品；非物质形态服务包括饭店声誉、等级、特色、氛围、员工礼节礼貌、服务态度与行为等，称作无形产品。这些有形产品和无形产品共同组成完整的饭店产品。

从宾客体验的角度讲，饭店产品实际上是宾客在饭店消费期间所获得的一种生理和心理上的感受和经历。零售业先驱马歌尔·非尔德（Marshall Field）曾经说过："给顾客出乎预料的惊喜，让他们体验愉快的服务经历，这是最能赢得顾客忠诚的办法。"

完整饭店产品的概念，从满足宾客的需求来说，又可分解为三个层次：核心产品、实际产品和延伸产品。

（一）核心产品

核心产品是指产品能够带给消费者的基本效用、核心利益。核心产品主要是回答顾客购买产品所要解决的问题是什么，它是顾客需要的中心内容。

饭店的核心产品则是指饭店为宾客提供的最基本的服务，它能够满足宾客在饭店中的最基本需求和得到基本利益。这种基本利益表现为宾客在入住饭店过程中希望由饭店解决的各种基本问题。对不同的顾客来说，所需要解决的问题是不同的。例如，对支付能力有限的背包旅游者来说，是便宜、清洁地过一夜；而对高消费的商务客人来说，是享受体面与舒适的现代生活。

（二）实际产品

核心产品必须转变成一个真实有形的产品，才能满足顾客购买的需要。这就是产品的第二个层次，即实际产品。实际产品是指产品呈现在市场上的具体形态，包括品质、特征、式样、包装、品牌等。实际产品是顾客需要与利益的实现形式，是核心产品的有形载体。

饭店实际产品则是指从形式上能展示产品核心利益的多种因素。它包括饭店的设计风格、建筑特色、地理位置、周围环境、品牌等；也包括饭店为了使客人能得到核心利益而提供的各项服务，如前厅预订服务，办理入住登记手续服务，行李服务，餐厅的领位、摆台、撤台、点菜服务等。这些展现因素使饭店产品的核心利益有形化。正是这些产品的展现因素，才使世界上的饭店各有特色。

（三）延伸产品

产品的第三个层次是由扩大服务和利益所构成的延伸产品。延伸产品是伴随着实际产品的出售，企业向顾客提供的各种附加服务和利益的总和。饭店的延伸产品则是指在客人购买其实际产品时所提供的额外超值服务。这种额外超值服务可以增加核心产品的价值，能给宾客带来更多的满足，因而对客人购买实际产品具有一定的影响力。它使饭店的服务产品新颖独特并区别于其他饭店，从而提升其服务竞争力。

饭店的延伸服务内容越多，其档次、规格也越高，如饭店的娱乐健身服务、商务秘书服务、照看小孩服务、残疾人服务、委托代办服务、俱乐部成员优惠、客房送餐服务、客房小酒吧、洗衣服务、擦皮鞋服务、提前预订餐位、提供特殊菜品、按客人需要制作菜品、餐饮营养构成知识介绍，以及总经理向客人赠送生日贺卡、生日蛋糕、香槟、鲜花、礼品等。

随着饭店业竞争的日益激烈，许多饭店在核心产品、实际产品大同小异的情况下，都在延伸产品方面做文章、下功夫，使饭店的服务产品千姿百态、花样翻新。近年来，许多饭店推出了例外服务、超常服务、微小服务、情感服务等多种服务，使饭店对客人服务的领域不断扩大，从满足客人的基本需求发展到满足客人的多种需要，并常给客人带来超值的享受和意外的惊喜。因此，延伸产品成为饭店企业竞争的重要手段。

二、饭店产品的构成

如前所述，饭店产品是饭店有形设施和无形服务的综合。具体讲，饭店产品是由以下几个方面构成的：

（一）饭店的地理位置

饭店地理位置的好坏对于饭店建设的投资额、饭店的客源和饭店的经营等产生很大的影响。"商业饭店之父"埃尔斯沃思·斯塔特勒（Ellsworth M.Statler）说过："对任何饭店来说，取得成功的三个根本要素是地点、地点、地点。"

现代饭店一般因功能的不同而选择适宜的地理位置，从而为宾客提供各种方便的服务。例如，商务型饭店应位于城市中心或交通便利的地方；度假型饭店多位于海滨、山区、温泉、海岛、森林等旅游胜地；经济型饭店因其功能的单一性，则应选址于城市商务区、商业中心、中高档（大型）居民住宅区等商业成熟区域，或近火车站、机场、码头、地铁沿线、高速公路城市入口处等交通要塞。

（二）饭店的设施设备

饭店设施设备包括直接或间接影响宾客住店生活的一切设施设备。饭店是凭借其设施设备来为客人提供服务的，所以，齐全、完好和舒适的设施设备是饭店赖以存在的基础，是饭店劳务服务的依托，反映出一家饭店的接待能力和档次。饭店的设施设备可分为客用设施设备和供应用设施设备两大类。不同等级的饭店对设施设备的规格和质量要求有所不同。

1.客用设施设备

客用设施设备也称前台设施设备，是指直接供宾客使用的各种设施设备，如客房设施设备、餐饮设施设备、康乐设施设备等。它要求做到设置科学、结构合理、配套齐全、舒适美观、操作简单、使用安全、完好无损、性能良好。

2.供应用设施设备

供应用设施设备也称后台设施设备，是指饭店经营管理所需的不直接和宾客见面的生产性设施设备，如锅炉设备、制冷供暖设备、厨房设备等。它要求做到安全运行，保证供应，否则也会影响到对客服务的质量。

（三）饭店的服务

服务是饭店产品的一个十分重要的组成部分，也是宾客选择饭店的主要考虑因素之一。饭店服务内容的针对性、服务项目的多少、服务内容的深度和服务水平的高低等更是饭店竞争的重要环节。

1. 服务的含义

服务（Service）的概念最初源于经济学领域，各专家学者从不同的领域和角度对服务给出了不同的定义。其中，美国市场营销学学者非利普·科特勒（Philip Kotler）对服务的定义具有较强的权威性，并被普遍接受。该定义为"服务是一方能够向另一方提供的任何一项活动或利益，它本质上是无形的，并且不产生对任何东西的所有权问题，它的生产可能与实际产品有关，也可能无关"。例如，租用饭店的客房，在餐厅用餐，到饭店网球场打球等，所有这些内容，均涉及购买一项饭店服务。

服务是无形的。在购买服务之前，它们看不见、摸不着。服务被购买并消费后，服务的形态便消失，仅给宾客留下不同的体验和感受。国际上将服务的英文 Service 各字母分解，每个字母代表服务的不同含义：

S-smile（微笑）这是一种各国宾客都理解的世界性的欢迎语言，是与客人正常友好交流的最基本的手段。

E-excellent（杰出的）要求我们的员工是最优秀的，我们的服务是最优质的，我们提供的服务产品也是一流的。

R-ready（准备）以最佳的、最有效的姿态时刻准备为客人提供服务。

V-viewing（观察）时刻关注客人，及时发现客人的需求，争取在第一时间内为客人提供有效服务。

I-inviting（诱人的）要求饭店提供的菜品是美味可口的、客房是安全舒适的、娱乐项目是健康刺激的。

C-creating（创造）因人、因地制宜，提供相应的服务内容，根据客人的个性化需求提供创造性的服务。

E-eye（眼神）用眼光和客人交流；及时发现客人的困难，主动问询，采取措施进行服务补救。

2. 标准化服务与个性化服务

标准化服务是指按照标准运作，以有序的服务来满足客人各种常规的需要。即饭店向客人提供的服务项目和服务程序按制定的标准进行生产从而满足客人合理的各种常规需要。

服务的无形性要求饭店管理者为服务制定一系列标准，从而方便员工的操作和顾客的评价。标准化、程序化的服务具有高效、可靠的特点，它方便客人接受服务并减少他们的风险心理。

个性化服务（Personal Service）的基本含义是指为客人提供具有个人特点的差异性服务，以满足不同客人的合理的个别化需求。饭店为客人提供个性化的服务，可以使接受服务的客人产生一种自豪感和满足感，从而留下深刻的印象，并赢得他们的忠诚而成为回头客。个性化服务也可以指饭店提供有自己个性和特色的服务项目。

个性化服务通常体现出服务人员的主动性及发自内心的与客人之间的情感交流，设身处地揣度客人心理，站在客人的立场上看问题，想客人之所想，急客人之所急，使服务做得更加准确到位。

个性化服务与标准化服务既有区别，又是相互联结的，而且在一定的条件下可以转化。可以这样认为：优质服务就是标准化服务与个性化服务的统一。

（四）饭店的环境与服务氛围

饭店的环境与服务氛围包括环境氛围和服务氛围两个方面。环境氛围由饭店的建筑、装饰、陈设、设施、灯光、声音、颜色等因素构成，它是饭店的硬环境，服务氛围则由饭店员工的仪容仪表、态度和行为等因素构成，它是饭店的软环境。饭店营造的环境氛围对客人的情绪影响很大，客人往往把对饭店氛围的感觉作为评价饭店质量优劣的依据，它能影响客人是否再次来饭店下榻。

1. 饭店的环境氛围

（1）饭店的外观风格与环境氛围。饭店的建筑造型风格各异，但都要围绕一个主题或形成某一特色。国家星级饭店评定标准中，也明确规定了三星级以上饭店建筑必须有其自身的特色和风格。饭店外部环境的总体布局要合理配置，应用建筑学和美学原理，不仅使其具有韵律美和节奏感，同时还要充分体现其个性特色。对外环境的绿化，庭院、通道、停车场等都要因地制宜，合理布局，突出美感、饭店氛围和文化特色。

（2）服务场所的环境氛围。饭店的服务场所包括：前厅大堂、客房、餐厅和其他服务部位。服务场所是饭店整体运行的关键部位，其环境氛围是非常重要的。服务场所必须要有热情迎接客人的气氛，使客人处处都有一种"体验服务"的满足感。同时还要为饭店服务人员创造一种愉快的工作环境，使对客服务工作卓有成效。服务场所的环境氛围的营造，包括服务场所的美化，商品陈列的艺术性，环境卫生状况，设施设备摆放布局，灯光影响、色彩调节、温度、湿度与空气的清新程度，以及噪声的控制，等等。良好的服务环境氛围能使宾客轻松、愉快，置身于美的享受之中。

2. 服务氛围

饭店的硬环境固然重要，但是，更为重要的是人的因素，是富有生气的饭店全体管理人员和服务人员。卓越的软环境，不仅可与硬环境相得益彰，更能弥补硬环境的不足之处。但拙劣的软环境，却足以抵消硬环境的积极作用。常言道："主雅客来勤。"要为客人提供满意的服务，需要服务人员从仪容仪表、态度、言谈举止等各方面保持最佳的状态。

（1）仪容仪表。良好的仪容仪表会给客人留下深刻的印象和美好的回忆。仪容是对服务人员的身体和容貌的要求，饭店服务人员应身材匀称、面慈目秀、仪表堂堂、身体健康。

（2）服务态度。饭店服务人员应做到一视同仁，不卑不亢，待人热情，分寸适度，表情自然诚恳，精力旺盛，微笑服务。

（3）言谈举止。饭店服务人员要注意自己的礼貌修养。礼貌修养是以人的德才学识为基础的，是内在美的自然流露。

（五）饭店的形象

饭店的形象是宾客对饭店的总体评价或看法。饭店形象既包括建筑、客房、餐厅、设备设施等硬件形象，又包括饭店管理、服务质量、员工精神面貌、企业文化等软件形象。

饭店形象是社会广大公众及饭店产品的消费者对上述从有形和无形的因素进行综合识别的产物。良好的饭店形象，是饭店拥有的宝贵财富，竞争者易诋毁和仿效，可提高饭店的竞争力，同样它使饭店建立与债权人之间最有利的关系，以最低的利率获得贷款，获得良好的资金周转循环系统。最重要的是它能使饭店吸引更多的顾客，提高经济效益，提高知名度和美誉度。

三、饭店产品的特征

与一般实物产品比较，饭店产品表现出多方面的独有特征。要搞好饭店服务，提高饭店管理水平，就必须对饭店产品的这些特征有充分的认识。

（一）无形性

饭店是一个借助有形设施而出售无形服务产品的综合性的接待场所。它不仅向客人提供有形的设施设备和产品，如客房、餐厅、会议室、酒水饮料和菜肴等，还向客人提供无形的服务，如接待、礼貌、氛围等，并且无形服务所占的比重很大。所以，饭店产品从本质上讲就是服务，或者说饭店产品是一种高服务的产品。饭店以服务为本，以服务立业，其服务设施和服务质量构成饭店企业的生命线。

服务最明显的特点就是无形性。与有形产品相比，虽然有些服务还有一定的实体成分，如餐厅的食品饮料，但服务的主体由人的行为组成，因而是无形的，无法以形状、质地、大小等标准去衡量和描述。服务的无形性还表现为消费服务获得的利益也可能很难觉察或仅能抽象地表达。

产品的无形性是饭店服务产品的最基本特征，它决定了饭店产品的其他特征。

（二）不可储存性

一般商品的买卖活动会发生商品的所有权转让，而饭店产品则不同。饭店出租客房、会议室和其他综合服务设施并同时提供服务，并不发生实物转让。宾客购买的只是某一段时间内的使用权，而不是所有权。以每夜租金 380 元的饭店客房为例，如果此房全天租不出去，那么这 380 元的价值就永远无法实现，也就是说它的价值具有不可储存性，价值实现的机会如果在规定的时间内丧失，便一去不复返。它不像一般商品那样，一时卖不出去，可以储存起来以后销售。

饭店产品的这一特点，使饭店在应付需求波动方面有较大的局限性和被动性。因此，饭店服务接待能力的充分利用成为饭店经营管理的一大挑战。对于那些淡旺季明显的饭店，必须采取有效措施开拓客源市场，以充分利用饭店相对固定的服务接待能力。

（三）不可转移性

这一特点有其双重含义：其一是指饭店产品在地点上的不可转移性。其二是指同饭店服务相关的设施和设备在所有权上的不可转移性。

一般实物产品都可以在一地生产而在另一地消费，并在交换后发生所有权转移。而饭店产品的无形性，使其只能在生产现场——饭店内消费。饭店产品实现交换后，宾客得到的不是具体的物品，而只是一种感受或经历。饭店产品在交换后也没有发生所有权转移，宾客购买饭店产品，得到的并不是饭店设施本身的所有权，而是"享用"的权利，获得的是一种"服务体验"和"住宿经历"的满足感。

因此，要求饭店必须通过适当的公共关系活动为饭店树立公众形象，创造饭店的高知名度和高美誉度，以吸引更多的宾客前来消费，并保持较高的回头客比率。

（四）生产与消费的同步性

饭店产品的生产过程与宾客直接相关。饭店服务人员提供服务的过程，也是宾客消费饭店服务产品的过程，即生产过程与消费过程几乎是同步进行的。只有当宾客购买并在现场消费时，饭店的服务和设施相结合才能成为饭店产品。这样，饭店员工的素质、提供服务时的个人状态，包括言行举止都将直接影响其所提供产品的质量。服务质量具有"一锤定音"的特点，一旦出现质量问题不能"返工"，也不能"退货"。

饭店产品的这一特点，要求饭店要强调服务操作的规范与标准；要求饭店员工不仅要具备良好的服务技能，还要懂得服务心理学，了解不同客人的需求规律和心理特点；要求员工"第一次就把事情做好"。

（五）顾客的参与性

饭店服务产品生产与消费的同时进行，使得宾客往往会参与服务的提供，或通过与服务人员合作，积极地参与服务提供过程，享受服务的使用价值。服务结束后，宾客能继续享受服务的效果，但他们却不能拥有服务的所有权。在这个意义上，饭店服务产品提供过程就是宾客的"体验过程"。

宾客作为参与者出现在服务过程中，这就要求饭店管理者必须重视饭店设施的设计，注意饭店服务设施的物质环境，为宾客创造氛围。因为对宾客来说，服务是一种发生在饭店服务设施环境中的体验。饭店对内部装饰、陈设、布局、噪声及色彩的关注能够影响宾客对服务的感知。

（六）质量评价的主观性

饭店服务是无形的，服务质量的好坏不能像一般实物产品那样用机械或物理的性能指标来衡量。来自不同国家、地区的不同类型的客人，由于他们所处的社会经济环境不同，民族习惯、经历、消费水平和结构不同，对饭店服务接待的要求也不尽相同，因此，宾客对服务质量的感受往往带有较大的个人色彩和特点，具有很大的不确定性。饭店提供的服务质量的好坏在相当程度上取决于宾客各自的需要和自身的特点，取决于宾客体验了服务后在生理和心理上感受到的满意程度。

饭店产品的这一特点，要求饭店在确保服务符合质量标准的基础上，对不同类型的客人提供针对性的个性化服务，以提高宾客对饭店服务的满意程度及饭店在公众中的美誉度。同时要关注员工，提高其工作的满意度。

第3节　饭店企业的组织结构

任何企业组织为了实现其使命和目标，都必须建立有效的组织系统。现代饭店企业组织，就是为实现饭店经营管理目标，由许多相互联系、彼此合作的部门和人员，共同形成的一个有机的整体。

一、饭店组织机构设置的原则

饭店的部门机构设置，由于各饭店的规模和性质不同，不必强求统一，但基本上的要求是一致的。一般来说，饭店部门机构设置的特点是由饭店客人在饭店内的活动特点对饭店企业进行经营管理的需要决定的。一般来讲，设计饭店的组织机构主要应遵循以下几项原则：

（一）目标一致性原则

这一原则要求饭店组织机构设计必须有利于饭店企业目标的实现。任何一个企业成立，都有其宗旨和目标，因而饭店企业中的每一部分都应该与既定的宗旨和目标相关联，否则就没有存在的意义。饭店企业的目标是通过提供满足宾客和社会需要的服务产品实现利润的最大化。它的组织机构一般包括为实现这一目标而设立的采购部门、生产服务部门、销售部门、财务部门等。同时，每一机构根据总目标制定本部门的分目标，而这些分目标又成为该机构向其下属机构进行细分的基础。这样目标被层层分解，机构层层建立，直至每一个人都了解自己在总目标的实现中应完成的任务。这样建立起来的组织机构才是一个有机整体，为总目标的实现提供了保证。

（二）专业化原则

专业化就是按工作任务的性质进行专业化分工，也就是说，饭店组织内的各部门都应该尽量按专业化原则来设置，以便使工作精益求精，达到最高效率。

（三）有效性原则

有效性原则要求饭店的组织机构和组织活动必须富有成效。（1）组织机构设计要合理。要基于管理目标的需要，因事设机构、设职务匹配人员，人与事要高度配合，反对离开目标，因人设职，因职找事。（2）组织内的信息要畅通。由于企业内组织机构的复杂性和相互之间关系的纵横交错，往往易发生信息阻塞，这将导致企业管理的混乱，因而对信息管理要求，一要准确，二要迅速，三要及时反馈。只有这样才不至于决策失误，才能了解命令执行情况，也才能及时得到上级明确的答复，使问题得到尽快解决。（3）主管领导者要能够对下属实施有效的管理。为此，必须规定各种明确的制度，使主管人员能对整个饭店企业组织进行有效的指挥和控制。只有明确了规章制度，才能保证和巩固组织内各层次和人们之间关系的协调一致。

（四）统一领导，分级管理的原则

统一领导是现代化大生产的客观要求，它对于建立健全组织，统一组织行动，协调组织是至关重要的。要保证统一领导，组织机构一定要按照统一领导的原则来设计。根据这一原则，任何下级只能接受一个上级的领导，不得受到一个以上的上级的直接指挥。上级不得越过直属下级进行指挥（但可越级检查工作），下级也不得越过直属上级接受更高一级的指令（但可越级反映情况）。职能管理部门只能是直线指挥主管的参谋和助手，有权提出建议，提供信息，但无权向该级直线指挥系统的下属发号施令，否则就是破坏统一领导原则，造成政出多门，使下级无所适从。

要保证统一领导，应该将有关组织全局的重要权力集中在组织的最高管理机构。例如，组织目标、方针、计划、主要规章制度的制定和修改权，组织的人事、财务大权等，都必须集中在组织的最高管理层，以保证整个组织活动的协调一致。在实行统一领导的同时，还必须实行分级管理。所谓分级管理，就是在保证集中统一领导的前提下，建立多层次的管理组织机构，自上而下地逐级授予下级行政领导适当的管理权力，并承担相应的责任。

（五）相互协调的原则

为了确保饭店组织目标的实现，在饭店内的各部门之间以及各部门的内部，都必须相互配合、相互协调地开展工作，这样才能保证整个饭店组织活动的步调一致，否则饭店的职能将受到严重影响，就难以保证目标的完成。

（六）权责对等原则

权，是指管理的职权，即职务范围内的管理权限。责，是指管理上的职责即当管理者占有某职位，担任某职务时所应履行的义务。职责不像职权那样可以授予下属，它作为一种应该履行的义务是不可以授予别人的。职权应与职责相符，职责不可以大于也不可小于所授予的职权。职权、职责和职务是对等的，如同一个等边三角形三边等值一样，一定的职务必有一定的职权和职责与之相对应。

（七）集权与分权相结合原则

这条原则要求饭店企业实施集权与分权相结合的管理体制来保证有效的管理。需集中的权力要集中，该下放的权力要大胆地分给下级，这样才能增加饭店企业的灵活性和适应性。如果将所有的权力都集中于最高管理层，则会使最高层主管疲于应付琐碎的事务，而忽视饭店企业的战略性、方向性的大问题；反之权力过于分散，各部门各把一方，则彼此协调困难，不利于整个饭店企业采取一致行动，实现整体利益。因此，高层主管必须将与下属所承担的职责相应的职权投予他们，调动下层的工作热情和积极性，发挥其聪明才智，同时也减轻了高层主管的工作负担，以利于其集中精力抓大事。但在一个饭店企业中，究竟哪些权力该集中，哪些权力该分散，没有统一的模式，往往是根据饭店企业的具体性质和管理者的经验来确定。

（八）稳定性与适应性相结合原则

这一原则要求饭店企业组织机构要有相对的稳定性，不能频繁变动，但要随外部环境及自身需要作相应调整。一般来讲，一个饭店企业有效活动的进行能维持一种相对稳定的状态，饭店企业成员对各自的职责和任务越熟悉，工作效率就越高。组织机构的经常变动会打破饭店企业相对均衡的运动状态，接受和适应新的组织机构会影响工作效率，故饭店企业组织机构应保持相对稳定。但是，任何饭店企业都是动态、开放的系统，不但自身在不断运动变化，而且外界环境也在变化，当相对僵化、低效率的组织机构已无法适应外部的变化甚至危及饭店企业的生存时，组织机构的调整和变革即不可避免，只有调整和变革，饭店企业才会重新充满活力，提高效率。

二、饭店组织的基本形式

（一）直线制与职能制

直线制也称军队式组织，它是饭店从最高层到最低层，按垂直系统建立的组织形式。一个下属部门只接受一个上级领导的指挥，不存在管理的职能分工。直线制组织结构形式如图 4-1 所示。

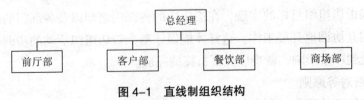

图 4-1 直线制组织结构

直线制组织结构的优点是：机构简单，权力集中，权责分明，联系简捷，指挥与命令统一，人员少，效率高。它的主要缺陷是：缺乏合理的分工，不利于同级协调与联系，领导者工作负担过重，经常处于忙乱的状态。直线制的组织结构形式，一般只适用于那些没有必要按照职能实行专业管理的小型饭店，或是应用于服务现场管理。

所谓职能制是在各级行政主管人员之下，按专业分工设置相应的职能机构，这些职能机构在各自的业务范围内有权向下级下达命令。这种组织结构有利于对整个企业实行专业化的管理，发挥企业各方面专家的作用，减轻各级行政负责人的工作负担。但突出的缺点是：由于实行多头领导，往往政出多门，易出现指挥和命令不统一的现象，造成管理混乱。因此，在实践中应用较少。

（二）直线——职能制

直线——职能制是目前我国饭店普遍采用的一种组织结构形式。这种组织结构形式的特点是：在组织结构中具有两套系统，一是由直线指挥人员构成的按自上而下的组织层次划分的指挥系统，他们在相应的层次上具有对下级人员的指挥命令权。二是由专业职能人员构成的按照管理职能专业分工划分的横向职能系统，他们不具有对组织各层次的指挥命令权，而是为其所对应的直线指挥人员充当参谋，提供建议，协助工作。直线——职能制组织结构的基本形式如图 4-2 所示。

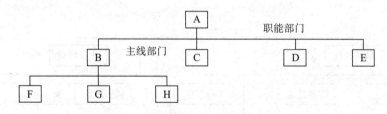

图 4-2　直线——职能制组织结构

直线——职能制组织结构形式吸收了"直线制"控制严密的长处和"职能制"充分发挥专业人员作用的长处，兼有这两种组织结构形式的优点。一方面，指挥命令权集中于直线指挥人员，一个下属只接受一个上级领导的命令，因而有利于集中命令、统一指挥。另一方面，每个直线指挥人员都有相应的职能部门人员给予协助，提供建议，有利于提高其管理的有效性；管理职能实行专业化分工，有利于提高管理人员的专业管理水平，提高工作效率。直线——职能制的缺点在于：权力过于集中，往往使高层领导陷于日常事务中，也不利于下属人员积极性和主动性的发挥；管理职能的专业化分工较细，部门之间横向沟通差、协调的难度大。

在直线——职能制的组织结构形式下，饭店的各部门分为主线部门与职能部门两大类：

主线部门（Line Departments）是指从事饭店一线经营和接待业务的部门，如前厅部、客房部、餐饮部、商场部、工程部等。这些主线部门按等级链的原则进行组织，形成垂直系统，实行直线指挥。由于是按直线形式组织，因此这些部门的结构简单，责权分明，效率较高，可以满足现代企业的生产经营活动需要统一指挥和实行严格责任制的要求，但不利于横向的多维联系。

职能部门（Staff Departments）不直接参与饭店一线的经营和接待活动，是为一线部门服务，执行某项专门管理职能的部门。饭店的人事部、培训部、财务部、安全部等均属职能部门。职能部门执行专业管理职能，发挥职能机构的专业管理作用，成为饭店最高管理层的参谋和助手。但职能部门不能对主线部门及其下属部门进行业务指挥。职能部门拟定的计划、方案、制度等应交总经理批准后发布，由各部门经理对其属下的部门下达执行命令，目的是既要使职能部门有效地发挥管理职能的作用，同时避免多头领导、多头指挥的现象。

直线——职能制的组织形式也有其缺点与不足，主要表现在：（1）各职能部门之间的横向联系复杂，由于各主管副总经理或总监分兵把关，可能形成权力分割；（2）组织程序与业务程序繁杂，信息迂回时间长，效率不高；（3）权力过于集中，影响下层人员的积极性和主动性的发挥，对于信息多变的市场和例外事件的处理缺乏灵活性。

某大型饭店的组织结构示意图如图 4-3 所示。

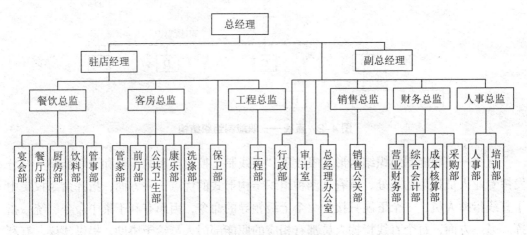

图 4-3　某大型饭店组织结构

（三）事业部制

事业部制组织结构形式按照"集中政策，分散经营"的原则，把饭店企业的生产经营活动按产品或地区的不同建立事业部。总公司主要负责研究和制定公司的各种政策及做出涉及公司整体发展的重大决策；事业部是一个利润中心和责任中心，在总公司领导下，实行独立核算、自负盈亏，对公司负有完成利润计划的责任。但在总公司的宏观控制下，有经营管理的自主权，可以独立地从事生产经营活动。事业部制组织结构的基本形式如图 4-4 所示。

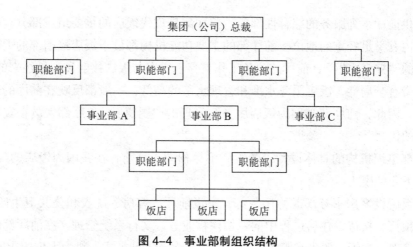

图 4-4　事业部制组织结构

事业部制组织结构形式的优点：有利于公司的最高管理层摆脱日常行政事务，搞好战略决策和长远规划；各事业部有相对独立的利益和自主权，事业部内部的生产经营活动比较容易协调，并能加强事业部领导者的责任心，发挥其生产经营的积极性和主动性，有利于全面管理人才的培养；有利于把集团化和专业化结合起来，一个公司可以经营种类很多的产品，形成大型集团企业，从整体上增强公司的市场适应能力和竞争能力。

事业部制组织结构形式的缺点：从整个公司角度看，机构重叠，用人较多；各事业部独立性较强，易产生本位主义，不利于部门之间的横向协调，忽略公司整体利益。

事业部组织结构形式是一种适用于大型饭店、饭店管理公司和集团化经营的连锁饭店的组织结构形式。近几年随着我国经济的发展及管理水平的提高，我国饭店业专业化管理、多元化经营的趋势越来越明显。饭店业管理的公司化、集团化已成为发展的趋势。

饭店组织结构形式各异，都各有其利弊。采用何种形式应视饭店具体情况而定，从本饭店的实际出发选取一种最适合本饭店的组织结构形式。总之，组织结构的选取应有利于饭店的经营管理，有利于提高工作效率，使饭店组织发挥出最大的效能。

三、饭店的部门机构设置及其功能

如前所述，一个典型饭店的机构设置，可以大致分为两部分，即饭店的业务部门和饭店的职能部门。

（一）业务部门（Business Deparments）

1. 前厅部

前厅部（Front Office）也称客务部、前台部、大堂部。前厅部是饭店以房务运作为中心的营业部门，是饭店组织客源、销售客房商品、沟通和协调各部门的对客服务，并为宾客提供前厅系列服务的综合性部门。前厅部是现代饭店的重要组成部分，在饭店经营管理中占有举足轻重的地位。前厅部的主要功能机构都位于饭店最前部的大厅。前厅部是饭店的"神经中枢"，前厅的业务工作贯穿于宾客与饭店接触和交易往来的全过程。它的工作带有全局性，饭店服务水准和管理水平的高低，一般都反映在前厅的迎送接待工作方面。因此，前厅部被称为饭店服务与管理的"橱窗"，前厅部人员在宾客心目中是"饭店的代表"。

前厅部组织机构的具体设置，各饭店不尽相同。目前，在我国因饭店的规模不同，大致有以下几种模式：

（1）饭店设客房事务部或称房务部，下设前厅、客房、洗衣和公共卫生四个部门，统一管理预订、接待、住店过程中的一切住宿业务，实行系统管理。在前厅部内部通常设有部门经理、主管、领班和服务员四个管理层次。这种模式一般为大型饭店所采用。

（2）前厅为一个与客房部并列的独立部门，直接向饭店总经理负责。在前厅部内设有部门经理、领班、服务员三个管理层次。中型饭店和一些小型饭店一般采用这种模式。

（3）前厅不单独设立部门，其功能由总服务台来承担，总服务台作为一个班组归属于客房部，只设领班（主管）和总台服务员两个管理层次。过去的小型饭店一般采用这种模式。随着市场竞争的加剧，许多小型饭店也增设了前厅部，扩大了业务范围，以强化前厅的推销和"枢纽"功能，发挥前厅的参谋作用。

饭店规模不同，前厅部业务分工也不同，但一般设有以下主要机构：

（1）预订处（Reservation）。预订处要在宾客进入饭店前接受客房预订和办理预订手续。根据饭店客房情况，制定预订报表，对预订进行计划安排和管理，掌握并控制客房出租状况，并按要求定期预报客源情况和保管预订资料。

（2）接待处（Reception）。接待处在前厅是最突出和重要的部位。它负责接待抵店投宿的客人，包括团体、散客、长住客、非预期到店以及无预订客人；办理宾客住店手续，分配房间；与预订处、客房部保持联系，及时掌握客房出租变化，准确显示房态；制作客房销售情况报表，掌握住房客人动态及信息资料等。

（3）问讯处（Information）。问讯处负责回答宾客的询问，提供各种有关饭店内部和饭店外部的信息；提供收发、传达、会客等应接服务；负责保管所有客房钥匙。

（4）礼宾部（Concierge）。礼宾部负责在店门口或机场、车站、码头迎送宾客调度门前车辆，维持门前秩序；代客卸送行李，陪客进房，介绍客房设备与服务，并为客人提供行李寄存和托运服务；分送客人邮件、报纸，转送留言、物品；代办客人委托的各项事宜。

以委托代办形式出现的"金钥匙"服务，是区别于一般的饭店服务的高附加值的服务，具有鲜明的个性化和人性化特点，被饭店业的专家认为是饭店服务的极致。

（5）电话总机（Telephone Switch Board）。电话总机负责接转饭店内外电话，承办长途电话，回答客人的电话询问；提供电话找人、留言服务；叫醒服务；播放背景音乐；充当饭店出现紧急情况时的指挥中心。

（6）商务中心（Business Centre）。为满足客人的需要，现代饭店尤其是商务型饭店都设立了商务中心（Business Centre）。通常商务中心应设在前厅客人前往方便而又安静、舒适、优雅的地方，并有明显的指示标记牌。它是商务客人常到之处，其服务的好与坏，会直接影响到客人的商务活动和饭店（特别是商务型饭店）客人的光临。商务中心提供信息及秘书性服务，如收发电传、传真、电报、复印、打字及电脑文字处理等。

随着信息技术的飞速发展，客人的需求不断变化。商务中心必须转变服务职能，推出新的服务项目。例如，提供现代化商务设施设备出租服务、提供电脑技术服务、为各类商务活动和会议提供支持和帮助的秘书性服务等。

（7）收银处（Cashier）。负责饭店客人所有消费的收款业务，包括客房餐厅、酒吧、长途电话等各项服务费用；同饭店一切有宾客消费的部门的收银员和服务员联系，催收核实账单；及时催收长住客人或公司超过结账日期，长期拖欠的账款；夜间统计当日营业收益，制作报表。

（8）大堂副理（Assistant Manager）。大堂副理是饭店管理机构的代表人之对外负责处理日常宾客投诉和意见，协调饭店各部门与客人的关系；对内负责维护饭店正常的秩序及安全，对各部门的工作起监督和配合作用。

2. 客房部

客房部（Housekeeping Department）又称房务部或管家部，是饭店管理有关客房事务，向客人提供住宿服务的部门。客房是饭店基本设施和主体部分，客房部是饭店的主要创收和创利部门。

客房是饭店的核心产品。客房部是饭店占用面积最大、宾客停留时间最长的部门，客房服务也是项目多、内容杂、随机性强的服务工作。客房部服务与管理水平的高低，直接影响到住店宾客对饭店服务水平的评价和满意程度，从而影响到饭店客源的稳定性和持续性，影响到饭店的整体形象和效益。

客房部的组织机构因饭店规模、档次、业务范围、经营管理方式不同而有所区别。就客房服务的组织模式来说，目前国内的饭店客房对客服务的组织模式主要有两种：一是设立楼层服务台；二是设立客房服务中心。我国传统饭店多采用楼层服务台模式，国外饭店以及中外合资（合作）饭店多采用客房服务中心模式。有些饭店的客房部从先前的楼层服务台服务模式向客房服务中心模式转换后，在运行中又感到了种种不便，所以又出现了一些将楼层服务与客房服务中心合在一起的服务模式。客房部的组织机构一般应包括：

（1）客房楼层（Flour）。客房楼层主要由各类型的客房组成。每一楼层都设有工作间，便于服务员工作。通常设主管 1 名，早、中、夜班领班若干名。客房楼层人员负责全部客房、楼层走廊和电梯口的清洁卫生，同时还负责房间内备品的替换，设备简易维修保养，为顾客提供必要的服务。

（2）公共区域（Public Area）。通常设主管 1 名，早、中、夜班领班各 1 名公共区域的人员负责饭店各部门办公室、餐厅（不包括厨房）、公共洗手间，衣帽间、大厅、电梯前厅、各通道、楼梯、外围环境和门窗等的清洁卫生工作。

（3）客房服务中心（Room center）。通常设主管 1 名，值班员若干。下设早、中、夜三个班次。客房服务中心既是客房的信息中心，又是对客服务中心，负责统一调度对客服务工作，正确显示客房状况，负责失物招领，发放客用品，控制员工出勤，管理楼层钥匙，并与其他部门进行联络协调等事宜。

（4）布件房（Linen Room）。又称布草房，通常设主管、领班各 1 名，下设布件、制服服务员和缝补工若干。主要负责饭店所有工作人员的制服，以及餐厅和客房所有布巾的收发，分类和保管。对有损坏的布巾和制服进行及时修补并储备足够的制服和布巾以备周转使用。

（5）洗衣房（Laundry Room）。通常设主管 1 名，早、中班领班若干，下设客衣组、湿洗组、干洗组、熨衣组。洗衣房负责收洗客衣，洗涤员工制服和对客服务的所有布巾类物品。洗衣房的归属在不同饭店有着不同的管理，有的大型饭店，洗衣房为一独立部门，而且还对外营业。有的饭店不设洗衣房，洗衣业务委托外面的洗衣公司负责。

3. 餐饮部

餐饮部（Food & Beverage Department）是饭店的第二个主要创利部门，虽然其创利能力通常小于客房出租的赢利，但该部门所获得的经营收入仍然是相当可观的。餐饮部所辖的面很广，各营业点分散于饭店的不同区域、楼面；作为饭店唯一生产实物产品的部门，餐饮部集生产加工、销售服务于一身，管理过程全、环节多；从人员结构看，餐饮部拥有的员工数占饭店的首位，且工种多、文化程度差异大。因此，餐饮部是饭店中管理难度最大的一个部门。

饭店餐饮部的规模、大小不同，其组织机构也不尽相同。但无论规模怎样，一般均包括食品原料采购供应、厨房加工烹调和餐厅酒吧服务三部分业务活动，因而相应设置的业务部门有：

（1）原料采购供应部。原料采购供应部主要负责食品原料的采购、验收、贮藏和发放工作。

（2）厨房。厨房是餐饮部的生产部门，为餐厅服务，与餐厅配套。饭店厨房规模和配套情况可视餐厅的规模和种类而定。厨房业务由厨师长负责，下设各类主厨和领班。有些饭店专设膳食部，主管餐厅布置、宴会布置、炊具餐具的洗涤、清洁卫生工作。

（3）餐厅和酒吧。餐厅和酒吧是餐饮部的前台服务部门。由于饭店的类别、属性多种多样，所以饭店的餐厅和酒吧也各具特色。大型饭店通常设有数处或更多的餐厅和酒吧设施，如正餐厅、宴会厅、风味餐厅、自助餐厅、多功能厅、咖啡厅、扒房、大堂酒吧、鸡尾酒廊等。各类餐厅根据其规模和等级，通常设经理、主管、领班三个层次和管理人员。酒吧通常设酒吧经理或主管。许多大型饭店还设有宴会部、餐饮预订部等机构负责餐饮业务的销售、组织和服务。

4. 康乐部

康乐部（Recreation Department）是满足客人休闲娱乐、康体健身需要的综合性营业部门。康乐部的机构设置因饭店的规模大小和档次高低而不同，高星级饭店为客人提供的休闲娱乐设施也相应高档而丰富，一般包括游泳池、网球场、保龄球馆、桑拿、美容美发、健身房、歌舞表演等。为向饭店客人提供更丰富多彩的娱乐活动，康乐部会调配专人进行娱乐活动策划，开展一些别开生面的娱乐活动，如网球、壁球、保龄球比赛等活动，以满足客人的娱乐健身需要，提高设施利用率和销售水平。

随着饭店业的不断发展，康乐部在饭店中的重要作用也越来越明显，康乐部也逐渐成为饭店营业收入的重要组成部分。

5. 商场部

当前几乎所有的星级饭店都设有商场部（Shopping Arear）或商品销售点等。商场作为现代饭店的一个配套服务项目，它的基本功能是提供丰富的商品，如食品、服装、生活用品、工艺品等，方便住客购物，并营造一个优美舒适的购物环境，满足客人的购物要求，增加饭店的收入。商场部设于饭店的公共区域，以便住店客人和入店客人购物。

饭店商场不同于一般的单纯性社会商场，它不仅是销售商品的场所，更是向客人提供饭店服务的地方。为了给客人愉悦的美好印象，饭店商场设施和装修应高档豪华、环境优雅；商品的陈列应讲究美观大方、摆放整齐；商场服务要热情周到。正因为如此，饭店商场所出售商品的附加价值也较大，导致商品的价格往往高于市场上零售商场同样商品的价格。随着饭店业的不断发展，商场部的商品以及经营业务将会不断地发展扩大，其营业收入也将会在饭店总收入中占据越来越大的比重。

6. 工程部

工程部（Engineering Department）是现代饭店重要的生产经营和后勤保障部门。工程部主要负责饭店机械、电器设备的日常维修与保养；饭店建筑装潢、工程更新改造；通信设施、卫星收视设备的维护等工作。工程部保证饭店建筑和设备设施各系统处于良好的运行状态，确保饭店为客人提供一个良好的居住、工作与生活环境；确保饭店日常经营活动的正常进行和经营目标的顺利实现。工程部还需要按计划对饭店的能源进行有效的管理。

工程部的组织机构包括：工程部办公室，由工程部经理、助理、调度员组成；锅炉冷冻组，由锅炉房和冷冻机房组成；电工组，由变配电、强弱电组成；维修组，由综合维修人员组成；电梯组，由电梯操作、维修人员组成；土建维修组，由土建、木工、油漆工组成。有的饭店只设锅炉、冷冻、水电、土建四组。

（二）职能部门（Staff Departments）

1. 行政办公室

行政办公室（Executive Office）又称总经理办公室。行政办公室在总经理对饭店实行经营管理过程中，起着重要的沟通上下、联系左右、协调内外的作用。具体负责各类文件的打印、收发、归档工作，负责处理各类往来信函、电传、电报，及时上传下达，接听电话并做留言记录，为总经理出差办理预订机票、订房等具体事宜，安排饭店高级管理人员值班表，安排提供饭店内部用车，做饭店各种例会的会议纪要及发放工作。

2. 人力资源部

人力资源是现代饭店最基本、最重要也是最为宝贵的资源。饭店经营管理的实质就是通过组织人员来使用和控制饭店的其他资源——物资、资金、信息和时间等。

人力资源部（Human Resource Department）或称人事培训部，是饭店重要的职能部门之一，它的主要工作是围绕着饭店的经营和管理这个中心展开的，通过招聘、录用、培训、选拔、调配、考核、奖惩、工资福利、劳动保险、劳动争议处理等各项管理活动，谋求人与事的科学结合和人与人之间的紧密结合，达到提高员工的整体素质，优化队伍结构，充分调动员工的积极性、创造性，最大限度地提高员工工作效率的目的。其具体功能包括：

（1）人力资源的招聘、使用、管理、开发和人力成本的控制。

（2）组织结构和人员编制的设定与控制。

（3）制定员工薪资、劳动保护和福利保险管理制度并监督执行。

（4）负责人员的培训、考核、奖惩、任免调配等工作。

（5）劳动合同、档案资料的管理。

3. 财务部

财务部（Finance Department）担负着酒店聚财理财的重要职责，是整个酒店经营管理工作的信息中枢，是反映酒店经营成果、为总经理进行市场预测和经营决策提供信息和数据资料、督导各部门改善经营管理、提高经济效益的职能部门。

财务部的工作职能主要有：根据国家的政策、法令、财经制度制定和完善酒店的财务管理制度和内部财经稽核制度，核算营业收入、成本、费用和利润；监督、检查、分析酒店营业、财务计划及各部门收支计划的执行情况，考核资金的使用效果，定期向总经理报告收支情况，提出改进意见等。

4. 市场营销部

市场营销部（Sales & Marketing Department）在总经理的直接领导下，以扩大客源、增加饭店收益、保持饭店形象为中心开展营销工作；市场营销部同时还是饭店对外推销和宣传的窗口，是外联和广告宣传的中枢部门。其功能是协助总经理制订企业营销计划，分解落实营销指标，保证营销计划的正确贯彻执行，保持饭店产品对市场需求的长期适应性，以实现饭店产品的创新和增值。具体讲主要包括：

（1）根据饭店销售目标、营销策略，在总经理的领导下，协助制订并实现销售计划。

（2）市营部通过营销环境分析，确定目标市场，制定产品策略、渠道策略、价格策略和促销策略。

（3）建立预订网络，设置销售网点，组织销售代表做好商务、团队、会议、政府机构、商社企业等各类客源群体的销售工作，完成销售计划。

（4）通过销售活动、调研活动，对外树立饭店形象和洞察市场的动向，为饭店创造经济效益和社会效益。

（5）负责饭店产品的促销工作，建立稳定的客源。

（6）市场营销部做好市场调研，了解和掌握市场资讯和同行业的业务情况，收集业务情报，进行市场预测和分析。

（7）协助酒店产品开发、设计并制定房价及有关折扣原则。

（8）组织酒店产品推销工作，对外签订订房合同，承接预订并接待。

（9）协调与酒店其他各部门关系，使外联成果在饭店内部得到保证。

5. 安全保卫部

安全保卫部（Security Department）是饭店非常重要的职能部门之一。宾客在饭店中不仅需要良好的住宿条件和其他服务，同时需要一个安全、舒适、宁静的环境。安全部对宾客的人身和财产安全、饭店的各种设施和财产安全以及饭店员工的安全负有重要的责任。安全保卫部的具体职责包括：制定饭店有关安全的各项规章制度和安全保卫工作计划；做好安全防范工作，预防消防事件、各种刑事案件、治安事件的发生。

安全保卫部设有部门经理和专职的安全保卫工作人员。他们在饭店所包括的范围内，进行 24 小时巡逻，以保障饭店安全工作万无一失。

第 4 节　现代饭店的运行管理

饭店所设的组织机构，其目的是通过严密的组织系统，分层负责，分工明确各行权责，各守其职，达到饭店的经营目标。

一、饭店管理层次

饭店的管理层次一般都呈金字塔形式，从塔底到塔顶，由宽到窄。管理的幅度则是越往上层，管理难度越大，管理的幅度越小。现在国内比较常见的饭店管理是直线——

职能制管理，在该管理体制中，任何一级领导、管理人员、服务员都要明确自己的业务范围、工作职责及本人应该具有的工作技能和知识。饭店（很小的饭店除外）一般分为四个层次（见图4-5）。

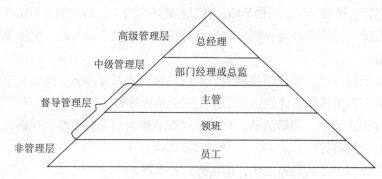

图4-5　饭店管理层次

（一）高级管理层

该层包括总经理、副总经理、总经理助理。他们主要负责制订企业的经营方针，确定和寻找酒店的客源市场和发展目标，同时对酒店的经营战略、管理手段和服务质量标准等重大业务问题做出决策，因而称之为"决策管理层"。此外，还要选择、培训高素质的管理人员，负责指导公关宣传和对外的业务联系，使饭店不断提高美誉度和知名度。总经理对董事会负责。

（二）中级管理层

该层包括各部门总监或部门经理、副经理。他们主要职责是执行最高领导层提出的目标和重大决策，组织完成属于本部门的任务，因而称之为"执行管理层"。

中级管理者在饭店中处于至关重要的地位，他们是饭店的中坚和脊梁，是饭店的核心人才库。一家饭店能保持持续发展，实现理想的业绩，关键在于饭店中是否拥有一批具有市场意识、竞争意识和责任意识的精干、高效、优秀的中级管理者。他们能把高级管理者的意愿、工作动能与市场现实这三股企业发展的动力有机地连接在一起，是企业愿景、战略决策、组织方案的有力执行者和组织实现者。

饭店的高级管理者和中级管理者构成了饭店的管理团队。这个管理团队的职责是：指导饭店正常运营，定期向投资者报告财务运行情况，对饭店经营活动和人事做出安排。管理团队必须有效地完成投资者规定的各项经营指标。

（三）操作管理层（督导管理层）

在饭店中，主管和领班是人数较多的一线管理人员（First-line Managers），他们处于工作第一线，直接指挥员工的操作，因而称之为"操作管理层"。既然身临现场直接对饭店的各种资源，尤其是对员工进行管理，则其担负的职责中很大程度上是检查、监督和指导员工的工作，因而，习惯上又把主管、领班合称为"督导管理层"。在规模小、员工少的饭店往往不设主管，由部门经理直接领导领班。

　　号称"兵头将尾"的主管（或领班）是服务一线的直接组织者和指挥者。班组这个饭店细胞的生命质量，是饭店肌体是否健康的标志。主管（或领班）既要对业务工作进行管理，又要领导好员工。特别是在服务高峰的时候，或是服务人员缺少的情况下，领班要亲自参加服务工作，因此领班必须具有较高的服务技能和服务技巧，是本班服务员的榜样，是服务现场的组织者和指挥者。否则他就不具备领导本班服务员的权威主管（或领班）的位置，处于中、高级管理人员和操作人员之间，是管理层与普通员工的中间环节，是连接上下的阶梯。国外的管理学家把"督导管理层"比喻为一个拱门里的拱顶石，它把拱门的两边（一边是中高级管理者，另一边是普通员工）连接成一个整体，并使之牢固。

（四）服务员操作层（非管理层）

　　饭店要为客人提供高质量的服务，必须通过服务员的服务来体现。因此，服务员的素质、个人形象、礼仪、礼貌、语言交际能力、应变能力、服务技能和服务技巧等，是饭店提高服务质量的重要条件。总之，服务人员要根据岗位责任制的规定，明确自己的职责范围、服务程序、服务质量标准和应该具备的服务技能及理论知识，向主管（领班）负责。

二、饭店企业组织制度

　　饭店企业组织是一个复杂的系统。为了保证这个系统的正常运转，发挥出组织的最大效能，必须有一套科学、严格的规章制度。饭店的组织制度一般有三类，基本制度、经济责任制和工作制度。

（一）基本制度

　　饭店基本制度是饭店的根本制度，如总经理负责制、职工民主管理制和员工手册。

1. 总经理负责制

　　总经理负责制是饭店组织管理中实行的领导制度。总经理是饭店的法人代表，饭店要建立以总经理为首的经营管理系统。总经理负责制的内容为：在饭店中建立以总经理为首的经营管理系统，作为饭店法人代表的总经理在饭店中处于中心地位，全面负责饭店的经营管理，确定饭店的发展目标、经营方针和管理手段，并对饭店的经营成果，即社会效益和经济效益负有全面的责任。总经理负责制是适合饭店现代化管理，适合饭店市场经营，适合按饭店规律管理饭店，适合以法治店而产生的。总经理负责制是饭店管理体制的基本内容之一。

　　总经理负责制赋予总经理对饭店人、财、物等各项领导和决策的权力，以履行其职责。因此，总经理应具有对饭店高度负责的精神，良好的职业素质，出色的领导才干。

饭店也应该通过各种有效的制度和组织形式，使总经理的权力和权威能充分发挥作用。同时，总经理应自觉接受上级组织和员工的监督。

2. 职工民主管理制

职工民主管理制的基本形式是饭店职工代表大会。职工代表大会具有管理、监督和审议三方面的权力。具体工作为：听取和审议通过总经理的工作报告；审议饭店的发展规划、经营计划以及一些重要的经营管理问题；审议饭店各项基金使用，以及饭店福利等有关饭店全体职工的切身利益的问题，监督饭店的各级干部，对成绩显著的干部提出表扬和嘉奖，对不称职甚至违法乱纪的干部提出撤换的建议。

实行民主管理制体现了饭店职工在饭店中的主人翁地位，是搞好饭店经营管理的关键之一。在实行民主管理制的同时，要正确处理好民主和集中、自由和纪律以及权利和责任的相互关系。

3. 员工手册

员工手册是饭店的"基本法"，规定了饭店每个员工所拥有的权利和义务，应该遵守的纪律与行为规则，以及可以享受的待遇。每一家饭店的员工手册的内容都有自己的特点。

（1）员工手册的制定依据。一般来说，员工手册的制定有以下四个方面的依据：

①依据我国《劳动法》及相关法规。首先，内容必须合法，即必须符合现行国家法律、行政法规、规章及政策规定。《劳动法》和2008年1月1日实施的《劳动合同法》都明确规定：用人单位应当依法建立和完善劳动规章制度，保障劳动者享有劳动权利、履行劳动义务。《劳动法》第二十五条明确规定："劳动者有下列情形之一的，用人单位可以解除劳动合同：（一）在试用期间被证明不符合录用条件的；（二）严重违反劳动纪律或者用人单位规章制度的；（三）严重失职，营私舞弊，对用人单位利益造成重大损害的；（四）被依法追究刑事责任的。"也就是说除了上述情形以外，用人单位都不得单方面随时解除与劳动者的劳动关系。

其次，制定程序必须合法，即必须经过一定的民主程序讨论通过。新的《劳动合同法》第四条明确规定："用人单位在制定、修改或者决定有关劳动报酬、工作时间、休息休假、劳动安全卫生、保险福利、职工培训、劳动纪律以及劳动定额管理等直接涉及劳动者切身利益的规章制度或者重大事项时，应当经职工代表大会或者全体职工讨论，提出方案和意见，与工会或者职工代表平等协商确定。"

②依据饭店工作的特点。例如，我国《劳动法》及相关法规规定劳动者每日工作时间不超过8小时、平均每周工作时间不超过40小时；连续工作一年以上的，享受带薪年休假。因此员工手册中规定的工作时间就不能超越这一界限，并做出相应的带薪年假规定。但是，饭店作为旅游接待设施和机构，需要每天24小时、每年365天不断运转，而且许多饭店的经营又有明显的淡旺季。因此，要保证饭店正常经营，就不可能执行标

准工时制度，而是要根据饭店的经营状况，制定不规则的工时制度，以周（或月、季、年）为周期，综合计算工作时间，由主管来安排员工的早班、中班或晚班，某一天（或几天）可连续工作十几个小时，但其平均日工作时间和平均周工作时间应与法定标准工作时间基本相同。

③依据本饭店的企业文化。员工手册是企业文化的一部分，它是企业规章制度与企业文化的浓缩。每个饭店都要针对自己的情况，制定符合本饭店企业文化特色的员工手册，它应该涵盖本饭店在经营发展实践中积累的企业精神成果的总结和提炼，并对饭店企业目标与经营理念、企业文化理念、员工及管理人员职业道德规范等方面进行系统的阐述，使员工通过员工手册的学习，能全面准确地认识和理解饭店的企业文化，自觉自愿、积极主动地规范自身行为。由于企业文化的不同，每个饭店企业的员工手册从形式到内容，都会存在差异。

④依据国际饭店业惯例。例如，提供制服、享受免费的工作餐等。

（2）员工手册的内容和架构体系。员工手册必要内容一般包括：饭店概况、饭店企业文化、组织结构、人力资源制度、员工行为规范、岗位职责等。其基本的架构体系一般为：

①前言部分包括：饭店概况（总经理致辞、饭店简介、饭店发展历史、饭店发展愿景）；企业文化（企业精神、企业宗旨、企业理念）；组织结构（组织结构、职能分配、部门简介）。

②正文部分包括：员工日常行为规范（工作准则、行为规范、礼仪规范）饭店企业制度（人力资源制度、行政管理制度、财务制度）；岗位职责（部门职责、关键岗位描述、各类工作流程）。

③附则部分包括：手册说明（使用说明、保管要求、修改程序）；手册效力（制定依据、约束效力、异议处理）；员工签收（员工意见、签收回执）。

××酒店员工手册目录如表4-6所示。

表4-6　××酒店员工手册目录

第一章　总经理欢迎词	第六章　职业修养
第二章　酒店简介	一、服务意识
第三章　组织架构	二、仪容仪表及行为举止
第四章　企业文化	三、礼节礼貌
一、经营宗旨	第七章　劳动纪律
二、经营理念	第八章　员工的基本权益
三、管理理念	第九章　酒店基本管理规章和操作规程
四、服务理念	第十章　员工手册的时效、法律约束及解释权
第五章　基本的职业道德	

（二）经济责任制

饭店经济责任制是饭店经营管理中又一项重要的基本制度。它是饭店各部门以饭店经营的双重效益为目标，对自身的经营业务活动负责，实行责、权、利相结合，把饭店的经济指标和经营目标以合同形式将责任固定下来的一种经营管理制度。它是社会化大生产和社会主义客观经济规律的体现，是调动饭店、部门、职工积极性，实现饭店自我激励的重要手段。

饭店的经济责任制主要有以下两个方面：

1. 饭店对国家的经济责任制

饭店根据国家的法律、政策、规定和上级主管部门的计划与决策，对国家负有一定的经济责任，包括饭店应根据计划和市场需求，发挥自身功能，满足宾客旅居的需要；饭店以正常的经营手段取得经济效益并在营业收入、上缴利润、缴纳税金等方面完成国家下达的指标。在确定饭店经济责任制时，不仅要提出经济活动和经济效益指标，还需要提出社会效益指标；对达到星级标准的饭店，还需要进行星级标准考核等。为了保证饭店能有效地完成经济责任制规定的各项指标，国家和上级主管部门应依法赋予饭店以充分的经营自主权。

2. 饭店内部的经济责任制

饭店对国家承担的经济责任要完成一系列的经济指标，这些指标最终要靠饭店各部门和全体员工来完成，饭店各部门和职工就承担了一定的经济责任，从而形成饭店中的经济责任制。

饭店在明确对国家经济责任制的基础上，根据自身的实际情况进行经济目标决策，定出各项计划指标，然后进行逐级分解，落实到各部门、班组直至个人，以确保经营目标的实现。在实行内部经济责任制工作中，需要注意以下几点：

（1）指标的确定要掌握适度的原则。指标过低起不到促进作用；指标过高，可望而不可及，容易挫伤执行者的积极性。同时还要注意执行过程中遇有特殊情况的处理。

（2）效益与利益挂钩，按劳分配。饭店由于管理体制、饭店性质、经营状况不同，其具体的挂钩办法和分配形式可以自行决定。一般是饭店对部门，部门又按照自己的具体情况，采取相应的办法分配到班组和个人。

（3）严格考核制度，以确保各项指标的真实性、可靠性。经济责任制确定以后，要达到计划目标，就需要对责任制实行严格的考核。为此，一是具体全面地确定考核内容，对数量指标和质量指标都要具体明确；二是要建立起饭店到部门以至个人的考核体系；三是考核结果要让饭店人人了解，并在分配中体现出来。

（三）工作制度

工作制度是饭店对运转状况实施控制的具体保证，也是饭店基本制度和经济制度实施的保证。制定工作制度必须严谨、详细和具体。工作制度主要包括岗位责任制和各项服务和操作的规范。

1. 岗位责任制

饭店所有的指标和任务最终落实到各岗位每一位员工身上，因而饭店在组织上要建立健全岗位责任制。岗位责任制是饭店具体规定各工作岗位及人员的职责、作业标准、权限等的责任制度。

建立岗位责任制，首先要在饭店组织机构和工作分析的基础上设置岗位。所谓设置岗位，就是确定饭店各部门有多少岗位及其名称，然后规定各岗位的职责和任务，核定各岗位的工作量，如客房服务员每人负责几间客房，餐厅服务员每人负责几个餐位等，也可按时间划分。其次规定各岗位的服务质量标准或工作质量标准，确定交接班制，交什么，怎样交接，谁向谁交接，接班后该做些什么等，都要按岗位具体规定。再次还要规定各岗位设备的维修保养以及物资的保管使用等。在岗位设置时要注意几点：

（1）岗位设置要与饭店决策、饭店组织管理协调一致。

（2）岗位工作量一定要饱和，合理使用人才。

（3）各岗位要互相衔接，工作要互相呼应。

岗位责任制是饭店管理的基础工作，合理地设置岗位，有利于业务工作的正常运行，也是搞好饭店基层管理的基本功。岗位责任制一般在饭店正式运转之前就应制定。

2. 管理法规和服务规程

管理法规包括部门的制度、条例、守则以及有关经营的各项政策。其内容要体现出饭店的经营目标，维护饭店制度、条例的整体性，又具体结合各部门工作的实际，有较强的可操作性。管理法规一经制定施行，无论管理人员还是服务人员都要不折不扣地执行，不能随心所欲，必须强调每个员工都有执行法规的义务。管理人员要对法规的执行进行监督和控制，执行与管理法规相适应的考核制度和奖惩措施。

服务规程就是确定服务工作的标准、规格和程序。服务规程要以每次服务工作的特定内容和过程为对象，具体规定该项服务工作的环节、顺序、具体内容的细节，如礼仪要求、语言动作、操作内容、时限效率以及意外情况和客人特殊要求的处理等，还要明确该项服务与前、后另一项相关服务过程相衔接的规定要求。

建立合理、有效的制度，要有认识—实践—修改这样不断反复的过程。饭店管理人员应把完善各项制度作为加强组织管理的手段。饭店高层的管理人员应把完善饭店的各项制度作为重要的决策事项。任何制度都有一个不断完善的过程，但都应保持相对的稳定，切不可朝令夕改而影响制度的权威性。制度公布后，要进行广泛深入的宣传，使广大员工对公布的制度能真正地了解。

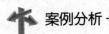

案例分析

组织结构案例两则

1. 扁平化的组织结构

位于瑞士的某家饭店，从总经理到普通员工，其组织等级有别于一般饭店共只有三级，即总经理—部门总监—员工。该饭店的信息传输渠道非常通畅，管理者和普通员工的工作效率也非常高，收入自然也较高。该饭店组织结构的构建充分体现了当今国际组织结构的一个发展趋势，即组织结构的扁平化。当然，扁平化的组织结构也有一定的基础，如管理者和员工要有较高的专业知识水平和写作能力，以及饭店管理应用先进的科技等。

2. "倒金字塔形"的组织结构理念

大部分旅游饭店的管理体系是以总经理为顶端，一级管一级，层层对上级负责，处于层层控制，容易形成人人只对上级负责的状况。倒金字搭的管理理念则以宾客为最高层，依次以前者作为服务对象和后盾。这种管理理念有利于形成以人为本的管理意识。服务质量在时间、空间上始终是处于不断发生、不断完成的动态之中。没有员工的向心力和投入感就不会有优质的服务。日本松下公司成功的诀窍在于一句格言："先制造人，再制造产品。"有的饭店提出"宾客至上，员工第一"的口号，提出"员工是饭店的内部客人"的概念，都体现了以人为本的管理理念。全面质量管理的理论本质上是以层层控制为核心，并未改变人们所处的结构环境。新的管理理念是以人为中心，把员工作为服务的主体，注重人力资源的开发、员工素质的培养、工作环境的改善。

案例讨论题

1. 联系实际，谈谈你对组织结构扁平化趋势的认识。

2. 联系实际，谈谈你对"倒金字塔形"组织结构理念的认识。

思考与练习

1. 简述饭店企业的内涵与特殊性。

2. 企业使命的含义是什么？

3. 饭店企业的战略目标是什么？

4. 饭店产品的含义是什么？

5. 简述饭店产品的构成和特征。

6. 饭店组织机构设置的原则是什么？

7. 简述饭店的部门机构设置及其功能。

8.饭店管理层次有哪些？

9.饭店企业组织制度主要有哪些？

 推荐文献

余炳炎，朱承强著.现代饭店管理（第二版）［M］.上海：上海人民出版社，2002.

邹益民，周亚庆饭店战略管理［M］.北京：旅游教育出版社，2005.

杨小鹏.白天鹅宾馆管理实务（第 3 版）［M］.广州：广东旅游出版社，1997.

杨劲松.酒店管理战略［M］.北京：机械工业出版社，2013.

苏东海.浅析新时期酒店经营管理创新思考与实践［J］.华东科技，2017（12）.

向梅，新时期酒店管理模式创新的研究［J］.中国商论，2016（11）.

章晴，张样.酒店企业国际化研究的回顾与展望［J］.世界地理研究，2015（03）.

狄保荣，王晨光.酒店文化建设［M］.北京：中国旅游出版社，2010.

李志远.国际化背景下的本土酒店管理发展策略探讨［J］.产业与科技论坛，2018（04）.

第 5 章　饭店集团化经营

【学习目标】

　　通过对本章的学习，重点掌握饭店集团的概念及其主要模式；掌握饭店集团化经营的优势；了解国外饭店集团化经营的发展历程及其经验启示；了解中国饭店集团化发展中的主要问题及发展路径。

【内容结构】

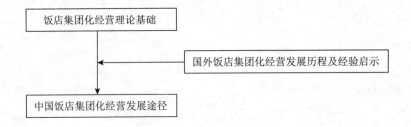

【重要概念】

　　饭店集团　饭店集团化经营　特许经营　饭店管理公司　规模经营

第 1 节　基本概述

　　饭店集团化经营是全球饭店业发展的主导模式，也是中国本土饭店集团成长发展和参与国际竞争的必然途径。随着旅游业的快速发展，中国饭店集团在规模上的成长速度令世人瞩目，但是在市场结构和经营模式等方面与欧美饭店集团相比仍有较大差距。因此，研究饭店集团化经营的理论基础及借鉴西方饭店集团发展的历史经验，对探索中国特色的饭店集团化经营发展路径具有重要意义。

一、饭店集团

企业集团是现代企业先进的组织形式，是生产集中和资本积聚达到一定规模后产生的必然现象，也是社会化大生产和市场经济发展的产物。企业集团是以一个或少数几个大型企业为核心，通过资本、契约、产品、技术等不同的利益关系，将一定数量的受核心企业不同程度控制和影响的法人企业联合起来，组成的一个具有共同经营战略和发展目标的多级法人结构经济联合体。它强调一个饭店集团的合理结构应该是生产要素和发展要素的有机组织过程，即指资金、土地、人才、技术以及制度、品牌、市场、环境和管理模式等要素整合而形成的聚集效应。一般来说，企业集团应具备以下几个特点：企业集团是由一批独立法人经济主体为共同利益而组成的经济联合体；以资产、技术和市场为联结纽带；具有强有力的核心企业或核心层，对重要的生产经营活动实行较高程度的统一；集团的企业之间具有多层次性，一般有核心层、紧密层、半紧密层、协作层等联结方式。

饭店集团是一种企业集团，是以饭店企业为核心，以经营饭店产品为主体，通过产权交易（包括有形资产和无形资产）、资本融合、管理模式输出和计算机预订系统等超市场的制度性制约而相互关联的企业集团。饭店是服务性企业，其产品生产和经营的特点使企业品牌、管理模式等无形资产在饭店集团的形成、扩张过程中发挥着重要作用。饭店集团的雏形源于美国，1907 年里兹公司出售特许经营权给其他饭店。

集团化经营是通过资本运作迅速扩大酒店规模和市场份额，提高规模经济效益。现代酒店集团的形成过程，其实就是以市场为导向的资本集聚、扩张的过程。饭店集团大体分三种类型：一是完全以资本为纽带形成的饭店集团，集团拥有一定数量的饭店产权或股权，但自己并不一定直接经营管理这些饭店，如由专业的饭店管理公司管理，饭店集团的收益是成员饭店获取的经营利润，属于资本运作类型的饭店集团；二是以资本和专业化管理机构共同为纽带形成的饭店集团：拥有一定数量的饭店股权，同时自己拥有饭店管理公司，即同时用资本和"知本"获利的饭店集团；三是以饭店连锁品牌为纽带形成的饭店集团，这种集团不一定持有饭店资产，只输出管理，所拥有的品牌多为知名的、成熟的管理品牌，属于完全"知本"特征的饭店集团。

二、饭店集团化经营的必然性

尽管饭店行业的服务性、本地化刚性的特征限制了饭店规模扩张的内部化进程，却为集团化发展创造了有利条件，使集团化经营模式成为饭店业发展的最优选择。

首先，饭店作为服务企业，其产品生产和经营特点在饭店集团的形成、扩张过程中发挥着重要作用。一是饭店行业的供给具有空间分散性的特征。不同于实物性产品，饭店服务很难以较低成本大规模组织生产和销售，通过库存及增减生产量来调节供求矛盾，而是更依赖客源市场的流量及流向。因此，饭店扩张模式应是通过集团化经营达到网络化广域分布状态，而不是传统规模经济的地域性集团。二是饭店产品是一种经验型的无形产品，顾客购买经验、饭店品牌和市场口碑等是影响其购买行为的重要因素。因此，饭店品牌、管理和经营模式等无形资产是饭店集团化发展的重要基础。

其次，饭店集团化发展是全球经济一体化、饭店产业宏观经济环境及企业内部扩张动机等多方因素驱动的必然结果。20世纪50年代，现代饭店业进入快速发展阶段，呈现兼并和收购的规模扩张态势。进入20世纪90年代，一批规模巨大、经营多样化的饭店集团得到迅速发展。全球经济一体化促进了世界资本流通，为饭店集团化运作提供了重要的发展条件。在资本流动、人才输出及网络技术等方面，饭店集团及其成员在管理、信息交流等方面突破了地域限制，在全球范围内分享客源，减低成本，实现管理能力的提升。饭店企业为拓展市场空间和追求规模效益，内部扩张动机促进了饭店集团化经营的发展。

总之，受众多因素的影响，如企业条件、产业背景、科技发展、宏观环境及其他因素，饭店集团从产生到发展，成为行业持续发展的必然选择。

三、饭店集团化经营的优势

饭店集团化经营与传统的经营模式相比具有明显的优势，包括以下几个方面：

（一）品牌优势

客源市场是饭店赖以生存和发展的前提条件。随着国际旅游业的迅速发展，争夺客源，不断开拓客源市场已成为饭店业竞争的焦点。饭店集团可以集中优势，采取统一的品牌名称和标识、统一的宣传促销方式，具有很高的一致性、可辨认性，代表着所有使用这一品牌的饭店对顾客的品质承诺，在提升饭店集团的公众形象、增强集团品牌的市场认知度方面发挥了重要作用。饭店集团使用统一的订房系统，通过电脑网络处理宾客订房退房等业务，不仅速度快、效率高，而且有利于控制客源，保证客源在集团内部各成员饭店间定向流动，从而实现客源共享，形成市场优势。

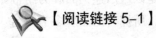
【阅读链接 5-1】

酒店集团中央预订系统 CRS（Central Reservation System）

酒店集团营销网络化的核心战略之一就是建立中央预订系统。CRS是酒店集团所采用的，由集团成员共享的预订网络。酒店集团利用中央数据库管理旗下所有酒店的房源、房价、促销等信息，并通过与其他各旅游分销系统如GDS（全球分销系统）、IDS（互联网分销商）连接，为顾客提供该集团下属任何饭店的网上预订服务。国际上一些著名的酒店集团均采用了这类预订系统，如巴斯酒店集团的Holidex预订系统、洲际集团的

Global ⅱ 预订系统、雅高集团的 Accor 订房系统、希尔顿的 Hiltron、Hilstar 中央预订系统等。CRS 同时为酒店集团其他营销及管理活动提供数据平台，如常客计划、促销动态等。例如，洲际集团的客人可以通过电讯网 Holidex 预定或取消房间，所属各家饭店可以在短短的几秒钟时间里单凭客人的目的地、姓名及抵达日期，检出上溯一年内的任何预定或取消客房等入住资料。更重要的，饭店集团有职能化的销售机构专门从事市场预测的研究，保证了饭店集团能根据世界市场的发展趋势，设计和开发新的产品和服务项目，从而保持领先的市场地位。总之，饭店集团在开发和稳定客源市场方面的优势，是独立经营饭店所望尘莫及的。

（二）经营管理优势

先进的经营理念和管理模式是饭店集团获得持续竞争力的关键。组建饭店集团的核心企业是具有行业领先水平、特色服务和管理的饭店，他们在长期经营发展中形成了独特的风格，并具有一套完善的服务标准、服务程序和管理系统，在集团经营中逐渐形成更加科学的运营体系，从而带动集团各成员饭店整体水平的提高。另外，饭店集团为成员饭店提供设施设备规格化、标准化和系列化的条件，以达到高水平服务质量的要求。集团通常在总部设有物资供应机构，向饭店提供统一规格，统一标准的设备设施，以及餐厅、厨房、客房的用具、家具、棉织品、食品原料物资等，形成了集团性的物资供应系统。该系统采取统一的大批量采购方式，使饭店集团的成本大大降低，从而提高经济效益。饭店集团形成独特的经营管理风格和优势，为提高核心竞争力奠定了重要基础。

 【阅读链接 5-2】

"万豪之路"（Marriott Way）成功秘诀 [①]

旅游业和饭店业的经营特点从整体上属于为顾客创造愉悦经历的体验经济。体验经济本质上是满足个人心灵与感性需要的一种活动，它的价值是当一位顾客的情绪、体力以至于精神达到某一状态时，在他的意识中所产生的美好感觉。要上升到体验经济的高度来对饭店产品与服务进行管理，关键是要培育全体员工有一种充满人情味的、高雅的、如同艺术表演家的服务精神。在这方面美国万豪国际公司为我们提供了借鉴。

美国万豪国际公司自 1927 年成立至今所总结的"万豪之路"的成功秘诀是，"将为员工、顾客与社区提供完美的服务看作是公司长存的一种根本性的理念。"以该理念驱动的万豪文化是：（1）尽一切努力来关爱顾客；（2）非常关注细节；（3）以顾客喜欢享受的良好物质环境为骄傲；（4）创造性地发现满足顾客需要的新方法；（5）公司积极支持

---

① 黄贵霞 . 国际饭店集团取得成功的启示 . 【J】北京第二外国语学院学报 .2005.3.

社区或鼓励员工通过各种组织参加自愿的服务工作。美国万豪国际公司90年的成功历史证明，上述文化理念对饭店持续发展具有非常重要的作用。

（三）人才优势

高素质的专业管理人才是饭店集团发展的重要保证。饭店集团凭借先进的品牌文化可以吸引和培育更多高素质的优秀人才和职业经理人。饭店集团通过建立培训基地和培训系统，不断更新员工知识结构和提高业务素质和能力，拥有一大批具有较高职业素质、较强适应能力的员工队伍，具有显著的人力资源优势。集团统一的人才配置和管理也是其人力资源优势的表现。饭店集团重视培养和适用本地员工和管理人员，培养他们国际意识和本土文化并融的经营理念和实践能力，为集团提升本地化经营提供重要基础。饭店集团具有完善的人力资源管理体系，为人才的合理流动和调配创造了良好的条件，有利于培养和留住优秀的饭店高级职业经理人，提高集团经营效率和管理水平。许多知名饭店集团采取各种渠道培养各类人才，例如，洲际饭店集团下设假日饭店大学，希尔顿饭店集团则在美国休斯敦大学设立饭店管理学院，等等。

（四）资金优势

饭店集团化经营具有较强融资调控能力，主要表现在：一方面，可凭借集团较高声誉和品牌知名度作担保，吸纳社会资金，有效调控内部资金配置，加快饭店设备设施及技术的更新，扶持新业务和重点项目，开发新技术和新市场，提高资金利用效率。另一方面，充足的资本使得饭店集团能够及时地更新设备以适应市场发展的需要，更重要的是有能力进行收购、合并、转让、调整等的资产重组，使整个饭店集团不断激发出新的活力，从而使饭店集团在剧烈的市场竞争中保持有利的竞争地位。

（五）抗风险优势

饭店集团化经营既有专业化也有多元化，这种经营方式可能为整个集团带来高额利润，更重要的是分散了一部分经营风险。集团化经营的主要优势在于借助实力和品牌，采用多种资产运作方式拓展经营边界，调整产品结构，从而发挥集团优势资源的核心作用。同时，集团面对诸多环境变数，如自然环境造成的物质损害风险、经营活动中产生的经济风险、责任风险、人员风险；国外经营中出现的外汇风险、通货膨胀风险、政局动荡风险，等等，具有较强的应变能力和抗风险能力。

第2节　世界饭店集团化经营发展

20世纪50年代，随着交通运输业的迅速发展，世界饭店业也蓬勃发展，许多著名的饭店联号应运而生，并逐步向海外市场扩张，形成具有较强竞争力的跨国饭店企业集团。由于饭店服务业的特殊性，必须寻找新的企业组织形式和运营模式，促进饭店规模扩张的内部化进程，使饭店企业设法满足巨大的市场需求并获取更大的经济利益。据不完全统计，全世界已有超过半数以上的饭店以各种形式隶属于饭店集团。世界饭店联号诸如万豪、希尔顿、洲际、喜来登、雅高、香格里拉等饭店集团凭借其在资金、技术、人才、管理和设备设施等方面雄厚的实力，显现了极强的市场竞争优势。

一、世界饭店集团化发展历程

"二战"后，饭店集团在欧美等国得到迅速发展，先后经历了连锁经营时期、特许经营时期、饭店兼并时期、国际化经营时期及整合发展时期，已形成完善的管理体系和经营模式。

连锁经营时期。20 世纪初，饭店连锁经营出现并成为饭店集团发展的初始阶段。连锁经营形式是所有公司属同一资本所有，经营同类商品和服务，由母公司统一进行集中管理的经营方式。"二战"后，大众旅游的得到快速发展，以斯塔特勒饭店为代表的直接投资的扩张形式已无法满足饭店业的规模经济化。

特许经营时期。20 世纪 50 年代以后，跨国公司作为垄断组织，为饭店集团的形成提供了组织依据。洲际饭店集团（Inter-Continental）和希尔顿国际饭店集团（Hilton International）相继成立。1952 年，假日集团的创始人凯蒙斯·威尔逊和华莱士·约翰逊将特许经营制引入饭店业，开创了饭店业的特许经营时期。特许经营以其高效的扩张方式使经营者加快了饭店投资速度，饭店规模进一步扩大。

饭店兼并时期。进入 20 世纪 70 年代后期，伴随民航业和国际旅游市场需求的迅猛发展，众多欧美饭店集团联姻航空公司，兼并收购国外旅游目的地或中心门户城市的饭店，成为饭店集团扩张的一个重要形式。例如美国希尔顿国际饭店集团与环球航空公司、法国子午线与法航的联姻等等，饭店集团开始走向大型、复合和多角化的国际化发展之路。

国际化经营时期。随着 20 世纪 80 年代亚洲经济的崛起，酒店集团的发展特征开始从市场和产品的规模扩张转向品牌构建和资源整合的价值提升。欧美实力雄厚的酒店集团纷纷采取建兼并、收购、联盟等方式，目标是许多知名酒店集团或管理公司，世界著名饭店集团纷纷进入亚洲市场。如 1981 年大都会（Grand Metropolitan）兼并洲际饭店集团、香港新世界集团（New World）对华美达集团（Ramada）的收购和兼并、英国巴斯集团（Bass）对假日和洲际饭店集团的收购兼并、法国雅高饭店集团（Accor）对 6 号汽车旅馆公司（Motel6）的收购兼并、万豪（Marriott）集团收购喜达屋（Starwood）以及锦江（Jin Jiang）并购卢浮集团（GDL）等，通过资源整合，形成了一批跨国界、跨行业、多品牌及管理统一的世界超级饭店集团。

二、世界饭店集团的主要经营形式

经过半个多世纪的发展，世界饭店集团不仅在区域上实现了跨国经营，其经营模式、管理模式和服务模式也变得越来越精细化和科学化。按照集团价值形成的组织形式对饭店集团的经营模式分类，主要包括以资本为核心要素的直营饭店集团、以品牌为核心要素的特许经营饭店联号、以管理输出为核心要素的饭店管理公司以及各种核心要素整合运营的综合性饭店集团。其中直营是饭店集团的基本模式，特许经营和委托管理是饭店集团有效扩张的发展模式，每种模式都具有不同特征及适用性。

（一）直营连锁（Chain-owned Chain-Managed）

直营连锁也称带资经营、全资饭店，是指两个或两个以上的饭店以子公司形态隶属于同一饭店公司的经营形式，以产权和资金为纽带，通过新建、收购、租赁等方式联结而成，对成员饭店经营管理加以控制并承担风险的饭店集团。饭店集团母公司既是各饭店的经营者，又是拥有者，主要包括直接投资建造饭店并经营、购买全资饭店并经营和控股经营（也称合资经营）。其中控股经营是以"资产－利益"为纽带，由法人饭店、旅行社、旅游交通等企业相互参股，具有强大实力的企业对其他企业控股，形成利益共同体而组建的股份制饭店集团。如香格里拉饭店集团在我国最早采用带资方式的合资经营为主，对大多数管理的饭店持有绝对控股权。

直营连锁是"二战"以后迅速发展起来的，那些经营绩效优秀的饭店纷纷通过在异地设店来扩大企业规模，如假日饭店集团、希尔顿饭店集团最初都起步于直营模式。采用该模式的饭店集团拥有各成员饭店的全部产权并对其直接控制，通过这种形式可以向不同市场提供不同的品牌，并且各品牌饭店在集团内共享各种资源来降低自身经营成本。其主要优势表现为"统一品牌、统一经营、统一管理和统一营销"，保证了饭店集团成员提供的产品和服务品质的统一性和稳定性，从而形成较高市场认知和忠诚，扩大市场规模和提高市场占有率。不足之处在于饭店母公司需要较高固定投资，需要较高成员饭店维护和运转的成本投入，并承担经营较大风险，扩张速度较为缓慢。因此，饭店集团采用该种模式需要综合分析各种环境因素的基础上慎重选择。

（二）特许经营（Franchised Operations）

特许经营是以品牌输出方式进行扩张的经营模式。特许经营模式是饭店品牌公司将其旗下品牌的使用权、背后相应的知识产权以及酒店的建造、机电、内装和酒店开业之后的营运标准化作业程序全部特许给酒店业主方来使用。酒店的业主方自行组建团队或者是聘用第三方管理公司的团队来运营酒店，向饭店公司支付特许权让渡费、使用费以及促销费用等，共享饭店公司的管理体系、规程、标准以及市场开发和交易平台等资源。受权方饭店在产权和资金方面保持独立，不受饭店品牌公司控制。许多知名的饭店集团，如万豪、洲际等都采用特许经营的发展模式，迅速扩大了品牌的知名度，提高了市场份额。据 Hotels 统计显示，圣达特集团和精品国际的特许经营比例都达到了 100%，洲际集团特许经营比例为 88.9%，万豪集团为 50.4%，等等。

饭店特许经营的主要优势在于实现了饭店公司的规模经营。饭店公司拥有高效运作的运营系统，如信息物流、预订采购以及培训管理系统等是支持规模经营的基础；突出的品牌优势和优良的经营业绩是不断吸引加盟饭店的保证。另外，饭店特许经营方式与当地旅游及饭店的宏观环境以及市场管理机制的运行状态直接相关。但是，特许经营模式也有质量标准控制难、契约管理难等风险问题。

（三）管理合同（Management Contract）

管理合同也称委托管理，是以管理输出为核心要素的饭店经营模式。饭店业主与饭店集团签定经营合同，委托饭店管理公司经营管理饭店，两者之间是互补的经济合作关系，是市场发展过程中必然出现的专业化分工。饭店业主以法人资格投资和建造饭店，饭店经营管理权交由饭店集团负责，饭店经营者作为饭店业主的代理人从事饭店的日常运营管理。在管理合同形式下，饭店使用饭店集团的名称、标识，加入该集团的市场推销和服务预订网络，并向饭店集团缴纳经营管理费。饭店管理公司根据经营合同规定，派遣管理人员经营管理饭店，从而达到公司服务标准和要求，实现共赢目标。

采用管理合同形式，具有丰富管理经验的饭店集团可以较少的资本投入和较低的风险迅速扩张其企业规模，并获得相应收益，同时使该领域没有实力和经验的业主也能分享经营回报。管理合同模式实现了饭店管理公司和饭店之间合作关系的互补双赢，不仅促进了饭店理性投资开发和专业化管理水平的提高，更为饭店管理公司快速市场扩张和品牌优势的提升奠定了重要基础，成为具有较强竞争力的饭店商业运作模式。2007 年，万豪国际饭店集团、美国常住饭店集团和洲际饭店集团以管理合同方式所经营的饭店数量在世界排名前三。

饭店租赁经营模式是饭店集团公司以承租方式租赁某个饭店，取得该饭店的生产资料及物业的使用权，并掌握该饭店的经营管理权，并按租赁合同向饭店业主支付一定租金。管理合同经营模式与租赁经营模式相比，其相同之处在于饭店所有权和经营权分离，管理费和租金收取方法相似。而不同之处是，在租赁合同关系中，承租人在法律上完全独立于饭店业主，饭店员工由承租人负责雇佣，并承担经营风险；在管理合同关系中，管理公司（或饭店集团）只是饭店业主的代理人，它代替业主经营，但不承担经营风险，饭店员工由饭店业主雇佣，管理公司只代表业主管理员工。

（四）战略联盟（Referral System）

战略联盟是指单体企业保持和加强竞争力，自愿与其他企业按某种共同属性自愿联合，各成员采用统一品牌标识和质量标准，在预订、采购、培训和营销等方面进行合作，通过各种协议、契约而结成的优势互补或优势相长、风险共担、生产要素水平式双向或多向流动的一种松散的合作模式。饭店联合体就是战略联盟的一种形式，这种战略联盟可以减少无谓竞争并促进共同发展，实现资源、技术和市场方面的共享，同时又保持饭店原有产权、经营权和管理权不变。饭店联合体的经营模式使饭店成员之间从竞争转向联合的关系，体现联合体成员内部协作和外部资源共享的整合作用，降低交易成本，获取集约化的竞争优势，以此与大饭店集团抗衡。

饭店战略联盟模式的选择取决于成员企业之间某些经营资源的兼容性。根据目标市场的一致性、产品服务的相似性及其他经营要素的互补性等，评价单体饭店在价值链中的高度关联性，从而结成各种不同类型的合作同盟，进行资源转换与共享，形成联盟的整合优势。战略联盟包括竞争对手联盟型、顾客伙伴联盟型和供应商伙伴联盟型，包括企业与供应商企业（含上下游产品）之间的联合、饭店与航空公司或旅行社联合促销等、飞行里程奖励计划等。如世界最大的饭店联盟集团——最佳西方国际饭店集团（The Best Western International）、Utell/Vantis、金钥匙饭店联盟等。

三、世界著名饭店集团发展的经验启示

世界著名饭店集团的成功经营不仅来源于敏锐的市场分析和强大的品牌效应，更取决于完善的管理体系、覆盖全球的销售网络以及独特的经营方式和资本运营模式。国际饭店集团得到迅猛发展，对经济全球一体化和国际投资、服务贸易的健康发展起到了重要的推动作用，同时也将先进的管理理念和管理模式传播和根植于不发达地区，在不断创新和完善中得到优化。世界知名饭店集团的成功经验有以下几个方面的启示：

第一，多品牌全面扩张战略。国外大型饭店集团普遍实行多品牌战略，注重集团品牌的延伸和创新，以此提升企业的形象认知，为饭店营造新的发展空间。国际饭店集团依靠其成功的品牌运营，建立和维护顾客对品牌的忠诚，获得更高的溢价效应和更稳定的客源市场。品牌优势在于构成强大市场进入壁垒的同时，也有利于形成产品差异，满足不同消费群体的需要，如洲际酒店多品牌战略模式。饭店品牌已由简单的识别功能发展成为一个复合概念，即品牌的国际知名度、商业信誉、顾客信任度、经营管理经验与模式、垄断客源市场等巨大商业的价值。

【阅读链接 5-3】

洲际饭店集团 IHG（Inter Continental Hotels Group）

据美国 Hotels 数据显示，洲际饭店集团连续十年在世界饭店集团经营规模排序中位列第一。截至 2017 年，洲际酒店集团旗下拥有、管理、出租或托管的酒店达 5348 家，共有客房 798000 多间，分布全球 120 多个国家和地区。[①] 洲际饭店集团中特许经营饭店约占 80% 以上。该集团拥有众多饭店品牌，其中包括洲际酒店及度假村（InterContinental Hotels & Resorts）、皇冠酒店及度假村（Crown Plaza Hotels & Resorts）、英迪格（Hotel Indigo）、假日酒店及度假村（Holiday Inn and Resorts）、智选假日快捷

---

① 洲际酒店集团网站 www.ihg.com.

酒店（Holiday Express）、Candlewood、Stay bridge 公寓式酒店以及 EVEN 酒店和华逸酒店及度假村（Hualuxe）等。洲际饭店集团拥有世界最大的酒店忠诚客户计划——IHG 优悦会（Priority Club Rewards），全球会员超过 9000 万。

1946 年，泛美航空公司为了在世界的每个角落，提供泛美航空所期望的高品质的住宿，创立了洲际酒店公司。1952 年，凯蒙斯·威尔逊在美国田纳西州孟菲斯开设了第一家假日酒店。英国最大的娱乐集团——巴斯集团先后于 1988 年收购了假日酒店，开始进军酒业，假日酒店作为业内第一个进行全球性发展的品牌，同时也为整个酒店行业奠定了一系列全新基准；于 1998 年收购了洲际酒店品牌，将这一豪华品牌纳入集团旗下。2000 年，巴斯集团更名为六洲酒店集团（Six Continents PLC），确立了其专注于酒店业的发展。2003 年，六洲酒店集团正式更名为洲际酒店集团。

1984 年洲际集团进入中国市场，以特许经营和委托管理为主要形式，凭借独特的经营模式、强大的品牌管理和资产运营获得高水平的市场信赖和业绩增长。2012 年洲集团推出 EVEN 酒店和华逸酒店及度假村两个品牌，其中 EVEN 是针对美国市场面向注重健康人士的新的中档酒店品牌，华邑是为中国游客量身打造的高端国际酒店品牌。2018 年 7 月完成以 3900 万美元现金收购堪当业界典范的丽晶酒店及度假村，同时将起源于美国的金普顿酒店与餐厅这一豪华精品酒店品牌推广到 14 个国家和地区。2019 年 2 月，洲际酒店集团宣布以 3 亿美元现金收购六善养生及酒店集团，以进一步夯实其豪华酒店品牌组合。六善目前在全球范围内管理着 16 家独具特色的酒店和度假村，在包括马尔代夫、塞舌尔、泰国的阁遥岛、阿曼的杰格希湾和葡萄牙的杜罗河谷等地为宾客打造独一无二的体验。

截至目前，洲际饭店集团在大中华地区开业酒店总数达 400 家（约 108000 间客房），广泛分布于 190 多个城市，饭店品牌涵盖奢华、高端及中端等目标市场，以满足旅客多元化的商务休闲出行需求，中国已经成为洲际酒店集团最重要的发展市场之一。洲际饭店集团品牌在世界各地市场具有良好的知名度和感召力，假日饭店成为众多旅游者住店的首要选择。

第二，先进的经营管理体系。饭店集团拥有强大的市场营销能力、集团价格优势以及完善的服务系统。规模经济和范围经济的作用使饭店集团有能力积聚巨资在全球范围内进行深入细致的市场调查与研究，制订完善的促销计划，开展强大的市场营销攻势，长期保持品牌饭店的公众形象。饭店集团拥有庞大的相同品牌、经营模式、客源结构的成员饭店，必须提供全方位的支持性服务，主要包括管理人员培训、计算机系统开发、经营咨询、统一集团化采购等。通过提供统一的支持服务，既能使成员饭店服务和管理质量保持较高水准，又可使整个系统的运营成本降到最低水平。

第三，全球网络化预定系统和先进的科技手段。拥有庞大的销售网络、强大的销售能力是国际饭店集团成功的关键因素。国际饭店集团的网络化优势体现在其拥有完善的全球预订网络、中心预订系统，建立了独立的全国乃至全球的客房预订网络，通过免费预订电话、网上预订服务和成员饭店互相代办预订，实现全球范围内的便利高效的预订业务。各饭店集团还采用先进的信息科技成果，在成员饭店之间提供便捷的全球信息交流、数据共享和电子商务业务，从而具有较强的客源优势，大大降低了由于信息不对称所导致的高额信息成本或交易费用。庞大、先进的电脑预定网络吸引了大批单体饭店加入集团，使集团能够在短时期内迅速扩张，进一步扩大客源市场，从而吸引更多饭店加入其中，形成良性循环，使网络涵盖范围不断扩展，集团规模不断扩大。

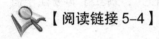

【阅读链接 5-4】

美国万豪国际公司的营销网络[①]

美国万豪国际公司所拥有的营销网络包括：（1）全球预订系统。2001 年该公司的 3000 名代理商处理了 4000 多万个预订电话，这些预订电话是由它的旅馆、活动预订中心与位于其他的销售办公室处理的。万豪国际公司的预订系统与主要航空公司与旅行社的全球分销系统（GDS）相连接，该预订系统独自产生了 1210 万次预订和 2580 万夜预订的客房量。（2）万豪礼赏俱乐部。它是全世界最大的多种酒店品牌的经常旅行者奖励俱乐部。通过这一俱乐部，万豪国际公司有效地推销了闲暇度假、新的旅馆与商务及社会活动。万豪礼赏俱乐部为活动成员提供的住宿夜间数要占万豪总的客房住宿夜间数的40%。（3）全球战略联盟。万豪国际公司在几乎不花费任何费用的情况下，可以将推广的资料与资料库营销方案提供给合作伙伴。这些合作伙伴的成员包括在 20 个国家的 40家航空公司，像 visa 信用卡那样的金融公司和消费者信任的品牌公司。（4）万豪网址（Mar riot.com）。这是目前世界上领先的住宿业网址，它产生了万豪国际公司 80% 的互联网收入。它一个月可以获得 800 万人次的网上访问量。其他在线分销渠道，万豪网址与其他各种在线销售渠道建立合作关系，如与 Travelogue，Expelling，Orbita 等建立合作关系。这些营销战略不仅为让万豪酒店及度假酒店收获了很多的利益，还让更多的消费者认识这个品牌，消费这个品牌。

第四，国际化程度高。第一次世界大战后，随着全球经济的发展和交通运输业的不断进步，饭店集团的规模扩张经历了区域发展阶段、洲际发展阶段和全球发展阶段。这一进程的速度是惊人的，一些大型饭店集团已经达到很高的国际化程度。欧美发达国家的饭店集团发展已步入成熟阶段，集约化程度很高。北美地区的饭店集团化程度较高，

---

① https://www.marriott.com.cn/.

美国公司占据着世界饭店集团市场的半壁江山。据饭店业国际权威杂志 *HOTELS* 公布的 2019 年度"全球酒店集团 325 强"报告，排名前十的饭店分别是万豪国际、锦江国际、希尔顿、洲际、温德姆、雅高、精选国际、印度 OYO、华住以及首旅如家酒店集团。其中，万豪国际拥有 6906 家酒店，房间数达到了 1317368 间。随着全球饭店集团之间兼并收购活动的继续，全球饭店市场将越来越被少数几个大型集团所控制，兼并收购成为快速或超速成长的主要途径。

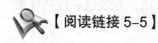【阅读链接 5-5】

非标连锁大战，OYO 不是 OFO？ [①]

　　OYO 作为行业颠覆者，无疑是 2019 年世界饭店 300 强排名中的一匹黑马。OYO 吸收了成千上万家位于三四线城市的非标酒店，将它们转变为特许经营酒店或直营酒店。

　　OYO 连锁酒店集团，官方名称为 Oravel stay Pvt. Ltd. 公司创始人 Ritesh Agarwal，从 2013 年初从印度古尔冈的一家酒店开始创业，三年时间，OYO 就成为印度最大的经济型酒店品牌。OYO 模式在印度的成功，让其开始迅速的国际化。OYO 迄今已获得软银、Airbnb 等投资的超过 15 亿美元融资，估值据称超过了 50 亿美元。这家成立 6 年的经济型酒店公司已经跻身于全球最大的连锁酒店之列。通过特许经营和其他合作伙伴关系，OYO 在全球拥有 100 多万间酒店客房，2.3 万家酒店和 4.6 万个度假租赁房源，其库存仍主要分布在印度和中国。

　　2017 年年底，OYO 进入深圳，中国成为全球 OYO 第三个进入的国家。截至 2019 年 4 月 30 日，OYO 酒店共进驻中国超过 320 座城市，上线酒店近万家，客房数近 45 万间。

　　尽管 OYO 缺乏像戴斯酒店（Days Inn）、汽车旅馆（Motel 6）、伊克诺酒店（Econo Lodge）这样经济型酒店竞争对手的品牌认知度，在市场上经验不足。但 Aganval 通过向独立运营的中小型酒店提供免费或较低特许门槛，其规模得到迅速扩张。OYO 还有一个度假民居预订平台，它创建了一个在线预订系统，通过算法分析和调整价格，帮助业主实现收入最大化。

　　OYO 公司在美国有 50 个 OYO 酒店，分布在 35 个城市和 10 个州，包括达拉斯、休斯敦、亚特兰大和迈阿密等热门市场。2019 年 8 月，OYO 收购了拉斯维加斯的猫头鹰赌场酒店（Hooters Casino Hotel），更名为"拉斯维加斯 OYO 赌场酒店"。这是该公司在全球扩张的背景下首次在美国购买房产。

　　虽然增长带来了各种问题，Agarwal 仍计划到 2023 年在全球范围内达到 250 万间 OYO 客房。OYO 作为非标连锁酒店市场的先行者，有先发优势，发展速度前所未有，

① 赵正 . 非标连锁大战，OYO 不是 OFO？商学院 .2019.6.

但是能否成功，取决于能否建立一套有效的连锁化的支持系统，能否持续地帮助加盟商提升客源、提升酒店管理，提升整体经营收益才是根本。

第五，本土化策略。各国的文化差异使人们在价值观念、思维模式、行为方式等方面表现各有不同，影响了沟通的有效性。饭店集团在集团统一的管理体制下，通过选拔、培养和任用本地专业和管理人才，强化本地文化的衔接与兼容等跨文化沟通手段，提高饭店集团的市场适用性。一些较早进入中国市场的饭店集团，在经过一段适应期后，逐步形成了本土化的经典战略。

 【阅读链接 5-6】

希尔顿"国际化视野本地化操作"①

百年历史的希尔顿，在行业里创建的经典服务业标准再加上优秀的本土人才管理机制，为更好地服务中国本土市场和客人提供了重要保证。希尔顿在全球拥有 14 个品牌，目前在中国有 9 个品牌。对于希尔顿而言，并不是单纯地把所有品牌引入中国就成功了，更重要的是在深入了解消费者行为和需求的基础上，把更符合中国客人的生活习惯、生活方式的品牌引入国内。目标消费群体发生了变化，品牌就一定要接地气，"顺势而为乘势而上"更好地了解消费者的需求和习惯。品牌脱离了消费者会逐渐丧失其生命力，更谈不上创新。希尔顿针对中国顾客消费习惯和特殊需求，提供更加个性化的产品和服务，如会议期间的咖啡茶水供应和中文网站预订交易服务等。希尔顿面向旗下海外酒店顾客的"希尔顿欢迎计划"，包括到达体验的"欢迎"问候、中文翻译服务、中式茶具花茶、中国电视频道以及中式饮食等特色服务。在希尔顿集团，中国本土的总经理占了 70%，目前已经有 20% 的女性总经理。希尔顿的目标是到 2025 年，40% 的总经理是女性，85% 以上的总经理是中国人。到目前为止，希尔顿全球在中国的高等院校合作伙伴已达 14 所，集团与高等院校展开校企联合培养人才项目，提供职业培训基地，实现双赢目标。

第 3 节 中国本土饭店集团化经营发展

随着经济全球化进程的加快，国际饭店集团加剧了亚太市场的布局和扩张。面对更加激烈的市场竞争，中国本土饭店急需变革企业组织形式，寻求一条切实可行的集团化经营发展道路。

---

① 摘自：希尔顿"国际化视野本地化操作". 酒店高参 2018.10.14.

一、发展历程

改革开放以来，中国饭店业迅速发展，经历了从事业招待型到企业单位经营型管理，从经验型管理向国际先进管理，从单体分散经营向专业化、集团化、集约化经营模式的转变过程，已经形成庞大的产业规模和产业组织，并在旅游业和国民经济中发挥着日益显著的作用。中国饭店集团化始于 20 世纪 80 年代初，经历了以下几个阶段：

第一阶段（1982—1987），国外饭店集团和饭店管理公司以独资、合资、收购、输出管理的形式在中国迅速扩张，带动了国内饭店集团的发展。1982 年，建国饭店成为国内首家引进境外饭店管理公司（香港半岛管理集团）的中外合资饭店，拉开了中国饭店的集团化管理的序幕。1984 年以后，上海陆续成立了华亭、锦江、新亚、东湖四家以饭店、服务业为主业的企业集团。在本质上，这一时期建立的饭店集团只是以饭店集团名义出现在市场上的松散型饭店联合体，以行政力量导向为主而不是以市场为导向的，集团优势尚不明显。

第二阶段（1988—1997），1986 年以后，国家对发展饭店集团提出扶持政策，提出中国饭店业实现集团化、系列化经营的目标，大力发展饭店集团公司。在市场推动和政府推动下，中国旅游业开始出现市场导向型的集团化经营模式，国内饭店集团的发展进入了跨地域发展的新阶段。20 世纪 90 年代，世界饭店集团加快了进入中国市场的步伐，在资金、技术和管理经验等方面对国内饭店业接待能力的提升起到了积极的作用，同时更加激烈的竞争环境也带来了严峻的挑战。1992 年到 1998 年中国饭店业进入投资高峰。1987 年我国旅游饭店国有投资占 80%，1997 年下降到 64%。中国出境旅游市场的快速发展也为饭店集团国际化带来契机，强大海外中国游客需求成为饭店集团走出去实行跨国经营的根本动力。与此同时，国家有关推动横向经济联合体、组建和发展企业集团的规定，以及原国家旅游局关于建立饭店管理公司的意见的出台，中国的饭店管理公司和大型跨区域饭店集团随之成立，特别是以部门和地方为主体的集团组建和发展迅速，开始了试探性的海外扩张。一批本土饭店集团纷纷成立并取得长足的发展和提升，如锦江、金陵、华天、建国、海航、凯莱和如家饭店集团。1993 年，锦江国际管理公司成立，成为中国最大的一家饭店管理公司，建立发展配套企业，大力扩大半紧密层，合资合作兴办联营企业，努力发展跨国经营，投资创建海外企业强化了集团投资的中心功能。1999 年锦江集团拥有成员饭店 50 家，饭店客房 1744 间，位列世界饭店集团 300 强中的第 51 名。在政策的鼓励下，由原国家旅游局先后批准的 32 家饭店管理公司都进入了实际运作阶段。

第三阶段（1998—2008），进入 21 世纪，中国饭店集团无论数量还是结构都有了巨大的发展，兼并重组成为这个时期的主要扩张模式。在政府和市场的双导向作用下，本着政企分开的原则，中国饭店集团开始了集团化改革——"二次集团化"。这其中比较有代表性的是北京的首旅集团和上海的锦江国际。1998年年初，北京市政府将北京市旅游局下属旅游企业和部分政府直属的旅游饭店从政府中分离出去，组建成立了北京旅游集团有限责任公司。2003年，锦江（集团）有限公司（之前已经合并了华亭集团）和上海新亚（集团）有限公司国有资产重组后，成立了新的锦江国际集团。一些其他产业的企业，例如中粮公司、中信公司、三九集团，纷纷投资于旅游业，形成了一些规模较大的饭店集团。各地区也组建了旅游企业集团，如陕西旅游集团、北京旅游集团、云南旅游集团、桂林旅游集团等，这些旅游集团中均包含了大量的饭店，形成了大旅游集团下面的小饭店集团。中国饭店集团逐渐形成了以锦江国际、首旅建国、岭南花园和中粮凯莱为代表的国有饭店控股管理公司，以浙江开元为代表的民营饭店集团，以如家、锦江之星和莫泰为代表的一批本土经济型饭店运营商。截至2006年，国内共有饭店管理公司206家，托管饭店总数1946家，星级饭店集团化程度达到16%。

2009年以后，中国饭店业经营受供求关系影响表现分化，饭店行业进入了重要的转型发展时期。据2019年 *HOTELS* 公布的全球饭店集团325强排名中，锦江国际、华住、首旅如家继续保持行业前十。其中锦江于2018年11月完成了对丽笙酒店集团的收购，增加了近20万间客房，排名升至全球第二。该资料显示，中国本土饭店集团在规模上的成长速度远高于欧美饭店集团，在客房数量上已经接近欧美集团。

从中国饭店集团产生的背景和推动力量来看，其特点表现为：（1）国有饭店集团（过国有控股集团）是中国饭店集团的主导。中国饭店业的经济结构是以国有饭店为主，其他经济饭店为辅。饭店集团属政府导向型，主要包括饭店联合体、区域型政府主导饭店集团、行业系统向旅游业渗透而成立的饭店集团等；（2）国际饭店集团占据中国饭店的高端市场。外资饭店进入中国之初就是以为高端市场提供豪华饭店服务为主，占全国客房总量的20%的外资饭店，其利润却占80%。特别是20世纪90年代后期，国际饭店集团纷纷推出适应市场需求的超豪华品牌饭店，管理形式多以管理合同和带资管理为主，打造集团旗舰。与此同时，本土饭店集团开始从面向中低端市场的经济型饭店转向为中产阶层服务的中高端饭店，逐渐形成差异化的多品牌集团优势；（3）本土饭店集团并购步伐加快。随着市场竞争的加剧，国内饭店集团品牌谱系进一步丰富，市场微细分态势初见端倪。许多饭店集团开始实施不同档次和类型饭店的布局，全覆盖型、高档集中型和低端集中型品牌格局正在形成。饭店集团通过并购不仅在短时间内提升了知名度，扩大了市场规模，同时借助国外饭店集团先进的管理经验可以提升自身的管理水平。自2016年起，国内饭店行业规模化经营和资本扩张呈现火热的并购潮，行业重新洗牌，饭店集团品牌多样化成为发展趋势。

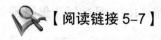

【阅读链接 5-7】

锦江集团开启并购狂潮①

通过对不同于自己定位的酒店集团的收购来弥补自身对于该市场的欠缺，一体化自身的产业链，拓展自己的市场，并通过规模化经营获得规模化利润。

以锦江集团的并购行为最为典型，锦江集团可谓开启了近年来的并购狂潮。锦江先后收购了拥有超过 10 万间客房的卢浮酒店集团（Louvre Hotels Group），以及印度的 Sarovar 酒店和度假村。2015 年 9 月，根据锦江国际旗下锦江股份宣布，锦江股份作为投资主体，投资铂涛集团 81% 股权。收购完成后，双方品牌谱系覆盖高、中、经济型等不同的档次，锦江一跃成为世界客房数排名第五的国际酒店集团。2016 年 4 月，锦江股份陆续收购维也纳酒店集团、铂涛集团和 7 天集团。此次交易，使锦江的规模不仅进一步扩大，而且补充了锦江在中端酒店的布局，符合目前中端酒店的发展需求。维也纳同时作为音乐主题中端酒店，借助锦江集团的 CRS 和品牌规模优势吸引更多的客源，这可谓是双赢的举措。2018 年年底，完成了对丽笙酒店集团的收购，增加了近 20 万间客房，排名升至全球第二。此外，锦江也是雅高集团的最大股东，持有股份接近 12%。

锦江管理公司表示，未来会将重心置于投后整合。随着中国经济的转型升级、消费升级和城市化进程的加快，中国酒店业还有很大的增长空间和发展机遇。

二、问题与制约因素

中国旅游饭店业协会发布的《2018 年度中国饭店管理公司（集团）发展报告》显示，参与统计的 68 家饭店集团共管理饭店 2.96 万家，客房 321.91 万间。整体上看，2018 年饭店数及客房数增速约 10% 左右，虽然有所放缓，但饭店集团规模仍保持稳步增长（见表 5-3）。

中国饭店集团实现了中国饭店集团从无到有，从少到多，从小到大历史性跨越，整体上呈规模快速扩张趋势。同时，受宏观环境及市场竞争等因素的影响，各饭店集团成员饭店经营收入业绩总体表现欠佳，经营毛利率继续呈现下滑趋势；在成员饭店和客房

---

① 黄艺农，江云云.企业并购后的整合绩效分析——以锦江股份并购维也纳为例.【J】财务与金融.2018.6.

的绝对数量和产业集中度等方面、集团化经营和网络化经营方面与国际品牌饭店集团还有很大差距。

表 5-3　2018 年度中国饭店集团 60 强（前 10）排名

规模排名	集团名称	饭店数（家）	客房数（间）
1	上海锦江国际酒店（集团）股份有限公司 Shanghai Jin Jiang International Hotels (Group) Co.Ltd	6243	650 754
2	华住集团 HUAZHU Group	4120	406 158
3	北京首旅酒店（集团）股份有限公司 BTG Homeinns Hotels (Group) Co., Ltd.	4001	394 503
4	格林酒店集团 Green Tree Hospitality Group Ltd.	2757	221 529
5	温德姆酒店集团 Wyndham Hotels & Resorts, Inc.	1469	146 053
6	青岛尚美生活集团有限公司 QINGDAO SUNMEI GROUP COMPANY LIMITED	2352	121 483
7	东呈国际集团 Dossen International Group	1374	120 229
8	洲际酒店集团 InterContinental Hotels Group (IHG)	368	107 919
9	万豪国际集团 Marriott International Inc	294	95 896
10	希尔顿酒店管理（上海）有限公司 Hilton Hotel Management (Shanghai) CO., Ltd	172	47 213

（一）主要问题

经营模式需转变。尽管政府主导型模式对中国饭店的集团化发展有着巨大的推动作用，譬如锦江、首旅等集团的成立，无不是政府主导的结果，但是饭店集团运行环境应体现市场行为与政府行为之间的良性互动，即通过政府主导来实现饭店业集团化，其成功的关键在于集团内部公司通过市场机制来治理水平及其综合资源整合能力。避免出现"政企不分"与"政府主导"，而是必须严格按照市场经济和现代企业制度的要求建立完善集团公司法人治理结构，积极实施公司股份制改造与产权交易投资。

品牌内力需提升。饭店品牌是饭店集团塑造企业核心竞争力以及扩展市场网络的核心要素之一，品牌使饭店集团获得差异化的竞争优势，塑造良好的企业形象，赢得顾客忠诚。知名饭店集团以多品牌覆盖整个市场的战略为主，相比之下，国内大多数饭店集团是从面向大众市场的经济型饭店开始发展，以中低端饭店品牌为主，品牌种类、品牌层次较少。如 2019 年进入世界 300 强排名的锦江国际、北京首旅和华住集团主要以中端有限服务型酒店为主。与此同时，优质的饭店品牌代表着集团的丰富经验和优质商誉的积淀，它是饭店集团低风险、高速成长、非资本性的扩张手段，以特许经营和委托管理为主要形式。本土饭店集团在品牌开发、品牌架构、品牌价值等方面的不足仍是不可回避的问题。因此，本土饭店集团在扩张的同时，加强品牌建设，提升品牌价值，是构建集团的核心竞争力重要任务。

管理模式需创新。国外饭店集团拥有先进的管理思想、经营哲学和成熟的管理系统，而我国饭店集团在经营理念、企业文化和经营战略等方面的经验还少，在战略规划、品牌整合及高效管理方式等方面明显不足，尚未建立完善的饭店集团化管理体系。许多公司在重组并购的后续资源整合中出现问题，对集团化发展多着眼于降价实现规模效益，缺乏通过价值提升和品牌培育来获得竞争优势的创新意识和手段，导致集团化经营举步维艰。另外，本土饭店集团经营战略选择上尚未形成多样化方式，因资金、品牌价值等因素的制约，仍以自营、管理合同和战略联盟为主，而投入产出较高的特许经营占比仍较低，这在某种程度上制约了集团的发展。

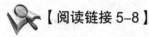

【阅读链接 5-8】

本土饭店连锁加盟步伐加快

数据显示，国外饭店集团自营占比极低（在 0.02%~1.5% 之间），显著低于国内酒店集团（自营占比在 14%~26%），美国饭店业已进入产业周期的中后段，连锁化率为 70%，相对比较稳定。我国饭店集团正在加速进行自营向加盟转变，新开店中绝大部分为加盟店，根据我国各酒店集团年报展望信息，未来自营比例将会从现在的 20% 左右下降至 10% 左右。截至 2017 年年底，国内三大饭店集团市场集中度也只达到 44.1%。显然，中国饭店市场的加盟连锁化还有很大机会。

网络化资源需挖掘。相关数据显示[①]，2019 年，在"互联网+"以及智能化发展的大背景下，饭店集团信息化水平得到了进一步提升。饭店集团不再局限于 PMS（饭店管理信息系统）和 CRS（中央预订系统），而开始利用大数据、"云端"等信息化平台对集团进行管理的创新。与此同时，移动互联网技术、智能客房、机器人、人脸识别技术、VR 选房、人工智能等技术被大量地"搬"进饭店。饭店集团网络化运营已经启动，但是仍存在很多问题。许多公司网络化观念落后，饭店网络化管理系统仍处于基本功能的运行阶段，网络化方式的优化及有效性问题仍较突出等，不能为企业提供与市场联通的高效平台。因此，面对移动互联网时代消费者的时间越来越碎片化的事实，饭店必须跟

---

① 王玮. 饭店集团化发展如何破陈出新？［N］. 中国旅游报，2018.7.

踪市场需求变化，以提高客户体验和服务水准为目标，有效利用网络媒介，实现系统中的数据流之间的互通共享。

国际化水平需提高。外国饭店集团在中国积极扩张的同时也在全世界范围内进行全球性集团化经营。如万豪国际旗下 29 个品牌的 6900 多家饭店，遍布全球 130 个国家和地区；洲际集团在 100 多个国家和地区经营和特许经营着 5600 多家饭店等。与之对比，中国饭店集团绝大多数都在本国进行扩建和集团化经营，如浙江开元集团、海航集团旗下饭店主要分布在华东、华北、华中、东北、西部和海南等地区。近年来，部分实力较强的饭店集团开始整合资源优势，采取并购方式，积极开发海外市场。如锦江、海航、首旅集团等。但是，集团国际化进程中也存在扩张模式单一、资本运营模式落后以及品牌内力不足等问题，本土饭店集团需正视并寻求发展之路。

（二）制约因素

中国饭店集团化发展面临的主要障碍包括产权制度、治理制度、运作方式和管理机制等。

1. 产权障碍

饭店集团的组建和发展，除了自身形成的客观需要外，还有一定的体制条件。明晰的产权关系是每一个饭店存在的先决条件，也是饭店集团产生、运行和发展的首要条件。饭店集团成员间的各种经济关系，包括股权份额、经营方面的协作、利益的分配等，必须真正体现集团的基本特征。目前，本土饭店集团产权主体定位模糊、体制不顺以及由此而引发的产权流通不畅，严重影响了集团化进程和效果。主要表现在：一方面，各成员饭店之间缺少以资本为纽带的经济联系，市场化运作方式难以实行，集团无法通过产权转让来实现生产要素的优化。另一方面，地方和行业保护主义增加了兼并联合等方式的壁垒以及行政性条块分割，阻碍了饭店集团跨地区、跨行业发展。

2. 市场障碍

企业集团经营成功与否取决于具有相当经济实力和品牌效应的核心企业能力，除了它必须具有通过参股、控股而拥有了对子公司的控制权，进而掌握了成员企业的市场营销、投资决策、人事安排以及发展规划等活动外，还应拥有较强"品牌"效应，具有带动子公司的协调发展的能力，从而促进集团整体发展。现代社会，饭店品牌已从简单的识别功能发展成为一个整体的概念，它体现着饭店服务的个性和消费者的认同感，象征着饭店经营者的信誉，从而被用来与其他饭店进行区别。本土饭店集团发展的市场障碍主要来自国际饭店集团在中国市场上的先发优势以及对高端市场的近乎垄断的局面。境外客源市场倾向于世界饭店集团品牌的选择，降低了国外集团跨国经营的壁垒，优化了经营环境。然而，这种局面不利于中国本土饭店集团的发展，其国内的成长空间受到严重挤压，特别是高端市场的竞争更加激烈。

3. 管理和技术障碍

（1）人力资源障碍。中国饭店业在吸取了国外先进管理经验的基础上，专业人才水平得到提升，但饭店业整体素质低、服务水平差、员工流失率居高不下等问题仍严重困扰着中国饭店业。（2）信息技术障碍。随着企业规模和布局空间的扩大，驾驭大企业所必需的信息技术和管理制度欠缺，导致集团的投资、市场拓展、产品创新和人力资源策略的可持续性无法得到有效支持。强有力的销售网络是国际饭店集团的优势所在，也是中国饭店集团发展受到制约的关键因素。进入 20 世纪 90 年代以后，国际饭店集团出现了重组的趋势，其非常重要的一个支持层面是信息技术的广泛使用。假日集团有 Holidex，喜来登有 Reseration，希尔顿有 Hilhot，雅高有 Prologic，这些饭店集团广泛采用的计算机预订系统，已能帮助成员酒店销售 25% 以上的客源。从这个角度来讲，中国饭店集团缺乏强大的销售网络和预定网络，人力资源不足，市场影响力较小，市场扩张空间非常有限。

4. 资本障碍

资本经营是企业在经历了产品经营、资产经营后的一种高级经营形式，是通过资本的直接运作，在产权层次上来配置资源，通过物化资本的优化组合来提高其营运效率，实现资本保全与资本扩张。市场经济条件下，资本运营是饭店集团发展扩张的重要途径。饭店业资本运营可以通过多种方式运作，包括兼并与收购、股份制饭店集团以及委托经营方式等。随着饭店集团的综合实力不断增强，业主、投资人、饭店管理方的合作加深，无论是重资产运营、轻资产输出还是轻重资产并行，目前饭店集团都面临着如何做好资产管理以及从集团层面具备公众公司的能力的新挑战，而这其中，饭店行业收益率不高，资产运营质量、管理水平低和饭店资产在中国市场退出难成为行业的主要痛点，许多饭店集团成员之间缺乏有效的制度性联结而陷入融资困难、集而不团的困境，资本运营方式亟待改进。

三、中国饭店集团化经营的发展路径

在全球经济增长明显放缓、经济下行、入境市场锐减以及公务接待量下降等多重压力下，中国饭店集团在规模快速扩张的同时，面临着转型升级、新兴市场发展及提升品牌核心力等新的挑战，本土饭店集团应充分发挥资源优势，从市场观念、品牌定位、经营模式、信息技术应用以及人才体系完善等方面进行分析，寻求适合中国饭店集团发展的具体路径。

1. 集团化经营的战略规划

中国饭店集团发展必须寻求集团规模扩张与综合竞争力提升的双赢之路，从投资走向管理，从行政管理走向专业化管理，从政府导向走向市场导向，这既是新时期转型的需要，也是中国服务业走向世界的先决条件。

首先，本土饭店集团需要考虑的问题是结合市场环境和自身优劣势，制定科学合理的集团化发展战略，明晰市场定位，提升品牌竞争力。近年来，国内实力较强的饭店集团通过并购扩张等手段，在规模上已与国际集团接近，但是还缺乏与之正面交锋的雄厚实力，应该在借鉴经验的基础上，争取与国际饭店合作的战略机会，寻求最有利于自身的进入国际市场的发展战略。例如，铂涛集团与希尔顿集团合作，负责全面运营希尔顿欢朋饭店品牌在中国的落地和发展。同时，应逐渐向中高端饭店市场渗透，可通过差异化的市场定位和市场细分，避开欧美饭店集团占优势的传统市场，开发新的扩张领域。其次，集团化经营模式是饭店集团跨区域、跨文化及跨行业发展至关重要的保证。长期以来，我国饭店集团管理模式主要以政府驱动为主，委托管理是饭店管理公司发展的主要模式。随着2013年政府限购政策出台，指令性需求减少而市场化程度渐强凸显，大批饭店亏损难以为继，饭店管理公司举步维艰。随着外部环境的改变，未来一段时间内，新型集团经营模式的选择和实践势在必行，诸如租赁经营、特许经营等与业主共担风险、共同受益的模式会比传统的委托管理模式更加具有市场吸引力，这些都给饭店公司提出了更高的要求。因此，饭店集团发展应基于追求与业主双赢的理念，结合中国具体实践，创新管理模式，在品牌、客源、管理水平等要素上具有更高的整合能力，为用户创造更大价值，实现集团、业主和委托公司多赢目标。

2. 品牌整合与创新

全球化背景下，跨国饭店集团加快对中国市场的布局，品牌整合与创新成为本土饭店集团在市场竞争中制胜的利剑。如何将本土优势资源与跨国集团先进的技术与管理优势结合起来，创建和培育特色品牌成了饭店集团必须思考的重要课题。饭店集团品牌不仅是产品的标志，更是产品质量、性能、服务等满足消费者需求可靠程度的综合体现，同时品牌还凝聚着科学管理、市场信誉、追求完美的企业精神等诸多内涵。国外饭店集团市场扩张主要采取非资本性市场进入手段，即以品牌与管理等无形资产的有形化为先导，以特许经营和委托管理为主要形式，实现集团低成本扩张与形成永动扩张的机制。与国外饭店集团相比，本土饭店品牌建设与整合的不足才是关键的差距。中国旅游饭店业协会发布的"2018年最具规模的60家饭店集团"报告中，各集团品牌谱系进一步丰富，市场细分化趋势显现，但市场定位精准度仍不高；品牌影响力及其稳定性不足；"互联网＋"背景下饭店品牌市场化程度偏低。

针对这些问题，本土饭店集团必须认识到培育品牌、加强品牌管理以及实行多品牌发展战略的重要性，发挥资源优势，提升集团综合实力。一方面，中国饭店集团要以一整套先进的制度体系、特色文化、经营哲学为基础，构建品牌的定位、品牌运作的控制系统和支撑系统，以此建立自己独特的品牌和企业形象。特别是对于众多通过行政手段组成的饭店集团而言，品牌战略的实施还要以对现有成员饭店进行品牌梳理为基础和前提。另一方面，合理运用资本运营模式构建饭店集团的品牌体系，迅速积累饭店集团资产、提升饭店品牌价值，使之成为饭店集团市场扩张的资本和武器，从而保证中国使饭店集团的持续性发展。此外，饭店集团要注重发展新的业态项目，培育和发展更具市场前景的新型饭店品牌和跨行业的服务接待综合体。针对新一代消费者体验需求和多样化、分散化需求的特点，饭店集团应该逐渐减少传统标准化饭店比例，加大新型饭店业态项目的设计和开发，如精品饭店、主题饭店等特色饭店和中高档饭店，从而有效提升饭店品牌竞争力。

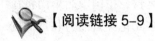 【阅读链接 5-9】

酒店的短租服务

2019 年 4 月，万豪推出了民宿短租服务 Homes & Villas。酒店高管认为，短租服务是一个有待探索的细分市场，但并不会对酒店业造成颠覆。"短租服务在不断发展，酒店对此得出了两个基本结论。首先，大部分的短租产品存在违法或缺乏监管。其次，这些产品没有品牌标准，无法保障优质体验。短租产品的发展理念在于依靠房客和房东来判断入住体验的好坏。体验感差会招致双方互相的指责。如果酒店集团做短租也按这种模式，我们将万劫不复。"

他认为，万豪进军短租领域将推动打造更加合理的市场环境，筛选符合其品牌标准的优质短租房源，提供客房服务和设计支持，并配备员工随时解决客人入住时遇到的一系列问题。Homes&Villas 当前的规模还无法媲美万豪旗下的其他服务平台，"万豪的短租业务还处于初期阶段。"

美国精选酒店（Choice Hotels International）总裁兼 CEO Pat Pacious 称，精选酒店在三年前就推出了别墅和公寓租赁服务，采取了和万豪类似的理念，并且制定了专业的管理运营方案，通过与相关人士合作保障了房源的质量。他认为，只要避免短租产品与酒店直接竞争，酒店运营商可以借助忠诚度计划的优势，极大地拓展旗下短租业务的规模。

3. 资本运营固本优化

资本经营是通过资本的直接运作，在产权层次上来配置资源，通过物化资本的优化组合来提高其营运效率，实现资本保全与资本扩张。市场经济条件下，资本运营是饭店集团发展扩张的重要途径。目前，外国跨国饭店集团携巨资大举进军中国市场，形成了国内市场国际化和国际市场国内化的鲜明特点。中国饭店集团要与之抗衡，必须组建实力雄厚的大集团，通过发展资本市场，拓宽融资渠道，解决困扰饭店集团资金短缺的困境。中国饭店业已经进入了质量的提高期和结构的调整期，这给饭店集团的发展带来了良好的契机。

饭店业资本运营可以通过多种方式运作，包括兼并与收购、股份制饭店集团以及委托经营方式等。饭店集团应在其成员饭店之间进行以资金为纽带的规范化操作，使之合作建立在牢固的经济基础之上，以实现其共同的经济利益。针对中国的饭店业现状，饭店集团可以挑选内部优良资产积极实现股票上市，为自己在资木市场运作奠定基础，在条件成熟的情况下，通过上市公司对其他非集团成员饭店进行资本渗透，并逐渐提高股份将其纳入集团。另外，协议收购或利用行业外部集团资金进行扩张也是目前中国饭店集团利用资本运作实现集团扩张的可行方法。通过合理的资本运营，中国饭店集团将在增强饭店集团的产品组合能力和综合配套服务功能，增强饭店多元化经营能力和系统抗风险能力，降低饭店进入新的经营领域和新兴市场的障碍等方面提高竞争实力。未来，中国饭店集团的集中度会更加明显，资本运作无疑是加速集中的重要途径。然而，最为根本的还是管理公司的能力建设。没有能力，即使通过资本运作获取到了一定的规模，也完全存在得而复失的危险。

4. 国际化人才储备与开发

人力资本是饭店的第一资本。饭店集团发展的首要条件是拥有一大批国际化的具有远见卓识的专业精英人才，这是饭店集团化发展的必备条件之一，也是维持饭店竞争力的根本所在。但由于饭店行业人员流动率较高，因此，足够的符合集团企业文化要求的人才储备也是势在必行。

中国饭店集团的人力资源建设主要包括：一方面，国家应加强饭店管理及相关专业的人才培养，加大校企合作方面的教育投资，提升高学历人才的综合能力。相关部门进一步完善饭店职业经理人相关机制，为国内的饭店集团输送高素质、专业水平高的优秀管理人才。饭店集团自身要建立完善的培训激励体系、职业发展和人才交流的平台，强化集团与高等院校的合作机制，营造良好的人才考核和激励机制，为饭店集团持续发展提供充足的人才储备。另一方面，具有创新精神的饭店企业家是饭店业发展的核心推动力量。通过聘请国际上优秀的外籍高层专业管理人士来解决管理层面的人力缺口问题，是我国本土饭店集团的一个现实选择，但是要从根本上解决我国本土饭店集团成长过程中的人力资本短缺的困难，还是要吸收、消化国外饭店集团在人力资源开发和培养方面的先进经验，迅速构建饭店企业家和职业经理人的集团管理人才梯形队伍。本土饭店集团应改革现有的饭店企业总经理的行政任命机制，完善企业家市场。另外，还应形成对饭店企业家的职业经理人有效的激励约束机制。在国有饭店企业的经理层被推向市场后，饭店企业需要建立以年薪制、配股制、期权制为中心的激励约束机制，最大限度地激发企业家其内在的才能，使其成为本土饭店业集团化进程中的最活跃因素。为饭店集团扩张提供重要人力保障。

5. 网络系统构建与赋能

移动互联网时代，完整的饭店产品已经是由线上和线下两个部分组成。其中，传统的硬件和软件构成了线下部分，而以携程为代表的 OTA 们和以阿里为代表的位于云端的未来酒店则构成了线上部分。客户关系成为继产权、品牌之后，连接饭店集团化运营的第三种纽带[1]。饭店集团可以把规模优势在线上业务建设中充分地发挥出来，强大的网络营销系统对饭店集团国际扩张和市场运营具有重要意义。成员饭店可以利用全球销售和预订网络系统来获得更多客源，集团可以凭借网络吸引更多业主加入，加快集团化程度的提升。移动互联网让"线上＋线下"成为饭店综合实力的保证，特别是线上项目的开发和运行规则将是饭店集团面临的新的挑战。饭店集团只有把线下传统业务与线上平台业务有机地结合起来，才能更好地利用互联网大数据的优势，获得和建立更持久的客户关系和战略联盟，赢得最强大的核心竞争力。

首先，饭店集团应加大对网络营销体系的投入和建设，针对不同目标市场选择适合的网络营销渠道，如加入 GDS 全球预定系统即实现了饭店市场全球化。其次，集团建立自己的 CRS 中央预定系统，实现成员饭店客户资源共享，利用移动互联网及新媒体（如天猫、微博、微信等）完善会员机制，逐步扩大直销比例。第三，与 OTA 在线旅游公司合作，或建立水平、垂直系统的战略联盟，为最终市场提供最大价值的产品和服务。阿里巴巴"未来酒店"战略联盟正式发布以来，充分发挥互联网精准的人群识别和互动跟踪功能的作用，已快速上线了约 1.3 万家饭店。饭店集团除了在渠道上寻找更有效率的方法，在整个生产服务过程中也可以实现全方位资源配置能力和供需重塑的能力，以信息高速公路及其线上业务连接起行业内众多的饭店，从而形成以客户关系为纽带的新的联盟形态，也是饭店集团在移动互联网时代对于实施新形式连锁经营的最新途径。

6. 产业战略联盟构建

饭店集团的产业战略联盟是提高自身国际竞争力，促进集团化发展的重要手段。饭店产业战略联盟可以把饭店企业个体竞争行为逐渐转化为相关联盟的整体实力竞争。例如，法国雅高集团从 1998 年就开始与包括法航在内的数十家航空公司、TOTAL 汽车公司、SCNF 火车公司、VISA 卡多多家公司组建了扩区域全球性的饭店产业战略联盟，极大提升了雅高饭店集团的综合竞争力。本土饭店集团要加强行业内联合，整合上下游伙伴资源，打破地域限制，逐渐建立起以客户关系为基础的产业联盟体系，发挥"轻资本"品牌连锁的优势，增强集团综合实力。

2015 年，首旅饭店集团与阿里巴巴、石基信息签署战略协议，将共同开发饭店集团的线上业务；法国雅高饭店集团正式更名，将其业务重心更多地移向线上，争取通过其客源系统聚集起散布在全球的单体饭店；浙江开元饭店集团等六大集团成立战略联盟，

---

① 中国旅游饭店业协会会长张润钢.规模的挑战与模式的忧患—"危"、"机"并存的中国饭店集团 [J].中国旅游报.2015（7）.

目标还是直指客源体系的融合。

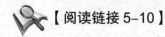
【阅读链接5-10】

中国六大酒店集团成立联盟体，组建第三方平台[①]

2015年7月6日，城市名人、华天、开元、纽宾凯、曙光、粤海六大酒店集团在北京开元名都大酒店签署战略合作协议，六方共同宣布成立酒店联盟体，创新提出联盟体独立运作平台，在会员共享与联合订房两个方面展开深度合作，为各方会员提供全方位的线上线下服务，共同打造酒店联盟全新时代。

酒店联盟体运作平台的全面启动，代表着传统酒店真正拥抱互联网，以开放共享的用户思维进入到全面转型阶段。早在2014年9月，开元酒店集团便与城市名人酒店集团率先开启结盟合作，双方通过技术对接优势为纽带实现资源共享，获得了丰富的合作成效。如今在"互联网+"的大环境下，六家酒店集团创新成立网状合作模式，采用第三方独立运作平台来打通联盟体内各方资源，必将呈现出酒店业全新格局。

联盟体实际上是一个会员价值平台。通过该平台的有效运作，为联盟体所有会员带来增值服务，实现会员专价同享和权益互通，把分散的积分汇聚起来，实现小积分大作用。由六大酒店集团共同发起的联盟体将投资组建第三方互联网公司，该公司保持独立运营，打造包括PC网站和移动社交应用的运营平台，该平台以会员价值为核心，贯穿线上服务和线下门店运作流程，使会员真正感受到始终一致的服务体验。

联盟体不但在机制建设方面有重大突破，同时更加重视O2O技术平台的打造，该平台将实现联盟体内成员间的互通，承载所有从线上到线下的客户体验。平台将以传统PC统一网站作为运营基础，重点打造移动解决方案，通过独立手机客户端APP和微信渠道与客户建立持续沟通。

六大酒店集团联盟体内中高端酒店达到250家，客房数75000间，覆盖中国主要商务和旅游目的地城市，而联盟体内会员总量达到500万，构成中国最优质的高端酒店客源。联盟体还将与腾讯、阿里旅行、易宝支付、中航信航旅通等公司开展全方位合作，通过资本整合，建立强悍的技术服务平台，联盟体计划在未来3年发展超过50家中高端酒店集团，酒店数量超过1500家，会员数量超过5000万，打造线上线下服务相融合的会员价值平台。

7. 政府职能转换与政策保障

市场经济条件下，相对于资金、技术、品牌、行政扶持等要素，政府在产权保护、

---

① 中国六大酒店集团成立联盟体，组建第三方平台［EB/OL].新华网，2015-07-08 08：45.https://www.xinhuanet.com

公共产品供给、政策调控等方面的作用更为重要。首先，实行"政企分开"，加快市场化进程。饭店集团必须要在计划和市场的双重机制作用下，才能够健康地发展。所以，政府对饭店集团可以进行适度的干预，对饭店集团的直接管理要转变为宏观的行业管理，逐步割断体制上的联系，加快建立符合国际惯例的现代企业制度，理顺产权关系，明确权责利益，优化饭店集团成长的环境，打破地方保护主义壁垒，为饭店集团创造参与国际竞争的良好环境。其次，政府为饭店集团扩张提供支持。政府搭建融资金的平台来弥补饭店集团的资金短板，通过提供贷款、发展基金及鼓励民营资本投入等的扶持性政策，并加强银行对饭店集团的项目评估、风险调研等事项的支持，完善本土饭店集团的运作机制。国家积极鼓励更多的饭店企业与其他行业的大型企业集团和高科技企业合作，通过国内和海外上市，使之成为公众性、国际性、多元化的旅游企业集团的组成部分。

【内容举要】

1. 饭店集团化发展的理论基础

饭店集团作为企业集团的一种，具有企业集团的一般性质，但也有其自身的生产经营和成员企业连接方式的特殊性。饭店是服务企业，其产品生产和经营的特点使企业品牌、管理模式等无形资产在饭店集团的形成、扩张过程中发挥着重要作用。对饭店集团可以做如下定义：以饭店企业为核心，以经营饭店产品为主体，通过产权交易包括有形资产和无形资产、资本融合、管理模式输出和计算机预订系统等超市场的制度性制约而相互关联的企业集团。

饭店集团大体分三种类型：一是完全以资本为纽带形成的饭店集团，集团拥有一定数量的饭店产权或股权，但自己并不一定直接经营管理这些饭店；二是以资本和专业化管理机构共同为纽带形成的饭店集团：拥有一定数量的饭店股权，同时自己拥有饭店管理公司；三是以饭店连锁品牌为纽带形成的饭店集团，这种集团不一定持有饭店资产，只输出管理，其所拥有的品牌多为知名的、成熟的管理品牌。

饭店集团化经营的优势表现在：市场优势、经营管理优势、人才优势、资金优势和抗风险优势等。

2. 国际饭店集团化经营的发展

就目前世界饭店集团经营模式看，大致有如下几种方式：

①直接经营。其特点是饭店集团既是各饭店的经营者，又是拥有者。②租赁经营。租赁经营方式是指饭店集团从饭店所有者手中租赁过来，对饭店进行经营。③合作联营。独立经营饭店为求得生存和发展，按某种共同属性自愿联合起来的形式。④委托经营。即管理合同形式。饭店集团与饭店的拥有者签订合同，明确各自的责、权、利。⑤

特许经营权转让，或叫协助管理。饭店的拥有者无须出让饭店的拥有权或经营权，而是交纳一定的费用，向饭店集团购买特许经营权的方式。

世界著名饭店集团之所以拥有众多的忠诚顾客、具有较强的市场竞争力，受益于集团化经营的优势。洲际饭店集团和希尔顿集团为例，他们都是世界饭店业中的超级集团，对集团经营的一贯重视和精心策划是其成功的关键所在。国外饭店集团化经营的启示包括：多品牌全面扩张战略营造发展空间；拥有先进的经营管理体系；拥有全球网络化预定系统和其他高科技技术；饭店集团国际化程度越来越高；本土化策略。

3. 中国饭店集团化发展路径选择

中国饭店集团发展的特点主要有：国有饭店集团（或国有控股集团）是中国饭店集团的主导；国际知名饭店集团占据中国饭店的高端市场；经济型饭店集团异军突起。中国传统的饭店多是非市场导向的产物，因而在此基础上组建的饭店集团还不可能真正建立起与市场经济相适应的产权制度、治理制度、运作方式和管理机制。中国饭店集团发展的面临的主要障碍：产权障碍、市场障碍、管理和技术障碍、资本市场发展不完善等因素。

中国饭店集团化发展路径选择：加快饭店集团的企业化和市场化进程，构建现代企业制度；创建本土知名饭店集团品牌，提升中国饭店集团的核心竞争优势；立足国内旅游市场，合理定位，发展经济型饭店集团；开展有效的资本运营，实现行业内部存量结构的优化调整；培育人力资本，建立饭店企业家和职业经理人队伍；通过政策导向和政府行为，促进中国饭店集团化发展。

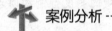 **案例分析** --

洲际饭店集团在中国市场的布局及创新[①]

作为最早进入中国市场的国际酒店集团，洲际酒店集团从 1984 年第一家酒店开业至今，已深耕中国市场 33 年，已突破 330 多家饭店，并有 310 多家在建，覆盖了 130 多座城市。截至 2017 年，洲际酒店已携旗下奢华、高端、中端和本土特色的饭店品牌入华，全球 13 个酒店品牌中，已有 8 个品牌进入大中华区，并且辅之与合作伙伴全新的运营模式。中国市场是洲际集团所有市场中增长最快的，也是仅次于美国的第二大市场，洲际全球有 78 万间客房，其中 9.5 万间位于大中华区。同时，洲际集团大中华区的业务表现持续走强。

---

① 摘自：1.本报记者文静.洲际酒店集团的下一个十年：新品牌新模式入华.21世纪经济报道/2018年/5月/11日/第 019 版公司新闻；洲际酒店集团大中华区首席执行官周卓瓴（Jolyon Bulley）：委托管理、特许经营"两驾马车"并驾齐驱.中国经营报/2018年/1月/1日/第C16版；北京商报记者关子辰王莹莹.高端旅游周刊·聚焦.补超高端酒店短板.洲际拟收购奢华品牌.北京商报/2018年/2月/27日/第B03版.

随着国家供给侧改革扩大高效及中高端供给的政策导向、中国迅速崛起的中产阶层对出行入住需求的增加、政府对公共交通设施的持续建设以及不断推进的城镇化进程，中国将在未来十年内成为全球最大的酒店市场。洲际饭店集团积极探索和深化更多的合作模式，通过委托管理和特许经营"两驾马车"，驱动洲际酒店集团与中国开发商和饭店投资方的共赢。同时，通过持续探索创新型的产品和服务模式，将"幸福体验"传递给更多的旅行者及消费者。

特许经营助力品牌扩张

洲际酒店集团全球 80% 的酒店都是特许经营模式。大中华区，此前近 30 年洲际都是推行的委托管理经营模式，2016 年起开放特许经营模式。特许经营模式的推出适时地满足了新形势下酒店开发商及业主对合作模式的多元化需求，更将极大促进中国酒店业的健康发展。在特许经营模式下，洲际酒店集团向合格的加盟商授予品牌许可，加盟商或者自主管理，或者聘请经认证的第三方酒店经营者或酒店管理公司，采用洲际酒店集团的品牌标准负责该酒店经营，洲际酒店集团定期对每家酒店进行审核和培训，以确保客户体验。

深耕中国市场助推品牌创新

洲际酒店集团一直密切关注宾客对于入住需求的变化，满足并丰富他们的体验。2012 年，洲际推出了专门为华人定制的全新品牌——华邑酒店及度假村，根据华人习惯，满足礼仪和社交需求，突出餐饮品牌特色。2017 年，将旗下金普顿酒店、逸衡酒店两大高端精品饭店品牌正式引入中国市场，与原有的英迪格酒店一起，组成了生活时尚酒店品牌矩阵，以其鲜明的个性满足了新生代年轻客户群的需要，巩固了洲际酒店集团在该细分市场的领先地位。此外，家庭休闲度假游也是当前旅游市场的一大热点。集团旗下家庭度假酒店引领者假日酒店和假日度假酒店敏锐地洞察到父母的需求和孩子们的兴趣，通过家庭特色主题房"布迷亲子房"，有效解决了带娃出行中的后顾之忧，让彼此真正享受到亲子游的快乐。

洲际目前已经深入中国的全线城市，并且开始布局西部地区，加快了扩张的速度。2018 年，洲际在成都宣布在西部地区签约 10 家新酒店，分别位于成都、重庆、九寨沟、绵阳、眉山、西安、兰州、贵阳、桂林和云南普者黑。同年，中国大陆地区的平均每间可售房房价（RevPAR）同比增长 10%。其中，个性化细分市场带来的酒店住宿增长更快。2018 年 4 月 10 日，全球酒店及住宿在线预订平台 Booking.com 公布，相较去年同期，在 Booking.com 上线的非标住宿房源总量增长 27%，增速远超包括酒店、汽车旅馆和度假村在内的传统住宿。洲际集团并未漠视这一变化，西部签约的饭店涵盖了满足不同细分市场需求的七大品牌，包括洲际酒店及度假村、假日酒店、皇冠假日酒店等传统品牌，也有华邑酒店、英迪格酒店、逸衡酒店等新品牌。

奢华品牌稳固领军地位

随着高端酒店市场趋于饱和，国际酒店集团品牌一直在走转型之路，洲际酒店集团也在竞争激烈的酒店市场中谋求新模式的发展。据全球酒店行业权威媒体美国《HOTELS》杂志公布的全球酒店集团排名中指出，排名第一的万豪酒店集团旗下除了拥有若干高端酒店品牌，还拥有奢华酒店品牌丽思卡尔顿，而排名第二的希尔顿集团旗下则拥有华尔道夫酒店。相比之下，洲际酒店集团在超高端酒店品牌并无与之媲美的酒店品牌。

2017年11月，港中旅与洲际酒店集团签署战略合作协议，共同开展特许经营，其中主要针对洲际酒店集团旗下部分高端酒店品牌及中端品牌。签约后，港中旅将与洲际酒店集团大中华区共同推出全新"特许经营＋第三方管理"模式，预计到2020年将有20家高端和中端酒店采用这种模式。2018年3月，洲际酒店集团宣布以3900万美元现金收购丽晶酒店及度假村51％的股份。该品牌于20世纪70年代创立，目前在北京、柏林、新加坡、台北、黑山港和重庆拥有六家开业酒店，还有三个在建项目。具有亚洲血统的丽晶品牌不仅有很好的历史渊源，而且满足了洲际酒店对高端豪华酒店的需求，弥补了在奢华板块的战略定位，加上洲际酒店、金普顿，形成洲际奢华品牌的完美组合。

案例讨论题

1. 简述假日饭店与洲际酒店集团的关系。
2. 简述洲际酒店集团的经营模式及特点。
3. 简述洲际酒店集团在中国市场的经营模式及其发展历程。
4. 洲际酒店集团的成功经验对我国饭店集团的启示是什么？

思考与练习

1. 简述饭店集团的概念及其类型。
2. 饭店集团化经营的优势和意义是什么？
3. 国外饭店集团化经营的经验对我国的启示有哪些？
4. 中国饭店集团化经营中存在的主要问题是什么？
5. 请举例说明特许经营的概念及其特点。

推荐文献

戴斌.现代饭店集团研究［M］.北京：中国致公出版社，1998.

邓峻枫.国际饭店集团管理［M］广州：广东旅游出版社，2006：1-90.

谷慧敏.世界著名饭店集团管理精要［M］.沈阳：辽宁科学技术出版社，2001.

奚晏平.世界著名酒店集团比较研究［M］.北京：中国旅游出版社，2004.

翟云霆.国际酒店管理集团在我国发展策略研究［J］.现代经济信息，2015（18）.

马开良.国际品牌酒店后台文化建设探析［J］.经济界，2015（02）：27-33.

关惠贞.中国酒店集团发展现状及品牌策略问题分析［J］.科学咨询（科技·管理），2018（07）：146-147.

杨华.国际品牌酒店成本控制探析［J］.中国商论，2018（03）：59-60.

第6章 主题饭店和精品饭店

【学习目标】

　　通过对本章的学习，了解主题饭店和精品饭店的概念及形成条件；重点掌握主题饭店和精品饭店的概念及特征；了解国内外主题饭店和精品饭店的发展情况；了解中国主题饭店和精品饭店的发展趋势。

【内容结构】

【重要概念】

　　非标准饭店　　主题饭店　　精品饭店

第1节　主题饭店

　　体验经济时代，消费升级和企业创新发展成为必然趋势。与传统饭店相比，主题饭店满足了人们对精神和体验的高层次需求，在同业竞争中获得了显著的竞争优势。

一、体验经济下的主题饭店

　　旅游的本质是旅游者通过参与旅游活动获得有价值的、值得回忆的美好经历的过程。旅游体验带给游客的价值除了审美、愉悦外，还提供了自我认知、自我挑战和超越的体验过程，体现了顾客的参与性、价值性、深刻性和难忘性等特点。饭店是旅游业重要的组成部分，饭店体验是在满足旅游者食宿等功能需求的基础上，为顾客提供的依托饭店环境、设施、实物产品、服务等获得难以忘记、有价值的住宿经历，即超越基本功能需求的顾客体验过程。这种非功能需求的满足体现了主题饭店的个性特征，也是主题饭店兴起的根本原因。

（一）主题饭店的界定

主题饭店英文是 Themed Hotel，或 Theme Hotel。主题饭店的发展在国外已有 50 多年的历史，近年来发展较快。

各国学者对主题饭店的界定差异较大。Gottdiener（2001）指出饭店主题能够对顾客起到一种暗示作用，使顾客感到自己成为体验的一部分，暂时脱离了日常生活轨迹，感到自己虽身处异域，但会降低顾客的心理设防。在中国国际主题饭店研究会 2006 年颁布的《主题饭店开发、运营和服务标准》中，主题饭店的定义是：以饭店自身所把握的文化中最具代表性的素材为核心，形成独特性设计、建造、装饰、生产和提供服务的饭店。中国国家旅游局《中华人民共和国旅游行业标准》（LB/T 064—2017）关于《文化主题旅游饭店基本要求与评价》中的定义是：主题饭店（Cultural Theme Hotel）是以某一文化主题为中心思想，在设计、建造、经营管理与服务环节中能够提供独特消费体验的旅游饭店。其中文化主题是依托某种地域、历史、民族文化的基本要素，通过创意加工所形成的能够展示某种文化独特魅力的思想内核。

综上所述，文化主题饭店以某一特定的文化主题为核心，在饭店建筑设计、环境设计、装饰用品设计、服务方式设计、产品形态设计、企业形象设计等方面表述统一的文化理念，展示统一的文化形象，传递统一的文化信念，并能够以个性化的具象存在，为顾客提供文化享受和特殊消费体验的旅游饭店。

（二）主题饭店与特色饭店的比较

在国外，主题饭店是特色饭店（Unique Concept Hotel）的一种。特色饭店的范围更加宽泛，拥有独特的设计、优质的服务、新颖的生活方式、突出的主题等等，主要包括主题饭店（Themed Hotel）、设计饭店（Design Hotel）、生活方式饭店（Lifestyle Hotel）、精品饭店（Boutique Hotel）、联合品牌饭店（Co-Branded Hotel）、优质服务饭店（Service Quality Hotel）等。独特性、新颖性、文化性是主题饭店和特色饭店生存与发展的基础。从这个层面而言，主题饭店和特色饭店具有同质性。

两者的区别主要表现在：（1）地域化。特色饭店文化取材广泛，而主题饭店地域化特点明显；（2）体系化。特色饭店文化的引入可以局限在饭店的某一局部、某一环节，在一座饭店中也可以表现不同的文化内容。而主题饭店注重整体的概念，将特色主题文化渗透到饭店的方方面面，从硬件到软件，强调系统性和整体性；（3）时效性。特色饭店以独特的优势为卖点，而主题饭店具有更广阔的目标市场和更强的时效性。例如，迪拜的帆船饭店、土耳其的洞穴饭店（Gamirasu），瑞典冰旅馆，亚当与夏娃饭店（Adam & Eve Hotel）等独特概念饭店，以其独特的文化吸引着来自世界各地的旅游者到店体验。

迪拜帆船饭店具有独特的建筑，奢华的设施，高水准的服务，这个饭店并非主题饭店，但它与主题饭店同属于独特概念饭店。帆船饭店也可以是设计饭店，因为它有设计独特的建筑和各种设施；帆船饭店也可以是优质服务饭店，因为它提供高水准的服务以及奢华的配套设施。

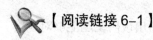

【阅读链接 6-1】

迪拜特色饭店

之一——帆船饭店①

被称为"阿拉伯之星"的迪拜帆船饭店建立在离海岸线 280 米处的人工岛上，它宛如一艘巨大而精美绝伦的帆船倒映在蔚蓝的海水中。帆船饭店于 1994 年建成，人们也把它叫作阿拉伯塔饭店，隶属于茱美拉（Jumeirah）集团，由英国设计师阿特金斯（W.S.Atkins）设计。饭店糅合了最新的建筑及工程科技，迷人的景致及造型，使它看上去仿佛与海天融为一体，整个工程花了 5 年时间，其中两年半时间花在阿拉伯海填出人造岛，两年半时间用在建筑本身，使用了 9000 顿钢铁，并把根基建桩柱打在深 40 米的深海下。饭店内部，浓烈的伊斯兰风格和极尽奢华的装饰与高科技手段完美地结合在一起被发挥到了极致，所有细节都优雅不俗地以金装饰，连厕所的水管，甚至便条纸都无例外，缔造出一个梦幻般的建筑。

之二——范思哲宫廷饭店②

迪拜范思哲宫殿饭店位于阿联酋迪拜文化村的中心，坐落于历史悠久的迪拜河河岸，交通便利，距离迪拜国际机场仅 15 分钟路程。饭店于 2016 年开业，花了近十年时间打造而成。饭店融合意大利皇宫建筑和阿拉伯建筑风格，入口采用大理石马赛克制成的标志性美杜莎（Medusa）头像非常引人注目。大堂瑰丽豪华，手绘饰金天花、孔雀、猎鹰及骏马图案的布艺，面上 1000 平方米，150 万块全部由工匠手工打造而成的顶级大理石马赛克，每个细节，均雅致不凡，将 Versace 世界真实呈现。饭店拥有 215 间客房和套房以及 169 间公寓，墙身均以不折不扣的手绘意大利图案粉饰。每一件家具和织物都由范思哲为饭店量身打造，甚至特别为此订制了一系列的家私摆设：Versace Home

---

① 谢浩.迪拜奇迹之帆船饭店.绿色建筑.2010.2.

② 余昌国.迪拜范思哲宫廷饭店.中国旅游饭店业协会.2019 年 1 月 29 日.

Collection。12000 平方米的预制镶嵌图案，美杜莎头像、希腊回纹及品牌的经典印花等范思哲经典图案随处可见，堪称一座范思哲艺术博物馆。饭店共有 8 个餐厅和酒吧，每一个都饰有象征宫殿般高雅的壁画露台。有近 20 个大小游泳池，包括三个四周环绕棕榈树和鲜花、饰有马赛克滤镜，环境非常优美的户外泳池。还有 SPA、健身房、可俯瞰迪拜河和天际线的风景如画的花园等。

二、主题饭店的特征

主题饭店与传统饭店相比，其最大特点是赋予饭店某种文化主题，并围绕这种主题建设具有全方位差异性的饭店氛围和经营体系，营造出一种无法模仿和复制的独特魅力与个性特征，从而带给顾客富有个性的文化感受和难忘体验，实现提升饭店产品质量和品位的目的。主题饭店特征主要表现为差异性、文化性和体验性三个方面。

（1）差异性体现主题饭店的独特个性，是饭店战略的核心。随着饭店竞争的加剧，特色主题文化的竞争将成为饭店差异化经营的重要内容。主题饭店通过文化资源的引入，形成区别于竞争对手的差异化形象和品牌，为顾客提供难忘的体验和精神享受，从而提高饭店竞争力。因此，差异化是主题饭店的生命力所在。

（2）文化性体现主题饭店的丰富内涵，是饭店经营的载体。鲜明的主题是主题饭店赖以生存和发展的根基。主题饭店围绕主题展开各种经营活动，从饭店外观、建筑风格到内部装饰装潢、环境氛围的艺术设计，从饭店经营理念到员工服饰仪态、服务方式等，都充分体现主题文化的特色和品质。主题饭店内在的文化要素的完善和提升，取决于该文化能否适应顾客文化心理需要，能否引起顾客强烈的文化共鸣，是形成持久吸引力的重要保证。因此，主题饭店通过文化主题化渗透到经营的各个方面，具有鲜明的文化性，从而赢得市场。

（3）体验性体现主题饭店的互动效果，是饭店服务的宗旨。随着社会经济的发展，消费者日趋成熟，越来越追求高层次的精神和心理满足的非功能性需求。在主题饭店服务过程中，主题文化的渗透作用在满足顾客功能需要的同时也带给顾客难忘的体验和经历，为顾客提供了更高的价值。创造体验是主题饭店产品的核心。例如总部设在美国的著名主题饭店——硬石饭店（Hard Rock Hotel）语出不凡："到我们饭店来的不是客人，而是全世界爱好摇滚乐的听众。"

除此之外，主题饭店在专业人才选拔和主题创新方面要求较高，只有不断做好人才储备和推陈出新，才能长期保持竞争优势。

三、主题饭店的类型

饭店分类是市场竞争和市场细分的结果，主要包括商务饭店、度假饭店、长住饭店、青年旅馆及汽车旅馆等，属于较低层次的功能性分类。不同种类的功能性饭店较易区分，但同一种功能性饭店同质化现象也较为严重，缺乏特色，竞争手段单一，这也是促使功能性饭店向主题性饭店转变的一个重要因素。主题饭店的主题特色主要来源于文化，它凭借特色文化主题来烘托和呈现饭店的个性和品位，为顾客提供独特经历和体验。因此，主题饭店类型主要从主题文化素材的来源及内容等方面进行划分。

从世界范围来看，根据主题内容和选材的不同，可分为自然风光类、历史文化类、城市特色类、艺术特色类以及其他个性主题类。

（1）自然风光主题饭店。这种饭店超越自然景观的基础要素，把富有特色的自然景观植入饭店，营造一个身临其境的场景。例如，巴西的阿里亚乌大树饭店、广西的西双版纳树上旅馆以及以茶文化为主题的四川雅安西康大饭店、以石文化为主题的南京山水大饭店等。

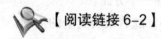

【阅读链接6-2】

"以树为家"的树屋旅店[①]

巴西亚马孙阿里亚乌度假饭店是最早的树屋饭店之一，自20世纪80年代起就开始在亚马孙丛林的顶部为游客提供住宿。该饭店坐落在黑河河畔的热带雨林，各种生活和娱乐设施齐全。走在密林深处的空中栈道上，聆听着各种水生动物和鸟儿的叫声，看着郁郁葱葱的热带雨林，一种回归自然、返璞归真的感觉油然而生。人们可以躺在装有冷气的房间内乘凉，到矗立在空中的观象台上观赏星空，信仰宗教的游客可以到空中教堂去做礼拜。这里的客房由10千米长的木质栈桥连接，蜿蜒穿过20米高的茂密的亚马孙森林树冠，游客可以在环形的餐厅用餐。或者享受一下位于30米高的蜜月套房，还有机会看到野生的猴子、金刚鹦鹉、树懒和各种鸟类。该饭店是当时被称作"环保之父"的法国探险家、摄影师雅克·库斯托的创意，目的是提供生态旅游，让人们更多地了解号称"地球之肺"的亚马孙森林对生态保护的重要意义。阿里亚乌确实吸引了数以万计的国内外游客慕名前来，还成为美国电视真人秀《生还者》的拍摄地。世界首富比尔·盖茨以及巴西总统卢拉等重要人物都光顾过这座饭店，并对饭店的风格和周围的环境赞叹不已。

（2）历史文化主题饭店。

这类饭店是以某段历史文化为选材，在饭店构建古代的世界，使顾客能享受到穿越时空的体验，并切身感受到浓郁的历史文化的氛围，将历史文明和现代饭店完美结合起

---

① 比尔·盖茨赞美巴西树上饭店．来源：中国绿色时报2005/3/9/16：24.

来。例如以埃及金字塔为主题的金字塔饭店，中国成都的三国文化主题饭店、沈阳的清文化主题饭店、唐文化为主题的西安唐华宾馆以及四川都江堰市鹤翔山庄等。

【阅读链接 6-3】

中国道家文化主题饭店——鹤翔山庄

　　四川鹤翔山庄位于世界文化遗产、中国道教发源地青城山景区内，建于距今已有1700多年历史的古道观长生宫遗址。店内黄墙黑瓦，古木参天。春夏期间，数千仙鹤云基于千年桢楠之上，鹤鸣庄幽，具有人鹤和谐相处的自然生态奇观。鹤翔山庄最具有特色的建有"鹤翔山庄道家养生院"，该院由中国道家养生协会、都江堰长寿研究会、鹤翔山庄共同创办。养生院提供各种健康诊断和养生活动，顾客参与其中，与养生技师亲密接触，互动性强，融娱乐性、知识性和体验性与一体，让游客真正领略养生精髓和道家智慧，领悟天人合一的健康境界。

　　（3）城市特色主题饭店。这类饭店通常以历史悠久、具有浓厚文化特点的城市为蓝本，以局部模拟的形式，用微缩仿造的方法再现了城市的风采。如拉斯维加斯的纽约饭店、雅典的卫城饭店和深圳威尼斯皇冠假日饭店等。

　　（4）艺术特色主题饭店。音乐、电影、美术、建筑等都可成为这类饭店的特色。如印尼巴厘岛的摇滚音乐主题饭店，以摇滚音乐为主题；米高梅饭店，以影城好莱坞为主题。

　　（5）其他个性主题饭店。按文化地域划分的外来文化主题饭店和本土文化主题饭店；按文化类别划分的音乐主题饭店、体育主题饭店、名人文化主题饭店等；按文化根源划分的原生型主题饭店（依附自然资源）、特殊资源的文化主题饭店（依附历史文化资源）和创造型主题饭店。

　　需要指出的是，主题饭店的主题必须随着市场的不断细化而细化，也就是说，主题饭店的主题是一个动态的概念，在选择上随着顾客需求的不断分化，主题也要细化。当然还有一些主题饭店介于多种类型之间，同时也有一些饭店不能完全纳入以上分类。

【阅读链接 6-4】

千岛湖畔的 70 公社知青饭店[①]

　　千岛湖畔的 70 公社知青饭店，一听名字就能感受到浓郁的主题特色。住店客人从

---

　　① 山东省旅游局郭懿关于考察文化主题饭店情况的报告．中国旅游报/2012 年/7 月/13 日/第 013 版．

进店起就能感受强烈的年代气息，饭店不仅外观保留了当年知青宿舍的建筑风貌，而且饭店内的知青文物陈列室、老电影放映厅等，都保持着那个年代的原貌，可以让客人感受知识青年上山下乡的那段特殊经历。70公社知青饭店开业后，受到了许多有知青情结游客的青睐。绍兴咸亨饭店，是一座以鲁迅文化为特色的主题饭店。饭店的名字来自于鲁迅的《呐喊》，饭店以名字出处、鲁迅先生手稿、孔乙己为文化元素。饭店的前厅、大堂、客房、餐饮等面客区域从中心艺术品、装饰品、客房用品、餐具、服务员工装等多层次体现鲁迅文化主题。如前厅入口处设计成乌篷船的效果，营造出鲁迅作品《故乡》中游子返乡、下船上岸的意境；大堂水院取意《社戏》中的场景，坐乌篷、听社戏；"清福"茶吧起名于鲁迅作品《喝茶》，里面采用现代的视听设备演绎鲁迅作品的人和事。饭店从外表设计到内部摆设，都深深地打上了鲁迅文化的烙印，让外地游客感受到强烈的地域文化。

四、主题饭店的竞争优势

与一般饭店相比，主题饭店满足了顾客体验需求，为顾客创造了精神价值，实现了对非主题饭店顾客价值的超越，具有明显的竞争优势。

主题饭店创造的这种精神价值可以进一步分解为知识价值、体验价值和审美价值。

（1）知识价值。主题饭店的文化要素以各种形式的符号展示在有形设施、装饰装潢、服装饰品、客用物品及环境氛围等艺术设计中，并集中体现着主题文化的思想和精髓，吸引顾客获得有关主题文化的相关知识。例如，成都京川宾馆以三国文化为主题，从饭店环境的艺术设计、风味餐饮到背景音乐、电视频道无不展示三国故事，如三顾茅庐、千里走单骑、望梅止渴、华容道、五丈原等，荟萃成一幅三国典故的历史文化长卷，客人穿行其间，心驰神往。

（2）体验价值。主题饭店的主题文化不仅体现在各种可见的物品和环境中，更重要的是文化融入饭店服务过程中，使顾客能够通过互动体验和主动参与，实现自我认知和超越，尝试独特的人生经历，获得与以往经历不同的体验。例如，西藏饭店提供名为"欢乐时光"的表演性互动节目，每晚在大堂吧以歌唱的形式进行。表演中，藏族姑娘用装有蜡烛的长铜杆，点燃架子上千盏酥油灯，为客人敬上青稞酒、糌粑和藏茶，与在场的客人跳起美妙的锅庄，载歌载舞，共享雪域的欢乐。

（3）审美价值。主题饭店多种形式的主题文化，使顾客在获得知识、互动体验中的同时，也将饭店主题文化元素和文化符号转化为精神的愉悦，进而实现主题饭店的审美价值。

主题饭店凭借其独特的主题文化资源和能力，通过差异化的产品和服务，为顾客创造了独特的顾客价值，从而形成竞争优势。这种竞争优势来源于独特文化所承载的无形资产，即主题饭店的核心资源，具体表现在具有较强的文化传播与互动性、明显的个性化服务特征、独特的品牌市场效应以及高效的饭店管理效能等方面，为饭店竞争力提升奠定了重要的基础。

五、主题饭店的建设与运营

建设具有全方位差异化的主题饭店氛围和经营体系，营造独特魅力与个性特征，提升主题饭店顾客感知价值，是主题饭店获得竞争优势的重要保证。找主题、挖掘主题、设计主题、制作主题产品和服务，这是饭店管理者在落实本饭店市场定位中最重要、最具体、最重要的工作。

（一）主题定位

主题饭店是以文化为卖点，以为顾客传递独特的文化为使命，因此，饭店有明确的主题文化和有效的面向市场进行主题文化展示和传播的途径是非常重要的。研究表明，顾客在饭店消费的过程中产生对某种独特文化的感知、体验以及购后所产生的精神层面的改变等有正相关性，如对顾客生活方式、社会行为及其再次惠顾和向相关群体推荐的行为倾向等。

1. 主题文化的选择

主题饭店顺应时代潮流而生，特色的主题文化体现了市场个性化需要，同时也因"非大众"的市场特征局限了市场规模。因此，主题饭店文化的选择与主体化设计至关重要，直接关系到目标市场的规模，关系到主题饭店的生命周期。

主题文化的来源多种多样，可以选择当地文化，也可以引进异域文化；可以选择某种自然环境，如海景、热带雨林、雪山等作为主题；也可以根据故事、传说和情景来确定人文特色主题；比如迪士尼主题饭店、南非迷城皇宫饭店等。只要能够摆脱习惯思维，以独特的视角观察思考问题，自然能产生出构思新奇、与众不同的主题。饭店主题文化选择的影响因素包括：

（1）市场因素。基于市场需求导向的主题文化选择是主题饭店成功经营的重要前提。市场因素涉及顾客的购买力，顾客的兴趣偏好和空间集聚与竞争等。主题饭店是满足顾客更高层次的精神层面需求的个性化饭店，其目标市场是以具有支付能力较高、文化诉求较强的消费群体构成，且主题饭店较高的空间集聚度所形成的良好的叠加效应等因素成为主题文化确定的重要因素。

（2）文化因素。主题要与主题饭店所在地区文化氛围相协调，包含地区的感知形象与文化内涵。主题饭店需要根据实际情况，对地方特色文化进行分析和提炼，进行文化主题化设计，提升主题文化的认同感。

（3）经济因素。文化主题饭店在对主题进行选择时需要符合当地社会的文化发展方向，同时要与国家的基本方针政策相一致。政府对某类文化主题饭店的鼓励和支持反映当地文化建设的政策偏好与重点。同时，区域性经济发展水平的高低也会对主题饭店的市场需求造成影响。

2. 主题定位原则

（1）适应性原则。适应性原则是主题饭店的主题文化同区域性的文化建设、当地的经济发展水平及地区性的定位以及发展规划等相结合和适应的要求，同时也体现在主题饭店的全方位元素与主题文化的同步与适应等。

（2）独特性原则。主题饭店的鲜明的主题文化既是核心卖点，也体现主题饭店的核心竞争力。主题文化应独具匠心，立意新颖，重点突出地域性的文化底蕴。

（3）时代性原则。主题饭店应将先进技术和手段融入文化的主体化设计和展示中，提升顾客体验价值，形成独特竞争优势。

（4）体验性原则。主题饭店是通过文化主题化设计的产品和服务的传递满足顾客体验需求的特色饭店。因此，主题文化必须有机融入产品和服务的全过程，形成一个多层次体系的供给链系统，为顾客提供全方位的消费体验，体现饭店差异化的竞争优势。

（5）主题的创新潜能是主题饭店持续成功经营的保障。和其他商品一样，主题饭店的产品也有自己的生命周期，其主题文化需随环境改变而不断延伸和更新，以适应市场变化，保持持续竞争优势。延伸就是对原有的主题内容扩展补充，挖掘新的空间。迪士尼乐园就是主题延伸的典范。在迪士尼，游客不但一直都可以看到米老鼠、唐老鸭等经典卡通形象，又会在最短时间看到花木兰、泰山等最新形象的主题内容。这样，它就在保留经典的同时不断给主题以新的生命力，保持对不同年龄游客的吸引力。

（二）主题文化的创意设计

成功的主题饭店不仅仅是特色文化概念的提出，而更多是一种经营理念。在深入研究主题文化的内涵和底蕴的基础上，将主题文化元素有机融入饭店服务供应系统的全过程，保证顾客体验价值最大化。主题饭店主题文化设计的基本原则包括系统性、真实情境性、参与体验性、高科技性等。

（1）系统性。饭店围绕主题文化构建出完整的经营体系，从饭店风格和氛围、外观设计和内部装修到服务项目和流程、员工形象和行为都应体现主题文化的核心。除了特色个性化服务外，在客房服务、餐饮服务、会务服务、康乐服务等方面都要尽可能地体现特色文化的精髓，在服务提示和服务用语等细节上都要有所体现。

（2）真实情境性。无论是豪华型还是经济型饭店，都是服务劳动物化的客观存在，它必然会给入住的客人带来视觉影响和感受。对于特色文化主题饭店来说，用文化元素布置饭店场景，发挥"器物文化"的展示作用，有效地渲染主题文化，是十分重要的。不管是私密空间还是公共场所，饭店都应该在这些方面恰到好处地表现文化主题，让客人置身饭店有机会近距离地感受欣赏和解读某一种文化所带来的愉悦，在视觉效应和文化艺术熏陶中对饭店产生好感。同时，主题饭店要从理念、行为和视觉三个维度将主题文化引入饭店运营和管理，实现全方位的文化整合。

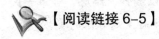

【阅读链接 6-5】

北京拉斐特城堡饭店

尼斯饭店集团管理的主题饭店——拉斐特城堡饭店，集法国酒文化、法式建筑、雕塑、绘画、园林艺术为一体，除了向人们展示浓郁的欧陆风情、渗透别样的生活方式外，还通过一种国外成熟的饭店经营模式为中国饭店业的发展提供一种全新的思路，被评为 2006 中国十大主题饭店之一。北京拉斐特城堡饭店的整个建筑借鉴了法国麦松拉斐特城堡、子爵堡、凡尔赛宫等众多法国城堡的精华进行再创作，再现了欧洲文艺复兴后期巴洛克式的建筑风格，是全中国唯一的古堡饭店，温馨浪漫。它以法国源远流长的葡萄酒文化为主题，内设拉斐特酒文化博物馆，以实物、文字、图片、模型演绎法国葡萄酒文化的发展史、酿造方法以及葡萄酒与健康、食物的关系。主楼地下室有一间可储存数万瓶葡萄酒的酒窖，与酒窖相邻的还有一间具有法国波尔多地区乡间风情的品酒屋，客人可以在此品尝世界各地的名酒，还能欣赏到各国艺术家的表演。

（3）参与体验性。将饭店各类主题活动引入主题文化概念，采取论坛、表演、展览、节庆等方式，鼓励员工和顾客参与活动，提高主题文化的感悟、共享的效果。文化主题饭店已经不单单是为顾客提供简单的客房与餐饮服务，而更多的是为顾客提供一个融入了文化主题体验的场所，提高主题饭店活动的参与体验性，是饭店服务品质和美誉度提升的重要保证。文化主题的体现不仅系统体现在饭店的方方面面，更需要抽象的凝练，如文化符号和主题宣言。文化符号是具有特殊内涵或意义的标示，它是符号化的语言，用来揭示饭店主题的精髓，传递饭店的主题形象；主题宣言则是以文字的形式传递文化主题的内涵和特质，也是饭店主题化建设的纲领性的总结。

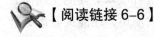

【阅读链接 6-6】

东方儒家花园饭店的主题化设计[①]

曲阜东方儒家花园饭店利用孔子家乡的地域优势，构建了"儒家"文化主题饭店的实施方案。东方儒家花园饭店坐落于中国 4A 级景区的孔子研究院，饭店的庭院园林设计体现了孔子"仁者乐山，智者乐水"的理念。饭店服务区域以灰色为基调将河图洛书、回形纹、六艺、祥云等儒家文化融入其中，在设计中恰当地与现代元素相结合，整

---

① 周亚男.体验经济视角下文化主题饭店研究［D］.山东师范大学硕士论文，2013.

个氛围典雅庄重。饭店还在儒学会堂专门设置儒家主题文化陈列区，以经典儒家思想书籍、古代家具和乐器等为主供人鉴赏。在背景音乐的选择上，以编钟、编磬、古筝等民族乐器为主。宾客在饭店客房、餐饮、大堂吧、花园等处均能体验主题音乐的美妙。

东方儒家花园饭店主题文化标语是"大雅之家，礼宾天下"。"大雅之家"体现了东方儒家饭店集团对自身的定位：传承、秉承和发扬儒雅、优雅之美德。"礼宾天下"传达了东方儒家饭店集团对宾客、对员工、对公众及其他相关方的原则和态度。

饭店提供儒家文化主题的特色产品和服务。（1）主题餐饮设计。东方儒家礼宾宴餐饮品牌的菜品核心以孔府菜为代表，在传承优秀孔府菜的基础上，按照现代餐饮业"绿色、健康、营养"的发展趋势，结合"中西合璧"的制作工艺，重新进行整合、策划，如"尼山踏青""麒麟玉书""诗礼银杏""一卵孵双凤"等菜品。（2）主题客房设计。东方儒家花园饭店为客人提供"舒适"的客房服务，突出了"传统与时尚"相结合的设计风格，如在客房的走廊处处是灰砖、碧瓦，庄重大气，从走廊中行走，一种宁静的灵气从心底骤然而生。（3）相关的娱乐活动。定期举办"仁和、博学、发展、共赢"为主题的孔府菜美食节暨孔府菜发展文化论坛等活动，弘扬儒家饮食文化，创新发展孔府美食。（4）将文化主题渗入进日常管理。以"儒家思想与现代饭店经营、管理、服务相融合"为统领，系统整合东方儒家饭店集团在新的时代背景下的发展愿景和服务理念等，通过培训、宣贯、示范引导等多种方式，将主题文化直达"内化于心，外化于形"的目标。

曲阜东方儒家花园饭店将文化主题系统性的融入从主题选择、设计到管理的全过程，外部环境与内部氛围浑然一体，不仅饭店的基础功能"食"与"宿"极好的主题化，服务与管理也与文化主题相得益彰，获得良好的市场反馈。

（4）高科技性。随着高科技的广泛应用，主题饭店设计中对高科技产品的需求也在日益加大，饭店利用新技术手段将特色文化元素更有效地展示和传播，增强文化的互动性和体验性。新的科学技术以及营销方式，一方面能给饭店消费者带来更佳的主题体验和服务，如在线订房，智能房控等等；此外，饭店管理新技术的使用，还能提升饭店管理效率，如大数据让饭店更加精准营销等等。在保持饭店服务质量的前提下，将新技术与服务有机融合成为饭店获得市场机会的重要途径。

六、主题饭店的发展与创新

（一）主题饭店的发展

主题饭店是饭店设计理念的一次跨越式飞跃，是对饭店传统标准的一次革命性颠覆。1958 年，美国加州玛利亚客栈（Madonna Inn）率先推出 12 间主题房间，后来发展到 109 间，成为美国最早、最具有代表性的主题饭店。之后，世界上的主题饭店层出不穷，因其极具魅力和人性化而受到客户的青睐。目前，世界上的主题饭店以美国赌城拉斯维加斯最为集中和著名，该城市被称为"主题饭店之都"。[①]拉斯维加斯的主题饭店具有规模大、层次多、变化快的特点，具有代表性的主题饭店有威尼斯（The Venetion）、恺撒宫殿（Casears Palace）、巴黎（Ballys）、米高梅（Mgm Grand）和金字塔（Luxor）等。

随着中国消费不断升级，顾客对千篇一律的传统饭店产生了视觉疲劳，开始按照自己的心理需求选择饭店，体现个性和体验特色的主题饭店逐步兴起。1998 年，四川青城山鹤翔山庄在实施改造的过程中，以道家文化为主线开展设计装修，形成了鲜明的特色，开启了住宿业建设利用文化资源的新尝试。2001 年，深圳华侨城集团借鉴拉斯维加斯威尼斯饭店的建筑手法，以意大利水城威尼斯文化与民俗为载体兴建了深圳威尼斯皇冠假日饭店，成为中国饭店行业中具有异域文化特色的样板。2004 年第一次提出了"主题饭店"的概念，明确以创意性文化活动为基础的住宿业创建模式作为未来的发展方向。[②]2017 年，由原国家旅游局牵头，《文化主题旅游饭店基本要求与评价》（LB/T064-2017）正式颁布，标志着中国文化主题饭店建设进入规范化发展阶段。近年来，国内主题饭店得到快速发展，呈现多样化趋势，例如以生态园林为主题的会议饭店广州长隆饭店、以茶文化为主题的四川雅安西康大饭店等。

据有关研究显示，与国外相比，中国的主题饭店还有一定差距。主题饭店在行业总量中占比不足 20%，远远低于了欧美发达国家 65% 的平均水平，发展相对滞后。大部分饭店集中于一些发达的沿海城市，且平均入住率为 50% 左右，相较国外主题饭店对水平偏低，如美国的拉斯维加斯文化主题饭店的入住率高达 89%。中国主要城市的主题饭店在房价上也只有国外的二分之一。以上差距的主要原因表现在以下几个方面：第一，对主题饭店的概念认识不清，将主题饭店和特色饭店混为一谈；第二，主题饭店的主题素材单一，成功的主题主要集中在以特种资源为依附的文化主题；第三，主题定位不鲜明，太过宽泛，特色不突出；第四，集团化程度不高，未形成品牌化、规模化的市场效应。

在人们日益追求精神需求与个性化生活的时代中，机遇和挑战并存，中国主题饭店需要更好地融入文化元素，利用各类资源与信息，发挥自身优势，抓住市场机会，提升整体竞争实力。

---

① 魏小安. 主题饭店：时代的需要市场的呼唤［J］. 饭店现代化，2005（9），P22-29.
② 李原. 文化主题饭店的发展与展望. 中国旅游报 /2019 年 /6 月 /13 日 / 第 A02 版.

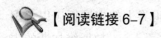

拉斯维加斯主题饭店①

传统饭店的概念在拉斯维加斯已发生了转变，主题是拉斯维加斯的灵魂与生命，每一个主题饭店便是一个艺术宫殿，有的浪漫、有的经典、有的前卫、有的野性，风格各异。这里的主题饭店主题素材丰富，表现形式多样，具有规模大、层次多、变化快的特点，根据大胆超凡的想象，充分利用空间和高科技的手段，配以大型的演出，为饭店增添了不少特色。其中较为著名的有以怀旧的好莱坞为主题的米高梅大饭店、以意大利水城威尼斯为主题的威尼斯饭店、以世纪的海盗战船为主题的金银岛饭店、以埃及金字塔为主题的金字塔饭店、以纽约建筑为主题的纽约饭店、以古罗马为主题的恺撒宫大饭店、以沙漠中的海市蜃楼为主题的梦幻饭店、以《一千零一夜》中阿拉丁的故事为主题的阿拉丁饭店等等。

米高梅大饭店拥有 5000 多间客房，楼上是旅馆，楼下是赌场，赌场有 171000 平方米。饭店由四栋主题建筑物组成，以翠绿色的玻璃外墙造型，独树一帜，建筑风格模仿的是世纪意大利佛罗伦萨别墅，内部装饰分别以好莱坞、南美洲、卡萨布兰卡及沙漠绿洲为主题。饭店门口矗立着一只巨大的被喷泉围绕的金色狮子，傲视群雄。米高梅大饭店在米高梅广场制作的"娱乐之都"是其一大特色，饭店还有大型的音乐剧与一流的纽约迪斯科等。

梦幻饭店是拉斯维加斯最酷的饭店，它以沙漠中的绿洲为主题，客人只要一踏入饭店，立即会被棕榈树、瀑布和游泳池所包围，仿如置身于绿洲之中。在饭店大堂接待柜台后面，是一面长近 20 米的海水水族箱，内装 20 万加仑的海水，无数的热带鱼在珊瑚中畅泳，甚至还会看到鲨鱼。饭店外面是一个大型湖泊，湖边是热带丛林景色，错落有致。湖上是瀑布群和火山，湖面可以看见跃起的海豚。入夜后，每隔一分钟表演一次"火山爆发"，炽热的火焰自瀑布顶端喷发出来，熔岩落入水中，水上团团火焰，气势非凡，让人叹为观止。

从主题饭店产品角度来看，拉斯维加斯的主题饭店有以下几大特点：

1. 饭店主题丰富多彩，体验性强。从主题来看，拉斯维加斯主题饭店的主题多种多样，有城市的、故事的、自然风光的，其主题都具有相当的吸引力。拉斯维加斯主题饭店的主题丰富多彩，以赌场为共性形成规模效应，彼此衬托，成为一个主题饭店产业群，使得顾客体验更为丰富。

2. 主题建筑独具特色，主题风格展现无遗。拉斯维加斯主题饭店的另一大特色就是主题建筑，从纽约饭店、巴黎饭店把纽约、巴黎主要标志性建筑复制过来，到金字塔饭

---

① 于旬. 拉斯维加斯主题饭店剖析［J］. 中国地名，2006 年 04 期第 52–53 页.

店的金字塔和狮身人面像、再到亚瑟王神剑饭店的梦幻城堡，单主题建筑本身就会让顾客处于幻景当中，更不用说进入饭店内感受其主题氛围了。

3. 主题表演惟妙惟肖，主题氛围强烈。如果说主题建筑是主题饭店的骨架，那么主题活动与主题服务就是主题的血肉和灵魂了。拉斯维加斯的主题活动与服务主要体现在两个方面一是服务员的主题展示二是饭店的主题表演秀，尤其后者更为突出。拉斯维加斯的每个主题饭店都有世界顶级的演出或比赛。比如幻景饭店的"白老虎秀"、恺撒宫和米高梅饭店的拳击赛等。

4. 主题塑造技艺精湛，引人入胜。拉斯维加斯主题饭店在主题建筑上狠下功夫，尽管是模仿和复制，但不得不承认其仿制的水平高超，达到了以假乱真的地步。主题饭店精湛的工艺，高超的艺术手法，无不给人留下深刻的印象，耐人寻味。

（二）主题饭店的创新

主题饭店致力于使客户体验个性化的主题设计，包括建筑风格、装饰文化、文化品位、市场定位和独特的服务等，其核心是具有鲜明的主题文化及其持续创新的能力。面临激烈的市场竞争，主题饭店只有及时把握市场需求，准确市场定位，提升创新能力，才能实现竞争优势，保证持续发展。

综合国内外的主题饭店发展现状，主题饭店创新发展思路主要包括以下几个方面：

1. 明确定位，创新主题文化设计

文化是主题饭店最具竞争力的核心要素，也是主题饭店成功的重要因素。主题饭店的市场形象、产品设计、运营模式与传统住宿业产品相比较都大相径庭，特别是文化艺术与饭店产品的对接和融合上，更是需要专业的设计规划。主题饭店应在关注市场需求的基础上，做好主题文化选择和定位，创新产品和服务的主题文化设计，在研发功能性配套产品的同时，注重产品结构、产品更新换代、产品延伸和运营管理，形成与主题文化有机关联的产品链条，提高饭店专业水平和综合能力。围绕主题文化创新不同服务区域的产品设计，如主题客房、主题餐厅及主题活动等，通过主题文化展示和交互体验实现主题文化与体验参与的结合统一。

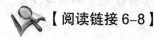

【阅读链接 6-8】

鄂尔多斯主题饭店的创新[①]

鄂尔多斯地区悠久的历史、丰富的民族文化内涵为文化主题饭店建设与开发提供了

---

① 包永宏.鄂尔多斯市民族文化主题饭店的设计与创新的思考［J］.内蒙古师范大学学报（哲学社会科学版）.2014年03期.

丰富的资源保证。

一方面，鄂尔多斯地区的饭店在选择主题时，应侧重于选择鄂尔多斯地区的草原文化内容与展现要素，在饭店产品的设计与开发上，使用蒙古民族特色的饮食，如红食、白食、酒水等定位饭店餐饮产品的主题；使用鄂尔多斯地区特色的民俗元素，如蒙古袍、银器、特色饰品等作为饭店商场部特色商品或饭店公共区域特色展品，来加强宾客对鄂尔多斯草原文化的了解。

另一方面，深入挖掘主题文化的基础上，形成饭店主题标志和核心产品。如饭店应借助于鄂尔多斯市首批国家级非物质文化遗产名录中的鄂尔多斯婚礼，打造鄂尔多斯地区的婚宴主题饭店。在深入研究蒙古族的鄂尔多斯婚礼习俗与程序的基础上，结合宾客的实际需求，设计具有个性化的体验式饭店婚宴产品，既丰富了婚宴产品市场上的特色化体验产品类型，又将面临失传危险的鄂尔多斯婚礼文化传播开来，实现了饭店企业效益提升与优秀传统文化得以宣扬的双重目标。

2. 建立产业联盟，提升竞争优势

在建立和实施产业标准之外，产业联盟也是提高主题饭店的竞争优势的重要路径选择。主题饭店联盟除了在制定产业标准、市场推广、培训学习、咨询服务等方面可有作为以外。还应从资格认证、产品研发和市场推广等方面发挥作用，促进主题饭店的发展。

【阅读链接6-9】

掘金 IP 主题饭店，未来如何进击？ [1]

随着消费者个性化需求的增加、饭店同质化现象严重以及中端饭店的竞争不断地加强，"另辟蹊径"发展 IP 饭店，运用 IP 主题增加饭店流量和提高饭店入住率似乎成为饭店应对变化的不二之选。

亚朵与网易严选、知乎、网易云音乐等联手打造的饭店成了主题饭店中的进击者，新零售、生活方式品牌饭店如 MUJI HOTEL 也在尝新。同是消费升级之下的市场探索，东呈也宣布推出电影艺术饭店"殿影饭店"，将与摩登天空发布合作设计饭店。更多 IP 主题饭店涌现，百花齐放，掘金饭店场景。

与此同时，IP 主题饭店不仅受到饭店业的追捧，也同时得到了资本的帮助。近日，以电影 IP 主题切入，对存量经济型饭店进行文化包装和科技改造的有戏电影饭店宣布获得 1 亿元融资。它以期通过"电影 IP ＋饭店业态"的跨界融合来打造具有差异化的

---

① 掘金 IP 主题饭店，未来如何进击？环球旅讯 2018-04-16 11：04：57.

新型中端饭店连锁品牌。

事实上，IP饭店要想"留客"以及长期经营需要内容运营不断更新，其成本压力并非不大，也同时面临着规模扩张和高效运营的双重考验。未来IP饭店的赛道也会有更多选手参与，届时IP饭店们如何在众多同类型选手中脱颖而出，还需不断创新以满足消费者需求，同时，也要兼顾"内功"的修炼。

3. 规范产业标准，加强行业监管

主题饭店作为住宿产业新兴业态，科学规范的产业标准和监管体系是保证其健康发展的重要条件。一是健全完善相关标准，实施主题饭店认证制度，统一规范管理，增强市场对主题饭店的认知。二是主题饭店以标准为指导，对影响产品和服务的各种因素与各个环节进行持续有效的监控，稳定和提高产品和服务的质量。三是增强主题饭店管理者和员工的质量意识与管理意识，明确各项岗位职责和工作流程，提高服务质量。四是使主题饭店充分发挥其市场议价权，极大地增强企业市场竞争能力。2017年，国家旅游局发布了旅游行业标准《文化主题旅游饭店基本要求与评价》，规定了主题饭店的定义、原则、等级划分条件等。《要求与评价》有助于规范市场行为，将饭店业传统单一的服务性功能延伸拓展到文化产业融合发展，提升了饭店产业的文化价值，为饭店及产品提高附加值奠定了重要基础。

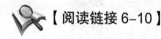

【阅读链接6-10】

电竞饭店"野蛮生长"[①]

"新物种"的出现

2018年"电竞职业化"背景下，电竞开始与多个行业深度融合，以电竞为主题的饭店也应运而生。截至去年7月，全国的电竞饭店已达400家以上，且每月都以50家以上的速度增长，与目前饭店业整体处于低谷的状态形成鲜明对比。目前，电竞饭店的定义尚无统一标准，房间种类各异，从单人间、三人间到类似青年旅舍的六人间等；客房中一般会"标配"2~5台高配置电脑，以及可容纳多人休息的高低床及卫浴间等设施，还有的饭店会在专门的电竞比赛厅内设置赛事级别的设备，类似"升级版"的网吧；消费方式也涵盖了钟点房、包月甚至长租等不同类型；定价也存在差异，从每天100多元到700、800元不等。

"新市场"的催熟

有业内人士表示，目前电竞饭店仍处于野蛮生长时期，不少经营者为争夺客流打起

---

① 蒋梦惟.电竞饭店"野蛮生长".北京商报丨2019-03-11 11：11：00.

了价格战，但同时饭店的设施、服务质量却时常被"吐槽"。经营成本的重担以及激烈竞争的压力，电竞饭店无暇顾及对设施和服务质量的维护，差评投诉频繁发生。

"新盲区"的监管

更为重要的是，目前跨界经营的电竞饭店处于在网吧和饭店两个行业夹缝中生存的状态，定位相对模糊，而监管部门对于这两种设施的管理标准存在差异，游走于灰色地带的这一新型饭店很可能也会成为新的管理盲区。只有建立和完善相应标准和法规，才能保证新的细分市场期健康地发展。饭店经营者在增加电竞类的增值服务时，还是要保证各种服务和设施标准不能低于饭店行业应有的标准，不能为了电竞而牺牲了饭店原本的质量。

4. 利用网络技术，加大市场推广

一是品牌建设。如何来创立共同的品牌，使中国主题饭店在世界上形成品牌，使每一个城市的主题饭店在本地形成品牌，这个品牌就需要达到一定的数量才能产生乘数效应；二是培育忠诚客户。随着主题饭店不断地形成和扩大规模，将会培育出一批忠诚客户，其中一部分可能会有强烈的消费偏好。为主题饭店的营销联盟提供了可能，也成了主题饭店发展长远而坚实的基础。三是建设客源网络。主题饭店联盟在营销上的目标是共同开发市场。其主要功能是联合营销扩大市场、降低营销成本，通过网络互联实现规模经济。

【阅读链接6-11】

"睡音乐"主题饭店[①]

"睡音乐"主题饭店是亚朵首次与音乐领域的头部IP合作，也是网易云音乐第一次在线下实体空间为用户带来沉浸式的音乐氛围体验。这家饭店中注入了众多网易云音乐的主题元素，以活泼的红色作为主体色调，大堂则以闪烁的霓虹灯带等美式工业风元素营造了复古、热情的氛围。为热爱音乐的人们营造一个人文、温暖、有趣的音乐住宿空间，创造一个集聚住宿、社交、娱乐等多种功能的新型饭店业态。

为了给乐迷带来独特的体验，"睡音乐"饭店按照楼层打造了古典、民谣、爵士、电音四个主题，并按照相应主题注入了丰富的音乐元素。走进古典乐主题房，就仿佛置身于交响音乐会现场，诸如窗帘、落地灯、装饰画、服饰、配饰、床上用品等都走复古风。而电音派对主题房中则通过酷炫的灯光和大露台上的霓虹字，打造出嗨爆的party

---

① 亚朵×网易云音乐，联手打造"睡音乐"主题饭店［EB/OL］.环球旅讯，2018-04-01 18：30. https://www.traveldaily.cn/article/121159

感，此外，爵士乐主题房中的迷你萨克斯，民谣主题房中大部分装饰都走怀旧风格，都与这些音乐风格的调性完全相符。

亚朵立足于饭店品质，把空间内容运营做到极致。亚朵已经开业了 174 家饭店，拥有 1200 万会员，与十多家 IP 达成合作，开业了 5 家 IP 饭店。新住宿时代，亚朵与网易云音乐的战略合作，让亚朵得以直接与网易云音乐超过 4 亿人的用户群体对话。对于如此庞大、如此追求个性却又对音乐和生活有着相同热爱的群体，如何满足他们的住宿需求，是个颇具挑战性的命题。

据悉，在"睡音乐"饭店，亚朵将于网易云音乐一起，尝试在饭店空间进行长期的、不断更新的内容运营。在饭店一楼公区以及顶楼露台，融入了小型音乐现场的功能，饭店开业后，将依托于网易云音乐的音乐人和乐迷社区，不定期在饭店开展演出、见面会、交流会等活动。此外，未来饭店还将打通房间内音响与用户的网易云音乐账户，让用户在进入房间的一刻就能听到自己喜欢的音乐，将网易云音乐精准的音乐推荐功能发挥到极致。

5. 构建人才体系，提高队伍素质

与其他类型的住宿产品比较，主题饭店在组织结构、产品形态、运营管理上存在着较大差异，因此，主题饭店对人才的要求更具专业型和挑战性。所以，建立一个区别于标准饭店的人力资源管理体系对于提高主题饭店的竞争优势。具有十分重要的意义。主题饭店必须加强员工主题意识与主题服务方面的培训，有助于他们理解饭店文化，产生认同感和归属感，从而更好地融入饭店的主题环境中，给客人提供更优质的服务。

第 2 节　精品饭店

体验经济时代消费者越来越重视商品带来的附加利益，精品饭店的非标准化和个性化特点受到市场的青睐。精品饭店发展之初，体系尚不成熟，分布不平衡，主要集中在欧美等发达国家。到 20 世纪末，精品饭店逐渐在中国的北京、上海等一线城市出现，后伴随互联网技术的发展，精品饭店规模进入上升期。

一、精品饭店概述

（一）精品饭店定义

20 世纪 80 年代，精品饭店兴起于欧洲，是体验经济时代市场高度细分的产物，指那些奢侈豪华、小而精致且具有独特风格的饭店。精品饭店区别于标准化饭店，以其个性化文化体验和优质服务广受欢迎。精品饭店经营理念是通过精致的设施和优雅的环

境，塑造出具有尊贵设计感和高品位艺术性的生活空间，为特定客户群体提供住宿服务的小型高端饭店业态。

精品饭店的概念最早起源于 Blakes 饭店，是由国际著名的设计师 Anouska Hempel 在英国伦敦南肯辛顿创办。Blakes 饭店的设计独具一格，以高端客户人群为主要目标市场，注重客人私密性的保护和个性化的服务，引领了时下流行的生活方式和住宿潮流。

关于精品饭店的定义，尚不统一。根据中华人民共和国旅游行业标准（LB/T 066-2017）对精品饭店的定义，精品饭店是地理位置优越、设计风格独特、文化内涵丰富、品质精良、运营专业的小型精致旅游饭店。精品饭店具有独特、专业、精致、高端和绿色等特点。因此，精品饭店是针对小众时尚精英客源，精心设计具有规模小、文化品位、私密豪华的独特氛围，提供尊贵的管家式服务的饭店业态。精品饭店与一些饭店概念相似，如设计饭店、生活方式饭店、主题饭店等，他们在高度关注小众顾客体验和提倡个性服务与设计方面具有较多的共同特点。

【阅读链接 6-12】

W 饭店何以走红申城与姑苏 [①]

近段时间，申城与姑苏城内新开业的两家"潮牌"饭店——W 饭店，不约而同地刷新了当地高端饭店的标杆价。原因何在？品牌使然，因为 W 饭店是一个以设计为先的现代生活方式品牌，同时也是艺术化再现当地独特文化的时尚饭店。如苏州 W 饭店大堂及一些公共区域都是按照"悬浮的园林"概念打造的，景观非常独特。

入住过 W 饭店的客人都对 W 饭店的标新立异印象深刻，包括客房、走道、门饰、地毯、吊灯等等。上海 W 饭店，不同层楼的客房门饰采用不同的流行色彩，在公众活动区域还打造了一个黄金厕所间。苏州 W 饭店客房内卫生间格橱采用的是绿色有机玻璃，台盆也是绿色的，与白色浴缸形成鲜明对比。W 饭店床上的抱枕刻意突出当地文化，如上海 W 饭店是两根长长的筷子状的柱状抱枕和小笼包状的球形抱枕，而苏州 W 饭店则是琵琶抱枕，而且不同房间琵琶抱枕的颜色还不同。因为在饭店设计师眼中，上海的小笼包和苏州的评弹琵琶分别代表了这两座城市。这些新潮和前卫的设计，吸引了年轻一代。尤其是饭店经常组织一些时装展、流行音乐欣赏会等等，使得饭店成为城内新潮文化的聚焦点，许多人喜欢在此流连。

（二）精品饭店的特点

区别于传统标准化饭店，精品饭店经营目的在于营造独特的氛围，为顾客创造特殊

---

① 丁宁．W 饭店何以走红申城与姑苏．中国旅游报．/2018 年 /7 月 /19 日 / 第 A02 版．

的消费经历，具有明显的独特之处。精品饭店是指"小而精"并注重个性化服务和顾客体验的新型饭店，"小"为规模小和小众化，"精"为提供精致的产品和精细化服务。精品饭店最为关键的竞争优势体现在文化上，一旦文化元素缺失或文化含量被稀释，便极易落入大众化饭店的怪圈。

精品饭店的主要特点表现如下：

（1）小众小规模。精品饭店是相对传统的大型饭店而言的，其经营的业务主要以住宿、餐饮和会议等，精品饭店并不追求面面俱到的服务，其小而精的经营理念要求其规模和接待能力相应的有限。小众规模的接待不仅能为客人提供贴心、个性化和精致化的服务，同时也能为客人营造一种度假休闲环境，客人的私密性保护程度更加强。

（2）精致化贴心服务。精品饭店最大的服务特点是精致化的差异性服务。精品饭店体贴式服务起源于英国皇室的"贴身管家式服务"，同时在员工配比上，员工数量与客房数量的配置比例一般在 3∶1，通过贴身管家式的服务，精品饭店完全可以以最大的程度满足客人的需求，从而使顾客的满意度最大化，提高客人对精品饭店的忠诚度。

（3）私密的空间。精品饭店虽然规模小，但是它能满足客人对于私密空间的需求，同时在相对微小的空间内能体验到的是最适合自己，最舒适的个人空间，没有大型饭店的模式化、统一化的布局，精品饭店的精致空间能够驱散客人的精神压力，放纵私密的享受，这也正好迎合了高端人群追求隐秘性的需求。

（4）高端的市场定位。考虑到精品饭店的精致化管家式服务、个性化设计、小众化规模，以及传统饭店无法提供的相应服务和环境氛围，根据市场细分的最终结果，精品饭店的定位为高端客户人群，这种定位也从侧面说明精品饭店的稀缺性，在稀缺资源面前，只有具备足够经济实力的客人才能享受这种个性化的服务。小众规模的精品饭店。入住率高于传统的饭店，其也能创造出可观的饭店收入，证明了精品饭店高定位高盈利的特点。

（5）体现当地文化的精神内涵。精品饭店的文化底蕴是通过饭店名称、建筑特色、产品服务特色、饭店地址的地域文化等要素及其组合表现出来。顾客入住饭店可以感受到强烈的尊贵感和情趣感、充实感和自然感、复古感，顾客感受过程就是对饭店品牌形象认知、认同和接纳的过程。

【阅读链接 6-13】

从饭店管理看上海 INDIGO 饭店设计 [①]

Indigo 是隶属于洲际集团旗下的高端奢华精品饭店。在英迪格，更多融入的是文化，

---

① 龚子兰等 . 从饭店管理看上海 INDIGO 饭店设计［J］. 设计 .2018.18.

是艺术设计。上海 Indigo 饭店位于黄浦江畔，在地理位置上坐拥黄浦两岸风景。在功能配置上，该饭店有 184 间客房、23 间套房、两家提供国际餐饮服务的餐厅以及鸡尾酒廊、商务中心、健身中心、室内泳池、水疗等。上海 Indigo 饭店离不开上海的海派文化，这种融合了江南文化和国际文化的大杂烩，在 Indigo 的饭店设计中贯穿始终。在设计饭店时，设计师首先会深入调查了当地的海派文化，江水与码头这两个元素被微妙地应用到饭店的整体设计中，创造不同的空间格局以适合客人的不同心境，完美融合了真实现代的设计特点与传统的中国元素。这些设计理念打造出了一家亲切随和、充满个性、同时满溢当地文化的饭店。

（三）精品饭店的分类[①]

按不同标准划分的精品饭店类型多种多样。整体上看，按规模和价格标准划分有精品饭店、奢侈性精品饭店和规模型精品饭店；按管理模式划分有单体精品饭店、集团精品饭店和精品饭店联盟；按地理位置和功能标准划分有城市型和度假型精品饭店；按设计与运营风格划分为时尚饭店、微型都市型精品饭店、生活方式型精品饭店等；按设计风格划分有主体型、地域文化型历史文化型、时尚都市型、生活方式型精品饭店等。如东部华侨城的茵特拉根主题饭店群、松赞林卡美憬阁饭店、浙江隐居集团隐居系列饭店、扬州隐居逸扬凤凰岛温泉度假村等等。

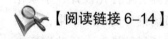

【阅读链接 6-14】

普吉岛悦榕庄[②]

悦榕集团以营造优雅浪漫，充满活力与异国情调的度假环境为顾客提供亲密的身心灵体验，其旗下的悦榕庄是全球顶尖精品酒店及度假村，于 1994 年在泰国普吉岛创立。悦榕庄将环保意识融入浪漫旅行中，展现亚洲传统及地区特色，在建筑及装潢设计上采用当地特有的天然建材以及特殊风格，以反映当地的风土民情。目前，悦榕酒店和度假村在 24 个国家管理或拥有超过 42 间度假村及酒店，60 间 Spa 及 72 间精品店和 3 座高尔夫球场。

浪漫空间

普吉岛悦榕庄坐落于普吉岛西北海岸邦涛湾的细白沙滩上，如同一颗安达曼海的明珠，为宾客提供享受完美泰式热带假期的高端海滩度假之所。这座全泳池别墅度假村四周亚热带美景环绕，提供一系列精选餐饮场所，且毗邻悦榕庄双泳池别墅和普吉岛悦

---

① 上海现代都市建筑设计院项目组.精品饭店专题研究成果报告［J］.建筑创造，2011 年 05 期.

② 普吉岛悦榕庄：融合浪漫、养生与舒适体验的圣殿［J］.中国会展（中国会议），2019 年 04 期.

榕 Spa 心静轩，是一处名副其实的天堂里的天堂。专业的浪漫礼宾团队可根据您的喜好，以及您此行的特殊目的策划定制一系列浪漫体验。以一顿优雅的香槟早餐开启美好的一天，预订目的地就餐服务，在美丽泻湖的水上餐厅里享用烛光晚餐，餐后漫步于夜半无人的邦涛海滩。与细致周到的策划团队合作，在泻湖或邦涛湾为您的爱侣打造令人永生难忘的求婚仪式。在清幽的草坪、水畔，或日落时分的白沙滩上，举行美好难忘的婚礼。

养生圣殿

悦榕 Spa 心静轩毗邻宁静泻湖与盛塔雷海滩，是一个拥有 12 间奢华水疗泳池别墅的私密度假场所，宾客下榻期间可体验无限次养生活动及每日一次的水疗护理，休憩放松的同时获得更有意义的生命体验。所有的水疗泳池别墅均围绕芬芳兰花园而建，以感官圣殿为设计核心而打造。别墅四周环水，正中的莲花池上设有水上卧室凉亭；超大型双人床饰以泰国丝绸制成的帐幔，抬头即可见柔软织物覆盖的华盖。大落地窗将充足的自然光和室外莲池花园美景引入室内。户外空间设有私人泳池，阳光躺椅，就餐区，以及提供水疗床的专属泰式凉亭，供宾客在别墅内享受私密水疗护理。

深度探索

悦榕庄提供的传奇目的地就餐体验，任选一款精心策划的美食行程，体验私密、宁静的氛围与纯正风味。感受午后双人水疗护理带来的身心舒泰和活力重现。参加烹饪课，学习正宗泰式美食的烹饪方法，课程由度假村主厨亲授，全部采用新鲜当地食材。体验以传统泰国元素为灵感的亲密瞬间，在轻柔音乐和芳香精油的陪伴下享受花瓣浸浴。在度假村瑜伽师的指导下修习私人瑜伽课，感受身心合一，寻找内外平衡。游客可以参加半日文化之旅、购物美食行程，或定制私人路线，探索普吉岛的人文与自然景观。攀牙湾位于普吉岛北部，令人惊叹的石灰石悬崖俯瞰一弯碧水和红树林。宾客可选择乘船游览如画的风景，或在狭窄的海底洞穴中划皮划艇，拜访坐落在水上的吉普赛高脚村。

二、精品饭店设计原则

精品饭店的目标市场是由中高端成熟型客户群体构成，这一市场更看重饭店具有高文化品位的精致服务。因此，文化特色定位及其表达方式的独特设计是精品饭店成功经营的关键。随着经济全球化的发展，多元文化交融加深，精品饭店设计应挖掘地域文化的内涵，寻找激发设计灵感的元素，为顾客营造一种全新的视觉效果和生活体验，与地域自然、文化环境产生共鸣，从而提升饭店品牌价值。

（一）强调空间体验和文化主题

精品饭店应从建筑和宾客两个方面来"定制"设计。精品饭店地域性建筑的设计要体现传统文化与现代元素的交流与融合，精品饭店是定位在时代、功能以及环境脉络的三维坐标上，其对环境的回应决定着精品饭店的形象与价值。精品饭店设计应从纷繁复杂的环境表象中提取场所中隐含的秩序"地脉"和神情"文脉"，并通过建筑语言将其表达出来。充分考虑地域的自然属性，利用本地特色资源进行营建。更重要的是，从顾客感知和民俗行为的角度出发去诠释地域文化，注重空间体验设计，让顾客体会到精品饭店的独特地域性魅力。

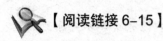【阅读链接 6-15】

安缦饭店的中国本土化设计 [①]

安缦饭店（Aman）是全球最知名的精品度假饭店之一，创立于1988年。安缦一词，在梵语里是和平、安静的意思。安缦饭店集团由 Adrian Zecha 先生创立，最初的设想是在风景优美、环境舒适的地点建立一批温馨、浪漫的私人度假村，营造一种雅致、天然的氛围。安缦饭店的客房几乎从不超过50间，但饭店却有着超高标准的服务意识，内敛、低调与含蓄是安缦永恒不变的主题。与多数奢华饭店千篇一律堆砌式的装饰不同，每家安缦饭店都风格迥异，而且具有地域特色。

目前，安缦集团的精品饭店遍及全球，且大部分都位于风景如画的自然保护区或历史名胜周围。每一个"安缦"都截然不同却又趣味盎然，不仅是因为它们各自独到的位置择址，更是因为它们的设计、气氛以及顾客的切身感受。安缦集团的精品饭店设计呈现出谦逊、朴实、大气的面貌，历久弥新。设计者善于从纷繁复杂的地域环境中剥离出本土"文脉"的核心，并用建筑的语言表达出来。因而，饭店的设计应非常关注地域生态的保护与发展。例如，饭店设计及建设时应顺应地形地貌，而非移山伐木改变基地环境；饭店建设材料可取材于当地，既可以与地域性相融合扎根于地区现实生活，又可以有效控制成本。同时，还应充分考虑建筑建设对不同地域以及风土人情的影响。安缦集团的饭店在建筑设计的本土化方面，深深植根于中国历史文化的土壤之中，采用了不同的表现方式。

以古建筑或历史建筑原址为载体。例如，北京颐和安缦（Aman at Summer Palace），坐落于一系列古典院落中，距离中国著名的皇家园林颐和园仅有数步之遥。饭店在空间设计和改造中，充分利用各种本土化元素和手法，营造出明清时期皇家园囿的氛围，使饭店顾客具有仿佛置身于颐和园之中的场所感。

对空间与文化意境上的融合。法云安缦（Aman Fayun）坐落于杭州灵隐景区，造型古朴的建筑隐于青松绿柏之中，置身饭店中便可聆听梵音，使人仿佛置身佛教圣地，油

---

① 张航，陈晓环.安缦饭店的中国本土化设计策略分析［J］.河南教育学院学报（哲学社会科学版），2018（11）.

然而生一种清静悠远之感。法云安缦度假村内没有喧宾夺主的美貌，只有源于自然的优雅及对历史的敬重，人们依然可以在横贯度假村 600 米长的沿溪小径，追寻百年前传统浙江民居的身影。这种运用传统形式、朴实表现的建造手法来烘托空间体验的方式，可以理解为一种尊重环境、着重再现场所意境的审美追求。

（二）遵循创新和可持续的原则

精品饭店设计中要体现创新观念，从建筑的功能、形式、结构，到建筑的材质、技术、流线等，使饭店更具独特性和识别性，摆脱同质化竞争的局面，形成竞争优势。同时，精品饭店作为城市整体生命系统中的一个细胞，与城市相互依附生存，必须与城市共存、共建、共享、共利，并且应该以社会资源和生态环境的可持续发展为目标。

三、精品饭店发展

体验经济时代下消费者的需求呈现差异化和个性化，在传统饭店服务难以满足多元需求的情况下，各类新型饭店应运而生，尤以小规模、高定位的饭店类型为主。其中，精品饭店由于更好地契合了体验经济时代与饭店个性化的需求，成了目前高端饭店产品的主流。

国外精品饭店发展较早，在整个饭店市场中虽然份额较少，但是由于其精准的市场定位、独特的文化内涵、个性化的服务方式和到位的营销管理，使其在与众多标准化的星级饭店的竞争中，有着巨大的价格增长优势和利润空间，其发展势头强劲而良好，而这也正是国外精品饭店成功的原因所在。万豪、喜达屋、雅高、洲际等饭店集团已创立了各自的精品饭店品牌。同时专门从事其开发与运营的饭店集团开始出现，如悦榕度假饭店集团、安缦饭店集团、GHM 饭店集团等。

随着中国国内消费者对高品质住宿需求逐渐升高，推动了饭店行业个性化、特色化的发展趋势，精品饭店市场不断扩容，主要集中于上海、北京、杭州、南京等经济发达的城市，以及三亚、丽江、张家界、九寨沟等知名旅游胜地。

伴随行业竞争的加剧，精品饭店内涵不断衍生，其表现形式也更加多样化，经营模式日益呈现多元化态势，客房数量两极分化趋势。目前，国内多个饭店集团均已在饭店"精品化"方面做出布局和探索。如首旅如家指出要探索"饭店 +"的发展路径，对旗下如家、莫泰、欣燕等几大主力经济型品牌改造更新，并推出年轻个性化中端品牌 Yunik Hotel；华住集团近几年逐步扩展中高端品类，2018 年 8 月完成对国内精品度假饭店品牌"花间堂"的战略收购，意在丰富其中高端产业布局；铂涛饭店集团旗下则拥有希岸、麗枫饭店、ZMAX、喆啡饭店等多个精品饭店品牌，等等。

与国外的精品饭店相比，中国精品饭店还处于初期萌芽阶段和摸索阶段，无论是在经营效益还是在服务管理等方面都存在一定差距，特别是体现在对文化特色的深层次分析挖掘上。具体表现在：缺乏明确的特色文化定位，缺乏整体创意与个性；简单地将"精品"理解成奢华，刻意地追求奢华而非文化特质，违背了精品饭店的设计初衷；饭店设计表达中缺少文化特色理念，服务中顾客体验难以形成；相关行业标准规范和市场化运作机制有待进一步完善和提升等等。

中国精品饭店应该在借鉴国外经验的基础上，结合中国的国情，努力挖掘"精品"的核心要素，因地制宜，走个性化发展之路。首先，准确目标市场和定位，基于"非大众化"的高端市场生活习惯、休闲方式、消费特点等整体需求方面做深入研究，设计制造出与该市场个性与需求品位相匹配的产品与服务，力求精准定制。其次，挖掘民族文化内涵，提升精品饭店的文化品位。精品饭店的设计方案除了要融入最新的设计理念、时尚元素和能够满足个性化服务的需要外，还应能够体现中国特色、民族特色或地域特征，能体现出中国神韵，这就需要挖掘、提炼中国深厚的民族文化，把其作为精品饭店的关键点来打造和雕琢，从而提升精品饭店的独特的文化内涵与品位。第三，因地制宜、多种风格来发展精品饭店。中国历史悠久，文化灿烂，在一些文化历史厚重的地区如北京、西安、南京等，可结合当地的民风民俗或独特建筑来表现主题，开发文化主题型精品饭店，如主题型精品饭店、时尚型精品饭店、地域型精品饭店等，从而形成独特的文化、品位与个性，满足对文化有独特品位的高端客源的需求。

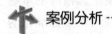 案例分析

亚朵与知乎跨界合作"有问题"主题饭店正式开业[①]

2018 年 3 月 14 日，亚朵与知乎联手倾力打造的亚朵知乎饭店正式在上海徐汇区开业，并颇具创意地将其命名为"有问题"饭店。这一融合了知识与饭店的全新空间，为年轻群体和新中产人群，构建更具人文感和沉浸感的旅行住宿环境。

在与吴晓波、网易严选、穷游、QQ 超级会员等一系列重磅 IP 合作之后，亚朵 IP 矩阵又迎来知乎的加入，这无疑是亚朵 IP 饭店又一里程碑式的合作。知乎作为中文互联网最大的知识分享平台，为这家"有问题"饭店以及亚朵带来了怎样的知识赋能？

在装饰上，"有问题"主题饭店进行了大刀阔斧的"变装"，注入众多知乎元素。知乎为每位入住主题房间的宾客提供了专享的"知识充电"服务，入住者享有通过房间内的音箱免费收听知乎各品类付费音频产品的权益，使得有需求的客人在旅途小憩时也可"不忘"自我提升。"有问题"饭店在饭店空间与知识赋能的结合上，双方都付出了许多努力和创意，期望给用户带来更多元和有趣的入住体验。

亚朵作为国内中高端饭店品牌，自创立之时就带有很强的人文属性，在饭店空间中

---

① 亚朵与知乎跨界合作 "有问题"主题饭店正式开业 . 来源：环球旅讯 2018-03-15.

加入了以阅读和摄影为代表的人文元素，可以说，在品牌调性上，亚朵与知乎天然地契合。

被"知识"加持的饭店有何不同？

在延续了亚朵饭店一贯的高品质空间和服务之外，这家饭店自然也汲取了很多知乎的知识气息。在饭店的三楼和四楼，各有两间不同主题的"专房"，其中，三楼的主题为"旅行"，房间内的软装全部与旅行相关，在床头背景墙上，挂着一幅软木地图，展示知乎用户推荐的旅行胜地。四楼则为"电影"主题，除了知乎用户推荐的影片之外，墙面上还布置了经典影片的海报和电影中那些令人印象深刻的经典台词，如：哪些文字绝妙到"一句台词就是一个电影"，通过视觉化的引导和沉浸式的体验，将入住者带入不同电影的世界中。

此外，在公共区域，"有问题"主题饭店则全面换上了"知识新装"。饭店的门头挂着"亚朵知乎饭店"的牌匾；餐厅中随处可见知乎的"知食"元素，从不同"味觉"，塑造一个更大的美食世界；洗衣房中有着知乎上关于衣物护理等生活经验的内容。而在"竹居"，一架令人心旷神怡的书柜上，摆满了知乎平台上有关阅读、生活智慧的书籍。

除了可见可触的主题化陈设之外，饭店的细微之处融入了互动的元素。入住知乎主题房间的客人，在登记入住的同时不仅会得到门卡，还会得到一张知乎定制的问答卡，上面有着各种"知氏提问"，可谓"长知识"于无形中。在此之后，知乎还将通过线上渠道征集用户所推荐的书单，入选书目将纳入亚朵饭店服务，供更多人阅读。

分析与讨论

请结合本案例，说明主题饭店的基本特征及发展趋势。

 思考与练习

1. 什么是主题饭店？主题饭店的基本类型包括哪些？
2. 主题饭店的发展趋势是什么？试述我国发展主题饭店的意义。
3. 什么是精品饭店？精品饭店的主要特征是什么？
4. 举例说明精品饭店在中国的发展。

 推荐文献

文化和旅游部《旅游经营者处理投诉规范》（LB/T 063—2017）、《文化主题旅游饭店基本要求与评价》（LB/T 064-2017）、《旅游民宿基本要求与评价》（LB/T 065—2017）、《精品旅游饭店》（LB/T 066—2017）https：//www.mct.gov.cn/.

李原.主题酒店与特色酒店［J］.饭店现代化，2005（2）.

蒋正杨.中国设计酒店的特点与设计趋势［J］.家具与室内装饰，2010（07）.

贾静.中国精品酒店的经营策略探析［D］.青岛大学，2011.

杨宏浩.加入软品牌或成为精品酒店发展趋势［N］.中国旅游报，2016-01-20（A03）.

李壮.国际精品酒店［M］.北京：中国林业出版社，2017.

赵海洋.主题酒店装饰设计文化氛围的营造方法研究［D］.华北理工大学，2017.

王晓迪.主题酒店主题文化选择的影响因素［D］.艺术与设计（理论），2018（02）.

安茂成.文化主题酒店要"有感有魂"［N］.中国旅游报/2019年/9月/12日/第A02版.

第 7 章　经济型饭店

【学习目标】

　　通过对本章的学习，应该重点掌握经济型饭店的概念及其发展历程；掌握经济型饭店的特征及类型；了解经济型饭店与星级饭店的异同点；熟悉经济型饭店的基本经营模式。

【内容结构】

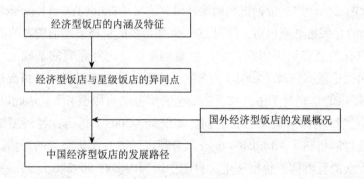

【重要概念】

　　经济型饭店　全服务饭店　有限服务饭店　性价比　特许经营模式　连锁饭店

第 1 节　经济型饭店及其发展历程

　　随着大众旅游的兴起和商务旅游的蓬勃发展，市场对经济型饭店的需求已逐渐显露出来，以满足大众化消费需求为宗旨的经济型饭店已成为旅游行业的投资热点。研究经济性饭店的基本内涵、发展动因及发展历程，从而借鉴国外成功经验，对中国经济型饭店的发展具有重要作用。

一、经济型饭店的内涵

经济型饭店的概念源于北美，其英文名称为"Budget Hotel"或"Economy Hotel"。自 20 世纪 50 年代经济型饭店出现至今，其概念体系得到不断完善，经济型饭店的经营模式在欧美及日本等发达国家已经趋于成熟。

关于经济型饭店的定义，国内外很多文献资料从不同角度进行了研究和阐述。国外经济型饭店的理论研究始于 20 世纪 70 年代，一些学者提出经济型饭店是提供有限服务的，侧重于客房服务这一核心产品，而非核心业务全部采用外包的形式。Quest（1983）认为经济型饭店是饭店业的新一代，大多数或者全部经济型饭店的特点是为顾客提供实惠的价格和有限的设备设施。Gilbert 和 Arnold（1989）把经济型饭店定义为提供有限的服务，但是其条件相当于现代饭店标准的饭店，其服务质量相当于中高档传统饭店，而价格却只是相应饭店的 70%~75%。Justus（1991）则描述美国的经济型酒店是提供基本的设施却低廉的价格，不提供任何诸如食物、饮料、会议设施、健身中心或其他休闲娱乐区域额外花费的设施、设备和服务。Alessandro Fiorentino（1995）分析了经济型饭店的概念、产品特点、服务对象，认为经济型饭店是当今饭店业中新的产品概念，是满足客人个性化需求的必然产物。根据史密斯旅行研究定义（Smith Travel Research Definition），经济型酒店指的是保持低廉价格，针对 20% 低端市场的价格敏感消费者的酒店。

中国国内有关经济型饭店的研究，主要是在借鉴国外经验的基础上，结合国内具体实践提出相关论点。张辉（2001）、秦宇、厉新建等人通过对国外情况的研究，指出"经济型酒店提供的是相对于中高档饭店的全套服务的有限服务"。从此以后，"有限服务"成为界定经济型酒店概念的关键词。邹统钎（2003）指出：经济型饭店一般是指以大众可以支付的价格（Affordable price）为顾客提供专业化服务的饭店。经济型饭店定位于普通大众消费群体，价格适中（目前中国国内多在 80~200 元），基本设施齐全，干净、方便和舒适。邹益民、陈业玮（2003）根据史密斯旅行研究定义（Smith Travel Research Definition），将经济型饭店定义为"保持低廉价格，针对 20% 低端市场的价格敏感者的饭店"。魏小安（2005）等认为经济型饭店首先应该是企业的概念，非企业性质的所谓饭店不计该范畴，其次应该是一个从服务、设施、价格、市场定位、满意度等多个维度进行界定的动态概念。经济型饭店实质上就是住宿功能突出、简化甚至取消其他功能的单一功能性饭店，其核心在于服务有限、设施简约、价廉物美，而且价廉应该是具有利润空间的价廉，物美应该是能够一贯坚持的物美。

综上所述，经济型饭店是提供有限服务的简约型廉价酒店。经济型饭店是指以大众旅行者和中小商务者为主要服务对象，以客房为唯一或核心产品，价格低廉（一般在

100~300 元人民币），服务标准，环境舒适，硬件上乘，性价比高的现代饭店业态。

经济型饭店的内涵包括以下几个方面：

（1）从发展动因看，经济型饭店是社会经济发展和社会生活需求的产物，是旅游饭店行业发展成熟的标志之一。社会专业化水平和配套功能的完善，大众旅游市场的迅速发展，多样化和个性化需求的产生以及旅游者追求理智消费、高性价比的心理特征等诸多因素对经济型饭店的兴起和发展起到了促进作用。

（2）从价格的角度来看，经济型饭店 Economic Budget Hotel 是指与豪华型高档饭店（Luxury Upscale Hotel）及中档饭店（Middle Scale Hotel）相区别的低价格住宿设施，一般用 Inn、Lodge 来表示。

（3）从产品功能和特征的角度看，经济型饭店是与中高档全服务饭店（Full Service Hotel）相区别的，提供一种强化客房功能、弱化附属设施及服务项目的有限服务饭店（Limited Service Hotel）。经济型饭店一般不设考究的大堂、豪华的餐厅以及康体娱乐设施，主要提供客房服务和简单的早餐，只有一个餐厅甚至没有餐厅，提供基本的自助服务，如自助洗衣机、饮料机等，又被称为 B&B（Bed and Breakfast）饭店。

（4）从市场定位看，经济型饭店主要目标市场是追求高性价比的旅游消费者群体，如普通商务人士、中小企业主、工薪阶层、普通自费旅游者和学生群体等，其市场定位应是经济和适度。经济型饭店是针对这些目标市场需求，提供有限的饭店服务、简约的设备设施以及较低价格水平，以体现高性价比特色的功能型饭店。

（5）从组织结构看，经济型饭店大都采取扁平式组织架构，具有精简和高效的特点，人力成本较低。经济型饭店从业人员较少，一人兼顾多个岗位，注重"一职多能型"员工队伍建设。

二、经济型饭店的发展历程

经济型饭店是伴随大众旅游和商务旅游市场的迅速发展而产生的，具有高性价比和高成长性的市场特征。经济型酒店在国内还属于一个新兴的概念，但是在欧美国家已经是相当熟悉的了，它是相对于传统的全服务酒店而存在的一种酒店业态，从 20 世纪开始，先后经历萌芽与发展初期、蓬勃发展时期、品牌调整时期、重新发展时期四个阶段。

（一）世界经济型饭店的发展

第一阶段：萌动发展时期（20 世纪 30~50 年代）。

20 世纪 30 年代，随着美国大众消费的兴起以及公路网络的发展，汽车的普及带来的大众旅行对高速公路附近廉价住宿的需求不断增加，同时城际高速公路网络的发展则促进了汽车旅馆的风行。1952 年，假日汽车旅馆吸取过去汽车旅馆发展的经验，重视改善服务质量，第一次尝试用标准化的方式复制其产品和服务，在短短的 10 年时间里，沿着美国的公路网络迅速发展起来。

第二阶段：蓬勃发展时期（20 世纪 60~80 年代末）。

经济型饭店作为一种业态引起人们的关注，是在 20 世纪 80 年代后美国经济萧条刺激了消费者对经济型饭店产品的大量需求，使经济型饭店在整个酒店业行业利润不断下滑的情况下，却保持了较高的利润率和出租率，从而吸引了更多的投资者进入这一行业。经济型饭店的连锁加盟模式开始取代传统分散的经营，并开始迈向国际化。从美国传播到加拿大、中美洲、南美洲以及欧洲，这种扩张同时刺激了本土经济型饭店的兴起，尤其是欧洲的经济型饭店开始快速发展，到 20 世纪 80 年代末期经济型饭店已经成为欧美发达国家的成熟饭店业态。

第三阶段：品牌整合阶段（20 世纪 80 年代末 ~90 年代末）。

经济型饭店呈高速发展和大规模的扩张之势，市场竞争日趋激烈，经济型饭店开始向服务质量管理、品牌建设、市场细分、产品多元化等内部管理转化。大型饭店集团的多元化战略和投资政策促使饭店集团更加倾向于资本运作的扩张模式，饭店进入品牌整合期。

第四阶段：海外扩张阶段（2000 年以后）。

进入 21 世纪，经济型酒店步入了又一轮快速发展时期——扩散拓展期。欧美地区的品牌经济型饭店开始向发展中国家市场发展和开拓，而且不仅注重国外市场的延伸，更加注重本土发展。在欧美地区，经济型饭店占整个酒店行业的比重已经达到甚至于超过了 70%。近几年，在中国、东南亚等地区，经济型饭店的扩张非常迅速。世界著名的经济型饭店品牌陆续进入，如雅高集团的宜必思（Ibis）、方程式 1（Formula 1），圣达特集团的速 8（Super 8）、天天客栈（Days Inn），洲际集团的智选假日（Holiday Inn Express）以及印度最大连锁酒店的公司 OYO Rooms 等，都纷纷瞄准了亚洲市场。

（二）中国经济型饭店的发展

中国的经济型饭店作为新兴的饭店业态始于 20 世纪末期，经历了起步、快速扩张和品牌建立三个阶段，在饭店业和旅游业中发挥着越来越重要的作用。据盈蝶咨询发布的报告显示，2005 年至 2012 年，中国经济型酒店快速增长，最高增幅 35.68%。2016 年开始，经济型客房增速明显下降，截至 2017 年年末，国内经济型酒店营业数为 32444 家，客房数为 2009738 间，客房数同比增长仅为 9.95%。2019 年中国经济型连锁酒店品牌规模 TOP30 排行榜如表 7–1 所示。

表 7–1　2019 年中国经济型连锁酒店品牌规模 TOP30 排行榜

RANK	品牌名称 BRAND	所属集团 PARENT GROUP	客房数（间） ROOMS	门店数（家） HOTELS
1	如家酒店	首旅如家酒店集团	233226	2253
2	汉庭酒店	华住酒店集团	220646	2283

续表

RANK	品牌名称 BRAND	所属集团 PARENT GROUP	客房数（间） ROOMS	门店数（家） HOTELS
3	7 天酒店	锦江国际酒店集团	201432	2326
4	格林豪泰	格美酒店集团	162844	1881
5	锦江之星	锦江国际酒店集团	129113	1088
6	尚客优连锁酒店	尚美生活集团	85489	1621
7	都市 118	都市酒店集团	83420	1392
8	城市便捷	东呈国际集团	75935	887
9	莫泰酒店	首旅如家酒店集团	39579	339
10	99 旅馆连锁	上海恭胜酒店管理有限公司	36574	773
11	布丁酒店	住友酒店集团	32715	509
12	都市花园	都市酒店集团	29615	415
13	骏怡连锁酒店	尚美生活集团	29221	607
14	海友酒店	华住酒店集团	25403	402
15	格林联盟	格美酒店集团	23607	302
16	易佰连锁	逸柏酒店集团	19182	390
17	佳驿酒店	银座旅游集团	18192	210
18	派酒店	锦江国际酒店集团	16797	271
19	贝壳酒店	格美酒店集团	14982	348
20	IU 酒店	锦江国际酒店集团	14570	193

　　进入 21 世纪后，中国饭店业进入以多业态为导向的发展阶段，国内旅游高速发展、消费者需求多样化，中低端市场快速成长，饭店业发展重心从高端饭店向中低端饭店转移，由单一业态向复杂业态转变，经济型饭店正是这个时代应运而生并得到快速发展的饭店业态之一。

　　从 1996 年开始，随着我国经济高速发展，大众旅游市场的形成，经济型饭店在中国，尤其是 2004 年以后实现了跨越式的发展。1996 年 5 月，锦江国际集团旗下的锦江之星旅馆投资管理有限公司选址上海梅陇，建成了中国的第一家经济型酒店，是国内最早的经济型酒店。2002 年 6 月，由首都旅游集团和携程旅行服务公司共同投资组建的如家酒店连锁，重点发展三星以下的宾馆作为连锁加盟店。"如家"首先设计出了"简单、标准、可复制"的服务流程，标准化、特许经营及携程的网络优势使如家实现了快速扩张。

　　2000—2012 年上半年中国经济型酒店规模增长情况如图 7-1 所示。

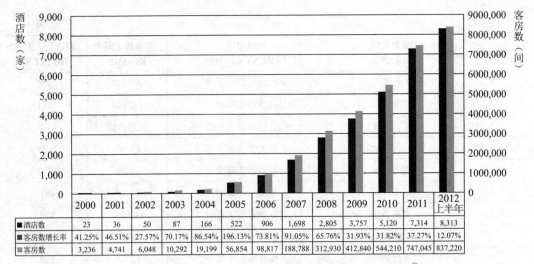

图 7-1　2000—2012 年上半年中国经济型酒店规模增长①

	2000	2001	2002	2003	2004	2005	2006	2007	2008	2009	2010	2011	2012上半年
■酒店数	23	36	50	87	166	522	906	1,698	2,805	3,757	5,120	7,314	8,313
■客房数增长率		41.25%	46.51%	27.57%	70.17%	86.54%	196.13%	73.81%	91.05%	65.76%	31.93%	31.82%	37.27%	12.07%
□客房数	3,236	4,741	6,048	10,292	19,199	56,854	98,817	188,788	312,930	412,840	544,210	747,045	837,220

　　经济型饭店真正展开扩张竞赛是从 2004 年开始的，国内经济型饭店数量成倍增长，锦江之星、如家等知名品牌讯从北京、上海延伸到华东、华北、华南地区，直至全国各大城市。同时，国际酒店巨头也看到了这个市场空间，不约而同地将投资重点转向了中国，并开始大规模在国内"圈地"。法国雅高集团的宜必思"Ibis"在 2003 年 9 月正式进入中国；美国最大的经济型连锁酒店"Super8"酒店，2004 年 6 月在北京开业，到 2018 年年底，在中国开业店数达到 50 多家。2006 年 11 月，美国华平投资集团入股"7天"连锁酒店集团，这一切都表明经济型酒店受到了投资人和资本市场的热捧。

　　2008 年后受金融危机和欧债危机的负面影响，经济型饭店增速趋缓，利润缩窄，经济型饭店巨头开始布局中高端市场，寻求全品牌化发展模式，并逐渐形成寡头垄断的格局。经济型饭店采取品牌多样化策略，开发中高端产品，如如家集团的和颐酒店；铂涛饭店集团的丽枫、潮漫、希岸、喆.啡品牌；华住饭店集团"禧玥"等。从 2010 年开始，随着中产消费群体的崛起，机遇和挑战并存，大型城市和发达区域的经济型酒店市场趋于饱和，并出现了供大于求的恶性竞争现象，行业供给增速开始放缓，进入整合调整阶段。

　　中国经济型饭店在历经十几年跨越式发展后，面对行业竞争的加剧，租金和人工成本的压力，扩张方式将从内生式的自主扩张向多元化品牌延伸、兼并收购等横向整合模式发展。近年来，传统经济型连锁酒店的增长开始出现明显下滑。但机遇并非无处可觅，一、二线城市中，大量单店规模在 50 间客房左右的小规模连锁酒店依然存在较大的连锁化空间；而在三线以下城市，经济型酒店依然属于"刚需产品"，未来仍有较大的成长空间。经济型饭店行业大规模扩张之后，将更依赖于优化升级、并购整合以及品牌运作等方式，才能更好地实现区位优势互补。国内有限服务酒店门店数增长趋势如图 7-2 所示。

---

　　① 资料来源：2012 年上半年中国经济型酒店行业分析报告.

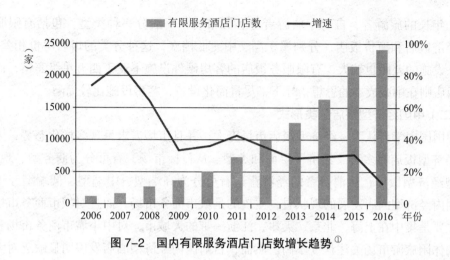

图 7-2　国内有限服务酒店门店数增长趋势①

第 2 节　经济型饭店的类型及特征

由于国内外经济型饭店的发展背景和所经历的阶段各有不同，因此，经济型饭店的类型也各有不同，但其核心内涵和"经济性"特征却基本一致。

一、经济型饭店的类型

（一）国外经济型饭店的分类

国外经济型饭店的分类呈多元化，体现了饭店市场定位的差异性。例如，美国采用的分类体系为美国汽车协会（American Automobile Association 简称为 AAA）于 1907 年颁发的钻石评级法，将旅馆业分为公寓、大陆式计价旅馆、别墅、乡村客舍、酒店、旅舍、汽车旅馆及度假村。经济型饭店则是抓住客房这一酒店的最基本、最重要的项目作为生存与发展的支点，提供清洁、安全并且维护良好的客房服务，AAA 中的大陆式计价旅馆、乡村客舍等属于经济类型的饭店。美国另一个分类系统是国家商业部调查局用以统计报告的系统，住宿企业被分为四类：全套服务型、经济型、全套房型、旅游胜地型。其中经济型住宿企业为客人提供干净整洁、标准规模的带家具的现代式房间。法国雅高饭店集团旗下的经济型饭店品牌也各有分工，Ibis 定位于商务型；Formule 定位于私人出游，设有停车场，价位更低；Mercure 则是公寓品牌，设有小型厨房；Studio 6 是雅高旗下的经济型长驻品牌。

由此可见，国外经济型饭店主要面向商务旅行者、家庭旅游者、价格导向的休闲度

---

① 2017 年中国经济型酒店行业发展现状及发展趋势分析 .http://www.chyxx.com/industry/201709/563498.html.

假者、年长的旅游者、自驾车旅游者等客源市场，一般分三种类型，包括有限服务饭店、经济饭店和廉价饭店，分别属于高、中、低档次，这种分类的饭店房价相差较大，其硬件设施的差距也较大，有限服务饭店的客房硬件设施不亚于四五星级宾馆，而一些廉价饭店则在削减成本的思想指导下，尽量简化设备，客房设施比较简陋。

（二）中国经济型饭店分类形式

中国国内学者认为，经济型饭店市场庞大，并且市场需求呈现多样化态势，因此决定了经济型饭店有多种"经济"层面和类型。从目标市场，看可分为商务型、观光型、背包型经济型饭店；从消费者的经济背景看可分为高端型、中端型、低端型经济型饭店。国内经济型酒店发展的现状看，主攻的是城市商务市场，而且对城市商务市场的关注也主要是集中在上海、北京、天津、江浙一带的大城市，对中小城市商务市场和旅游城市的休闲旅游市场关注程度不高。然而，目前国内经济型酒店发展明显缺乏对大众观光市场的关注，也缺乏对乡村、景区区位的关注。从长远发展来看，经济型酒店的出现主要是基于国内大众旅游兴起而迅速发展起来的，经济型饭店的市场进入业必然是多层次的，应以多种形式满足市场需求。

1. 城市商务经济型酒店

一般布点在大中城市的繁华路段、商业娱乐中心或交通枢纽，满足商贸旅行者、公差旅行者等的需求，服务高效，商务基本设施齐全（如免费的上网接口），便利的交通，和方便的社区环境。这是国内目前经济型酒店发展的主流。

2. 旅游经济型饭店

该类型饭店主要包括青年旅馆、汽车旅馆和乡村旅馆或景区旅馆。

青年旅馆一般布点在开发较为成熟的旅游景点或大型文教区、高新区。主要消费群体针对青年群体，特别是学生背包一族、新创业青年一族。

汽车旅馆一般布点在大中城市边缘和旅游景点的入口处、交通主干道两边、汽车站、飞机场、码头等交通枢纽附近，主要特点是有一个较大规模的停车场。主要消费群体为长途货运或客运司机及其需要中转的乘客、自驾车旅游的家庭或中小型企业公务旅游者、消费水平较低的普通旅游者、消费水平不高的旅游团队

乡村旅馆或景区旅馆客房设施简单，客源仅限于度假者，具有当地的特色，根据顾客需要提供餐饮。如在景区提供便宜而有特色的露宿设施或宿营地。

3. 社区经济型饭店

该类型饭店包括公寓旅馆和长住型旅馆、家庭旅馆等。

公寓旅馆和长住型旅馆为顾客提供一间或多间卧室，一间设备齐全的厨房。消费者可以住10天甚至更长的时间，他们包括商业培训、公司临时委派、长期项目审计人员、冗长案件的律师以及建设工程的工程师等。

家庭旅馆通常较小，突出经营者和顾客之间的亲密关系，使顾客产生一种在家的

感觉，根据顾客需要提供家庭餐。在国外加早餐的家庭旅馆也称为 B&B（Bed-and-Breakfast）旅馆。例如 2008 年 4 月，正值奥运期间，北京市首批家庭旅馆正式开张，被批准的 10 家旅馆暂时只接待外国游客。

二、经济型饭店的基本特征

经济型酒店作为一种新兴业态，是经济发展和社会生活的产物，它完全区别于面向社会上流阶层的全服务高星级酒店，是满足一般大众旅游者住宿需求的产品设施。经济型饭店的"经济性"最大的特点是在价格低廉的情况下，能够为目标市场提供适合的、高性价比的标准化服务和硬件条件，同时具有加盟连锁的优势条件。具体表现如下：

1. 有限服务

有限服务的经济性是指饭店业主投资与经营上的"经济"。在饭店建设与产品特征方面，经济型饭店追求社会化与专业化结合的有限服务，将客房作为经营的重点，投资规模总量相对较少，但注重投入的价值上乘并将有限的资金投入到其注重的单项服务项目，突出"小而专"的特征，其主要辅助项目依托于社会配套资源。将经济型饭店针对目标市场需求特点，精简服务项目，提供特色功能服务，在不影响宾客住宿基本需求的基础上，适当提供客人必需的服务项目，取消了很多体现综合性特点的功能项目或服务成本较高的项目，如：豪华的大堂、洗衣用房、客房小酒吧、西餐厅等。

2. 高性价比

与一般社会旅馆不同的是，经济型饭店的核心在客房服务，所以非常强调客房设施的舒适性和服务的标准化。饭店的装饰风格、材料和用品选择都是本着"经济实用、简捷舒适，能够满足客人的基本需求"的原则来进行的，突出清洁卫生、舒适方便的特点。因此，经济型饭店提供舒适、优雅的服务和注重人性化服务，在客房设施和服务上并不亚于星级酒店的标准，而价格却低于传统综合性饭店。目前，中国经济型饭店的房价一般定位在 80~200 元，相对于高档星级饭店动辄上千元的房费，此类价格是在目标顾客消费能力之内的。据国家旅游局 2007 年统计数据显示，三星级、四星级、五星级饭店平均入住率为 63.2%，经济型饭店却达到 90%。经济型饭店"低价 + 优质"的经济性特征成为与星级饭店竞争的主要筹码，也是目前经济型饭店快速发展的主要原因。

【阅读链接 7-1】

7 天酒店明星产品全新升级，重定义经济型酒店行业标准 [①]

2014 年，7 天品牌基于庞大客群基础的升级选择，推出定位于优质商旅高端经济型

---

① 7 天酒店明星产品全新升级，重定义经济型酒店行业标准 . 铂涛集团 | 2019-01-18.

的 7 天优品酒店。日前，7 天优品以在最简约的空间里提供越级的品质居旅空间体验为目标，全新打造 7 大越级亮点，带来拳头性明星产品 7 天优品 3.0，旨在重新定义经济型酒店的行业标准。

7 大越级亮点　简约品质体验

亮点 1：Premium Design——奉行 "less is more" 的极简主义设计手法，以干净、简约、低饱和度的视觉风格，抛开一切华而不实的功能与装饰，聚焦住宿的本质，最大化地解放以往局促空间的束缚，营造出极致简约的品质居旅体验。

亮点 2：Premium Space——融合室内景观、灵活随性的空间元素、极致巧妙的空间布局，精心设计每一处细节，活化每一平方米；打造极致简雅、有温度的居旅空间。

亮点 3：Premium Environment——从视觉、嗅觉、听觉、味觉、触觉，打造一体化的极致优眠体验。

亮点 4：Premium Experience——致力于 "以有限的资源给人豪华的体验"，聚焦 360 度优眠空间的旅居体验为原点，以简替繁，打造简而雅的舒适品质之旅！

亮点 5：Premium Intelligent——自助 check-in，自助售卖，自助洗衣，一键 Wi-Fi，全球门店自动连接，一键开票，打造轻松出行的优体验。

亮点 6：Premium Servise——倡导要点服务，简化服务流程，提供方便、流畅、人性化的体验。

亮点 7：Premium Class——整合全球资源，践行全球优选连锁酒店品牌的国际化道路，为中国及全球消费者匠心打造更多越级居旅体验。

3. 高效的管理

由于经济型饭店的简约化特点，饭店管理更有针对性，主要涉及客房和早餐（B&B）服务的管理。经济型饭店组织形式多采用扁平化的结构模式，实行一专多能、一人多能的岗位职能，形成高效的组织。在管理风格上突出以人为本的理念，注重管理的效率与效益。目前大部分经济型饭店的房员比在 3：1 左右，而传统酒店的房员比大部分在 1：1 以下，有的甚至到 1：2，人力资源管理成本比较低。据 2006 年的经济型饭店调查报告显示，单店每间客房的人房比平均值均在 0.5 以下（两间客房配备一名员工）。

4. "品牌＋连锁"

品牌连锁是指在某个城市或某些城市，至少有 3 家经济型饭店同时使用统一品牌，而这些经济型酒店必须由专业的管理公司统一管理，装修标准、服务设施、服务规范相对都比较统一。现在我国经济型酒店一般都采取连锁经营的方式，通过连锁经营达到规模经济，提高品牌价值，这也是经济型法尼但区别于其他星级饭店和社会旅馆的一个明显特征。"连锁" 可以使企业做大规模，提高 "圈地" 速度。在实行连锁经营的同时，这些经济型饭店还辅以网络远程订房系统、饭店前台互相推介等经营手段，以提升客户资源的共享程度。"品牌"可以提高企业知名度，增加客源，提高竞争力。一方面，通过对各连锁饭店实行标准化管理，向客户提供标准化服务。另一方面，根据市场细分来确立自己独特的品牌特征。

第 3 节　经济型饭店与星级饭店的异同点

经济型饭店不同于星级饭店，两者有着本质性的区别。我国经济型饭店的发展是在其业态出现和发展过程中逐渐被人们认识和接受的，通常人们界定经济型酒店从饭店星级制度出发，与熟悉的星级档次相对应，把四星级五星级饭店定位为高档酒店；一、二星级及三星级饭店定位为经济型饭店，而社会旅馆和个体旅馆则为普通旅馆（或将此部分也纳入经济型酒店）。这种界定立足于我国的星级评定制度，过分关注星级评定标准和饭店房价档次，而忽视了经济型饭店与星级饭店的本质特征，混淆了两者的概念，导致饭店投资和经营管理进入误区，消费者评价饭店服务质量的标准模糊而满意率下降，从而影响饭店行业有序发展。有人说，中国不是缺少经济型价格的饭店，而是缺少经济型标准的饭店。区分两者概念，从以下几个方面看：

一、发展背景不同

星级饭店标准的提出是在我国改革开放初期，为突出旅游业的外向功能，国家旅游局于 1993 年 9 月 1 日正式颁布了第一个饭店行业的国家标准《中华人民共和国旅游涉外酒店星级划分与评定》（ GB/T 14308—93 ）。随着市场环境的改变，"标准"先后被修订，目前我国星级饭店执行国家旅游局颁布的《旅游酒店星级的划分与评定》（ 2003 ）。该标准将饭店划分为不同等级，从低到高分别是一星、二星、三星、四星和五星、白金五星。而经济型饭店发展是随着市场不断细分、商务需求不断升温、国内旅游大众化、旅游者日益成熟以及社会服务不断丰富和提高等诸多因素综合影响下所带来的结果。大众旅游市场需求增长是经济型饭店发展的前提条件，而社会服务配套设施体系完善则是经济型饭店通过非核心资源外包生产来降低经营成本的重要保证。

二、目标取向不同

星评标准作为一个饭店的等级评定制度，面向所有的饭店类型，目标是划定统一的最低标准，以便让公众很容易地识别各类饭店的综合档次。而经济型饭店是以大众旅游者"低价优质"的基本需求为导向，为市场提供"价廉、方便、卫生、安全"的功能性饭店产品，在满足顾客住宿过夜这一基本需求的前提下，着眼于从投资上降低造价、运营上降低成本，最终推出高性价比的产品，赢得市场。

三、评价标准不同

由于星级评定制度是旅游行政部门的一种管理手段和信息载体，其评价标准主要强调了规定项目的数量和具体指标的刚性，在规范市场的同时，也限制和影响了饭店差异化和特色化经营。而经济型饭店以相对低的价格享受单项较高的服务质量。经济型饭店的判断标准有两个：一是从性价比（价格/价值）、顾客满意度和市场定位的角度进行考虑；二是从服务最小化以及简约的设施的角度进行考虑。可见，这其中尤其要注意价格只是对经济型饭店进行判断的标准之一，而不是唯一的标准。

四、服务定位不同

国内的星级饭店大多是全服务饭店，满足旅游者出行的吃、住、行、游、购、娱的全部需求，因此提供包括客房、餐饮、娱乐、前台接待以及辅助服务项目在内的全套服务，哪怕是低星级的小规模的饭店也必须"小而全"。而经济型饭店被理解为有限服务饭店，大多只提供"住宿＋早餐"式的服务，甚至不提供餐饮服务。经济型饭店的服务定位更突出具体目标市场需求而提供特色优质的"小而专"服务。经济型饭店的优势主要体现在简化设施，降低硬件成本，在面积和空间上追求有效使用率，以实用为标准。例如：饭店公用面积部分的设计突出多功能性，比如没有真正所谓的大堂，取而代之的是集总台、商品售卖等功能于一身的综合服务中心；客房卫生间都采用冲淋设施而不安装浴缸等。这些与星级饭店有着明显的差别。

由此可见，如果简单从价格的角度看，我国的多数一、二星饭店和部分三星饭店完全可以纳入到经济型饭店分类中来，社会旅馆也完全可以纳入。而严格来说它们还只是潜在的经济型饭店而已，这些卖低价的星级饭店必须在有效削减成本的情况才能纳入经济型饭店的范畴，社会旅馆则只有在专业管理、质量稳定、企业运作后才能纳入经济型饭店的范畴。另外，相对于星级饭店，成本控制、会员制和差异化经营是经济型酒店的三大优势。经济型酒店一般会通过精简装修、限制客房面积、减少客用品支出、外包服务来节约成本。大部分经济型酒店都会采用会员制，通过一系列的优惠和特殊权益吸引客户自愿加入，维系其余客户的长期关系。因此，经济型饭店并不是对低星级饭店和社会旅馆的简单的价格调整而已，它是一种全新的综合业态。

从我国2004年执行的新的星评标准看，新的一、二星级酒店的硬件条件规定已基本上符合"经济型酒店"的特征。如果在设施保养、卫生、服务软件等分值标准上作些合适的设计，不把这类饭店引导到不得不添置无太大实际意义的物品和服务上，修订后的星评标准，一、二星级酒店标准就与"经济型酒店"无多大冲突。三星级酒店不宜划入经济型酒店范畴，因为修订后的星评标准中的三星级酒店标准与经济型相差太远。市场上大量出现的廉价的招待所、旅社等接待单位并非国际意义上的经济型酒店，它们似乎只停留在感官判断层面，但是在硬件设施和软件服务上远没有达到国际经济型饭店的普遍标准，或者具备了一定的硬件条件，但软件服务没跟上，顶多只是经济型饭店扩张的潜在发展力量。

星评标准的修订原则，应促进饭店这种社会资源的利益最大化，顺应市场需求，兼顾"经济型饭店"的发展，在低星级标准中去除过多"非经济"的规定，使按经济型配置和服务的饭店，即能达到相应星级的及格线，有能发挥经济型饭店的优势。

第 4 节　国外经济型饭店的经验启示

尽管世界上各大集团的经济型饭店的发展模式、发展程度、市场细分和定位、经营管理方面存在差异，但是其共同的特点是：经济型酒店的经营模式是以连锁的方式，实现了规模效益；经济型饭店的业务管理大都实行专业化和社会化，自动化程度较高，有效降低了运行成本；经济型饭店已经形成了功能不同的系列品牌，市场细分程度高。因此，国外的经济型饭店已经发展成为较为成熟的业态形式。

一、国外经济型饭店的主要经营模式

自 20 世纪中叶以来，经济型饭店在欧洲、美洲得到了迅猛发展，逐渐形成了管理合同、资产运营、租赁、特许经营、战略联盟等基本模式，其中特许连锁经营模式成为经济型饭店发展的重要模式。

（一）特许连锁经营模式

特许经营方式作为"20 世纪最为成功的营销理念"，就是特许方企业通过契约的方式，将特许权转让给被特许方，让其销售自己的商品或使用自己的经营方式，并提供各种服务。被特许方加入连锁系统后，要使用特许方统一的商标、商号、服务方式等，并要向特许方交纳一定的转让费及营业利润。特许经营是以饭店服务品牌与管理等无形资产的投入实现饭店规模化成长，其特点是有形资产投入少、扩张速度快，由于经济型饭店的前期投入低，其规模化成长不可能采用大量投入的方式来实现，而只能走低成本扩张的道路，因此，特许经营是经济型饭店实现连锁经营的一种合适选择。特许经营模式能迅速扩张、增值品牌，使客源和管理质量得到保证，获得稳定的投资回报，对于深受资金困扰的经济型饭店来说无疑是最经济的途径。

世界上规模最大的饭店公司大多包含经济型饭店品牌，而其中很多就是从经济型饭店开始发展。例如，以优雅特色著称的马里奥特集团（Marriott International）的第一家饭店就是"双桥汽车旅馆"（Twin Bridge Motor Hotel）。其中世界第一的饭店集团圣丹特（Cendant Corp.）集团与第五大的精品国际饭店公司（Choice Hotels International）都是经营中档价格的经济型饭店 *。Cendant 的 Days Inn、Super8、Travelodge、Villager Ladge、

Knights Inn、Wingate Inn 品牌，Choice Hotels International 所属的 Quality Inn、Comfort Inn、Clarion、Sleep Inn、Rodeway Inn、Econo Lodge 品牌都是聚焦于大众市场的经济型品牌。而这两个集团的经营特色都无一例外的是特许经营。但是授予特许权的一方并不负责各饭店的具体管理、操作过程，这使得加盟的受许饭店坚持标准的运行模式和一致的品牌形象存在着相当难度。因此，对于特许经营授予方的饭店集团必须增加对于其下属受许饭店的监督，投入人力资源和大量资金。因此，其中的投入产出必经经过合理的衡量。

（二）其他经营模式

1. 管理合同

管理合同是指业主委托管理公司代理管理的一种营运形式。饭店集团采用这种方式，可以较少的资本投入及风险迅速扩张其规模，同时使在该领域没有实力及经验的业主分享该行业所带来的丰厚回报。管理合同广泛应用于饭店业，如喜来登、希尔顿等大集团乐于运用这种模式来实现扩张。饭店业主与管理公司通过签订管理合同来实现这一运作方式，管理公司全权负责饭店的管理，包括决定饭店的中高层管理人员，有权不受业主干扰，业主支付所有的经营费用并承担可能的财务风险。

2. 资产运营

资产运营指企业通过兼并、收购、合资等方式来实现以资本为纽带的集团经营。在饭店业，既有饭店与饭店之间实现店自身扩张的并购，也有业外企业收购饭店业实现扩张。如在西方自 20 世纪 60 年代开始，出现了大公司收购饭店集团的热潮，人们将这种集团形式称为企业联合体。例如，Heublin 收购了肯德基 KFC，Bass 收购假日等使饭店业也出现了以依托大企业雄厚的资本实力、成为其多样化经营的组成部分为主要特征的集团化方式。随着经济体制改革的不断深入，许多国有经济型饭店进行改制，还有一些饭店由于经营不善，陷入破产境地，可以以资本为纽带，对这两类饭店运用收购、兼并、托管等多种形式，组建经济型饭店集团，不失为一种现实的办法。

3. 租赁

饭店集团租赁业主的饭店经营，支付给业主固定租金（可以是一个收入总额的百分比，或租金额，或二者之和），具有完全独立的经营权。租赁的范围包括业主的饭店、建筑物、设备家具以及土地等，如果业主不愿让经营者分享所有权，经营者就有可能会签订租赁合同，独家经营管理盈利潜力较大的饭店，而业主在这种契约安排下则放弃其他管理形式固有的得失，换取相对保险、有限的经济收入。

4. 战略联盟

独立饭店之间联合经营，形成战略联盟，或称为饭店联合体也可用于经济型饭店的发展。其特点是档次相似、选择共同的市场定位、成员饭店交纳一定的费用，共同建立联合预订和销售网络，联合促销，树立集体市场形象。如以小旅馆为特色的瑞士小酒店协会，取得了相当的成功。我国经济型饭店多，但利用率不高。根据这种情况，国际上的"独立联合体"的经营形式为我们提供了可借鉴的经验。通过独立饭店间的联合，实现联合预订、联合促销，提高客源入住率，以达到资源最佳配置的目的。

二、国外经济型饭店成功经验的启示

从国外经济型饭店发展看，专业化规模经营是成功的根本，明确市场定位、有效成本控制、饭店选址以及品牌与规模是成功关键因素。

（一）专业化的规模经营

首先，国外经济型饭店凭借金融和实业资本的融合而带来的资金支持以及教育与培训机构所提供的智力支援；其次，饭店采取品牌化培育与规模化成长的经营模式作为主要增长方式；最后，饭店运作注重非核心业务外包、规模经营、人力资源和品牌无形资产的优势得以发展壮大。

经济型饭店规模化成长的主要路径在于集团化发展。集团化经营的优势在于集合相关资源，既形成规模经济和资金、资本势力，又利于扩张，集中资源做好、做快、做大。从全球范围来看，饭店业集团发育充分，产业的集中度高。全世界饭店中一半以上的饭店隶属于集团，成员饭店近 30% 客源来自于集团。到目前为止，世界前 300 强的饭店集团公司已经基本上垄断了国际饭店市场，这说明饭店行业已经成为产业集中度相当高的行业。

在旅游业高度发达的国家里，经济型饭店品牌同高档饭店品牌同步发展。在美国大多数饭店集团都形成了针对不同档次、不同市场的饭店品牌系列。世界排名第一位的饭店集团公司美国 Cendent 国际集团，拥有包括 Days inn，AmeriHost，Super8 等品牌在内的拥有 536097 间客房的 6513 座饭店，其中经济型品牌饭店 1900 家；法国的 Accor 集团拥有高、中、低档八个品牌饭店并管理饭店 3829 家，总计拥有 440807 间客房，其中经济型六个品牌共有饭店 2496 家，并拥有客房 245029 间。这些经济型饭店集团一般采取特许经营与委托经营等方式，集团统一投资建设，统一采购，统一配置，统一流程，统一服务，统一经营管理，大大降低了采购成本，容易实现低成本扩张，提高了经营管理的效益与效率，促进了行业规模的迅速发展。

（二）明确的市场定位

随着经济型饭店市场竞争的加剧，饭店经营的差异化定位势必成为企业竞争、发展的关键。经济型饭店的市场定位笼统上说应该是旅游消费者中对价格和住宿条件比较敏感者，他们看重住宿质量，同时希望饭店提供的服务能足够便宜。所以，在未来经济型饭店的市场竞争中，谁能给消费者提供方便、安全、卫生，同时又廉价的服务，是其保持竞争优势的关键。

根据国外的发展经验，经济型饭店应通过特色及多样性体现其竞争优势，明确市场定位。经济型饭店在筹划时，要精心考虑自身的市场定位和特定的客源群，针对经济型饭店的主要目标市场需求特点，进行合理的饭店设计，突出饭店主要功能。例如，美国的经济型酒店休闲和家庭游客比较多，需要酒店提供一个宽敞舒适的空间，大部分饭店都有游泳池。而日本经济型饭店以商务客人为主体市场，饭店多以客房服务为主，设计简约化，不设他辅助型设施。在国外有很多特色经济型饭店，如"Boutique Hotel"（精品饭店）、"Design Hotel"（设计饭店）、"Hip Hotel"（时髦饭店）、"Cool Hotel"（酷饭店）、"Wellness Hotel"（体养饭店）、"Escape Hotel"（私假饭店）、"Small & Luxury Hotel"（小型豪华饭店）等很多称谓和相关的例子，尽管这些饭店按规模和档次来论，在以前充其量被称为"Inn"（小旅馆）或者"Motel"（汽车旅馆），但现在，越来越多的经济型饭店投资者宁愿通过一番创意和设计来满足不同消费层次和偏好的需要。

（三）有效的成本控制

实施成本控制战略是经济型饭店生存的根本。

第一，饭店初建期的成本控制，包括区位选择及控制建造成本。（1）区位。现代酒店鼻祖斯塔特勒就一再强调，饭店经营成功的关键三要素是：区位、区位还是区位。好区位有利于酒店非主营业务社会化配套，同时为顾客提供了便利，降低了顾客成本。对于经济型酒店来说，商业区、交通枢纽、高速公路边是好的区位。（2）建造投入。饭店先期建造投入费用在整个生产成本中所占比例最大，因此建造费用的控制成为饭店成本控制的重点。经济型饭店可以利用旧厂房、旧仓库及旧旅馆等进行改造，以减少土地成本。如西方的青年旅舍主要是由乡间的中世纪古堡改建而成，后来学校的校舍、教室、教堂、农家仓库、灯塔、游船等都成了旅舍的来源。这样做，一方面降低成本，另一方面为游客提供了独特的体验。

第二，饭店设施的配备和辅助业务外包。经济型饭店是以提供住宿服务为核心的单一功能型饭店。因此，在饭店总体设计上应体现简约风格，客房设备设施应讲究适度和实用，避免同质于星级饭店的高档、豪华和综合的设计思想，注意一次性用品和能源的节约和环保，提高现有设施和服务的多功能使用效率。另外，经济型饭店应通过辅助业务外包方式，突出专业化与社会化服务的配套能力，从而降低经营成本。一般来说，经济型饭店以客房为中心，餐饮、商务的其他服务项目均属于非核心业务部分，可以采取外包方式对现有主营业务进行配套经营。许多企业采用战略联盟的方式经营经济型饭店或者通过社会化方式配套。在美国，酒店的电力、热力专业维修均由社会来配套。无需有庞（大的工程维修部另外酒店硬件设施、设备在投资时一次性到位，质量有保证，且自动化程度）高。客房整理、洗衣等业务都外包。餐饮一般只提供早餐，并由供应商直接提供，无须设置餐饮部。在我国由于社会化程度比较低，开发经济型酒店的企业往往需要自行配套餐饮、商务中心、洗衣服务等。为了降低成本，开发商可以与餐饮、洗衣等服务企业结成战略联盟，共同发展经济型酒店。

第三，利用规模效应控制成本。在经济型饭店行业快速发展阶段，规模的重要性逐步提升，快速拓展连锁店的规模是与竞争对手相抗衡的直接手段。规模可以摊薄总部的各类成本。由于经济型酒店受到其销售价格的限制，在同样的市场环境下，利润空间极为有限，因此只有形成数量规模，靠规模效益，进行连锁经营的模式，才能达到成本大幅度降低的优势。英国一家投资机构对全世界酒店业进行调查和统计发现，到20世纪末，世界上酒店客房总数的1/6被34家酒店集团连锁经营，而欧美等发达国家的饭店总数中超过半数的都是连锁经营的，连锁经营是世界酒店发展的主要趋势。连锁可以极大地提高连锁集团内各个酒店的效益，并且可以提升整个连锁集团的整体形象。

第四，管理与服务标准化。管理是贯穿整个经济型饭店行业发展阶段的关键性要素，包括品牌管理、人力成本控制及服务标准化管理等。经济型饭店的品牌建设与集团化经营是密切联系在一起，集团化需要品牌，品牌只有在规模发展中才能壮大。经济型连锁饭店一般具有多个品牌、多种饭店产品，采取统一标识、统一模式进行经营，每一家分店的经营质量都对品牌产生直连锁影响，因此加强连锁饭店的产品和服务标准化管理成为影响经济型饭店规模经营持续发展的重要保证。另外，对人才的有效开发和管理是经济型饭店保持长久竞争力的重要前提。按照经济型饭店的服务要求，其每间客房与人员比例为1∶0.6左右（一般星级饭店1∶1.5），同时应注重遴选复合型、综合素质比较高的饭店人才，从而使人力资源得到充分利用，从而降低人工成本人员的使用数量。

 【阅读链接 7-2】

从东横旅馆看经济型酒店提升之路 [①]

成立于1986年的东横旅馆是日本知名的经济型连锁酒店集团，目前已有269家店。与日本同类酒店相比，东横旅馆的扩张速度可谓迅速，从2002年15家店开业，至今已成为日本规模最大的经济型连锁酒店集团，从5000万日元起家到2016年净资产已达563亿日元。更为重要的是客房平均出租率，2005年该酒店客房平均出租率为83.1%，2010年为82%，远远超过其他酒店67.4%的平均水平。

那么，东横旅馆有哪些值得我国经济型酒店学习的经验呢？

一、交通条件。东横旅馆被称为"现代车站前商务酒店"，顾名思义，其店址都在火车站、地铁站或机场附近。其韩国的6家分店皆位于距地铁步行10分钟左右的地方，德国的分店开在法拉克福车站附近。酒店提供免费接送服务，对于商务顾客来说很有吸引点。

二、硬件设施。东横旅馆的硬件设施秉承日式建筑风格，空间虽小但设施齐全。一是空间利用率高。东横旅馆的客房中，床比普通酒店要高，行李架置于床下，节省了行李架的空间。东横旅馆酒店实行按人收费，所以经常会出现这种情况，双人间的两位

---

① 陈阳，秦宇.从东横旅馆看经济型酒店提升之路.中国旅游报/2017年/11月/23日/第A02版.

客人彼此陌生。酒店把浴室设在两张床中间起到隔断作用，避免了客人的尴尬，同时减少了单人间数量，节省空间。二是设备齐全。在空间面积较小的情况下，东横旅馆还配备了便利设施，比如迷你版的冰箱、保险箱、加湿器等，卫生间马桶配有智能马桶圈和自动冲洗装置。在同等价位情况下，东横旅馆的硬件设施更为齐全且智能化，性价比较高，让经济型酒店更名副其实。

三、服务理念。东横旅馆给住客准备了免费自助早餐，且内容丰富。个别分店还会为住客提供宵夜，虽然是很简单的煮面条之类的餐食，但是对于经济型酒店的客人来说已是超值服务了。一切都从顾客需要出发是东横旅馆的服务理念。在东横旅馆官网预订时，客人需要自行选择加服务，而这些附加服务的默认状态都是不使用状态，客人不必担心捆绑销售问题。

2010年，东横旅馆为了拓展中国市场，将札幌的一家分店进行了中国式改造，店员都是中国人，提供中文服务，还在开业当天邀请200余位附近城市的华人出席剪彩并免费入住体验一天。同年，东横旅馆在沈阳开设了在中国的第一家分店。

四、经营管理。东横旅馆在运营管理方面也有独到之处，比如女性员工数量超过男性、租赁房屋而不是购买、大量雇佣年长员工等，这些措施不仅解决了企业的用人问题，也赢得了政府相关方面的支持，企业发展更为顺畅。在日本，大多数行业的管理职务由男性担任，男性管理者占93%左右。与此形成鲜明对比的是，东横旅馆超过97%的分店由女性经营管理，酒店客房内有女性经理写的关于女性就业的书，激励女性客人追求自己的职业理想。

重视与当地社区的关系，追求双方共同发展。东横旅馆租赁30年期限使用权，而不购买所有权，减低经营风险。同时，由于东横旅馆酒店没有餐厅或者宴会厅，客人要去附近的餐厅或者健身房消费，这就给周边企业带来商机。

环保理念。推出独特网上活动——连住环保方案和灰姑娘自由计划，即连住环保方案指客人如果住两晚以上，其中一晚的房费可便宜300日元，与此相应的是酒店不更换洗漱用品，也不进行清扫活动，这是一种既节省成本、又优惠顾客的营销手段。灰姑娘自由计划类似"今夜酒店特价"，即将每晚零点之前没有卖出去的房间以特别优惠的价格销售。相比国内一些经济型酒店推出的经常令客人不知所云的会员积分活动，东横旅馆的营销活动简单直接，既赢得了口碑又节省了成本。

（四）饭店选址

现代饭店鼻祖斯塔特勒就一再强调，饭店经营成功的关键三要素是：地段、地段还是地段。好地段有利于饭店不仅方便了顾客，也有利于将非主营业务配套社会化。业内人士普遍认为，选择了一个好的地段就成功了60%。只有充足的客源保证了高的入住率，才能在成本控制的基础上形成可观的利润。而地段内充足完善的配套设施，则可以使经济型饭店更能集中精力专注于主营业务，为客户提供更加专业化的服务。资料显示，美国的经济型饭店要求在 15 分钟的车程范围内必须有餐馆、购物中心、加油站或社区等设施。

（五）品牌与规模

饭店品牌和网络规模是互生的，品牌知名度广的饭店规模一定大；而规模大的经济型饭店品牌号召力强。经济型饭店价格低，所以要以规模取胜，最大幅度地降低成本；要以品牌取胜，最大限度地提高入住率。经济型酒店常通过战略联盟组建网络，提高市场覆盖面。经济型饭店的旗舰概念比较弱，也就是单体饭店品牌的辐射力较弱，必须通过规模来扩大行业知名度。

第 5 节　中国经济型饭店发展的途径

随着市场竞争的加剧，中国经济型饭店必须充分分析现状，找出问题，发挥自身优势，抓住市场机会，积极探索和实践特色的经济型饭店发展模式，从而应对挑战、提升饭店竞争力。

一、中国经济型饭店的主要经营模式

随着中国经济的发展和消费水平的提高，国内旅游市场迅速兴起，经济型饭店成为投资的热点。当前，与外国经济型饭店的经营管理方式相比，中国经济型饭店还是以单体自营、承包租赁为主要经营形式，而委托管理、连锁加盟等国际集团化的模式还是很少的，这是与中国经济型饭店历史、地域限制等多方面因素的影响密切相关。在市场竞争日益激烈的今天，落后的经营方式已经成为经济型饭店发展的瓶颈。

（一）单体自营

这种类型的饭店利用自有资金建设，自我经营饭店，以单体为主，各自为政。无论是国有体制的经济型饭店，还是新型的民营经济型饭店，大都采用这种所有权和经营权两权合一的企业机制。这种经营模式管理成本很低，也不存在代理问题，对于规模小于 10 间客房，例如家庭旅馆形式的经济型饭店，从投入产出比角度考虑，确实是经济合理的经营模式，但是随着规模的扩大，其规模不经济性就显而易见。另外，这种单体自营的管理方式会造成专业管理技术与管理人员的缺乏，导致管理效率的低下，功能配置不尽科学，饭店产品质量参差不齐。

（二）承包租赁

承包租赁分离了所有权和经营权，这种经营模式曾经使中国的企业摆脱了计划经济时期的种种束缚，极大地刺激了经营者的积极性，而业主又可以获取固定的经济效益。

这种经营模式在高星级的饭店中，由于缺乏专业人士的管理，已经比较少见，但是在经济型饭店中仍然还大量存在。非专业的经营管理使这种模式的代理问题尤其明显，承包租赁者的短期经营行为，往往对于饭店的长期发展造成致命的打击。饭店的一致形象无法维持，设备无法持续维护，对于人力资源也缺乏长期的规划。该模式应渐渐退出经济型饭店的经营领域。

（三）委托管理

委托管理作为中国饭店业壮大发展的重要模式，通过合同形式联系业主与专业饭店管理公司，明确各自的责任和义务，迅速提高了我国饭店业的经营水平。与承包租赁经营模式正好相反，委托管理模式在高星级的饭店中俯首即是，尤其以国际饭店管理集团公司的成功先例为盛。但是我国经济型饭店采用此模式的几乎没有，采用国际管理公司存在管理费用的经济问题，而国内管理公司的管理信用和社会信誉度又无法尽如人意。

（四）连锁加盟

连锁加盟是一种商业组织形式和经营制度，就饭店而言，一般是指若干个饭店企业，以一定的形式组成一个联合体，通过饭店形象的标准化，经营活动的专业化，管理方式的规范化以及管理手段的现代化，使复杂的商业活动在职能分工的基础上实现相对的简单化，同时统一的采购、促销进一步降低成本，从而实现规模效益。在饭店业又通常将之称为联号，目前国际各大饭店集团多以此形式获得迅速的扩张。由于经济型酒店受到其销售价格的限制，在同样的市场环境下，利润空间极为有限，每个店微薄的利润层要精心维护才不致丢失，因此，只有形成数量规模，靠规模效益，连锁才可能真正滚动起来，以达到成本大幅度降低、客源的网络化互通、人力资源的普遍化培训、品牌的超地区共享等一系列优势。通过合理的价格空间，满足价格敏感型的宾客群，同时获得自身利润与生存机会。目前北京和上海两地的经济型饭店集团，如中江、如家、锦江、新亚，都采用了此种经营模式。

二、中国经济型饭店发展中存在的主要问题

目前，经济型饭店面临产品老化、成本上升、品牌弱化等发展瓶颈，普遍遭遇盈利下滑的困境。经济型饭店必须从投资直营店树品牌逐渐向特许加盟、品牌多样化以及战略联盟等方式转变。制约中国经济型饭店发展的主要问题如下：

第一，缺乏专业化、规范化的行业标准。由于我国经济型饭店起步晚，国内对经济型饭店的管理尚需进一步完善。根据国家有关法律法规的规定，凡是星级饭店、涉外饭店由旅游部分负责管理，而普通饭店、旅馆则由商贸部门监管，这种管理体制给经济型饭店的管理带来的很多问题。目前国内经济型饭店多从传统一星、二星饭店改造过来，仍按传统星级管理模式在运行。参照星级饭店的管理条例显然无法满足经济型饭店的发展要求，经济型饭店迫切需要一个统一的行业标准来规范经营者的行为、行业的发展轨迹，这样整

个行业才能得到长足、健康的发展，相关部门也才能更有效地对其进行监管。

第二，缺乏专业人才。随着经济型饭店的极速扩张，专业化人才紧缺成为现阶段面临的主要问题。经济型饭店高性价比、低成本运营的特点主要表现在人员配置方面，身兼多职的全面技能型人才是饭店质量的保证。目前，经济型饭店门槛低、收入少等问题难以留住优秀人才。此外，高校酒店管理专业仍以星级饭店标准人才为培养目标，特别是实习环节争相选择跨国饭店集团所属饭店，对经济型饭店形成误导和偏见，导致专业管理人才的严重缺乏。

第三，产品同质化严重。许多中国经济型饭店模仿锦江、如家在全国建立连锁饭店，将目标市场定位于中低档商务和观光旅游市场，以价格为主要的定位诉求点。大多数经济型饭店没有深入了解市场，缺乏市场细分和定位，不能针对顾客需求变化进行及时的产品改进和创新，提供的饭店产品雷同，缺乏特色，导致产品同质化现象日趋严重，市场处于恶性杀价的低端竞争状态。

第四，品牌附加值有待提高。总体来说，我国经济型饭店多以直营单体形式居多，虽近几年连锁加盟形式被大型饭店集团所采用，但是总体占比仍处于较低水平。相比连锁化经营，单体经营因缺乏统一的采购、预订和管理系统，弱势明显。经济型饭店通过连锁化经营可以实现规模效应，提高品牌影响力，目前具有品牌影响力的大型经济型饭店集团还屈指可数，与著名跨国集团相比还有差距。

三、中国经济型饭店的发展途径

中国经济型饭店的发展路径应从明确市场定位和加强行业管理思想出发，整合行业存量资源，营造规模和品牌效应，采用外包、资本运作等新型管理模式，构建个性化的质量服务体系，加强电子商务和网络营销，建设良好的信息系统，加强经济型酒店人才的培训和储备，从而提高整体竞争实力。

（一）推进经济型饭店的体制改革和行业管理

一是完善经济型饭店的管理体制。在我国饭店行业管理的实际运作中，高星级饭店是管理的重点，而经济型饭店是行业管理相对薄弱地带。因此，首先应从宏观层面上完善饭店行业管理体制，统一饭店业的行业行政管理，进而加大经济型饭店的行业管理力度。

二是应该加快我国经济型饭店的产权制度改革。我国大多数潜在进入的经济型饭店大多具有复杂的产权关系，使之难以建立起以资本为纽带的经济联系，无法进行生产要素的优化组合和产品结构的合理调整。在这种基础上发展连锁化、集团化的企业，根本无法形成利益共享、风险共担的利益共同体。因此，经济型饭店连锁化必须以产权为纽带，建立现代企业制度，从而理顺产权关系，明确界定产权利益主体及其行为。

三是加强经济型饭店的行业管理。国家应大力加强协会和相关服务组织的力量，规范经济型饭店的经营创造良好的资源环境，促进经济型饭店的发展。随着经济型饭店市场的迅猛发展，政府和协会应充分发挥重要的引导和调节作用，对经济型饭店的有关经济活动进行统筹、协调和监督，从而为全行业提供信息咨询服务，变部门管理为行业管理，是实现全行业宏观调控与微观指导相统一的基础。在海外，行业协会是非常有权威的组织，它起着政府组织所不能起到的作用。目前我国经济型饭店缺乏行业管理规范和标准，已经出现难以符合已提高消费水平的国内消费者和国际客源的需要。管理体系的不成熟与不完善终将制约其迅速健康发展的步伐。为了保证经济型酒店的健康发展，努力寻求星级饭店和经济型饭店评价体系的契合点，要形成规范的行业、硬件设施和服务标准等做出一定的规范，使其得以良性发展。

（二）优化经济型饭店的扩张模式

一方面，选择以连锁经营为主要模式的扩张路径。追求利润最大化是酒店企业的终极目标，而扩大生产规模是降低成本的最有效途径，根据生产成本理论，在一定时期内，企业边际产量的提高会带来边际成本的下降。单体饭店只有通过连锁经营，尽可能扩大经营的规模，并通过规模效益极大地降低交易成本和管理成本，整合内部资源，扩大品牌影响力，才能取得市场竞争的优势。连锁经营不仅可以极大地提高连锁集团内各个饭店的效益，而且可以提升连锁集团的整体形象。在未来的连锁化经营中，布局连锁化、客源系统的连锁化、标准化是支撑连锁化的最重要的三个因素。在布局方面，经济型饭店要突破区域限制，打破区域观念，树立整体布局意识。在客源系统连锁化的趋势中，设立中央预定系统是关键，通过建立强大的中央预定系统，使全国范围的饭店分享中央预定系统的客源。在此过程中，特别要重视的就是各个连锁店在软硬件、服务和产品方面的一致性。连锁化经营是酒店业发展的必然趋势，从分散走向集中，进行连锁化经营管理是我国饭店业发展的必然之路。

另一方面，树立规模经营意识，推进经济型饭店集团化发展进程。21世纪以来，伴随着世界经济一体化的浪潮，饭店业的集团化发展是全球饭店业发展的趋势。集团化的优势在于集合相关资源，即形成规模经济和资本实力，有利于行业竞争和扩张。经济型饭店走集团化发展之路，能够使酒店有品牌、客源、管理质量保证，利用饭店管理集团的品牌和客源网络提高自身的经营水平，实现规模经济效益、管理协同效应和范围经济效益。我国饭店业若要在激烈的市场竞争中有所作为，就必须加强联合、优势互补，打破区域分割、单一品牌的经营模式，突破现有体制的禁锢，大力发展大型饭店集团和饭店管理公司。经济型饭店可以根据自身的发展目标、投资条件、承担风险的程度以及扩张速度和管理水平，明确饭店通过集团化要获取的资源，通过综合考虑，选择集团化战略的最佳形式。

（三）注重品牌建设，提升饭店核心竞争力

对于经济型酒店来说，规模是管理的基础，品牌高于有形资产，只有建立知名品牌才能拥有消费者市场的认同和忠诚，才能获得企业群的聚集效应，从而提升饭店的核心

竞争力。我国三星级以下的经济型饭店占据着整个住宿设施的 80% 以上，但长期以来都以单体的形式存在，没有形成规模、缺少有影响力的品牌，彼此之间主要靠价格进行竞争，实力不强，效益较差。

1. 强化品牌的定位与设计

经济型饭店应在市场调研和品牌诊断的基础上，针对消费者的心理，将品牌的功能、特征和消费者心理需要联系起来，突出"适用和经济"的特点，引起消费者的注意和偏好，寻找市场空缺，避免与优势品牌形成正面冲突。

2. 提升品牌价值

品牌市场竞争的首要素是产品的质量，高品质的产品和服务质量是饭店的品牌价值的基础。饭店应以满足顾客最大效用为出发点，不断提高和改进产品质量，提供特色的经济型饭店。加大品牌的服务支持，与顾客保持良好的沟通和互动是树立饭店品牌的有效途径。

3. 保持一致性和个性化的动态平衡

经济型饭店的特点在于经济的价格、简洁舒适的服务产品。中国经济型饭店要树立起品牌，必须保持其一致性。世界著名的餐饮连锁机构麦当劳、肯德基得以在全球所向披靡，其绝对一致的形象是其成功的关键。而这种一致性不只是饭店外观客房的一致性，更应该是服务的一致性，只有树立起宾客对于一致性服务的信心，才有饭店不断扩张的基础。同时，要注意保持一致性和个性化的动态化平衡。

【阅读链接 7-3】

经济型酒店如何做到"好住不贵" 各大品牌推出"花样"转型之路 [①]

在消费升级的驱动下，绝大多数酒店开始谋求转型升级之路。不同于早期一味"押宝"中高端市场推出各类新品牌，近期不少酒店集团开始专注品牌"自我升级"，力求通过规模优势、大数据算法等让原始品牌做到"好住不贵"。机构数据显示，经济型酒店的客户群体仍是行业的最大主力消费群。如何去满足这一群体消费升级的需求？提质不加价成为不少酒店品牌的追求。

华住酒店集团旗下的经济型酒店汉庭发布了 3.0 产品，对住宿环境、服务品质和品牌形象进行了一次全面升级。在位于上海市漕宝路地铁站附近的汉庭 3.0 体验店中，集迎宾、送餐于一体的 AI 机器人，综合预订、支付、选房、登记业务办理的智能终端，智能嵌入式音箱等，在吸引眼球的同时，也极大提升了酒店的智能化和舒适度。

在华住集团看来，消费升级并不意味着价格升级，"汉庭酒店的终极目标是要让普

<hr />

① 记者胡洁菲.经济型酒店如何做到"好住不贵" 各大品牌推出"花样"转型之路.新华社客户端官方账号.发布时间：2019-07-1720: 01.

通蓝领、都市白领、高校教授等各类人群都能在汉庭获得优质住宿体验。"集团认为，可以通过实现其产品设计和制造的工业化、规模化来降低成本，如直接在工厂完成洗手台、一体式淋浴房的制作，现场只需搭建即可。据汉庭酒店测算，通过模块化营建，目前汉庭3.0单间房常规造价从10万＋下降到6万＋。

经济型连锁酒店品牌OYO则认为，基于大数据算法的精细化管理是提供质优价廉服务的关键。据OYO酒店首席人力资源官凌震文介绍，在统一基本物料、实现装修升级的同时，OYO能够通过大数据等科技手段有效分配客群，提高酒店入住率、降低人力等运维成本，实现最优性价比。

华泰证券分析师指出，近年三、四线城市发展到了一定阶段，商务活动频繁，居民的旅游出行需求强劲，便捷的航空、高铁使得酒店行业下沉市场得到重视。"大的酒店巨头拥有会员优势，品控管理相对规范，有助于实现'低价优质'的目标。"

华美顾问机构赵焕焱指出，相较于部分城市的高端酒店，一些经济型酒店的房价难以覆盖经营成本，因此从好地段好物业着手，开始升级的浪潮。"但酒店升级后的低价是否可行取决于当地的经营成本，消费者也应该擦亮眼睛，综合考虑。"

（四）寻求与国际饭店集团的合作

中国市场是所有国际集团想要占领的大目标，对于饭店业而言，自20世纪80年代以来，国际众多饭店集团纷纷入驻中国，成为中国饭店飞速发展的重要因素。然而随着世界经济发展的放缓，一直钟情于高星级饭店管理的国际饭店管理集团发现利润的空间越来越薄弱，而势头强劲的国内旅游则预示了经济型饭店的光明前景。继第一轮抢占中国高档饭店市场之后，国际饭店集团又开始了向中国饭店市场的第二轮进攻。而作为小、散、乱的中国经济型饭店，可以抓住此次契机，加入知名国际饭店集团，利用全球共享网络系统，迅速扩大规模，以增强自身的市场生命力。

上海锦江集团积极谋划国际化发展战略，先后与国外知名集团达成合作协议，成功进入世界饭店集团排名前列。2011年9月，锦江之星与菲律宾的上好佳（国际）正式签约，以品牌输出的方式跨出国门，通过品牌授权经营使锦江之星品牌正式落户菲律宾，成为中国经济型酒店品牌正式走向海外的第一例。此后，锦江在韩国、法国、印尼等地，不断向外输出品牌。2015年，锦江完成法国卢浮酒店集团的收购，康铂（Campanile）、郁锦香（Golden Tulip）和凯里亚德（Kyriad）等酒店通过锦江卢浮亚洲公司引入到中国境内，成为集团重点发展品牌。

（五）利用丰富的社会资源系统

经济型酒店的利润空间有限，寻求边际成本的最低化是其不断努力的目标。而城市功能分工不断专业化，社会资源系统不断丰富，重点发展于大中城市和旅游地的经济型饭店，处于网络交叉发展的市场，可以借助城市功能，将经济型酒店的一些设施、服务转给社会，使酒店自身建设、运营费用降低，如餐饮、客房清理的外包服务。像 B&B 模式的经济型酒店，将重点关注于住宿（Bed）和必需的早餐（Breakfast），使宾客基本的出行需要得到满足，真正感到物有所值或物超所值。

（六）完善的预定系统及服务网络

信息科技的飞速发展，必然使原来只有豪华高星级饭店才有能力做的全球预定系统，普及至针对大众的经济型饭店。世界第一代预定系统就是由经营汽车旅馆开始的假日集团开发的 Holidx I。面对越来越成熟的宾客，作为经济型饭店，不仅要关注宾客经济成本，还必须重视宾客的时间成本。通过免费预订电话、网上预订服务和成员饭店互相代办预定，可以实现甚至全球范围内的方便、快捷的预定业务。青年旅社完善的预定系统是其全球遍及的成功关键之一，分时度假的积分制，连锁集团客房的超时空共享，经济型饭店应该充分利用科技的发展，建立一个适合自身发展的服务网络。

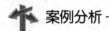 案例分析 --

向上延伸的经济型酒店 [①]

目前，国内经济型酒店市场上虽然竞争激烈，但仍然存在结构性供给不足，市场潜力可进一步挖掘。从过夜游客规模看，2015 年城镇居民过夜游 14.2 亿人次，农村居民过夜游 5.4 亿人次，入境过夜游客为 0.57 亿人次，共计超过 20 亿人次。从消费水平看，当年城镇居民国内过夜散客人均每次住宿费花费为 325.8 元，农村居民国内过夜散客人均每次住宿花费为 167.6 元，入境过夜游客人均天住宿花费为 26.65 美元。考虑到较大比例游客住宿消费水平低于平均值及国内过夜游客的停留天数大于 1，粗略估算过夜游客每晚住宿消费水平处于经济型酒店价格水准的游客规模超过 12 亿人天次。目前约 1.5 万家、140 万间客房的经济型酒店规模尚不能满足一半需求，其他需要低星级酒店、招待所、民宿、青年旅舍、旅馆以及农家乐等来补充。从空间覆盖看，在约 2800 个县级行政区中，有相当部分县市还没有经济型酒店品牌入驻，在 350 余座地级以上城市中，也并非完全饱和，仍有一定的发展空间。此外，还可以开发更加细分的经济型酒店业态，如价格更低廉的超经济型酒店和自助型经济型酒店等。

虽然国内经济型酒店市场仍有其发展空间，但经济型酒店集团在发展到一定规模后向中高端延伸是其必然的战略选择。对于一家经济型酒店集团来说，越过高速成长阶段后，其增速放缓，为避免被收购或走向衰落，就要向中高端进行延伸发展。一方面，这是满足客户动态多元需求的需要。经济型酒店集团在发展过程中积累了大量会员，这些会员处于不同消费情境，如出差、旅行或度假，个人或家庭出游，会选择不同档次和类

---

① 杨宏浩 . 向中高端延伸，经济型酒店集团的发展逻辑［N］. 中国旅游报，2017–01–19/ 第 A02 版 .

型酒店。这些会员随着经济能力成长、社会地位提升以及家庭生命周期演化，其需求会发生变化。向中高端酒店延伸，可为会员或消费者提供更多选择，满足他们不同情境、不同阶段的消费需求，从而可以提升消费者对集团的黏性和忠诚度，更大程度挖掘消费者价值。另一方面，经济型酒店集团以规模制胜，其价值模式是通过规模的扩张实现规模经济效益。扩张到一定规模后，边际效应递减，业绩增长出现拐点，投资回报率下降，向中高端延伸必将成为其新的战略选择。中高端品牌为其开辟新的成长空间，可发挥范围经济效应，实现集团资源共享和资源利用最大化，并促成更大的规模经济效应。特别是在集团采购、人员培训、财务和预订等管理系统的使用、品牌传播等方面。一个比较理想的状态是，在一个好的地段，形成自己的酒店群，所有档次的酒店一应俱全。此外，向上延伸也可为酒店集团拓展项目时提供更多选择，有利于其获得项目。

目前看，国内经济型酒店集团当时较好地把握住了中端酒店需求爆发时机，适时进入了这一相对新兴的市场。应该说经济型酒店集团进入中端市场是一个较为自然的选择，也基本在其力所能及范围内。其进入的方式以自创品牌为主，兼顾收购品牌和合作模式。其中与国际酒店集团的中端酒店品牌合作尤为引人关注。对于国际酒店集团来说，除少数几个中端品牌进入较早外，大多都是忙于抢占国内高端市场，无暇顾及正在兴起的中端市场。如今，在国内中端品牌已基本成气候，此时再进入，综合考虑中端品牌拓展成本与托管或特许经营收入，自己拓展市场显得并不经济。而对于国内酒店集团来说，国际中端品牌的影响力、运营管理能力和会员规模等都有较大吸引力，双方合作可实现优势互补，各得其所，快速抢占市场。

但进一步向高端酒店市场的延伸难度就相当大了。中低端酒店与高端酒店在价值观、文化基因、运营管理理念和模式上都有较大差异。通俗一点说，高端酒店品牌讲究"出身"，"出身"并不高端的酒店集团贸然去收购高端品牌，会使其显得与其身份不匹配，并非有钱就能算数。早期诺富特酒店收购索菲特酒店颇费周折，而收购美丽殿则以失败告终，都与这一因素有关。因此，从经济型酒店进入中端酒店领域的酒店集团，除了改一个与其发展战略和雄心相匹配的名称，还必须敦实自身实力，消除和摆脱中低端的印象，以新的形象面世。一方面，在打造好中端品牌的基础上，寻找好的并购高端品牌的机会；另一方面，可成立独立的高端品牌运营中心，组建专业团队，专注于打造细分领域的高端品牌。当然，折衷的办法也许不失为一个选择，例如先收购一个国内非著名高端品牌，这一做法在国内敏感度可能相对低一些，借此进入高端领域，伺机并购更知名品牌。

鉴于目前国际国内酒店领域的合纵连横态势，中小规模的酒店集团不进则退，甚至稍不留神就有消失的危险。除了不断向中高端酒店领域拓展以巩固和加强其市场地位外，可以尝试跨越边界，进入非标住宿领域，例如收购短租或度假租赁公司。

案例讨论题

1. 简要分析经济型酒店与中档次酒店的异同点。

2. 如何理解文中提到的"国内经济型酒店集团向中高端市场延伸是其必然的战略选择"?

 思考与练习

1. 简述经济型饭店的内涵和发展阶段。

2. 经济型饭店的基本特征是什么? 请举例说明经济型饭店与星级饭店、社会旅馆的异同点。

3. 说明国外经济型饭店发展的主要模式及其对中国企业的启示。

4. 请分析中国经济型饭店发展的优势及途径。

 推荐文献

王群、杨继东、高宏, 经济型饭店经营管理实务 [M].北京: 中国旅游出版社, 2005.

胡平、俞萌, 经济型酒店管理 [M].上海: 立信会计出版社, 2006.

邹统钎, 经济型酒店的关键成功因素与经营模式 [J].北京第二外国语学院学报, 2003 (4).

邹益民、陈业玮, 我国经济型饭店经营模式初探 [J].商业研究, 2003 (22): 158-161.

冯冬明, 经济型酒店发展、问题、策略 [J].旅游学刊, 2006, (7).

徐虹, 吕兴洋, 秦达郅.国内经济型酒店服务创新比较研究 [J].旅游科学, 2013 (2).

丁莹.我国经济型酒店竞争力的实证分析 [J].周口师范学院学报, 2013 (3).

李芝惠.中国经济型酒店行业环境 [J].环球旅讯, http://www.traveldaily.cn/article/106862, 2016-09-22.

余晓岚.中国经济型酒店战略管理问题研究 [J].旅游纵览 (下半月), 2016 (08).

李锋, 吴凯.经济型酒店品牌比较研究——基于在线评论的分析 [J].旅游研究. 2017 (03).

张娟.试析中国经济型酒店的发展现状及策略 [J].商业经济.2017 (04).

杨宏浩.2018 住宿业走上高质量发展之路 [N].中国旅游报 2019-01-10.

第8章 分时度假和产权式饭店

【学习目标】

  通过对本章的学习，应该掌握分时度假的概念及形成条件；重点掌握产权式饭店的概念及特征；了解国内外产权式饭店的发展情况；了解中国产权式饭店存在问题及发展路径。

【内容结构】

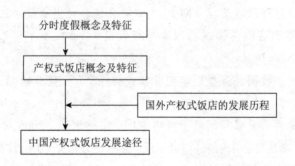

【重要概念】

  分时度假 产权式饭店 时权饭店 饭店式公寓 公寓式饭店

第1节 分时度假及其发展

  分时度假是一种将旅游休闲度假、饭店住宿与房地产业以及网络等行业有机结合起来的新兴旅游度假模式。它起源于 20 世纪 60 年代的法国阿尔卑斯地区，20 世纪 70 年代美国引进后得到了迅速发展，并延伸到全世界各地。

一、分时度假的起源和发展

分时度假经历了 50 多年的完善和发展，经历了概念形成阶段、交换系统形成阶段及其快速发展阶段，逐步成为全球推崇的新型休闲度假方式。

（一）分时度假概念的形成阶段

20 世纪 60 年代早期，欧洲旅游度假风气兴盛，成为一种时髦的大众消费方式。人们在拥有都市居所的基础上，更希望在风景度假区或海滨度假区拥有一个休闲度假处，但是由于别墅的高价位以及因假期的短暂停留而带来的高空置率等原因，出现了亲朋好友联合购买一幢别墅，供大家不同时间分别使用的情况，最早的"分时度假"概念也由此产生。随后，房地产的开发商发明了以分时销售客房使用权的模式来招揽客户，适时提出了 " 复合产权 " 的新概念，一幢别墅的产权由多个人分担购买，每一个购买者都独立拥有自己度假时段的产权，时段产权的期限可以是 20 年、30 年，甚至更长的时间，取得了很好的效果，分时度假市场由此形成。由此可见，分时度假产品的产生源于人们对度假地住宿产品的需求，它通过创新的经营方式将酒店产品和房地产产品结合起来，解决了现实购买力不足与产品供给价格之间的矛盾，把潜在的需求变成了现实的需求，从而产生了一个新兴的、有巨大发展潜力的边缘行业。

（二）分时度假交换系统的形成阶段

20 世纪 70 年代初，美国经济的持续繁荣带动了房地产业的快速发展，大批度假公寓和别墅纷纷建造起来。70 年代中期，美国经济出现衰退，泡沫经济造成了大量房地产积压。为处理积压与空置，充分盘活闲置房产，美国从欧洲引入分时度假概念，取得了巨大成功。1977 年美国 95% 以上的度假物业是由其他房地产开发项目改造过来的，美国目前已成为世界上分时度假产业最发达的国家。随着度假者多样化需求的出现，经营者为改变传统分时度假产品过于僵化和缺乏灵活性的问题，据不同的爱好和需求改变度假地和度假时间，在分时度假的基础上进一步拓展开发出分时度假的交换系统，使拥有度假房产使用权的客户可以将自己的度假房产使用权通过交换系统换取同等级别但位于其他地区的度假房屋使用权。交换系统的建立和发展成为分时度假发展的主要动力。为了提高分时度假产品质量，满足购买者希望前往更多分时度假地度假的愿望，1974 年，第一个分时度假交换系统 RCI（Resort Condominiums International）在美国建立。1976年，世界第二大分时度假交换系统 II（Interval International，国际度假联邦）建立。至今，RCI 仍然时世界上最大的分时度假交换商。

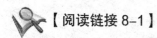 【阅读链接 8-1】

RCI 在中国

RCI 是英文 Resort Condominiums International（国际度假公寓公司）的简称，是美

国国际分时度假交换公司，隶属温德姆企业集团（Wyndham Worldwide），它最早将交换概念引入分时度假，并已发展成为全球最大的分时度假交换公司。RCI是业内唯一独立的、环球性的交换度假时段及相关服务的经营者。

作为全球度假权益交换行业及欧洲度假房产租赁市场的领头羊，其业务范围覆盖了世界各地的73000家休闲度假村。除了拥有RCI这个世界最大的度假权益交换网络外，RCI集团还拥有世界最大的豪华度假交换网络，The Registry Collection，以及一系列知名休闲房地产租赁产品，如Endless Vacation Rentals&reg等。通过这些产品组合，客户可以完成从城市公寓到乡间小屋的便捷租赁。

目前，RCI在191多个国家里，拥有超过380万会员家庭，这些家庭每年都享受着RCI全球范围的交换服务和各式各样与旅游、休闲相关的服务。每年RCI为它的家庭会员确认180万次以上的度假交换，让超过650万名客户能够度过愉快的假期。在过去的三年中，RCI度假成员的增长率达25%。

RCI于2004年进入中国，经过十几年的发展，中国的加盟度假村数量已经达到60多家。

（三）分时度假的快速发展阶段

20世纪80年代初期，分时交换的概念又从美国传播到英国和西班牙，使分时度假进入了一个崭新的发展阶段。随着各国对分时度假产品认识的深入，相关法律也越来越健全，分时度假产品逐步趋于规范化，并且开始出现了一批专门为满足分时度假需求而开发的房产。到20世纪80年代中期，90%以上的分时度假地都是专门为适应分时度假需求而新开发的，其发展规模也处于快速发展之中。特别是1984年之后，大的饭店集团开始加盟分时度假产业，如万豪和迪士尼1984年进入，希尔顿在1994年进入，随后是凯悦、四季等，他们的加盟既提高了行业的知名度，增加人们对分时度假的信任，同时促进分时度假业继续增长。

近年来，分时度假产品成为当今世界旅游住宿业所有产品中增长最快的分支之一，成为全球旅游业的重要组成部分。据统计，1980年全球分时度假销售额仅为4.9亿美元，2004年达到94亿美元，年均增长75.8%，远远超过了同期国际旅游收入的增长速度。调查数据显示，目前，世界上已有60多家分时度假集团，4500多个采用分时制度的度假村。比如Marriott Vacations Worldwide（万豪全球度假）目前共计40多万会员，希尔顿分时度假俱乐部酒店的数量上大约为44家。分时度假快速发展，吸引着越来越多的投资开发商投身其中，同时也吸引着越来越多的购买者。

二、分时度假的定义

分时度假（Timeshare，又称Vacation Ownership或Holiday Ownership），直译为"时

间分割""假日共享"。关于分时度假的定义，由于世界各国认识角度不同，对其概念也有不同说法。

（一）国际上的定义

目前国际上流传较广的分时度假概念分别来自于美国佛罗里达州的《分时度假房产法案》（Real Estate Timesharing Act CH721 Florida）和 1994 年 10 月欧洲联盟的《欧洲联盟分时度假指令》（European Union Timeshare Directive）。美国对分时度假的定义是："所有以会员制、协议、租契、销售、出租合同、使用许可证、使用权合同或其他方式做出的交易设计和项目安排，交易中，购买者获得了对于住宿和其他设施在某些特定年度中低于一年的使用权，并且这一协约有效期在 3 年以上"，即称之为分时度假项目。欧盟则从保护消费者权益的角度，对分时度假定义为："所有的有效期在 3 年以上、规定消费者在按某一价格付款之后，将直接或间接获得在一年的某些特定时段（这一期限要在 1 周之上）使用某项房产的权利的合同，住宿设施必须是已经建成使用、即将交付使用或即将建成的项目"。

（二）国内的定义

国内对分时度假较有权威的定义是中国社会科学院旅游研究中心的研究报告《旅游绿皮书 2000—2002 年中国旅游发展：分析与预测》对于分时度假的描述：最初是指人们在度假地购买房产时，只购买部分时段的产权，几户人家共同拥有一处房产，共同维护、分时使用的度假形式，后来逐渐演变成每户人家在每年只拥有某一时间段的度假地房产使用权，并且可以通过交换系统对小同房产的使用权实行交换。

（三）惯例上的定义

尽管各种来源对于分时度假的概念描述有些差别，但是在国际上较为通行、在国内也能被广泛认同的分时度假的概念是：分时度假就是经营者将旅游饭店或度假村的住宿单元（一间客房或一套旅游公寓）的使用权分成若干个周次，按 10~40 年甚至更长的期限，以会员制的方式一次性出售给客户，客户拥有按照约定的时间每年在这一住所住宿一个时段的权利；同时经营者做出许诺，购买分时度假时段的客户通过交换系统的交换服务，每年可在国内或世界各处的度假地别墅或酒店选择一家免费享有相同时段或同值时段的住宿权，以此实现以低成本便利地到各地旅游度假的目的；客户除了可以自己使用，还可以享受继承、转让和馈赠的权利。

由此可见，分时度假是一种将房地产业、酒店业、旅游业以及完美结合在一起的一种商业新概念，它引入时空经济学原理，对旅游业、房地产业、金融资源进行整合，扩大了资源边际效用，实现了资源共享。分时度假概念具有两重含义：一个是分时使用权，一个是度假时段的交换，其核心要素包括以下内容：

第一，分时度假时段期限。通过分时度假合同有效期的确定，度假者所购买到的是最低年限以上的（一般是 3 年）使用某处房产或某项设施的权利；消费者一般按照所购时段的大数使用住宿设施，在欧盟《指令》中规定每年在某处设施住宿的权利小能低于7天；

第二，分时度假的期权式付款方式。消费者为了获得在未来的住宿权利，需要按照协约的安排提前支付所需的款项，或采取一次性付款，或采取分期按揭形式。

第三，分时度假的交换功能。使用权交换是分时度假的基本内涵。尽管欧美有关法律法规中对于分时度假产品的可交换性没有做出明确规定，但事实上，典型分时度假产品的使用权都是可以交换的。

由于影响分时度假发展的环境因素较为复杂和多变，因此对其概念的理解应注意以下问题的认识：

首先是从分时度假产品的构成看，产品类型繁多。度假者对度假时间的长短、客房居住的条件、付款方式以及度假目的地的选择等诸多因素都构成分时度假产品的基本形式，因此，分时度假的概念必须涵盖所有的产品类型。

其次是从分时度假的发展历程看，产品更新换代频繁。分时度假行业发展变化迅速，在短短的三、四十年时间里，其各阶段产品的特性都存在很大的差异，更新换代速度加快，经历了代表不同时期的时权饭店、产权饭店和短期包价旅游以及点数制俱乐部等，再次是从分时度假所处地区看，其法律定义差异很大。由于分时度假作为全球性产品，在各国、各地区不同的法律制度下会有不同的含义。比较典型的是欧洲和美国之间的差异。美国一些地区把分时度假产品视作共同拥有房产产权的法律模式，而欧洲则更多地把分时度假产品当作购买者拥有使用权的形式。而我国目前还没有法定的解释，涉足分时度假行业的房地产开发商倾向赋予消费者产权的法律模式。

最后是从分时度假的产品性质看，客户权益的保证是关键，分时度假是以家庭为主的奢侈品。同时，在某意义上分时度假也是一种期权式产品。会员一次性购买会员资格的价款后，在以后若干年内分期享受度假权益，因而对消费者的资金安全做出有效保障不仅是分时度假产品必不可少的特性，也是专业公司诚信经营的重要体现。特别是一些经营商为了回避分时度假法规的管制，避开对消费者的义务和责任，损害客户利益，扭曲分时度假概念的实质。

三、饭店业与分时度假产品

随着现代旅游业的快速发展以及带薪假期制度的实施，旅游市场需求及消费方式也经历了从盲目到理性、从单一到多样、从观光到休闲度假的转变。人们对度假地住宿形式的需求从传统饭店业提供的基本住宿产品发展到提供便利和舒适的分时度假产品。度假时段的可交换性是分时度假能吸引消费者的最重要的方面，通过住宿地的交换，人们可以较自由地选择意愿度假地，利用互联网技术和现代通信技术自主安排异地旅游。因此，分时度假产品形式满足人们旅游中更高层次的消费需求，同时也是对现有饭店产品经营方式的一种挑战。

从本质上看，分时度假实际上是介于房地产产品和饭店产品之间的一种中间产品。对于传统住宿设施的安排制度，一般由两个极端产品，一个是房地产产品，开发商直接把房产的所有权和使用权一次性销售给消费者，消费者取得了对于房产的终身处置权；另外一个极端是饭店产品，消费者不拥有产权，只购买某一时段的使用权，以饭店使用寿命为 50 年计算，相当于把某间客房的使用权分割成为 18250 份（365×50）来销售，人们按停留天数付费，获得相应使用权（见图 8-1）。

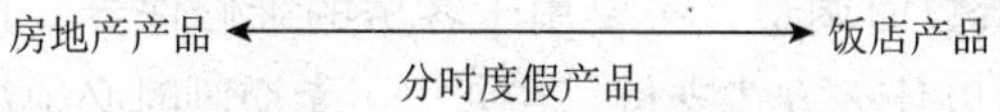

房地产产品 ←————————————→ 饭店产品
分时度假产品

图 8-1　分时度假的本质

而对于分时度假产品来说，相当于将房产的使用权分割为 52 份销售给不同的消费者。与房地产产品相比，它是将产品分割后进行销售，没有房地产产品那么完整；与饭店产品相比，它分割的份数没有酒店那么零碎。因此说，分时度假产品就是将房产住宿权按一定比例分割出售的一种住宿产品。对于买卖双方来说，该产品将房地产产品和饭店产品的优点兼而有之：对于购买者而言，一方面可以享受到酒店舒适、方便的全方位服务，另一方面因为分时度假产品可以抵押、继承、出售和获得酒店年度利润的分红，又可以获得房产保值、增值而带来的投资收益；对于开发商而言，在消费者的购买能力没有发生变化的情况下，使自己的产品卖出更高的价格，并将所有时段的房产使用权都销售出去了，效益大为提高。比如说美国的分时度假产品，出售价格一般都相当于原来卖价的四倍，一套原来只能卖 25 万美元的连体别墅，按时间分割以后的卖价一般高达 100 万美元，而购买者并不觉得贵。

四、分时度假产品的分类

饭店本身就是满足住宿需求的房地产设施，分时度假理念为饭店经营和发展提供了更为广阔的空间。从消费者购买权利和承担义务的不同，将分时度假分为以下几种类型：

（一）时权饭店

分时度假概念最初的表现形式是分时度假饭店（Timeshare Hotel），亦称为时权饭店，即将饭店的住宿或娱乐设施分为一定的时间份额（如将一年 52 周分成 52 个时间份），出售每个一定时间份内使用饭店住宿或娱乐设施的权利，该权利可以在市场上出售、转让或调换。

（二）期权饭店

期权饭店是指购买者可以将其对某地某个饭店在未来一定时间内的使用权上市出售

或者转换成其他地区的其他旅游产品。它是以商品期权、金融衍生工具为参照体系，将客房资源的远期、近期价值合理配置，使客房固有的属性在"虚拟"的形态下发挥杠杆调节作用。例如，消费者购买了某饭店的客房期权，可以不去住宿，而是出售，然后购买其他度假休闲场所的客房期权，也可以同其他地区的饭店的客房期权进行交换，还可以转换成飞机票、旅游线路等。客户中的供求双方在开发商、销售商、批发商等的协助下，构成规模庞大的客房期权市场。不同客人购入期权客房后，实际上是这一产品在不同时间的共同使用者，因此每年必须向经营管理者支付一笔物业管理费用。这笔钱是另外计算的，且随物价指数而调整，主要用于客房的维修保养、日常清理及代缴各种税费。这笔钱是否支付及以什么方式支付，在期权买卖交割时必须注明。

客房期权交易实际上是对传统分时度假产品的销售方式的创新，目前还处于不断发展完善之中。其主要的交易方式有以下几种：

（1）会员制俱乐部，欧美大型饭店联号均以俱乐部为主要销售方式。如美国万豪集团对每位入会者每年收取85美元的会费，会员享有各种优惠，可以参加订房网络，也可以使用联号的期权销售网络或委托俱乐部代其购买、出售客房期权。

（2）场外集中交易，如美国的里茨费尔不动产公司，该公司是一家房产批发商。它以7.5折批量购入客房期权，然后每年夏季、新年前后在各地举办客房期权交易会，吸引二级批发商和公司客户购买。

（3）点数制交易，针对部分期权拥有者不想度假，又不愿意出售权利，部分酒店联号推出"可转换折算期权"，按货币价值折算成一定的点数，客人可以将客房期权转换成相应点数的机票、旅游线路、汽车出租等其他产品。希尔顿酒店集团甚至允许客人折算成赌场的筹码及其他娱乐场所的消费品。

（4）互联网销售，目前虽然尚没有专营网上客房期权交易的客商，但利用互联网宣传酒店产品的酒店联号比比皆是，他们在客房预订、分销之外兼营客房期权的销售，为客户开通介绍、宣传、预售期权产品的图文接口。

期权客房交易大大提高了分时度假酒店产品的流动性与灵活性，而且极大地方便了客户，刺激了饭店分时度假产品市场需求的增长。

（三）产权式饭店

产权饭店是指将饭店的每一个单位的产权而不是时权分别出售给投资人，同时投资人委托饭店管理公司或分时度假网络进行管理，并有权从饭店整体经营利润中分红，获取一定的投资回报。一般情况下，产权饭店的每间客房拥有独立的房产证，可转让、抵押、赠送、继承等，投资人同时拥有该酒店每年一定时段的免费居住权。

五、分时度假与产权式饭店

产权饭店是分时度假产品的一种特殊模式，是指投资者买断饭店设施的所有权，除部分时间自己使用外，统一将其他时间的住宿权委托饭店管理方经营、自己获取红利的经营模式。

在欧美国家，"产权饭店"模式经过数十年的发展，已成为一种为社会广泛接受的房产投资品种。私人投资者缴纳首付款购买产权酒店后，通常每年确定时间自己使用的天数，其他时间则交管理公司统一出租，作为饭店对外经营，每年的饭店租金收益基本可抵房产分期付款的费用，购买者一般 10~15 年后交完银行按揭款即取得房屋的产权。企业和机构投资者购买产权饭店一方面用于投资，另一方面则用于供员工休假、公司年会和接待宾客使用。

（一）共同点

1. 共同起源

产权式饭店作为一种全球化的旅游投资工具，是中产阶级兴起的产物。如上文所述，20 世纪 70 年代，欧美发达国家进入"丰裕社会"，中产家庭成为社会主流，度假旅游方兴未艾。瑞士企业家亚历山大·耐首先提出分时度假饭店（Timeshare Hotel）的概念，即出售一定时期内使用饭店住宿或娱乐设施的权利，该权利可以上市转售、转让或者交换。1976 年，第一批真正意义上的分时度假饭店兴起在法国阿尔卑斯山地区，并立即在瑞士和欧洲传播开来，之后的 20 年中逐渐向北美、加勒比海地区以及太平洋地区发展，一个分支演变为现在的产权式饭店，成为旅游发达国家和地区最受中产阶级和企业集团青睐的投资方式。分时度假与产权饭店同根同祖，皆源自欧美地区对房地产和饭店的创新经营模式。产权式饭店可看作分时度假发展过程中衍生的一种特殊经营模式。

2. 共同性质

分时度假和产权饭店从基本性质上说，均属于度假住宅或者第二住所的范畴，它们是购买者在拥有作为生活必需品的住宅后，为了满足度假旅游或投资等其他需求所购买的住宿设施。其主要的功能不是日常居住，地理位置多毗邻风景名胜或者邻近海滨、高尔夫球场等娱乐设施的地区，居室装修与普通住宅楼有很大差异。

3. 共同使用方式

消费者对于分时度假房产和产权酒店的使用频率并不高，除了每年的节假日当中使用有限的时间外，或用来馈赠亲友，或作为一种保值增值的投资手段。

（二）不同点

除了以上的共同点之外，标准的分时度假产品与产权饭店有着明显的差异。

1. 是否具有产权或产权是否分割

分时度假房产的销售分为有产权和无产权的两种，越来越多的国家和地区把分时度假纳入旅游产品的范畴，因此淡化产权的概念而突出其使用权。相反，产权饭店突出产权概念。规范操作的产权饭店，每位业主拥有固定房产的所有权，作为主人，每年享受若干天的住宿权利，并将其余时间的住宿权委托饭店管理方对外出租业务。

2. 共享方式

标准的分时度假产品中，购买了周单位时段的消费者在共享房产当中处于平等的地位，每位顾客按照自己所购买的时间享有房产的使用权。不同消费者之间除共同使用一套房产外，没有其他的联系。但产权饭店的安排当中，某个消费者购买了房间的使用权、并按照购买时的安排自主选择使用时间。在空闲时间内，其他顾客可以通过饭店预定入住，但实际上是租用了原购买者委托饭店经营的房间，所以共享的方式上存在较大差异。

3. 其他差异

由于以上差异，给分时度假产品和产权饭店带来了一系列的不同点，比如销售价格，标准的分时度假产品由于顾客只拥有每年使用 1 周的权利，所以价格相对较低，国内产品价格在 2 万元起，国际平均水平也不过 8000 美元。而产权酒店购买了单间客房的所有权，国内一般需要 10 万元以上。

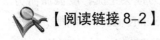

【阅读链接 8-2】

RCI 在中国

RCI 是英文 Resort Condominiums International（国际度假公寓公司）的简称，它最早将交换概念引入分时度假，并已发展成为全球最大的分时度假交换公司。最新资料显示：RCI 现在世界 115 个国家或地区推广分时度假，目前拥有 5245 个加盟度假村和 700 万个家庭会员。2003 年，RCI 的销售额超过 100 亿美元。RCI 的母公司 Cendant 是全球 500 强之一的美国纳斯达克上市公司，主营房地产和旅游。其旗下品牌"21 世纪不动产"和"速 8 酒店"已进入中国。

第 2 节　产权式饭店概述

20 世纪 60 年代，产权饭店是伴随分时度假（Timeshare）发展的一种特殊形式，是对房地产和饭店的创新经营模式。20 世纪 70 年代，欧美发达国家进入"丰裕社会"，中产家庭成为社会主流，在旅游创新过程中，第一批产权饭店在法国阿尔卑斯山脉地区兴起，并立即在瑞士和欧美传播开来。经过数十年的发展，逐渐向北美，加勒比海地区以及太平洋地区发展，成为旅游发达国家地区颇受中产阶级和企业集团青睐的投资方式。在欧美等旅游及经贸发达的国家和地区，产权酒店通常被称为私人酒店，它是投资赚取回报，进行休闲，度假，娱乐为目的新型物业形式，属于旅游房地产类，它与旅游经济，贸易及房地产是有机结合互动发展的关系。因此，产权饭店的实质是兼有分时度假和房产投资的特征。

一、产权式酒店的特征及开发价值

据 WTO 国际贸易组织资料显示，目前全球大约有 540 万个家庭在产权式酒店相关网络上注册并参与，全球产权式酒店销售额达 67.2 亿美元。最近十年以来，全球产权式酒店以每年平均 15% 的速度不断递增，产权式酒店已经成为房地产业和旅游经营行业的相结合的一种重要的经营创新模式，也成为中产阶级家庭最为青睐的旅游和投资形式。

（一）特征

产权式饭店（Property Right Hotel）是指投资者买断饭店设施的所有权，除部分时间自己使用外，统一将其他时间的住宿权委托饭店管理方经营，并获取红利的经营模式。

国外产权式饭店的主要特征是开发者本身就是在酒店行业富有经验的经营者或赫赫有名的跨国企业，更使产权式饭店的拥有者享受到遍布全国各地的酒店服务，产权式饭店更多体现了饭店功能，将其作为运作饭店的一种新形式。国外产权式酒店的发展基于以下条件：其一，西方国家中产阶级的崛起，形成了庞大的客户群，人们对异地休闲度假的需求发生了根本性的转变，产权式饭店将体现出优于传统饭店的价值，包括低价等值交换和投资价值。其二，产权式饭店所在地旅游业发达，旅游资源丰富并具有特色，能够充分满足客人休闲度假的需求。其三，分时度假消费的配套机制完善，包括旅游行业、信托、保险及金融业等。特别是分时度假交换制度同产权式酒店相结合后，无疑使产权式酒店有了更大的诱惑力，可以实现一地投资异地享受。

产权式饭店是一种投资与休闲度假相结合的旅游房产新模式，符合现代经济资源共享的原则，向公众提出了一种既是消费又是投资，既是置业又是增值的全新概念，这一模式在欧美国家已经发展得比较成熟。产权式酒店的特征主要表现在以下几个方面：

1. 业主拥有酒店独立产权

投资者可以一次性付款或分期或按揭的方式获取饭店客房单元的产权，即拥有所有权，但没有经营权，并且产权一般在 10~40 年左右。

2. 饭店式专业化管理

产权式饭店是饭店的一种，提供各种饭店式的服务，如家居清洁、送餐、洗烫衣物、叫醒服务，以及各种钟点服务，这方面而言，产权式饭店与饭店并无二致，其管理费也比较高、管理费一般是 40 元 / 平方米每月。

3. 兼具居住度假与投资两种功能

产权式饭店既可以用来居住度假，也可以用来投资。不同的购买者，想法有所不同，同一购买者，在不同的时段的用途有所不同。有的购买者纯粹是用来自住，有的则是用来投资保值。不同的产权式饭店提供的回报方式也有所不同，如有些产权式饭店提供固定投资回报率，另加部分饭店经营利润；有些则提供免费居住天数；有些则要求只提供的饭店经营利润，不提供其他回报。

（二）开发价值

相对于传统的饭店经营模式，产权式饭店具有积极的开发价值。发展产权式饭店有利于房地产开发商减少投资成本，通过销售期房的方式预先将建房成本收回并获得一定的销售利润，可尽快收回投资，减轻投资风险；有利于投资者（购买分时度假产品的业主）通过购买指定房间单元的产权实现异地旅行住宿的愿望，同时还可通过分红的形式取得可观的投资回报，这也是产权式饭店的核心卖点；有利于饭店企业充分凭借管理和技术优势，不必拥有饭店的所有权就可获得相应收益。

二、产权式饭店的分类

根据产权饭店的用途，一般可以将其分为以下几种类型：

（一）住宅型饭店

住宅型饭店，也称为期权饭店，即投资者（往往是最终消费者）购买后可以先委托饭店经营，到一定期限转为自己长期居住的客居住宅。如退休或养老住宅型饭店，投资者在退休之前购买，每年和家人去使用一段时间，其余时间交酒店管理公司出租获取租金。到退休后增加对其使用的时间或完全自用，作为颐养天年的住所。这种酒店多属公寓式酒店，位于风景名胜区，客房多是成套或整栋出售，带有厨房及家居用品。委托管理期间，投资人可获取一定的投资回报。一般情况下该物业在产权人去世后由管理公司回购，再出售，收益其家人所有。

（二）有限自用的投资型饭店

有限自用的投资型饭店，也成产权型时权饭店。开发商将饭店的每间客房分割为独立产权出售给投资者，投资者一般不在饭店居住，而是将客房委托饭店管理公司统一出租经营并获取年度客房利润分红，同时获得饭店管理公司赠送的一定期限免费入住权。这种饭店一般位于著名旅游区，如夏威夷、地中海地区、加勒比海地区等，拥有充足的客源，因此，客房年度分红通常足以抵消分期付款的费用，并有一定的盈余。

时权饭店是将饭店的每个单位分为一定的时间份（如：一年产值51周，共51个时间份），出售每一个时间份的使用权。消费者拥有一定年限内在该饭店每年一定时间（如一周）的居住权。

（三）公司自用型饭店

公司自用型饭店一般是集团批量购买产权酒店产品，一方面用于投资，另一方面用于对企业员工的奖励旅游的住宿或公司年会使用。

（四）纯产权饭店

是指将饭店的每一个单位分别出售给投资人，同时投资人委托饭店管理公司或分时度假网络管理，获取一定的管理回报

以上四种分时度假产品中，有限自用投资型的"时权饭店"主要体现投资人为自己

异地度假提供住宿的方便，侧重于房产的使用权；而产权饭店的消费者购买时的目的是获得投资回报，侧重于房产的所有权；而期权酒店则介于二者之间。分时度假的"时权经营"可以被分为购买产权和购买时段使用权两大类。而产权饭店不仅买断时段，而且买断产权。

另外，根据产权饭店按其地理位置大体可分为产权度假型酒店和产权商务式酒店。

三、产权式饭店与酒店式公寓、公寓式酒店的区别

随着分时度假和产权式饭店的经营模式在中国的萌生和发展，许多衍生性产品如酒店式公寓、公寓式酒店等诸多概念陆续出现，原本意义上的大产权酒店（传统饭店）投资，少则几个亿，多则几十个亿，不是一般投资者所能问津的，但分割了产权后的地产形式，则降低了中小投资者的行业门槛，因此受到热捧，在房地产和旅游饭店业中占有越来越多的市场空间。正确认识和理解这些概念，对投资者和经营者理性消费和科学管理将起到重要的作用。以下区分从所有权、使用权、物业功能、管理权以及软硬件的配套上进行辨析。

（一）酒店式公寓

酒店式公寓最早源于欧洲，是当时旅游区内租给游客，供其临时休息的物业，由专门管理公司进行统一上门管理，既有饭店的性质又相当于个人的"临时住宅"。这些物业就成了饭店式公寓的雏形。由于它吸收了传统饭店与传统公寓的长处，因此，备受商务人士的青睐。

酒店式公寓（Service-apartment）是一种提供酒店式管理服务的公寓，往往集住宅、酒店、会所等多种功能于一体，具有"自用"功效及"投资"功效，但其本质依然是公寓。酒店式公寓既采用了星级酒店的管理模式，同时又吸具备写字楼的特点，拥有良好的通信条件，针对性地可以提供秘书、信息或者翻译等商务服务。购买者拥有独立产权，既可以用以自住，也可以出租或者转售，是一种既能提供酒店专业服务又同时拥有私人公寓生活风格的综合物业形态。

饭店式公寓根据目标客户和物业特征，大致可以分为两类：一类是最早出现的以高端客户（如从事商务活动的外籍人士）为主要服务目标的、有统一的饭店式经营管理的饭店公寓，如上海绿地（集团）有限公司的莫奈印象。另一类是以城市单身白领和投资者为主要市场的"小户型单身公寓"，如北京的青年汇、蓝朝部落、虹桥首席和奔腾新干线等。这种楼盘可将每个单元出售给个体买房者，由拥有产权的业主自由居住或委托饭店物业管理公司统一出租经营。

饭店式公寓主要有以下三个特点：

（1）业主拥有饭店独立产权。投资者通过一次性付款或分期或按揭的方式获取客房的独立产权。大多数饭店式公寓，投资者在一定期限内只拥有客房的所有权，而没有经

营权。

（2）饭店式管理。饭店式公寓属于饭店的一种，同样提供各种饭店式的服务，如家居清洁、送餐、洗烫衣物、更换被单、叫醒服务，以及各种钟点等服务，就这方面而言，产权式饭店与饭店并无二致。由于饭店式公寓的公共设施均类似饭店，故可以彰显居住者的身份和气派。

（3）兼具居住度假与投资两种功能。饭店式公寓既可以用来居住度假，也可以用来投资，或两者兼而有之。不同的购买者，想法有所不同，同一购买者，在不同的时段用途也有所不同。有的购买者纯粹是用来自住，有的则是用来投资保值。

（二）公寓式饭店

公寓式饭店其实质是饭店，它的软硬件配套是按照饭店的标准来配置的，而且是纳入饭店的行业管理范畴。简单地说，它所销售的就是设于饭店内部的公寓形式的饭店套房。公寓式饭店包括传统大产权公寓式饭店和小产权公寓式饭店，前者为一般意义的传统饭店，后者又称为产权公寓式饭店，属于产权式饭店范畴。传统饭店从服务内容上来看，和饭店式公寓没有太多差别，除拥有居家的格局和良好的居住功能，客厅、卧室、厨房和卫生间一应俱全，能够为客人提供饭店的专业服务，如室内打扫、床单更换以及一些商业服务等。本质区别在于：产权式公寓饭店可将每个客房出售给投资者，投资者拥有产权，可自住、出租和转售，而传统饭店的客人只能获得暂时的使用权。

由此看出，产权式饭店和饭店式公寓有所不同，最本质的区别在于两者的投资目的不同。产权式饭店投资者的主要目的是获利，非自住，其实质是投资。而饭店式公寓的投资者目的则是且租且住，兼具居住度假与投资两种功能。

第3节　中国产权式饭店发展概况

中国产权式饭店的发展始于20世纪90年代，最早出现在广东省和海南省，后来陆续在上海、北京等地得到迅速发展。

一、中国产权式饭店的发展阶段

与国外产权式饭店发展相比，中国尚属不成熟阶段，经历了萌芽和初步规范的发展过程。

（一）萌芽阶段

1995年，深圳在国内最早引进了产权式酒店概念。1999年年底，由积压楼盘改造而成的海南皇冠假日滨海温泉酒店率先进入产权酒店市场，成为国内第一家产权式酒店。当时的产权式饭店以单体房地产企业为主，实际上是房地产市场低迷时期，为摆脱楼盘滞销困境而开发出来的以公寓式饭店为经营目的的旅游商业房产，行业缺乏规范产业集中度较低，更加凸显了产权式饭店的投资性和"产权"分享的内涵。多数消费者为具有猎奇动机的高收入者，对产品缺乏足够的了解。

（二）初步规范阶段

产权式饭店作为一种旅游与房地产相结合的物业开发模式，从 2001 年起开始风靡全国，曾出现旺盛的发展势头，但以海南为例，终以失败告终。2003 年进入第二轮发展热潮，产权式饭店在海南、深圳、北京甚至一些二级、三级城市又呈现出相当旺盛的发展势头。行业管理部门开始进行制定相关法规，健全交换系统，产权饭店开始实行连锁经营，消费者群体逐步形成。随着客房产品类型的多样化发展，产权饭店的客房进入许多二次购房的高收入者家庭。

近年来，国内经济发展迅速，产权式饭店的市场环境日渐改善，中产阶层规模越来越大，成为都市消费主流群体，同时全新的休闲消费观念为分时度假消费带来了商机。与此同时，我国旅游地产蓬勃发展，在一定程度上带动了产权式饭店的发展。因此，产权式饭店在中国的发展空间巨大。

与国外产权式饭店相比，国内产权饭店概念的引入已赋予其极具中国特色的内涵，即受房地产环境的影响，饭店开发主体基本上是房地产开发商，产权式饭店被认为是房地产的一种销售模式，不同于国外产权式饭店的诞生和发展都源于市场的休闲度假需求，更突出饭店的度假和投资的双重属性。因此，国内专门针对产权式酒店的法规有待进一步完善。相关法规的缺失不但无法保障小业主的权益，纠纷不断，更对公众利益、产权式酒店行业的发展造成不利影响。

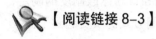 **【阅读链接 8-3】**

三亚湾红树林度假村 [①]

三亚湾红树林度假村是一个内容丰富的度假目的地，也是海南省内相对大的产权式相关酒店群，汇聚了相关吃、喝、玩、乐，度假旅游理念方式，面积 70 万平方米左右，投资 82 亿元左右，拥有 4600 间客房，是一般 10 座普通五星级酒店的总和，它目前是三亚第一个有名的水上乐园以及国际奢侈品中心、电影播放工坊、艺术欣赏汇、风情有趣商街、海鲜批发广场、71 家餐厅、可以接受大概 5000~7000 人的国际会展中心、婚礼主办广场、不同书店，等等。

---

① 邵特.基于休闲旅游需求的三亚产权式酒店发展研究——以三亚湾红树林度假世界为例［J］.商，2016年25期，第297页.

该度假村产权式酒店品牌特色定位是基于自然资源基础之上，以营造休闲度假目的地为导向，进行综合业态开发而形成的休闲度假生活方式聚集区。完成高端度假旅游的集居住、休息娱乐、空暇休闲、各项展示、不同体验等产生一体的度假思维，它的定位是国际著名的旅游度假地，可以满足人们吃喝玩乐各种度假旅游方式的全方位需求。红树林酒店业主不仅拥有酒店客房独立产权证，同时拥有免费居住权、现金折返权、业主房价权、酒店利润分红权、团体订房佣金权。从投资角度讲，红树林的业主相当于投资酒店"原始股"，收益长期、稳定。三亚湾红树林度假酒店采取第三方独立财务制度，年终按业主所购房屋的分红指数，自动分享红树林包括所有商业配套在内的经营利润。

二、中国产权式饭店发展的条件和意义

（一）条件

产权式饭店是经济发展到一定阶段的必然产物，其基本条件是社会出现了部分高收入阶层，同时拥有完善的休闲度假制度、度假基础设施条件。

1. 宏观经济环境

国内经济持续稳定的发展，城乡居民人均可支配收入和储蓄存款余额增加，高收入群体和白领阶层正在形成强大的投资与消费群体，他们全新的休闲消费观念和投资理念为分时度假消费带来了商机，同时对旅游度假区产权饭店形成了客观需求，国内旅游度假的市场气候已经形成。

2. 旅游行业发展

近年来，随着旅游产业的迅速发展，旅游目的地的综合配套设施以及交通、信息等相关产业体系越来越完善，旅游特色资源得到开发，休闲度假和带薪休假制度的制定，以及国际分时度假公司的进入等对推动居民度假休闲和旅游休闲方式的改变起到了极大的促进作用。

3. 房地产发展

在国外，产权式饭店是伴随分时度假发展而出现的衍生物，度假市场需求催生产权式饭店的发展。而我国是房地产市场低迷而借助产权式饭店的经营方式的一种缓兵之计，即先引进国外分时度假和产权饭店的理念，主要由房地产开发商推广和促销，吸引投资的一种方式。目前大部分产权式饭店都属于纯投资型饭店，尽管存在很多问题，但仍是产权式饭店的主体。

（二）意义

产权式饭店成为旅游和房地产行业经营方式创新的重要途径，具有一定的现实意义。

首先，产权式饭店有利于引导房地产业健康发展。近年来，大城市房价上涨过快，

已没有多少上升空间，加上国家对房地产进行宏观调控，一部分资金开始撤离，急于寻找出路。而旅游度假区的产权式饭店多建于中小城市和城市边缘的风景区，可以有效缓解大城市房地产过热带来的压力。同时，产权式饭店的投资功能可以盘活大量积压的存量房地产，特别是东部沿海地区过剩的空置房为发展产权式饭店提供了大量可改造的房源。从而促进中小城市经济发展，缩小地区差距。

其次，产权式饭店有利于一般饭店业获得较高投资收益。饭店业发展产权式饭店可以减少投资成本，饭店既可以选择投资房产开发，自己经营管理的方式，也可以选择不投资房产、接受委托经营的方式，都能节约建筑成本的投资。作为自有产权的饭店还可以将部分房产转让给一些有需要的会员，既满足了顾客需要，也可以盘活资金，提高经营效益。另外，受委托的管理产权饭店的饭店管理公司可以利用自己的专业优势管理和运营饭店，体现产权式饭店的"饭店专业化"的特征。饭店公司可以发挥客源市场的网络优势，降低经营的季节性，稳定客房出租率，提高市场占有率。

再次，开发旅游度假区产权式酒店，不仅可以带动项目本身及配套设施的建设，如相关的餐饮、娱乐、医疗、交通运输服务等行业，还可以产生投资与就业的乘数效应，形成新的地区经济增长点，实现资源的优化配置，进而对周边地区形成辐射作用，促进地区经济和社会全面发展。

三、国内产权式饭店发展中存在的问题

虽然产权饭店在国外已成为旅游业发展最快的部分，但是在中国大规模发展仍受到很多制约因素的影响，建立完善的法律制度和先进的信用体系是产权饭店健康发展的重要条件。由于我国产权式饭店处于初级规范阶段，因此在发展过程中仍存在许多问题和障碍，如开发商和投资者之间的购房纠纷，部分开发商和管理公司的欺诈性销售和损害消费者权益等行为，同时许多投资者缺乏对产权式饭店产品足够的了解和投资风险分析等，导致国内产权式饭店的成功案例寥寥无几，甚至人们开始质疑中国开发分时度假的适时性及产权饭店的可信性。因此，分析中国产权式饭店发展的制约因素，研究产权式饭店的科学发展路径成为我国经营者面临的重要课题。

（一）相关法律政策不完善

建设部有关《商品房销售办法》（2002）中规定，不得承诺固定回报作为销售手段，而产权式饭店正是以投资回报为承诺的，与政策有相抵之处，因此对产权式饭店有争议。国内产权式饭店的市场虽已形成，但相关制度、法规和秩序却有待规范，包括产权酒店开发中的法律问题、产权多头销售、公正经营以及合同强迫性等，缺乏完善市场的保证体系，导致目前产权式饭店运营的不合理以及客户投资产权式饭店的信心和安全感缺失现象，从而影响市场的健康发展。

（二）企业信誉体系缺乏

企业信誉保证和诚信度是产权式饭店健康发展的关键因素。目前大部分消费者投资产权式饭店无从了解开发商和管理公司的真实信誉状况，如业主权利不明确，投资风险大，开发商和管理方不能按照合同承诺和兑付业主相应经济回报和红利，缺少一系列规范的管理和监督方式。由于我国企业信誉缺乏，因强迫性销售和欺诈性销售而引发的纠纷成为最大的问题，业主利益得不到保证，严重影响和制约了产权式饭店的发展。

（三）开发动机的偏离

目前，我国产权式饭店的开发目的主要表现为房地产投资效益，异化为房地产开发商的销售手段，而偏离了其分时度假的休闲消费的核心概念。国内产权式饭店主要是盘活后重新定位的"半拉子"工程；经营困难，需要资金的酒店宾馆；急于实现资金回笼的房地产项目，仅有少数饭店是真正意义上的产权式饭店。开发商为尽快把手中项目销售出去，回笼资金，以产权式饭店的名义，包装宣传，虚构回报率，吸引投资者购买饭店产权，其目的不在发展旅游业。

（四）分时度假体系尚未形成

国内经济的快速发展，旅游业综合水平不断提高，一批具有超前消费观念和消费能力的白领阶层和高收入阶层正在形成，休闲度假环境逐渐完善，为分时度假发展奠定了重要的基础。但是分时度假体系仍不完善。

（1）由于国内经济发展不平衡，休闲度假的主力市场中产阶级尚未形成相当规模。据了解，国内产权酒店标准间一般标价 20 万 ~40 万元之间，按照首付 30%~50% 计算，首付在 6 万 ~20 万元之间，就我国居民的平均收入水平而言，显然还是奢侈品。

（2）消费者对产权式饭店和分时度假的概念尚不很清晰，并且受限较多，如国内大多数产权饭店规定：业主应在每年固定的时间使用一周左右的分时度假期，这与我国城市居民现在的旅游度假消费模式有很大差异，规定显得缺乏灵活性。

（3）国内分时度假交换网络平台不完善，分时度假交换公司在中国的成员规模有限，这些因素使得分时度假交换体系赋予产权式饭店的魅力不能得到足够的体现。

（4）国内饭店整体出租率较低，闲置客房很多等经营现状也是其中重要的影响因素。

（五）缺乏饭店专业化管理

由于产权式饭店的发展商大多盲目跟进，项目仓促上马，注重房产的前期销售，而忽略后期经营和管理，特别是产权式饭店"饭店"功能的体现不足，更谈不上饭店的软件服务问题，如产权饭店的航空、餐饮、休闲娱乐等延伸服务，客房大部分时间的维护、出租、管理状况，以及产权饭店的度假时间和年报承诺等，影响了产权式饭店的有序发展。

第 4 节　中国产权式饭店发展的路径选择

产权式饭店的经营模式在国际上已有了很大的成功，但在中国的发展成熟还需要一段漫长的时间，它涉及房地产开发、饭店管理公司、个人或集团投资的多个领域，涉及面广，对于它的实际操作，需要制定一整套完善的、可行的方案和对策。下面从影响中国产权式饭店发展的开发商、管理者、客户以及市场环境等因素方面提出路径选择。

一、从开发商角度看

（一）开发商应明确产权式饭店的开发宗旨

产权式饭店有旅游业和房地产业的双重属性，作为面向消费者的饭店，它是旅游业的配套产品，提供住宿、餐饮、娱乐、商务等服务项目；而作为面向投资者的产权开发商，又具有房地产商的众多个性，提供产权服务、物业管理、委托经营等。产权式饭店的开发商必须沿着旅游产业和房地产业两条思路运作，即以旅游服务业为主体，辅以房地产的一些运作思路和模式来运行的，这种方式契合了产权式饭店的本质，又迎合了消费者的投资利益，从而提升企业的综合竞争力。

（二）开发商应正确引导消费者，培育稳定市场

由于我国产权式饭店市场是靠房地产卖方推动而非市场需求拉动的，因此开发商要避免仅注重该项目资金回笼快、收益稳定的好处而采取急功近利、一哄而上的做法，要认清这一项目存在需求有待引导、消费观念有待激发的问题。开发商要下大力气培育市场、培育消费者，要运用有效的促销手段、示范方式，通过有切身体会的消费先行者口碑传播吸引大批的消费者跟进。

（三）开发商应完善的企业管理制度，建立良好的企业形象

产权式饭店的开发商应本着对自身、对投资者负责的原则，通过选址、环境建设和健全企业制度等，形成特色企业文化，提高核心竞争力。同时，开发商应增强企业运作的透明度，在行业中树立诚信、可靠的声誉，在消费者中建立良好的口碑，让潜在的购买者易于了解自己的声誉和形象，这样才能为投资者提供安全、可靠的投资保障，增强其投资的信心，保证客源市场的持续发展。

（四）开发商应整合资源，形成差异化经营优势

开发商应综合自身和社会各种资源优势，为消费者提供额外的利益和优惠，同时开发商也可运用房地产业的一些运作模式，为消费者提供银行按揭投资计划，如保底回报的政策等，这些对消费者的投资购买行为可以起到很大的促进作用。

二、从饭店管理公司角度看

产权式饭店的前期产权销售固然重要，但在同等条件下的竞争则取决于饭店的后期经营管理，其核心是专业化的饭店服务水平。产权式饭店的物业管理要求比较高，它要求达到饭店的服务标准，所以一般聘请专业的饭店管理公司来统一经营，并且有些承担租赁的年限较长。而我国目前产权式饭店极少引进专业的国际饭店管理集团来进行经营管理，仍属于一种传统粗放的出租形式，投资者最初期望获得的稳定和较高投资回报的初衷无法实现。产权式饭店为保证持续性发展，必须由专业的饭店管理公司进行经营和管理，才能最佳体现饭店的功能，才更有投资价值。

饭店管理公司一是要充分发挥专业管理的优势，提供标准规范的饭店服务，及时沟通，满足客户需要，树立服务品牌。二是要积极加入分时度假交换体系，同业进行广泛的横向联合，完善交换网络体系，以增强产权式饭店的连锁优势。网络要素在产权饭店经营中比其他类型的饭店更为重要，通过一些电子平台的运作，使业主达到很大的便利性，交换过程也会更加顺畅。

三、从客户的角度看

产权式饭店的客户兼具投资者和消费者两重身份，其利益表现为投资回报和享受度假权益。作为消费者，客户享受旅游度假的服务，享受餐饮、娱乐、健身等配套优惠；而作为投资者，客户享受所购买的房间、度假屋的经营利益。产权式饭店作为一种纯粹的投资方式，这类酒店的客户60%是中产家庭投资，40%左右企业集团购买。具体分析，产权式饭店的客户无外乎三类消费群体：一是有一定经济实力的家庭或个人。他们的角色介于投资者和消费者之间，他们投资主要是为了增值和分红，顺带度假。二是一些公司或事业机构。其购买动机是用于员工福利或会议。以往一些单位在风景区设有招待所、疗养院等福利设施，而这些设施的日常管理逐渐成为单位的负担，购买产权式饭店就可以卸掉这些包袱。三是分时度假公司。其购买动机纯属业务需要。这三类群体所关注的利益各不相同：分时度假公司最关注的是产权式酒店可供休闲度假的利益点，侧重于饭店消费功能的体现；个人消费者关注的重点在于前期投入的比重、投资升值的保障、酒店经营能力、附加的优惠和功能、可交换性等；而机构投资者关注饭店的服务和管理能力、财务监控的透明度、企业文化的契合和业务的需要等。不管哪一类客户，饭店的可消费性（包括可交换性）、可投资性（升值能力）和投资的安全性指标是决定性的影响因素。

产权式饭店的产权属于每个投资者，但是产权拥有者很难把握它的投资回报率，因为其项目特性决定必须聘请或委托专业的饭店管理公司来经营管理，而不是由自己控制这一市场层面的盈亏。也就是说，投资回报率的高低和风险的大小取决于酒店将来的经营状况，而不仅仅是取决于开发商的承诺。某些开发商承诺的 10% ~30% 的高额固定回报可能是精心设置的陷阱。酒店经营利润的计算大多是按 80% ~100% 的入住率乐观估计的，如果达不到这个入住率，经营效益就实现不了，投资者便被"套牢"。因此，对于有意购买产权式饭店的投资者来说，要理性地评估未来收益，不要被开发商的虚假促销所迷惑。整个产权饭店必须树立起总体的核心品牌，培育顾客的忠诚度。产权酒店的顾客分为两类，一类是消费者，一类是业主。只有核心竞争力培育出来了，产权酒店的发展才能够建立在一个真正坚实的基础之上。

因此，产权式饭店作为一种理性的投资与消费行为，投资者必须认真考虑以下几方面问题：开发商对于投资回报承诺的可靠性和投资的安全保障问题；饭店所在地的旅游资源、饭店的硬件条件和软件服务能否满足需要；饭店是否已经落成、是否已加入可靠的"分时度假交换公司"、饭店经营管理能力、未来市场潜力、开发商以往经营业绩和经济实力等。此外，作为投资者，要充分发挥监督作用，以此维护自身权益，也促进开发商与管理公司进行合法正规的经营管理。尤其对异地项目，投资者有应通过法律程序审核证照，索取产权证明相关文件、物业管理规范文件以及要求参与监控饭店运作等途径，以保证项目的合法性，并对开发商的信誉及实力进行评估等，督促开发商规范运作。

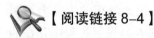【阅读链接 8-4】

悦榕集团在华首推别墅型产权式酒店[①]

世界豪华度假村、酒店及水疗中心发展商、营运商，新加坡悦榕集团（Banyan Tree）在华推出针对投资者的全新业态——别墅型产权式酒店"悦榕轩"（Banyan Tree Residences）。悦榕集团于 2005 年进入中国市场，其以投资建造高端度假村方式打开市场。由于其度假村都是以别墅为出租单位，所以房价相当高，以丽江悦榕庄为例，其平均房价为 466 美元一夜，远远超过上海最贵的 300 美元一夜的五星级酒店金茂君悦。

"悦榕轩"的概念是让投资者购买的自有别墅、公寓，同时成为集团旗下度假村部分出租物业，并于内 6 年获取每年 6% 的保证回报，之后可选择续约或继续收取物业所得收入分红。"悦榕轩"业主每年均获授权下榻名下物业 60 天。

购买者在购买房屋时可取得房屋所有权，土地一并转让，取得土地使用权，最长期限为 40 年。6 年内可获得年 6% 的固定收益或 33% 的客房净收入，并可续约。业主可选收益模式有两种，一为固定收益，即 6 年内每年可享有相当于售价 6% 的收益；二为可变收益，即 6 年内可享有相当于客房净收入的 33%，客房净收入应扣除旅行社佣金和信用卡公司手续费、3% 应作为维修基金以支付今后所有设施设备的更新。

---

① 摘自：悦榕集团在华首推别墅型产权式酒店 . 第一财经日报，2007-07-12.

四、从市场环境角度看

（一）合理规划，产权式饭店的发展应与当地经济、社会和环境效益相结合

产权式饭店发展模式必须兼顾开发商、投资者利益，以及旅游地居民和游客利益，以促进旅游的整体的可持续发展。旅游度假区产权式饭店开发应该由当地政府进行调控，科学合理地规划开发，慎重考虑饭店的自然环境、客源市场环境以及交通便利与地理位置等因素，将产权式饭店开发与景区的可持续发展及当地经济发展结合起来，实现经济效益与环境效益和社会效益的统一。

（二）健全相关的法律和制度，规范国内产权式饭店市场

在市场环境建设方面，政府应加紧对产权式酒店、分时度假消费市场的规范和管理，建立旅游市场行业协会，对树立消费者投资信心，扩大产权式饭店市场都将产生重要的促进作用。目前我国分时度假市场机制不健全，企业信用体制缺失，成为产权式饭店发展的主要制约因素。首先，异地置业者对物业的依赖较强，要求较高的物业服务水平。而开发商房子卖掉后，就已经收回成本，与酒店没有过多的利益关系，因此需要相关制度保障投资者的合法利益。其次，产权式酒店还有出租经营的问题。出租经营效益的好坏取决于经营管理的能力。如果经营管理不善就会带来一系列问题，影响投资者的投资回报和消费质量。可以说，后期的经营管理和服务决定产权式酒店的生命力。因此，国家有关部门应尽快制定相关的行业管理法律法规，以解决在其发展过程中存在的问题。同时，建立规范的经营管理与运作机制，实行统一的标准的物业管理，并逐步采用上市公司式的规范化管理模式。这样才能达到使整个市场公平有序、健康发展的目的，维护投资者的合法利益加快这一行业自身的发展。

法律的支持。就现行法律来讲，时权与产权，没有相关的法律、法规保障。在境外所有时权与产权的度假产品，全部是由信托公司担保的，但是中国的信托公司尚不具备这样的信誉和能力。

（三）明确市场定位，形成多元化的产权饭店市场结构

国外产权式饭店的发展已经由贵族专利趋于大众化，成为中产阶级的较为普遍的投资与消费形式。例如，日本东京周边地区的长野县是著名的温泉旅游度假区，建有很多产权式酒店，购买者大都是东京市民。他们在汽车2小时左右的地区，为自己置下第二套住房，是东京房价的二至三分之一。目前，中国产权式饭店多以高档次项目开发为主，档次过高必然导致价格昂贵，而价格昂贵则缩小了目标市场范围，为一部分消费者进入设置了障碍。产权式饭店并不是富豪的专利，随着经济的发展，应该是越来越大众化，正在崛起的中产阶级将成为产权式饭店的主要客源市场。因此，根据我国目前的经济发展水平，除了一些国家级度假区中心地带因土地成本过高，产权式饭店价格无法降低外，例如，辽宁省的大连等地的中心景点地区，为了满足部分高档产品的市场需求的情况下可以开发高档次的产品，大部分旅游度假区产权式酒店开发应以经济适用型饭店为主，不应盲目追求高档次。

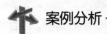 **案例分析** --

三亚酒店业的多元化之路 [①]

随着《旅游法》的实施、公款消费的减少、自由行日渐火热，旅游市场发生了巨大变化，作为先行者的海南酒店业，也悄然开始了新一轮的更新升级。

住宿，在旅游要素中具有举足轻重的地位。而论及旅游住宿业的发展，海南在中国旅游业的发展中更多扮演了"吃螃蟹者"的角色。随着《旅游法》的实施、公款消费的减少、自由行日渐火热，旅游市场发生了巨大变化，作为先行者的海南住宿业，也悄然开始了新一轮的更新升级。

■度假酒店：引领国内住宿业发展潮流

熟悉海南旅游的人，一定会对被誉为"旅游管理人才摇篮"的凯莱大酒店如数家珍。的确，1996年，三亚凯莱度假酒店的开业，开创了中国度假酒店先河的"凯莱模式"，引领着中国旅游住宿业发展的潮流，开创了海南酒店业的新纪元。在三亚，已经建成开业和正在建设的度假村规模让人刮目相看。截至2013年12月，三亚共有14家国际酒店管理集团、29个品牌、35家酒店（还在建）；内地及港澳台管理集团12家、7个品牌、24家酒店（含在建），拥有的高端国际品牌酒店数量居全国城市之首，聚集了喜达屋、希尔顿、万豪、美高梅、雅高、康年、维景等国内外知名管理集团的9个不同的度假品牌。

目前，琼南的高星级酒店以度假酒店为主，度假酒店则主要是以接待休闲度假游客为主，为休闲度假游客提供住宿、餐饮、娱乐与游乐等多种服务功能的酒店。与一般城市酒店不同，度假酒店大多建在滨海、山野、林地、峡谷、乡村、湖泊、温泉等自然风景区附近，向旅游者们传达着不同区域、不同民族丰富多彩的地域文化、历史文化等。总的来说，琼南地区的度假酒店主要为目的地度假酒店（destination resort）和主题度假酒店（theme resort）。

■产权式酒店：三亚敢为人先

2013年，三亚接待过夜游客1228.4万人次，实现旅游总收入233.3亿元，旅游收入同比增长21.4%，占现代服务业的比重为93.3%。"今年三亚接待过夜游客数预计还将保持增长态势，旅游收入也将持续向好。"三亚市旅游委副主任郑聪辉透露。

旅游人数持续增长，住宿是旅游的基本需求，高星级酒店经营面临瓶颈，增长的游

[①]　摘自：三亚酒店业的多元化之路. 海南日报 2014–11–28.

客住宿需求都去哪儿了？答案就是多元化的住宿格局日益显现。

作为全国最早经营产权式酒店的地区，三亚经过 20 年的探索，目前在分时度假、产权式酒店、公寓、客栈的发展中处于国内领先位置。

"在三亚这种土地资源有限的度假目的地，发展产权式酒店是市场的自然选择。"西南民族大学经济学院副教授单德朋表示，产权式酒店作为产权式地产项目和商业性酒店的结合，能有效整合旅游目的地资源。海南滨海休闲旅游区的商品住宅，淡季入住率极低，给公共资源的配置带来难题。产权式酒店的发展，有效解决了淡季房产闲置的问题，实现公共资源的有效利用。

"产权式酒店是伴随度假旅游需求发展而生的一种新型酒店业态。整个海南产权式酒店是围绕'消化烂尾楼—刺激房地产需求—迎合房地产政策转型—凸显旅游产品特性'的属性进行发展。"三亚学院旅业管理学院教师张振祥认为，1995 年该业态产生后，随着 2006 年三亚定位于"建设国际性热带滨海旅游城市"，禁止在一线海景建设房地产项目，将其让位于旅游和公共服务要求，产权式酒店迎来第二波发展高潮；2009 年后的产权式酒店项目，开始注重配套设施和服务质量，旅游产品的属性日益凸显。

三亚作为中国产权式酒店的第一站，发展迅速，以天泽海韵、天域、三亚湾红树林酒店、华宇度假酒店、七仙瑶池等为代表，进行了有益的市场尝试。目前，三亚的产权式酒店、公寓主要存在 3 种模式，一是休闲度假型，二是有限自用型，三是完全自用型。

目前，我国能够提供分时度假的酒店很少，三亚加盟 RCI（国际分时度假交换网络体系），在三亚湾、大东海等地区，产权式酒店、公寓为四海宾朋不仅提供了投资的选项，也为其三亚度假生活提供了有效的选择。

随着旅游业由观光型向度假型转型，面对日益激烈的同质化市场竞争，三亚的产权式酒店也开始逐步转型，做出差异。

"我们现在不单纯做酒店，而是做一个度假目的地综合体，打造'全度假生活'的概念。不仅有高星级酒店，也会有国际会议会展中心、电影工坊、今日艺术汇、多元主题全景水上乐园、东南亚、夏威夷、中东风情水上商街以及婚礼堂及节庆广场、文化书店等项目。"今典集团董事长、三亚湾红树林度假酒店开发商张宝全透露，今后集团将从靠销售不动产支撑，转向做度假目的地综合体，主要的收入将来自酒店的运营。

作为专业做酒店公寓连锁的品牌，途家也着力开拓琼南市场。面对冬季"候鸟"租房难和旅游旺季三亚房源紧张的局面，途家不仅在官方旗舰店"双 11"期间力推琼南度假资源，也携手春秋航空等旅游企业，启动了海南长租房项目，深挖新兴的银发市场和家庭度假市场。

提及远方系列，其风格各异的主题客栈设计让很多背包客流连忘返。作为"本土制造"，目前已有 9 家连锁门店的远方客栈，凸显个性化的主题风格，备受重个性的游客青睐。

■经济型酒店：弥补住宿业短板

在多元化的住宿格局中，经济型酒店作为独特的住宿业态，在三亚也悄然落地生根。如家、7天连锁、全季酒店、锦江之星、汉庭等经济型酒店，在中低档酒店市场中做出各自特色。在线旅游的火热，再加之自身规模较小，独立开发网上直销系统成本不菲，经济型酒店通过携手携程、去哪儿等 OTA 网站也获得持续不断的客源。目前，三亚步行街、商品街、胜利路等繁华商圈，7天连锁、锦江之星、如家、格林豪泰等多家经济型酒店散落分布、毗邻商业圈、人流量大、客源广、交通便利，成为经济型酒店选址的重要考量。

讨论：

结合案例材料，说明三亚产权式酒店的主要模式及转型升级中的创新项目"全度假生活"的主要内容。

思考与练习

1. 请解释分时度假和产权式饭店的概念及形成条件。

2. 开发产权式饭店的意义是什么？

3. 为什么说诚信是产权式饭店企业发展的关键因素？

推荐文献

1. 魏小安，刘赵平.中国旅游业新世纪发展大趋势［M］.广州：广东旅游出版社，1999.

2. 王宗石.分时度假产权酒店［M］.北京：中信出版社，2008.

3. 邹颜伊.分时度假联盟的益处和加盟方式［J］.饭店世界，2000（11）.

4. 陈超，郭鲁芳.中国分时度假的发展困境及其消除［J］.旅游学刊，2003（1）.

5. 邹益民，韩振华.我国饭店时权经营的市场前景与运作思路［J］.旅游管理，2002（1）.

6. 吴三忙，李树民.产权、竞争、中国饭店业绩效及改进路径研究［J］.商业经济与管理，2007（6）.

7. 刘家安."分时度假"及相关法律范畴之厘清［J］.广东社会科学，2013-09-02 10：10.

8. 邹晓峰.我国旅游地产消费和投资的特征、问题及对策［J］.建筑经济，2013-01-05.

9. 魏晓明.我国产权式酒店的发展现状［J］.管理观察，2014年24期第46-47页.

第 9 章 绿色饭店

【学习目标】

通过对本章的学习，应该重点掌握绿色饭店的内涵及特征；了解国内外绿色饭店的发展过程；熟悉绿色饭店的理论体系；熟悉绿色饭店的创建。

【内容结构】

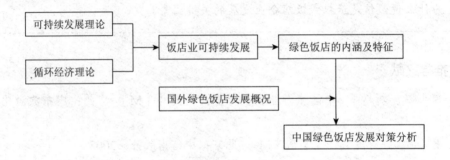

【关键概念】

绿色饭店　可持续发展　循环经济　节能降耗　绿色管理

第 1 节　绿色饭店的起源和发展

21 世纪，人类进入绿色环保时代，绿色饭店已成为国际饭店业的发展趋势，在发达国家已经得到普及，并取得良好的效果。我国饭店业创建绿色饭店活动还处于发展的初始阶段，与国际水平相比，仍存在一些认识上的误区和做法上的偏差。因此，深层次建设 "绿色饭店"（GREEN HOTEL），走可持续发展之路，将成为 21 世纪发展旅游饭店业的必然选择。

一、绿色饭店理念的提出

20 世纪 60 年代末，在全球"绿色浪潮"的推动下，西方一些国家开始关注现代经济活动对自然环境造成的不可弥补的损失，要求企业应该负有一定的社会责任的社会营销观念逐步产生，"绿色饭店"理念开始萌芽，环境保护意识逐渐融入现代饭店的经营管理中。

（一）绿色饭店的涵义

在国外，绿色饭店其英文名称为"Green hotel"，或被称为生态效益型饭店"Eco-efficient hotel"、环境友好型饭店"Environmental-friendly Hotel"等。绿色饭店是以可持续发展观念为指导，为社会提供舒适、安全、有利于人体健康的饭店产品，并且在整个经营过程中，以一种对社会、对环境负责的态度，坚持合理利用资源，保护生态环境的饭店。其内涵包括以下几个方面：

1. 绿色建筑

饭店建设对环境产生诸多方面的影响，包括饭店的建设对自然资源的使用，饭店风格对自然景观和城市景观质量的影响，以及饭店产生的废弃物排放将影响饭店周围的生态环境的质量的影响等。绿色饭店的建设必须经过科学的论证、合理的规划设计，充分利用自然资源，减少人为的影响和破坏，将周围环境质量损失降到最低点。

2. 绿色排放

饭店设备运行对环境的破坏主要表现为两个方面：一是设备消耗的能源，二是生产过程中产生的"三废"（废水、废气、废渣）污染。绿色饭店应选择节能设备，采用自动化控制技术，合理操作和配料，提高设备的运行效率，实现物资的回收和循环利用，减少浪费、污染和排放。

3. 绿色产品

绿色饭店是要确保室内外环境符合安全卫生的标准，开发各种环保型产品以满足顾客需要。如饭店开设绿色客房、无烟餐厅、提供绿色食品、环境绿化、开展保健服务项目等。

4. 绿色标准

环境保护工作是一项全社会的工作，绿色饭店应严格执行国家颁布的各项环保法规和绿色标准；配合政府进行的各项环境整治工作；主动为社区环境保护做贡献。

原中国国家旅游局于 2015 年颁布的《绿色旅游饭店行业标准》（LB/T 007—2015）中，对绿色饭店的定义是：以可持续发展为理念，坚持清洁生产、维护饭店品质、倡导绿色消费、合理使用资源、保护生态环境、承担社区与环境责任的饭店。该标准专为创建绿色旅游饭店、实施环境管理提供指导，并对创建绿色旅游饭店、实施和加强环境管理提供切实可行的建议。

综上所述，绿色酒店是指在酒店建设和经营管理过程中，坚持以节约资源、保护环境为理念，以节能降耗和促进环境和谐为经营管理行动，为消费者创造更加安全、健康服务的酒店。

（二）绿色饭店理念提出的背景

1. 生态环境的恶化

日益恶化的生态环境质量对人类的生存和发展提出了严峻的挑战，建立一种经济增长与环境保护协调发展的新模式成为现代企业持续发展的必然趋势。数百年来，人类社会在追求经济飞速增长，生活质量不断提高的同时，也在掠夺性地使用和消耗资源，严重地破坏了生态环境，环境污染问题急剧蔓延和恶化。1992年联合国环境与发展委员会提出了"可持续发展"战略作为人类发展的总目标，转变传统的生产方式和消费方式，明确了企业的社会责任，国际环境绿色标志开始启用，社会进入了"绿色浪潮"时代。

2. 绿色市场需求

一方面，环境污染和生存危机等因素激发了消费者怀旧的情绪和返璞归真的愿望和要求，消费意愿已从满足物质需求转移到健康、安全、舒适的精神诉求。另一方面，随着社会的进步和生活水平的提高，消费者的社会责任意识逐渐增强，开始积极承担起保护生存环境的责任，从而形成巨大的绿色市场需求。

3. 持续发展的需要

饭店业作为旅游业的支柱产业，在有效保护环境和合理利用资源方面的努力直接关系到旅游业的健康发展，并影响到社会的可持续发展。长期以来，饭店业因其发展模式受趋利动机驱使，简单化为数量型增长和外延的扩大再生产，如饭店业的总量和结构的失调、饭店的粗放式经营、营销手段的初级庸俗等，从而导致资源的浪费、环境的破坏和污染以及削价竞争等破坏饭店持续发展的现象。现代饭店业必须树立可持续发展理念，建立以"绿色文化"导向的饭店管理体系，才能实现可持续发展。

由此可见，绿色饭店管理意义重大。绿色饭店作为一种环保文化，可以指导和约束企业的经营行为，影响和引导人们采用新的生产方式和消费方式，达到与自然环境的和谐平衡。绿色饭店可以帮助企业找到新的市场机会，通过特色创建和成本领先优势，提高饭店的综合竞争力。饭店与其他行业在环境保护方面有较大差异，即饭店的环境状况与饭店产品质量有着密切的关系（见图9-1）。饭店环境管理要求企业具备社会责任意识，兼顾企业、市场、社会三者利益，实现饭店质量管理的最高层次。

硬件质量 $\longrightarrow$ 服务质量 $\longrightarrow$ 环境质量

图9-1 饭店对质量的认知过程

二、国内外绿色饭店的发展状况

（一）国外绿色饭店的发展

在世界生态环境不断恶化的情况下，联合国世界环境与发展委员会先后发布了《我们共同的未来》宣言（1987 年）《里约热内卢宣言》（1992 年），将环境问题与发展联系起来，从而引发了世界饭店管理机构、绿色环保组织等对饭店业的"绿色化"思考，酒店绿色化运行成为可持续发展的必然趋势。

1992 年，查尔斯王子倡议召开了旅馆环境保护国际会议，此次会议上通过了由世界11 个著名酒店的环境管理集团签署的倡议。这次会议标志着酒店的环境管理发展到了一个新的历史阶段，管理者对酒店所产生的环境问题有了更多的认识和责任。"生态效益型酒店""环境友好型酒店"的概念随后被提出。1985—1995 年，欧洲大陆饭店集团通过开展绿色活动，减少能源成本达 27%，该集团是较早实施环境管理的酒店集团之一。1988—1999 年，北美地区开始进行绿色饭店、绿色居室等项目的研究与实践。1996 年，法国雅高集团颁布《雅高酒店管理环保指南》，在其所辖 2400 多家酒店开始推行相关标准。1999年，加拿大枫叶环境标志组织颁布世界上第一部饭店业的"绿色分级评定标准"——《大枫叶环境标志体系绿色饭店标准》，主要从设施设备和经营管理两大方面，考察饭店在节约水资源和降低能耗、废弃物的循环利用、危害自然环境物质的使用程度等方面加以评定，并授予由低到高的一至五叶的大枫叶标志铜牌。2002 年，该组织访华，寻求绿色饭店领域的合作。2003 年，美国绿色建筑委员会与美国相关公司在华开展绿色饭店领域的项目。2003 年，韩国节能研究院也在华开展绿色饭店领域中节能部分的合作项目。到目前为止，全球大多数国家已经加入创绿行列，并且队伍在逐渐成熟壮大。

目前欧美较为著名的三大绿色饭店标准分别是：（1）1994 年丹麦餐馆协会推出了绿色钥匙认证项目（The Green Key Program）。该项目 2002 年被环境教育基金会采纳为国际项目，认证范围从丹麦扩展至全球 28 个国家和地区，该项目重视饭店节能，相关指标达 43 个。（2）绿色钥匙生态评价项目（Green Key Eco-rating Program）是加拿大酒店协会针对饭店、汽车旅馆和度假村的评级项目，至 2011 年已有五大洲 19 个国家加入。（3）绿叶生态评价项目（Green Leaf Eco-rating Program）是针对商务酒店环境管理能力的评价体系。

（二）国内绿色饭店的发展

20 世纪 90 年代中叶，国外绿色饭店的理念传入中国，在北京、上海和广州等城市的跨国饭店集团所管辖的饭店开始实施"绿色行动"或"绿色方案"，带动部分本土饭店开始跟进。这一阶段的行动大部分局限于降低物资消耗和减少固体废弃物，但只是个别酒店的行为。随着我国环境和能源问题日趋严峻，绿色饭店已成为饭店业发展的必然趋势，并得到政府的高度重视。1999 年，原国家旅游局提出"生态旅游"选题，将旅游体系与环境保护相联系，首次开展以"中国生态旅游年"为题目的系列活动。

1999 年，国家环保总局科技司、中国环境科学研究院、中国环境标志产品认证委会、北京绿色事业发展中心等单位与国家旅游局饭店管理司合作，在国内首次提出共建绿色饭店标准的计划。同年，浙江省旅游局率先在国内颁布《浙江省地方绿色饭店标准 DB33》，在省内开展创建"绿色饭店"的活动，成为中国国内最先开展的创建"绿色饭店"活动，这一活动得到了广泛的响应，收到很好的效果。

2003 年 3 月，中国饭店协会颁布《中国绿色饭店标准》（S/BT 10356—2002），为建立绿色饭店的长效激励机制，给广大绿色饭店企业提供一个专业交流和服务的平台。2005 年国务院在《关于做好建设节约型社会近期重点工作的通知》（国发〔2005〕21 号）中明确提出在宾馆开展"创建绿色饭店"活动。2006 年 3 月，中国国家旅游局在借鉴和综合相关研究的基础上，出台了国家首部《绿色旅游饭店标准》（国家旅游行业标准 LB/T 007—2006），标准主要包括绿色设计、能源管理、环境保护、降低物资消耗、提供绿色产品与服务和社会效益等内容，采取自愿申请，强制管理的制度。新标准的出台标志着中国绿色饭店的建设进入了新的阶段，不仅促进了创绿活动在业内广泛展开，也把创建推向新的高度。2007 年商务部六部委联合制定和颁布《中国绿色饭店》（GB/T 21084—2007）国家标准。据全国绿色饭店工作委员会发布信息显示，自标准实施以来，全国绿色饭店评定机构已依据标准评定绿色企业 1500 余家，被评定企业平均节电 15%、节水 10%，平均收入和毛利率分别增长 12.08% 和 3.51%。

随着中国北京奥运的成功申办，"绿色奥运"成为 2008 年奥运会的主题，这也为中国饭店业创建绿色饭店，与世界接轨带来了良好的发展机遇。2015 年国家旅游局对 2006 版行业标准做进一步修订，发布新版绿色旅游饭店行业标准（LB/T007—2015），内容涵盖绿色设计、能源管理、资源使用管理、污染预防与控制、产品与服务品质的维护、安全与员工健康管理及社会和环境责任等 7 个方面。新标准增加了维护饭店软件服务品质、员工健康与管理和承担社区与环境责任等评价项目，为绿色饭店持续发展和与国际接轨提供了重要的保证。

尽管 2007 版的绿色饭店国家标准汲取了国际标准的经验，并结合中国国情做了改进，但是仍存在认证范围局限和软件评价不足等问题。为进一步加强标准的指导性和实操性，全国绿色饭店工作委员会于 2018 年发布了"中国绿色饭店国家标准评分细则"最新修订内容，对标准的部分指标进行细化。

中国绿色饭店的发展也正赢得国际饭店与餐馆协会和包括洲际、万豪等国际酒店管理集团的越来越多的认可与支持。

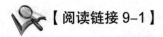

"健康客房"创造自由 "森" 呼吸 ①

近年来，旅游休闲逐渐成为大众生活方式的"新常态""健康旅行、品质生活"也成为时尚消费新理念。倡导和创建节能环保健康型的绿色饭店，也是中外住宿业发展的重要方向。

2018 年 9 月，中共中央国务院正式印发《关于完善促进消费体制机制进一步激发居民消费潜力的若干意见》，要求全国饭店业创建绿色饭店。绿色饭店成为住宿业提档升级的重要内容。全国绿色饭店工作委员会发布的《绿色饭店》国家标准新指标体系里便制定了"绿色饭店生态客房"实施方案，提出从空气、水、睡眠、低碳、体验五个方面打造绿色健康生态客房。

"健康客房"的诞生不但满足了市场需求，同时也赋予了酒店客房强大的溢价能力。据专家介绍，"健康客房"可快速有效地降低室内 PM2.5 的浓度，为顾客打造洁净、恒温、恒湿的优质室内环境，为顾客营造真正的"森呼吸"环境。其配备的 EIC 环境智能化管理平台，建立了独有的室内环境评价体系。酒店管理人员可在系统后台针对每个房间进行科学、合理的调控，客人更可使用房间内的智能控制面板，快速了解自己房间内人体舒适度、健康度及睡眠指数的数值信息。

目前，正在研发的项目还包括 V+R 沉浸式的交互体验健身空间、酒店水质智能净化系统、杀菌消毒智能传感系统、度假酒店亲子智慧空间等全方位的智能化科技体系，打造更高格局的"健康智能酒店"理念。

第 2 节　绿色饭店的理论体系

绿色饭店以"保护环境、和谐发展"的经营思想，突出其环境管理的核心环节，符合时代的要求，得到快速发展。绿色饭店理论体系的创建和完善成为健康有序发展绿色饭店的重要基础。绿色饭店的理论体系是以相关理论为基础，研究绿色理念、绿色饭店产品设计与管理、绿色饭店环境管理等主要内容，使绿色文化理念有机融合和贯穿于饭店经营管理的每一个环节，从而实现饭店的可持续发展。

一、理论基础

从世界饭店业发展趋势看，建设和发展绿色饭店必须坚持可持续发展战略思想，运

---

① "健康客房"创造自由 "森" 呼吸［EB/OL］．环球旅讯，2019.4. https://m.traveldaily.cn/article/126958

用生态学原理、系统工程方法和循环经济理念，从而促进经济增长方式的转变和改善环境质量。

（一）可持续发展理论

20世纪是人类物质文明最为发达的时代，同时生态环境的破坏也正随着物质财富的增长而日益严重，并进一步威胁人类社会的生存与发展。20世纪70年代初，围绕着"增长极限论"而展开的大争论，导致一种新的经济发展理论—"可持续发展理论"。

继可持续发展理念提出后，1989年第15届联合国环境署理事会通过了《关于可持续发展的声明》，确定了可持续发展的具体内涵：可持续发展是人类解决环境问题的根本原则，指满足当前需要而又不削弱子孙后代满足其需要之能力的发展。可持续发展意味着维护、合理使用并且提高自然资源基础，这种基础支撑着生态抗压力及经济的增长。可持续的概念要求改变单纯追求经济增长、忽视生态环境保护的传统发展模式，由资源源型经济过渡到技术型经济，综合考虑社会、经济、资源与环境效益。通过产业结构调整和合理布局，应用高新技术，实行清洁生产和文明消费，强调人与自然的和谐，其核心思想是经济的健康发展应该建立在生态持续能力、社会公正和人民积极参与自身发展决策的基础之上，最终实现环境与经济的协调发展。

旅游业是"一个资源产业，一个依赖自然并附和社会遗赠的产业"（Murphy，1985），自然资源和人文资源共同构成吸引旅游者的最根本的力量，并经由旅游经营商整合为旅游产品，向目标客源市场投放，资源因而成为出售对象的组成部分。因此，保持优良的生态环境和人文环境是旅游业赖以生存和发展的重要根基。1990年，国际旅游组织在加拿大召开了"GLOBE'90"国际大会，对旅游业的可持续发展确定了五个目标：（1）增进人们对旅游所产生的环境效应与经济效应的理解，强化其生态意识；（2）促进旅游业的公平发展；（3）改善旅游区域的生活质量；（4）为旅游者提供高质量的旅游经历；（5）保护未来旅游资源开发赖以存在的环境质量。

饭店作为旅游业的重要分支，具有满足消费者住宿需求的经营特点，需要占用、消耗大量的自然资源，如水、电、燃料、消耗品以及各种生活所需的物资和能源等，并制造大量的生活垃圾，特别是建设于风景区的旅游饭店，如果忽略资源的利用、环境保护、生态维护，对社会自然环境带来的不利影响更为严重。可见，饭店业与环境的天然联系，使饭店成为环境保护的直接贡献者。所以，饭店的可持续发展应该在不损害环境持续性的基础上，既保证饭店宾客的利益、饭店员工的利益、饭店所在地居民的利益，又保证饭店的利益，实现饭店业的长期稳定和良性发展。绿色饭店的理念实际上就是在可持续发展理念的基础上发展而来的，要求饭店业的发展必须建立在生态环境的承受能力之上，要符合当地的经济发展状况和道德规范。

（二）循环经济理论

循环经济本质上遵循了生态系统和生态经济的基本原理，要求运用生态学规律而不是机械论规律来指导人类社会的经济活动。20 世纪 80 年代，人们认识到应该采用资源化的方式来处理废弃物。20 世纪 90 年代，特别是在可持续发展战略的基础上，在资源循环利用思想替代"先污染再治理"观念成为国家环境与发展政策主流思想的条件下，环境保护、清洁生产、绿色消费和废弃物的再生利用等才整合为一套系统的循环经济战略，运用生态学规律来指导人类社会的经济活动，以物质资源的节约、保护和循环使用为特征，讲求资源的高效利用、循环利用、变废为宝和污染排放最小化，即低消耗、低排放和高效率。

与传统经济相比，循环经济不同于传统经济"资源—产品—污染排放"单向流动的高开采、低利用、高排放的数量型增长模式，它倡导的是"资源—产品—再生资源"的与环境协调的反馈式流程经济模式，具有低开采、高利用、低排放的特征。所有物质和能源要能在这个不断进行的经济循环中得到合理和持久的利用，以把经济活动对自然环境的影响降到最低。"3R"原则，即"减量化、再利用、再循环"是循环经济最重要的实际操作原则。减量化原则属于输入端方法，旨在减少进入生产和消费过程的物质量，从源头节约资源使用和减少污染物的排放；再利用原则属于过程性方法，目的是提高产品和服务的利用效率，要求产品和包装容器以初始形式多次使用，减少一次用品的污染；再循环原则属于输出端方法，要求物品完成使用功能后重新变成再生资源。循环经济为工业化以来的传统经济转向可持续发展经济提供了战略性的理论范式，从根本上消解了长期以来环境与发展之间的尖锐冲突，成为发达国家实现可持续发展战略的重要途径和实现方式。

饭店企业因其服务的特殊性，既是能源消耗大户，又是物质耗材的使用大户，同时伴随能源价格上涨给饭店带来的高成本，饭店必须以节能降耗的思想和管理方式进行经营和管理，提高竞争力。首先，循环经济所倡导的管理方式对饭店的节能降耗管理有着重要的战略指导价值。绿色饭店以循环经济思想为导向，在经营管理中，实行减量化、再利用、再循环的原则，注意节约能源和资源，把饭店产生的废水、废气、废弃物、噪声等对环境的污染降到最低；实行绿色管理清洁生产，不仅注重企业的环境管理，也引导客人参与环保活动；倡导适度消费，提供绿色食品，不吃野生动物等。绿色饭店超越了以功利目的为主要诉求的节能型饭店，成为更具社会责任感的饭店。其次，循环经济所倡导的绿色生产、绿色服务和绿色消费方式在保护环境的同时，也有利于饭店的特色化经营和品牌的建立，从而提升企业整体形象。因此，从现实条件来看，饭店遵循循环经济思想的管理原则和方式，可以建立一套既有利于资源节约利用，又有利于饭店实施生态绿色生产，还可以提高经营管理特色的服务生产体系。

由此可见，可持续发展和循环经济思想是绿色饭店经营的重要理论基础。绿色饭店应承担起环境保护的责任，建立一个依靠能源系统、设施系统、物耗系统和人力系统的协调运作的运营机制，以此实现企业、市场和社会三者利益兼顾，提高服务功效和经济效益的经营目的。

二、绿色饭店的理论体系

绿色饭店的理论体系包括绿色饭店的基本特征、绿色标准设计，以及饭店环境管理等方面。

（一）绿色饭店的基本特征

1. 绿色理念

绿色理念是对环境保护问题的思考以及采取有利环境的方式，为创建绿色饭店提供具体的指导。绿色理念主要包括：环境的全球性观念、持续发展的观念、全员参与的观念、国情观念等。环境问题是人们在追求经济发展、提高生产力、提高生活水平过程中的衍生品。随着生存环境不断恶化，人们必须转变观念，变革原有生产方式、经营方式、服务方式以及消费方式，把环境因素作为一个重要内容来考察现有行为的合理性，然后提出进一步的改进措施。饭店应该以可持续发展思想为主导，在生产活动中使资源、能源得到高效利用，正确引导顾客的消费观念，创建具有舒适、安全和健康的服务和生活空间特征的绿色饭店。

2. 绿色管理

绿色管理是饭店根据可持续发展的思想和环境保护的要求而形成一种经营思想，将环境保护的观念融于企业的经营管理之中，涉及企业管理的各个层面，是以实现经济效益和环境保护双赢为目标的一种全过程的管理。饭店的绿色管理即饭店环境管理，饭店环境管理是饭店管理的一个重要的组成部分，这项管理工作不是以增加的形式出现，而是融合在饭店经营管理的每一个环节中，贯穿于饭店的整个生命周期。它包括绿色理念下的饭店发展战略的制定、饭店的选址和设计、饭店运行控制以及废弃物的处置和利用等。绿色管理的"5R"原则如下：

研究性原则（Research）：将环保纳入企业的决策要素中，重视研究企业的环境对策；

减消性原则（Reduce）：采用新技术、新工艺，减少或消除有害废弃物的排放；

再开发性原则（Reuse）：采用绿色标准和标志，开发新型环保产品；

循环性原则（Recycle）：对废旧产品进行回收处理，保证资源的循环使用；

保护性原则（Rescue）：积极参与社区内的环境整洁活动，对员工和公众进行绿色宣传，树立绿色企业形象。

3. 绿色产品

绿色饭店的核心是绿色产品。绿色产品是指生产、使用、处置全过程中有利于保护生态环境、不产生环境污染或者产生的污染达到最小化，同时有利于节约资源和能源的产品。绿色产品具有节能、低耗和环保的特点，它也是绿色科技应用的最终体现，与传统产品的根本区别在于其改善环境和社会生活品质的功能。饭店服务作为旅游业末端消费品，其绿色产品的顾客价值应体现在从设计、生产服务过程到产品本身以及废弃物的回收的全过程的提供，包括绿色客房、绿色餐饮、绿色环境以及绿色服务等。与一般产品相比，饭店绿色产品的提供不是企业后台节能降耗的简单操作，而是更强调产品提供全过程中各种因素的综合效果，即从生产层面转向整体产品层面。

4. 绿色营销

绿色营销即社会市场营销观念，是指企业在兼顾消费者、企业和社会环境利益的基础上，提供顾客需求的产品和服务，以此获得企业利润的营销观念和营销策略。绿色营销在宏观上强调注重地球生态环境保护，注重全社会的全局利益，促进社会经济和生态的协调发展；在微观上而满足消费者的绿色消费需求，通过降低成本和树立企业形象获得竞争优势，从而提高经济效益，保证可持续发展。饭店的服务性特点决定了品牌和形象成为市场营销的主要载体。饭店绿色营销主要表现在其市场宣传和沟通的方式和内容的特殊性，采用人员推销、有形展示和公共关系等营销手段，正确引导绿色消费观念，创造绿色消费空间，树立良好的企业形象。

（二）绿色饭店标准

绿色饭店的理论体系核心是饭店环境管理理论。饭店环境管理是一项微观环境管理活动，它通过对饭店的经营机制、企业战略、组织机构、管理模式、服务方式、操作方法等饭店经营管理诸要素的调整或改革，在饭店内部建立相应的环境管理体系，使饭店的各项经营满足环境保护和饭店生存发展的需要。饭店环境管理是饭店管理的有机组成部分，环境管理与饭店管理的各个内容有机融合，是饭店管理的新发展。目前，ISO 14001 环境管理系列标准（1996）以及中国饭店协会、国家旅游局先后发布的《中国绿色饭店标准》（SB/T 10356—2002）行业标准、《绿色旅游饭店标准》（LB\T 007—2006）行业标准、《绿色饭店》（GB/T 21084—2007）国家标准、《绿色旅游饭店标准》（LB/T 007—2015）行业标准以及 2018 年对《绿色饭店》国家标准中的评定细则的修订都成为绿色饭店环境管理的重要依据和控制标准，也是饭店实现可持续发展的基础。

1. ISO 14001 环境管理系列标准（1996）

ISO 14001 环境管理系列标准是有国际标准化组织（International Standard Organization—ISO）针对日益恶化的全球环境问题，为规范企业的环境管理行为而颁布的，目前在世界各国各行业得到了广泛的实施。ISO 14000 是一个系列的环境管理的认证标准，它包括了环境管理体系、环境审核、环境标志、生命周期分析等国际环境管理领域内的许多焦点问题。该标准对企业环境管理的基本管理方法做出规定，促使企业对现行的管理模式、操作制度和要求进行调整和审定，在运行过程中更多考虑环境保护问题使企业的经济效益和环境的社会效益得到有效的结合。它的 PDCA 管理模式指导饭店的环境管理工作，预防环境污染使饭店的环境实绩和效率获得持续地改进。ISO14001 过程控制的思想有利于饭店强化管理，提高管理人员的素质，这对饭店的长期发展是非常重要的。

2. 中国绿色饭店行业标准

（1）《中国绿色饭店标准》（SB/T 10356—2002）。

2003 年 3 月，由中国饭店协会起草的国家行业标准《绿色饭店等级评定规定》（SB/T 10356—2002）由原国家经贸委颁布并正式实施。这是我国饭店行业的第一个绿色饭店国家行业标准，用以指导饭店企业在制定、实施本企业的绿色计划和措施有可以参考的基本思路。规定中，绿色饭店是指运用安全、健康、环保理念，坚持绿色管理、倡导绿色消费、保护生态和合理使用资源的饭店。安全是指饭店具有相应的公共安全设施和食品安全保证系统。健康是指饭店为消费者提供有益于身心健康的服务和产品。环保是指饭店经营减少对环境的污染、节能降耗。绿色饭店分为 A 级到 5A 级 5 个等级，用具有中国特色的银杏叶为标识，授予根据标准评定的饭店。

该部标准的主要特点是：一个标准——第一部标准；两个标识——绿色饭店的创建和评定，涵盖饭店行业的两种业态，即饭店（包括住宿、餐饮两种业态的企业）和餐馆（单一的餐饮业态的企业），等级评定标志为绿色"银杏叶"；三个理念——"安全、健康、环保"；五个等级——根据企业在提供绿色服务、保护环境等方面做出不同程度的努力，分为 A 级、2A 级、3A 级、4A 级、5A 级共五个等级，分别用具有中国特色的银杏叶作为标志。其中，AAAAA 级为最高级（见图 9-2）。

图 9-2　绿色饭店标识（中国饭店协会 2003 年）

图案外形为 C，代表 China，C 型用银杏叶围成，代表"绿色与生命"，H 代表饭店 Hotel，R 代表餐馆 Restaurant。

（2）《绿色旅游饭店》（LB/T007-2006）。

2006 年 3 月，中国国家旅游局正式颁布《绿色旅游饭店》行业标准（LB/T007-2006），本标准专为创建绿色旅游饭店、实施环境管理提供指导，并对创建绿色旅游饭店、实施和加强环境管理提供切实可行的建议。标准中对绿色旅游饭店的定义是：以可持续发展为理念，坚持清洁生产、倡导绿色消费，保护生态环境和合理使用资源的饭店。标准内容包括绿色设计、能源管理、环境保护、降低物资消耗以及社会效益等内容，采取

减量化、再使用、再循环和替代原则等。标准中的等级评定分
金叶级和银叶级两个等级，总分为 300 分，金叶级 240 分，银
叶级 180 分（见图 9-3）。由国家商务部、发改委、国资委、
环保总局、旅游局、国家标准化管理委员会等 6 部委共同推出
的我国"绿色饭店"国家标准将于今年内出台，成为与目前通
行的酒店星级评定并行的重要评价体系。

图 9-3　绿色饭店标志

（3）《绿色旅游饭店标准》（LB/T 007—2015）。

2015 年国家旅游局新版《绿色旅游饭店行业标准》（LB/
T 007—2015 代替 LB/T 007—2006），该行业标准明确了绿色
旅游饭店的创建、实施、改进及评定要求，并就标准的适用范
围、相关规范性引用文件、相关术语和定义进行了说明。标准
指出，绿色旅游饭店是以可持续发展为理念，坚持清洁生产、维护饭店品质、倡导绿色
消费、合理使用资源、保护生态环境、承担社区与环境责任的饭店。绿色旅游饭店标准
总分为 300 分，根据评定检查项目得分分为金叶级和银叶级两个等级。评定检查项目涵
盖绿色设计、能源管理、资源使用管理、污染预防与控制、产品与服务提供、安全与员
工健康管理、社会责任 7 个方面。此次标准新增的社会责任条款占分仅次于能源管理，
位列第二位，细化了绿色宣传理念、供应商管理、社区服务、环境绩效改善等方面的
责任。

3. 中国绿色饭店国家标准

2007 年，由商务部牵头，联合发改委、环保部、国标委、国资委、旅游局和中国
饭店协会共同颁布了《绿色饭店》（GB/T 21084—2007）国家标准，并从 2008 年 3 月 1
日起开始实施。"绿色饭店"以银杏叶为标志共分为 5 个等级，分别是一叶级、二叶级、
三叶级、四叶级和五叶级，五叶级为最高级。绿色饭店评定的有效期为 4 年，每 2 年进
行一次等级复核。2018 年 7 月，中国饭店协会对《绿色饭店》国家标准中的评定细则进
行了修订，颁布了新的《全国绿色饭店工作委员会工作规则》《中国绿色饭店评定管理
办法》《绿色饭店国家标准注册评审员管理办法》，对绿色饭店的评定工作进行了进一步
改进和规范。

（三）绿色饭店的环境管理

饭店的环境，包括室内空气、水的质量、噪声状况，绿化状况等直接构成了饭店产
品，是饭店产品质量的重要组成部分。饭店的环境管理是一项微观环境管理工作，通过
对饭店的经营机制、企业战略、组织机构、管理模式、服务方式和操作方法等饭店经营
管理各要素的调整或改革，在饭店内部建立相应的环境管理体系，使饭店的各项经营满
足环境保护和饭店生存发展的需要。通过实施环境管理将彻底改善自身的管理状况，提
高管理的科学性、技术性和创造性，使管理更规范和严格。饭店绿色管理能协调环境、

资源、人口、社会、经济等各方面的发展，既满足绿色消费者的需求，又能使饭店本身获得社会效益和经济效益。

与一般企业的环境管理相比，饭店的环境管理是融合于企业整个的战略管理和实际运作的各个环节，从企业战略的制定、企业组织结构的设置、企业生产服务的控制、资源的配置等到包括饭店的选址、建筑的美感以及与环境的配合程度、建筑装修材料的使用、建筑内功能布局、服务模式、废弃物的排放等绿色环节设计，并且还涉及因饭店生产和消费同时性的特点，要求饭店环境管理中必须正确引导员工和顾客的生产行为和消费行为，形成"绿色"认同感，从而保证绿色服务质量（见图9-4）。由此可见，饭店环境管理比一般企业所涉及的内容更多、更复杂，管理更困难。从目前情况看，饭店实施环境管理需要全行业推进和政府职能部门的引导，不能完全依赖市场的推动力。

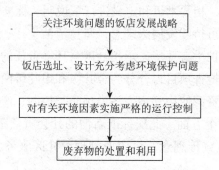

图9-4 绿色饭店的环境管理系统

由于环境问题是一个综合的、复杂的问题，对技术有一定的要求，因此对管理者提出了较高的要求。管理者除了有较高的管理水平外，还必须了解有关的环境知识，具有环境保护意识，才能有效地在饭店内开展环境管理活动。

饭店环境管理包括以下三个阶段：

（1）评价阶段。

在准备阶段，饭店首先要对目前的环境管理状况进行评价，找出目前存在的问题，已有的管理水平，对现有环境状况的评价将直接关系到以后各阶段环境管理运行的效果。对环境现状评价的重点是找出饭店的环境因素，饭店的环境因素包括废气的排放、污水的排放、固体废弃物的处理、能源的使用、物资的消耗和利用、噪声的影响、绿化等。对环境因素的分析需要包括产生的时间、产生的状态及产生源，同时要收集并对照有关法律法规的执行情况，对违法的行为必须列入重要环境因素。为了使环境现状分析更准确，饭店还需委托专业机构进行环境检测。由此可以看出，环境检测环节对员工素质要求较高。

（2）过程控制阶段。

在环境管理操作阶段，需要为环境管理建立相应的环境管理体系，环境管理体系应形成书面的程序要求，以规范环境管理行为。一是确定饭店运行中与环境有关的过程，包括操作过程、与顾客相关的过程、信息交流的过程等，并规定为取得预期效果所必需的关键活动。二是明确环境管理过程中的职责和权限，对关键活动实施重点管理，并具备理解和测量关键活动效果的能力。三是识别每个过程与相关部门之间的关系，将实施过程的职能进行分配并落实到相关的部门和岗位，同时对接口进行必要的控制，从而确定过程控制的方法和力度。通过这一过程理清环境管理的思路，明确管理的内容和要求，是规范化、制度化的管理过程。在建立起一整套的程序要求后，全体员工就应遵照执行，对找出的环境因素进行控制或施加影响，以减少环境危害。通过这种控制和影响可使越来越多的企业关注环境问题，推动全社会的环境保护工作。

（3）持续发展阶段。

随着技术的发展和饭店的发展，环境管理的思想应在企业整个战略实施过程中不断更新，制定是适应性较强的滚动性计划。有计划地对前期项目的问题进行改进；持续改进成为饭店文化的重要内容，建立激励机制、改变传统的观念，使改进的意识深入人心；饭店建立改进的测量和评价系统，以便对改进机会进行识别、诊断和对改进效果的评定。这种改变不是盲目的，而是以环保和效益为中心引发的变革。环境问题是一个不断发展，不断改进的问题，因此，环境管理的目标是持续改进，这也符合可持续发展的原则。

第 3 节　绿色饭店的创建

随着世界范围内能源成本的持续上涨和市场竞争的压力，中国绿色饭店管理还存在很多误区，制约了行业良性发展。加快推进绿色饭店的发展进程，不仅有利于降低国内饭店业运营成本，提升整体竞争水平，更重要的是为饭店可持续发展提供了有力的保障。

一、绿色饭店的认识误区

目前，国内很多饭店纷纷努力跟随绿色饭店这一流行趋势，但是在创建过程中，还存在着许多问题和障碍，出现了一些对绿色饭店理解和做法上的误区，甚至是严重的偏差，导致绿色发展进程受阻。

（一）来自政策方面[①]

随着"绿色时代"的到来，世界各国和地区饭店业更加重视生态环境的保护，制定相关政策和标准，实施饭店环境管理，取得显著的成效。由于各国环境条件、经济发

---

① 张媌姮，吴玉萍 . 创建绿色酒店，拥抱可持续生活 .WTO 经济导刊 .2018.

展、技术条件等因素不同，绿色饭店的相关概念和标准尚不能统一。从国外发展经验看，政府的重视和政策保证、协会的主体作用以及相关政策法规的制定对绿色饭店发展发挥着重要的作用。

1. 缺乏国家层面的归口统筹

目前现行的绿色酒店标准有两个，即国家旅游局牵头颁布的"绿色旅游饭店"行业标准和商务部牵头颁布的"绿色饭店"国家标准，导致绿色酒店的评定体系也分为两套单独的体系。两套标准的评价指标起草时都由同一家单位提供技术支持，评定的范围、原则、分类、指标等大同小异，主要区别在于评审人员和评定方式不一样。但对企业来说，评选"绿色饭店"还是"绿色旅游饭店"并无本质不同，反而会给企业造成一定的困惑。这样不仅影响了政府公信力，也挫伤了企业参评绿色酒店的积极性。

2. 缺乏政策层面的约束和激励

自 2005 年以来，国家商务部、环保部等多次联合发布通知，提出创建 1 万家绿色饭店的目标。但截至 2018 年 7 月，据中国饭店协会统计，全国绿色饭店仅为 8000 家。主要因为国家层面没有具体的激励政策，浙江、重庆、江苏、湖北、广东等省根据省内实际相继出台了一些绿色酒店的补贴政策，但补贴政策不连续，近几年已经停止了补贴，企业没有创建绿色酒店的积极性。目前，我国已先后发布的绿色饭店标准都是行业标准，这些标准在国内饭店企业创建绿色饭店活动中发挥了重要的引导和参考作用。但是，据 2007 年中国饭店协会有关数据显示，全国范围内参加评级饭店比例不高，获得绿色饭店"金叶级"和"银叶级"称号的饭店只有 500 多家。

同时，近些年行业内出现了一些公寓、短租、民宿等新的住宿形式，比如民宿尤其是风景区附近的民宿或农家乐，其造成的污水、油烟、废弃物等环境污染问题不容小觑，但目前没有对口政府部门对其进行管理，这部分住宿形式的绿色化缺乏制度约束。

3. 绿色酒店的标准中环境定量指标较少

根据《绿色饭店评定细则》中的相关指标要求可知，目前评定绿色饭店多以定性的指标为主，极少有定量的要求。尤其在"环境保护"类指标中，多以引导性、鼓励性指标为主，没有明确的定量指标。

由此看出，我国绿色饭店相关政策和标准需进一步加强和完善，应加强标准的统一性和权威性、立法和监管体系的完整性等方面的建设，发挥政策的导向作用，从关注经济效益向兼顾社会环境和消费者利益转变，由关注生产环节向全过程管理意识转变，从而推进绿色饭店的健康发展。

（二）来自饭店方面

1. 绿色饭店认识不足

饭店在系统把握"绿色"内涵的基础上，管理者必须把绿色观念看作是一种精神、一种导向，将其纳入饭店企业文化和日常管理行为中去，真正体现绿色饭店的社会价值。饭店管理者应充分认识到企业的责任已不再局限于获取利润和解决一定的劳动力就业，而应将社会责任作为首要的责任，并形成绿色企业文化，指导员工采用绿色生产方式，引导顾客绿色消费意识，实现绿色饭店的经营目标。但是，我国饭店企业在"创绿"过程中，缺乏对绿色理念的认识，存在单纯经济观念，对环境保护的重要性认识不足，一味追求某一项冠名或称号，注重形式忽略实质建设，制约了绿色饭店的良性发展。

2. "绿色"饭店标准判断偏差

在我国绿色饭店创建过程中，很多饭店对"绿色饭店"标准的理解和判断存在着表面化现象和严重的偏差。主要表现在：首先，节能降耗与顾客满意度的失衡。饭店似乎更多地看到了绿色饭店经济节省一面。他们认为绿色饭店的建设就是节能降耗，通过对成本的节约来提高企业的经济效益，忽略顾客需求和服务质量，导致顾客不满意，影响服务效果。其次，饭店硬件和软件投入失衡。绿色饭店的建设需要科学的环境管理基础、全体员工的通力协作以及顾客的理解与支持。但是，我国饭店在"创绿"过程中，过分注重硬件投入和改造，忽略了绿色文化、绿色营销以及环境管理体系等软件建设，缺乏优秀的"绿色"员工队伍，缺乏对顾客消费意识的正确引导，使"创绿"的效果大打折扣。

3. "六小件"的困境

饭店一次性消耗品通常被称为"六小件"，主要指饭店在客房为旅客提供的一次性牙刷、牙膏、梳子、拖鞋、小瓶洗浴用品以及剃须刀。这些一次性消耗品在满足旅游者的安全性和便利性方面，发挥着积极的作用，因此在我国饭店业发展之初作为竞争的有力手段，发展成为现代饭店星级评定标准中的必备条件，同时也成为消费者习惯认为的一种饭店必备品。实际上，目前饭店提供的一次性消耗品已突破"六小件"的数量，还包括一些护肤化妆用品等。在欧美一些国家，社会环境保护意识已达成共识，已经取消提供客房一次性用品，并没有引起顾客的不满。

随着社会倡导绿色文化，环境保护意识的不断增强，人们开始关注传统饭店一次性消耗品对环境的负面影响。调查发现，饭店"六小件"的消耗和浪费非常严重，这些洗化用品和塑料制品大都是不能降解的，其排放和废弃对环境造成污染和损害。随着我国"创绿"活动的开展，一些地方的饭店纷纷取消或减少了"六小件"以及其他客用消耗品，然而却造成消费者的不满，以致对推广绿色饭店产生误解，许多饭店绿色服务遭遇尴尬。绿色饭店如何使环保理念与市场消费期待共赢，如何兼顾企业效益与顾客满意等问题，成为绿色饭店科学发展的关键。

【阅读链接9-2】

一座酒店简直就是一个"热岛"[①]

大型星级酒店已成为被忽略的碳排放大户。我国酒店餐饮服务行业整体能耗及二氧化碳排放量较高，且档次越高能耗和排放量越大，星级酒店已成城市易被忽略的碳排放大户。

一项针对酒店餐饮系统的调查显示，我国酒店餐饮服务行业整体能耗及二氧化碳排放量较高，每一座大型星级酒店都成为一个城市"热岛"。据统计，酒店餐饮服务全过程平均能耗能量约占我国建筑能耗的53%，而建筑能耗已占我国社会总能耗的三成左右。

近年来，我国星级酒店规模不断扩大，能耗不断增加，以舒适性为前提的星级酒店，理应向"节能、节水、节材、节地、保护环境"的绿色酒店方向发展。国内一些星级酒店已开始着手打造"低碳式酒店"，通过建筑本体节能、可再生能源利用、废水回收利用等节能减排技术和手段，探索经营管理新模式。

有数据显示，目前全国酒店和餐饮企业已达400多万家，如果都创建绿色酒店，每年节约水相当于近20个杭州西湖的水量，可供180个中小城市一年用水；节电相当于目前三峡电站近一个月的发电量，近170个中小城市一年的用电量。业内人士认为，我国酒店大致每7至12年重新装修一次，如能按照低碳模式装修，全国上万家酒店减碳规模将以千万吨级计，其环境和社会意义不可估量。建议从三方面入手，推动酒店业节能减排。

——从政策上引导和鼓励，推动更多酒店加入减排行列。各地酒店应因地制宜，积极进行探索实践，采用多种方式降低传统能耗。

——树立履行环保责任和降低运营成本相结合的理念。据了解，我国在建筑领域的各类节能环保技术已经比较成熟和普及，圣光集团的实践说明，尽管需要先期节能投入，但经过一定时间的运营，可大幅降低企业能源成本，获得较大经济效益，同时也树立了企业良好的形象。

——政府针对绿色节能企业的认定，宜由目前的重上项目向重实际降耗转变。清华大学建筑节能研究中心主任江亿认为，现在一些企业热衷于通过上项目进行绿色评比，但并没有达到实际的降耗效果，建议在绿色认证和评比中，更加注重建筑的单位降耗水平。

---

① 张非非，辛林霞.一座酒店简直就是一个"热岛".新华社新媒体专线新华每日电讯/2013年/6月/17日/第005版.

（三）来自旅游者方面

饭店绿色管理中，顾客的支持与理解是影响饭店"绿色"产品和服务质量的重要因素。特别是针对我国目前的情况，要想真正解决一次性消耗品的问题，提高消费者的素质至关重要。消费者是一次性消耗品的最终使用者。目前我国饭店中，顾客过度消费造成资源不必要的浪费现象，例如床单、毛巾、卫生清洁用品一日一换，不必要的精美包装、餐饮服务的食品浪费等现象在饭店非常普遍，甚至有些饭店不合理的设计造成能源的浪费，使用非环保型的建筑装修材料对人体产生潜在的危害。同时，由于消费习惯短期内难以转变，某些尝试取消摆放的饭店甚至付出了比提供"六小件"更高的成本。如果消费者本身环保意识很强，注意客用品的重复使用和节约使用，在使用的过程中尽量减少不必要的浪费，那么，一次性消耗品的问题解决起来就会相对容易一些。

二、创建绿色饭店的构想

结合中国绿色饭店的发展情况及存在问题，提出以下有关绿色饭店创建的若干构想：

（一）树立绿色价值观，强化社会责任意识

从宏观上，政府应加强宏观调控，制订国家绿色饭店标准，完善相关法规和政策，加强执法监督，为绿色饭店可持续发展提供保障。同时，饭店利益相关群体通力合作，形成有利于绿色饭店良性发展的社会大环境。

从微观上，饭店企业应树立绿色价值观，培育绿色文化，强化社会责任意识，为创建绿色饭店做出努力。国内饭店业在创建绿色饭店的初期，多数饭店仅仅停留在绿色环保的基础工作上，主要侧重于绿色理念的推广普及，仅通过降低饭店成本，节能降耗等手段开展绿色饭店的建设工作。然而，节能降耗仅仅是创建绿色饭店中一项重要内容，绿色饭店必须要结合《绿色旅游饭店标准》，通过建立环境管理体系，合理利用自然资源，提供绿色服务，开展绿色管理，以此保证企业在生态与社会环境和谐共生的基础上得到持续发展。

首先，饭店企业应该强化社会责任意识，兼顾企业、市场和社会三者利益，把环境保护作为企业应尽的社会责任。饭店应在绿色观念的基础上，将绿色技术的应用和绿色管理的实施渗透到饭店管理的每个环节中，使饭店社会责任对财务绩效和顾客满意度产生直接正向的影响，以此形成饭店绿色文化。其次，饭店应制定了企业环境管理方针和目标，把环保指标纳入绩效考核体系。最后，饭店应加大对节能技术改造和环保设施的资金投入力度，而且把节能降耗节约的费用重新投入到设施设备和环保节能改造之中，全面提升和发展绿色经营理念，推进绿色饭店创建工作不断深入。

（二）强化政府主导，规范绿色标准

将"绿色旅游饭店"行业标准与"绿色饭店"国家标准统筹考虑，整合评定队伍和

评审制度，建立规范统一的标准体系，提高标准的权威性和规范性。将绿色酒店纳入政府采购目录，作为各级政府采购商的强制性前置条件。出台住宿业的环境排放标准，特别针对近年来发展起来的非标准住宿行业，如民宿、农家乐等，制定相应绿色标准，优化行业运营环境，促进行业可持续发展。依托政府引导，建立个人绿色信用评价体系，加强第三方征信服务合作，发挥大数据功能，营造绿色氛围，促进绿色饭店的健康发展。

（三）遵循经济效益和环境保护协调原则，实行绿色设计

根据生命周期理论，饭店"寿命"是从规划开始，经过设计、施工、运行，到最后的再利用或拆除为止。饭店建设中使用的材料以及经营使用的产品和设备的寿命则是从采购开始，经过使用、维护直到报废为止，所以设计与采购是绿色饭店的基础。这就要求在设计或采购中要有"绿色思维"，就是饭店的建设对环境的破坏最小，设备的运行对环境的影响降到最小。所谓绿色设计遵循可持续发展的原则，在饭店建筑设计过程中必须充分考虑建筑的位置、建筑体现即建筑功能与能源和资源之间的相互关系。在设计之初，应明确饭店的环境管理的经济和环保协调发展的指导思想，就要考虑建筑的未来使用、维护、报废等各个环节对环境的影响，在初期就尽量避免后期环境破坏的发生；对产品的生命周期进行综合考虑，如少用材料，尽量选择可再生的原材料；产品生产和使用过程中能耗低，不易污染环境；产品使用后易于处理、回收和再利用；使用方便、安全、寿命长等。绿色饭店中所有的设计、建造和使用都要考虑环境保护的要求，把建筑物与种植业、养殖业、能源环保美学高新技术等紧密结合起来，在有效满足各种使用功能的同时，有益于使用者的健康，并创造符合环境保护要求的工作和生活空间结构，包括饭店地址的选择、开发布置以及周围环境的绿化、建筑的设计等。饭店建筑设计和设备的"绿色化"，还可以改善饭店的室内环境，为饭店建筑内的所有人员提供安全、健康、舒适的室内环境，满足客人对饭店产品的隐含需要。

【阅读链接9-3】

健康客房－绿色度假体验[①]

恒大酒店"健康客房"为顾客打造净霾养生的绿色度假体验，开创酒店行业绿色体验新浪潮。

智能净化＋个性化控制让健康一键开启

根据《SB/T 10582—2011健康客房技术规范》，健康客房是以环保节能、安全、卫生、舒适为设计理念，从室内环境、睡眠质量、采光照明、饮用水、服务项目等方面全面提升和改善，为消费者提供的新型住宿环境。

---

① 开启净霾养生绿色度假体验　恒大酒店健康客房全面上线．来源：环球旅讯．恒大酒店集团2018-04-20.

以天津东丽湖恒大酒店的健康客房为例，与普通客房相比，健康客房重点针对空气品质：室内吊顶设置有高风量、高效率、低噪声的吊顶净化单元，快速降低房间内PM2.5 浓度，实现房间内 PM2.5 在低浓度范围内，从而在完全不影响休息的前提下，保障顾客呼入空气的健康、舒适。

在顾客入住健康客房前，恒大酒店将开启"一键净化"装置，采用 EIC 环境智能化管理平台，顾客可通过房间内的智慧净化控制面板获知室内外各项环境参数和指标（包括温度、湿度以及 PM2.5 浓度），直观地感受到房间的洁净度。客人更是可以在预订前登录恒大酒店的官方网站，查询到健康客房的实时监控数据。

和同类产品相比，EIC 环境智能化管理平台不止满足于对环境参数的监测与展示，更加关注环境对人体舒适度、健康度及睡眠指数的科学评价。一方面，平台让用户对所处的物理环境有直观的认识；另一方面，它能够结合顾客对客房的实际调控，为顾客进行个性化的策略定制，既可以通过后台算法提出相应的环境改善建议，又可以直接对设备进行智能化控制，以期更人性化地实现改善室内环境品质的目的。

"健康客房"恒大酒店集团秉持优质服务的初衷，不断优化产品、贴合时代发展。在消费升级的大背景下，广大顾客对旅行和住宿产品不断提出更高品质、更具个性化的要求，特别是随着健康养生理念的普及，以及对自然生态的向往愈加强烈，恒大酒店集团始终紧随趋势，贴心满足顾客需求而提供的设施与服务层出不穷。

（四）结合国家《绿色旅游饭店标准》，采用绿色环保技术

绿色环保技术，简称绿色技术，是解决资源耗费和环境污染的主要方法，是指能够节约资源，避免和减少环境污染的技术。可以说在很大程度，现代绿色技术是绿色饭店创建的保证，能明显为饭店带来效益，增强竞争力，支持饭店在不牺牲生态环境下良好地发展。绿色技术包括末端处理技术（指在默认现有生产体系的前提下，对废弃物采用隔离、处置、处理和焚烧等手段试图减少废弃物对环境污染的技术）和污染防治技术（着重于污染源头的消减和控制）。随着绿色饭店创建活动的深入，饭店应在《绿色旅游饭店》标准引导下，更多节能环保的技术成果被应用到绿色饭店的创建活动中，使绿色饭店真正体现"环保、健康和节约"活动的质量。饭店可以在 4R 原则（即减量化、再使用、循环使用和替代）的基础上，通过建立健全的环保制度和管理网络，持续改进环保计划，并在运行中防止非环保行为的发生。如果没有技术措施的支撑、新技术手段的应用，绿色饭店创建活动只能局限在表面和形式。

目前，在节能新技术应用方面，除节能灯、感应龙头、锅炉冷凝水回收、空调变频等技术的应用外，太阳能、真空玻璃、客房智能钥匙卡、余热回收装置、高效节能泵等材料和设备也开始在饭店中得到广泛使用，部分饭店还安装了员工浴室节水智能 IC 卡系统。在保证客用区域照明和不影响装饰氛围效果及客人舒适度的前提下，以节能型的

液晶灯替代了已往使用的白炽灯。

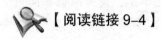

酒店"放心住"靠监督也要靠竞争①

只有通过市场竞争，才能促使酒店企业强化自我监督，不断提高管理水平和发展能力，为消费者提供绿色、健康、放心的旅游产品和服务。

中国饭店协会联合相关企业在西安启动中国绿色饭店"净放芯"项目，美团酒店预订平台和西安50余家酒店率先试水，消费者入住酒店后，用手机扫描"净放芯"智能芯片，就可知道床单等酒店布草用品的洗涤和更换状态。

近年来，我国商务、旅游消费不断增长，酒店住宿需求日益增加，床单、枕套、毛巾等与人体直接接触的布草是否换洗过、干净程度如何、清洗时是否放了过量清洁剂等，受到旅游业、酒店业人士和公众高度关切。有的旅客在网上吐槽住酒店发现床单、毛巾系重复使用的经历，有的旅客甚至被迫自己带床单、毛巾，引发了众多旅客和网友的共鸣。酒店布草更换清洗不是小事，而关系到旅客的消费体验和合法权益，进而关系到酒店业健康发展。

中国绿色饭店"净放芯"项目，是由行业组织、酒店预订网络平台和酒店企业联合打造的常态工作机制，主要体现为酒店行业、企业加强自我监督，采用的智能芯片技术具有较高的权威性、可靠性，可以有效提升酒店行业智能化服务水平，让消费者住得放心安心。

保障消费者放心安心地入住酒店，除了加强对酒店的政府监管、社会监督和专业监督之外，也需要酒店企业以客户为中心，以科技创新为手段，以消除消费痛点、改善消费体验为导向，充分利用现代物联网、大数据、人工智能等先进技术手段，在开发运用"净放芯"之类创新技术设施方面充分展开竞争。只有通过市场竞争，才能促使酒店企业强化自我监督，不断提高管理水平和发展能力，为消费者提供绿色、健康、放心的旅游产品和服务。

（五）构建饭店环境管理体系，提升绿色管理水平

一是饭店将绿色理念纳入战略规划中，形成环境管理体系，从规划、设计、建设、监管、验收各个环节入手，从饭店选址、选材到废弃物处理的全过程入手，采用星级饭店和绿色饭店两套标准来进行饭店设计和建造，强化全过程的控制和监督，实现饭店可持续发展。二是全员参与环境管理工作。绿色饭店服务过程中，"绿色"员工是绿色消

---

① 常望江. 酒店"放心住"靠监督也要靠竞争. 中国青年报/2018年/9月/26日/第002版.

费的导向，员工的环保行为直接影响到客人的环保意识和行为。因此，饭店要实现有效的环境管理，必须在全体员工中树立"保护环境，崇尚自然，促进可持续发展"的绿色价值观念，以此形成绿色文化，指导员工的日常行为规范，发挥员工的能动作用，完善激励机制，提高服务质量。三是强化全过程控制。环境管理已从末端治理发展到全过程控制。随着工业化进程的加速，末端治理的局限性也日益显露，环境管理体系的建立引进了系统和过程概念。为了有效地控制与企业管理活动有关的环境因素和生命周期中某些不利的环境因素，必须对产品生产，即饭店服务产品的提供的全过程进行控制。四是完善审核评级制度。为了保证环境管理体系运行的质量，饭店应采用 ISO 14001 国际环境标准以及国家《绿色旅游饭店标准》，在建设设计和运营管理上不断规范和完善，饭店内部要坚持内部审核和管理评审，积极参与相关标准的认证和评级，提升知名度和企业形象，推动饭店市场国际化进程。

（六）实施绿色营销，引导绿色消费

绿色营销是在一般营销理论基础上，兼顾企业、市场和社会环境三者利益的营销策略和方法。饭店服务同时性的特点决定了客人是饭店的特殊合作伙伴，即饭店应把客人视为环保的合作伙伴。为此，饭店应向客人宣传饭店的环保计划和创意，通过"绿色"员工去影响和引导客人的绿色消费意识和消费行为，摒弃传统消费模式，达到提高绿色饭店服务质量的目的。所谓绿色消费是指可以持续的和承担环境与社会责任的方式进行消费。凡进行绿色消费的人们则称为绿色消费者。"绿色"消费包含三层含义：一是倡导消费者在消费时选择未被污染或有助于公众健康的绿色产品；二是在消费过程中注重对垃圾的处置，不造成环境污染；三是引导消费者转变消费观念，崇尚自然，追求健康，在追求生活舒适的同时，注重环保，节约资源和能源，实现可持续消费。如在消费中尽量节约使用相关的自然资源，特别是那些不可再生资源，同时在使用的过程中，尽量减少对环境产生污染；尽量少用一次性制品，一次性制品给人们带来短暂的便利的同时，却加快了地球资源的耗竭，也增加了垃圾，给生态环境带来了灾难，如一次性筷子对森林的毁灭性打击等。

（七）推出绿色产品和服务，提升竞争优势

所谓绿色产品是指在生产过程中和产品自身没有或较少对环境污染的产品，以及比传统的竞争产品更符合保护生态环境或社会环境要求的产品及服务。绿色产品可分为两大类：一类是"绝对绿色产品"，指那些具有改进环境条件的产品，如用于清除污染的设备及净化、保健服务等；另一类是"相对绿色产品"，指那些可以减少对于环境的实际或潜在损害的产品，如可降解的塑料制品和再生纸等。饭店的绿色产品主要包括"绿色"客房、"绿色"餐饮和"绿色"服务。在开发绿色产品时，要按照饭店环境管理体系中相关指标要求，以绿色饭店标准为原则，尽量做到节约原料和能源，减少非再生资源的消耗。

绿色客房开发——客房是饭店的主体，也是满足客人需求的核心产品，因此客房环境质量直接决定了饭店能否为客人提供"舒适、健康和环保"的绿色产品，能否提供满意的产品。绿色客房从设计开始到提供产品的全过程所涉及的环境行为必须符合环保要求，包括客房绿色建筑材料和装修材料的采购，要符合"绿色标识"的绿色装饰材料和低能耗，节约不可再生资源的要求；客房内要有绿色植物，保证空气质量，也美化环境；饭店应开设无烟客房和无烟楼层；客用品尽量选用可再生的材料制成的产品；一次性用品和床上用品尽量按客人要求更换，尽可能减少提供次数；在客房内放置绿色提示卡，加强环保宣传等。

绿色餐饮开发——"绿色"餐饮主要是要推广无公害、无污染、安全、新鲜的绿色食品和有机食品，保证客用食品安全、卫生和健康。绿色餐饮应体现从原材料准备、食品制作到餐饮服务全过程的绿色管理特点，从而提高资源和能源利用效率，减少浪费和损耗，保护环境。首先，严格按"绿色标准"控制原材料的进货渠道，杜绝国家保护珍稀动物和野生动物的采购，消灭一次性筷子和发泡塑料餐具的使用，为客人提供绿色菜谱和绿色服务，特别是提供各类无污染的有机食品等。

绿色服务开发——所谓绿色服务，是指饭店提供的服务是以保护自然资源、生态环境和人类健康为宗旨的，并能满足绿色消费者要求的服务。饭店服务具有同时性的特点，其绿色服务质量取决于生产过程和消费过程中员工与顾客的互动以及绿色意识的认同程度。饭店应该通过倡导绿色文化，提高员工的"绿色"服务意识，积极引导客人的新的消费意识，以此提高绿色服务质量。

随着人们生活水平的日益提高，经济的迅速发展，人们的追求更着眼于未来，越来越多的人接受了生态与环境保护的观念，他们认识到，绿色观念主导下的环境保护是经济持续发展的重要基础。各国政府和社会公众的倡导，以"绿色"为标志的环境保护和包括旅游饭店业在内的经济社会的可持续发展已经成为当今社会普遍接受的国际主流观念。在这种大背景下，绿色饭店的创建就显得尤为迫切。在"绿色文化"已经在西方兴起并传播的今天，国际上绿色需求市场的快速发展，为饭店企业提供了巨大的市场空间，绿色饭店成为饭店业持续发展的必然趋势。绿色管理中环境管理是核心，它不仅仅包括建筑、设施设备等硬件的管理，还包括了经营理念、管理手段和方式方法等软件的管理。它要求饭店从设计开始走绿色之路，充分利用自然资源，合理采用绿色技术，树立绿色价值观，开发绿色产品，通过鼓励绿色消费，减少饭店对环境的人为影响和破坏。在软硬件和谐统一、完美结合中实现饭店真正的"绿色化"，最终实现人与自然的和谐共生。

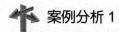

希尔顿的酒店节能经验①

世界著名的能源管理公司做过一个包括酒店在内的建筑全生命周期的成本分析，其中两个数据是业内关注的焦点，就是建筑物初期建设的成本可能只有 19%，但是运营管理阶段的成本会高达 81%。这就涉及很关键的节能问题。

在中国这样一个需求很大的市场，很多酒店仍以很低效的手工抄表方式开展日常运营，还有很多营运团队觉得缺乏很明确的可以鉴别的能源管理方式，因为没有办法见证节能效果。此外，新的技术、新的系统，在应用时其执行力的好坏也存在差异，也许在这个酒店用得很不错，在那个酒店就不理想，这些都是我们面临的很现实的问题。

作为一个有着 100 多年酒店管理经验的公司，希尔顿在酒店的可持续发展和能源管理方面的经验可以分为三个方面。

第一，在规划设计阶段，帮业主进行更合理的前期设计。作为酒店管理公司，希尔顿有很成熟的一套酒店建造和设计标准。进入大中华区市场以后，我们又对这些标准进行了调整。同时，希尔顿大中华区有专门的工程团队，可以帮助业主具体实施，这样，就可以从源头上进行把控。

在酒店生命周期的起步阶段，我们可以有预见性地告诉业主，实施这样一个设计方案，将来的运营成本是可控的，能够在一个合理范围内。在项目前期做一个系统的优化设计，这是非常重要的一步。

第二，在酒店投入运营期，更合理地管理能源。希尔顿酒店集团在全球有一个可持续发展项目、或者说管理系统，我们称之为 LIGHTSTAY，它的数据库是共享的。我们每个月记录下来自己酒店的能耗，及时上传到数据库，这个系统会基于大数据的理论做一个系统分析，而后再反馈到每家酒店，告诉酒店哪些做得好，哪些做得还不够，哪些需要改进。

第三，做好两个"M"。希尔顿在能源管理当中一直强调两个"M"，第一个"M"是计量，第二个"M"是管理。没有计量就没有有效的管理。计量很大一部分体现在先期的酒店设计建造阶段，我们会告诉业主哪里需要加一些计量表。所谓计量表就是一个数据表，通过这些数据，将来酒店的运营团队可以有的放矢地进行计量和管理。就像刚刚有嘉宾讲到的，目前，酒店管理公司面临的巨大挑战是人力资源成本偏高，其实它正从某种程度上反逼我们在酒店设计建造阶段就更多地考虑使用自动化系统，或是说用机器设备来代替人力。

希尔顿酒店集团全球可持续性发展的最新实践 LIGHTSTAY，从 2009 年开始部分试

---

① 陈贵芬.希尔顿的酒店节能经验.中国旅游报，2014.8.6.

行，然后到北美地区首先推出，到 2012 年亚太地区也加入，目前全球已经实现联网。

这个系统的价值就在于业主无须增加成本，就可以通过可持续发展的方式，尤其是能耗方面的管理，让业主获得额外的经济回报。希尔顿全球的 4000 多家酒店都在这个系统内，它跟我们的另外一个系统——希尔顿服务系统同样重要，也是我们对业主和客人的一个承诺。在 2009 年这个系统已经为希尔顿酒店的业主们节约了 2900 万美元，所以它在北美地区的推广非常成功。它的具体应用在客房部，包括放提示牌，如果客人不需要，床单可以在他走后再换，浴巾在他没有使用的情况下也可以继续使用。这应该算是酒店的一种主动行为，鼓励客人和我们一起参与绿色节能。另外，这个项目还关注实体废弃物怎么处理、化学用品怎么储存以及水和空气的质量管理等。水和空气的质量管理还牵涉到安全问题，也是我们非常重视的因素。

国内很多酒店的能耗占总营收的比例大概在 12% 左右，也有嘉宾讲，世茂旗下的酒店大概在百分之六点几到五点几之间，希尔顿酒店是定义在 4%~6%，在这个区间内，我们认为旗下酒店的管理是符合集团总的指标的。因为地区不同，4%~6% 可能在北美和欧洲地区实现得比较好，我们最近统计了在华酒店的能耗比，普遍是在 6%~8% 左右，没有超过 8%。我们希望最终把能耗比降到 4%~6%，这是我们作为酒店管理公司在大中华区目前运营 40 多家酒店的统一目标。我们会通过各种手段把 LIGHTSTAY 系统做得更好，这方面我们还需要进行更多的实践。

案例讨论题

1. 结合案例资料说明希尔顿在酒店在可持续发展和能源管理方面的经验有哪些？

2. 希尔顿酒店 LIGHTSTAY 项目的主要内容是什么？简述该项目有效运行的条件及意义。

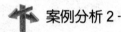 **案例分析 2**

绿游，在心灵深处减排①

原本上个星期和朋友去厦门自驾游的周小姐，最后出行的时候，却决定把三菱 SUV 车换成一辆 QQ，原因仅仅是朋友说她的 SUV "碳排量" 太高，不够 "绿游" 的资格。

最近，一种叫作绿游（Green Tourism）的旅游方式，正在成为一些时尚游客最新的选择，这样的游客也因此被称为 "绿色游客"，他们在风景中行走的时候也尽力去保护环境，并因此获得与众不同的快乐，怎么样，你是否也想尝试一下这种绿色的感觉呢？

---

① 绿游，在心灵深处减排．浙江在线新闻网站 www.zjol.com.cn，2007 年 05 月 18 日．

先计算自己的碳足迹

"我也是第一次听朋友说起'绿游',觉得挺有意思的。"周小姐告诉记者,"原来自己出去旅游的时候,考虑的问题当然是怎样安排更舒服的旅游线路和出行方式,自从买了车之后,自驾游就成了我的最爱,那天朋友说起'绿游'的时候才知道,原来我们可以算出自己每次出游的碳足迹,这样就能很直观地知道自己的每次旅游对于自然的影响。"

据了解,"绿游"原本是由保护国际(全球最大的非营利性环保组织)等环保机构在最近提出的一种出游的新方式,绿游希望游客在旅游的时候既能放松身心又可以保护环境,并可以用简单易行的方法减少自己对环境带来的影响。

"绿游"标准包括:仔细准备每次旅行,带上地图,尽量选择提供环保信息的景区和旅行社;计算出行时的二氧化碳排放量,尽量选择用低碳方式旅行;不吃野生动物,不购买野生动物及其制品;不使用一次性塑料袋;不随意丢垃圾和电池;减少使用洗涤剂等。

成为一个绿色游客

参加了不少民间环保组织,平时喜欢背包出游的驴友孟刚对于这种出游方式相当喜欢。他说,和很多驴友一样,我平时也喜欢往那些比较偏僻的地方旅行,也经常会在路上和来自四面八方的驴友交流。"一般喜欢自己背包旅行的驴友都是比较有环保意识的,大家都会自发地带上装垃圾的袋子,在杭州有一些户外俱乐部还会组织去山上捡垃圾的绿色活动,但是有时也会遇到素质比较差的驴友,随处乱扔垃圾,而且劝了也没用,这是比较遗憾的一件事情。"

其实,每一个去接触自然的游客,无论其旅游方式如何,都可以成为"绿色游客"。

他说:"除了最基本的不乱扔垃圾之外,我觉得做个绿色游客还应该注意更多的细节,比如我爬了近 10 年山,在山上连野草也是能不踩就不踩,能少踩就少踩,我也从没有做过折断树枝来做记号的事情,在山上遇到蛇的时候,也不会去打,等它爬过去就是了。这些都是小事,但有时候就是因为太小所以大家都不太在意。"

实际上,在全世界,绿游也正被更多人所关注。

在英国,每年大多数家庭都会安排假期,于是长途旅行每年造成了大量的二氧化碳排放,为此越来越多旅行社和志愿组织提倡"绿游",其中一种最受注意的方法就是让那些在无法避免的情况下需要搭乘飞机的旅客捐款植树,以此抵消旅程对环境的影响。

而德国人在旅游的时候第一件事就是准备一个大大的旅行包,里面有筷子、勺子、牙刷、牙膏等,他们用手绢而不是纸巾擦汗,旅馆不提供任何一次性生活用品,全由客人自带。景区内看不到用野生动物制作的旅游纪念品,餐馆里也无野味可供食用,因为捕杀、食用野生动物违犯法律。

最近，日本的多家旅行社为保护生态环境，推出一日游特别团。游客在观赏湖山美景之际，动手收集园林中的垃圾，以保护园林的整洁。游客只需在风景区收集垃圾1小时，便可免费享受温泉浴和午餐。

业内人士说，"绿游"也是需要一些条件的。除游客外，也需要景区提供更环保的服务，比如德国的景区会免费提供可循环使用的垃圾袋以方便游客，现在国内很少有景区能做得这么细，所以我们提倡的绿色旅游是一个包容性的概念，涉及旅游链条的方方面面，如景区管理、旅游服务、路线设计和游客行为多个方面。

做一个合格的"地理行家"

旅游专家曾把旅游者分为8个类型："地理行家""城市新潮派""好市民""传统型""冷漠型"以及"户外活动"和"自我享受型"，其中的"地理行家"可以说是最绿色的一种旅行者。

据了解，"地理行家"和"城市新潮派"对文化和社会相关的旅游感兴趣，有求知欲，比较有社会责任感和环保意识，比其他人更愿意为此付出金钱和时间。不同的是，"地理行家"更愿意参与环保性质的旅游，而"城市新潮派"则倾向于具有文化氛围的大城市。

讨论题

1. "绿游"的含义是什么？请说明"绿游"与旅游的关系。

2. "绿游"形成的条件和基础是什么？

3. "绿游"这种旅游方式会对绿色饭店带来那些影响？

 思考与练习

1. 绿色饭店的内涵及标准是什么？

2. 为什么说绿色饭店是中国饭店业发展的必然趋势？

3. 请说明循环经济理论在绿色饭店创建中的指导作用。

 推荐文献

戴斌. 绿色进程与中国饭店业的可持续发展［J］. 北京第二外国语学院学报，2001年05期第1-6页.

陈天来. 谈饭店节能与创建绿色饭店［J］. 能源工程，1999年05期第3-5页.

谢朝武. 循环经济思想与我国饭店能耗管理方式的转变［J］. 旅游科学，2005年02期第54-58页.

萧歌. 绿色饭店的核心是绿色产品［N］. 中国旅游报，2006-08-30.

绿色饭店国家标准（GB/T21084–2007）［EB/OL］.中国国家标准化管理委员会，2009–04–02 10：42. http://ltfzs.mofcom.gov.cn/article/ae/200904/20090406144458.shtml

刘益.中国酒店业能源消耗水平与低碳化经营路径分析［J］.旅游学刊，2012 年 01 期 第 83–90 页.

韩玮玮，童登峰.酒店绿色管理研究综述及其引申［J］.旅游纵览，2019（9）.

姜蓉.基于绿色饭店发展建立个人绿色信用评价［J］.中国商论，2019（12）

第10章 饭店业法规制度

【学习目标】

通过对本章的学习，应该掌握饭店法规的概念和作用；了解饭店法的形成；重点掌握饭店法律关系及其构成要素；熟悉旅游住宿治安管理的主要内容；熟悉《中国旅游饭店行业规范》明确规定的饭店对客人的义务和权利；熟悉食品卫生管理法规制度的主要内容。

【内容结构】

【重要概念】

饭店法　法律关系　饭店法律关系的主体　饭店法律关系的客体　旅馆业治安管理办法　中国旅游饭店行业规范　食品安全法

第1节　饭店业法规制度概述

饭店是旅游业发展的重要支柱之一。但是由于种种原因，我国饭店业法规制度建设还相对滞后，除饭店星级评定标准、旅游饭店行业规范之外，国家尚未制定专门针对旅游饭店的法律、法规。

一、饭店法规的概念和作用

（一）饭店法的概念和调整对象

1. 饭店法的概念

饭店法有广义和狭义之分。广义的饭店法，是指与饭店经营、管理活动有关的各种法律规范的总和，也就是调整饭店活动领域中各种社会关系的法律规范的总称。社会关系，是人们在社会生产过程中彼此产生的联系，以饭店活动为主线而产生的各种社会关系，是饭店法的调整对象。

广义的饭店法所调整的是饭店活动关系的一系列法律规范的总和，而不是单一的法律或法规。这些法律规范包括国家有关部门制定的有关饭店方面的法律、法规及各省、自治区、直辖市制定的有关饭店方面的地方法规。此外，还包括我国参加和承认的国际有关公约或规章。

狭义的饭店法是指国家或地区所制定的饭店法律、法规（如法国、日本、新加坡等国的《饭店法》以及 1988 年 9 月香港颁布的《酒店旅馆法》等）。

2. 饭店法的调整对象

饭店法调整饭店活动中所产生的各种各样的社会关系，这些关系主要包括以下几类：

（1）饭店与客人之间的关系。这是饭店法所调整的最主要的社会关系。饭店同客人之间的关系是一种横向的法律关系，饭店同客人之间的法律地位是平等的，他们之间的关系一般以合同的形式予以确立，各主体在享有权利的同时承担义务，也就是说，饭店与客人在履行义务的同时也享有相应的权利。

（2）饭店与相关部门之间的关系。饭店在经营管理过程中与许多部门都产生关系，如旅行社、交通运输、供水、供电、供气等企业和部门。饭店同这些企业和部门之间的关系既有横向的法律关系又有纵向的法律关系。

（3）饭店与行政管理部门之间的关系。这是一种纵向的法律关系。国家行政管理部门对饭店的经营管理活动负有监督、管理的责任。这种关系具体表现为领导与被领导、管理与被管理、监督与被监督的关系。前者主要表现为权力的行使，后者主要表现为义务的履行，双方的主体地位是不平等的。

（4）具有涉外因素的法律关系。这种法律关系包括了外国旅游者和旅游组织在中国的法律地位，中外合资、合作饭店中的中外各方的合作关系等。这些关系一般由我国法律进行调整，但涉及我国参加的国际有关饭店的公约、条约以及国际惯例除外。

（二）饭店法规的作用

1. 对饭店业的发展实行宏观调控

国家通过制定有关饭店方面的法律、法规，对饭店同有关部门的关系实行有效的协调和控制，促进饭店业的健康发展。

2. 为饭店法律关系主体规定行为规范

饭店在经营和管理中会产生多种法律关系，在这些法律关系中会出现各种法律问题。例如，客人由于某种原因不来使用已经预订的房间而给饭店造成经济损失；饭店因为自己的过错不能按时向客人提供预订的客房；饭店因为过错而造成客人的人身损害或者财物毁损或灭失；饭店的餐厅因为提供不符合卫生标准的饮食而造成客人的疾病；客人将饭店的财物损坏等。

饭店和客人以及饭店和其他法律关系主体之间的合同一经成立，便具有法律效力，在双方之间就会产生权利和义务的法律关系，合同双方必须按合同的规定，向对方承担法律义务，并享有一定的权利。如果合同当事人一方或双方未按合同规定履行义务，就应承担相应的法律责任。

饭店法为饭店规定的行为规范包括：饭店应当保护客人的人身安全；饭店应当保护客人的财物安全；饭店应当设置客人贵重物品保险箱，保管客人的贵重物品；饭店应当保护客人的隐私权；饭店应当有完好的火灾报警和灭火设施设备等。饭店法为客人规定的行为规范包括：禁止携带危险品进入饭店；入住时应当按规定项目如实登记；支付在饭店内消费的费用等。

3. 为饭店法律关系主体提供法律保护

饭店法除了明确饭店法律关系主体的权利和义务，保证这些权利义务真正得以实现之外，还规定了对不履行或不适当履行义务的行为所应承担的法律责任，使受害的一方得到合理的赔偿和补偿。

1951年8月5日，我国颁布了《城市旅栈业暂行管理规则》。20世纪80年代以来，随着我国饭店业的发展，我国制定了《旅馆业治安管理办法》《中华人民共和国消费者权益保护法》《中华人民共和国消防法》《中华人民共和国合同法》《最高人民法院关于确定民事侵权精神损害赔偿责任若干问题的解释》《机关、团体、企业、事业单位消防安全管理规定》《中华人民共和国安全生产法》《中华人民共和国食品安全法》《最高人民法院关于审理人身损害赔偿案件适用法律若干问题的解释》等一系列涉及饭店方面的法律法规，为饭店和其客人及其他法律关系主体的正当权益提供了法律保护。

4. 促进经济发展

市场经济是法治经济。随着我国市场经济的逐步建立和完善，旅游业和饭店业有了较大的发展。饭店法的建立和健全可以避免和制止不按科学办事、不规范经营等现象。而这些现象仅靠原有的行政管理手段以及协调的方式、方法已远远不能适应市场经济条件下饭店业建设和管理的需要。饭店法的建立是市场经济条件下发展饭店业，提高饭店服务质量，保障客人合法权益的需要。从竞争和发展的关系看，饭店法的建立、健全加强了饭店行业的管理，使饭店业的管理纳入法治的轨道，促进了经济的发展。

二、饭店法的形成

饭店业的兴起与发展，产生了饭店业主与客人之间的关系，产生了饭店业主与其他相关部门之间的关系，从而逐步形成了调整这些关系和确定各当事方权利和义务的各种规范。

从国际饭店立法情况看，饭店法的形成经历了一个漫长的过程，开始是不成文的习惯法，后来才出现了成文法。最初的成文法大都是一些习惯的记载。饭店法最早出现于中世纪。当时供客人住宿、就餐的饭店是非常简陋的，多是通铺，没有单间，不提供任何服务。随着饭店的发展，调整饭店与客人之间的一些权利和义务的法律规定及惯例出现了，这就是饭店法的雏形阶段。

饭店法最早始于中世纪，产生于英国，已有五百年的历史。在英、美、法、比等国的法律百科全书中，都有"饭店法"这一条目，详细论述旅客同饭店、餐厅之间有关接待、服务、人身以及财产安全等方面的权利义务关系。目前在日本、法国、比利时、新加坡等国家都有了比较完整的成文饭店法，详细地规定了饭店同客人之间的权利、义务及有关责任。英、美等普通法系国家也有大量关于饭店法方面的判例。

第二次世界大战以来，随着世界经济的发展，国际的旅游有了很大的发展。1980 年世界旅游人数增加到了 2.85 亿人。国际旅游、交往、商务打破了国与国之间的界线，当饭店与客人发生纠纷时，就产生了这样一个问题，由于世界上每个国家有它自己独立的法院系统和法律系统，由于各国法律的不同，对同一问题，不同国家的法律可能做出完全不同的裁定和判决。国际旅游、交往、商务是一个国际范围的活动，而各国的立法一般是基于本国的情况，这就给法律的运用带来了困难。

为解决这些问题，一些有关饭店的国际公约、国际条约和国际协定制定出来，并被越来越多的国家所承认及执行。1978 年，国际私法统一协会拟订和通过的《关于饭店合同的协定》，具体地规定了饭店经营者和客人之间的权利和义务。国际饭店协会也制定了《国际旅馆法规》（中国旅游饭店协会于 1994 年加入国际饭店协会）。从国际饭店立法情况看，饭店法发展到今天，已有一定的系统性和完整性，越来越受到各国立法的重视。

饭店业在我国虽然已经取得了长足的发展，但目前有关饭店业的立法并不完善。由于缺乏专门性的规定，在实践中只能适用《合同法》和《民法通则》中"民事责任"的一般性规定。可是在饭店的责任范围和责任限额方面，饭店法有自己的要求，没有专门性的规定，这也对实际案件的处理造成困难。除了民法之外，对饭店规定较多的就是行政法方面的内容，如《旅馆业治安管理办法》。国家旅游行政管理部门还出台了一系列技术标准，如《旅游饭店星级的划分与标准》，但此类标准的强制性有一定限制。除了国家立法之外，《中国旅游饭店行业规范》是行业性自律规范。

三、饭店法律关系

（一）饭店法律关系概念

法律关系，是指由法律规范所确认和调整的当事人之间的权利和义务关系。法律关系有三个要素：一是参与法律关系的主体，二是主体间权利和义务的共同指向对象——客体，三是构成法律关系内容的权利和义务。

饭店法律关系，是指被饭店法所确认和调整的、当事人之间在饭店经营管理活动中形成的权利和义务关系。饭店法律关系具有以下特征：

（1）饭店法律关系是受饭店法律规范调整的、具体的社会关系。饭店法律关系反映了当事人之间在饭店经营管理活动中所结成的一种社会关系。同其他法律关系一样，饭店法律关系以相应的饭店法律规范为前提。由于规定和调整饭店关系的法律规范的存在，因此产生了饭店法律关系。

（2）饭店法律关系是以权利和义务为内容的社会关系。饭店社会关系同其他社会关系一样，之所以能成为法律关系，就在于法律规定了当事人之间的权利和义务关系。这种权利和义务关系的确认，体现了国家意志，是国家维护饭店经营管理活动秩序的重要保障。

（3）饭店法律关系的产生、发展和变更是依据饭店法律规范的规定而进行的。由于法律体现统治阶级的意志，国家会依据饭店经营管理活动的发展和变化不断对饭店法律规范进行完善、修改、补充和废止，因此引起饭店法律关系的发展和变更。

（二）饭店法律关系的构成要素

饭店法律关系的构成要素，是指构成饭店法律关系不可缺少的组成部分，包括主体、客体和内容三个要素，缺少其中一个要素，就不能构成饭店法。

1. 饭店法律关系的主体

饭店法律关系的主体，是指在饭店活动中依照国家有关法律法规享受权利和承担义务的人，即法律关系的当事人。在我国饭店法律关系中，能够作为主体的当事人，主要有以下两类：

（1）饭店法律关系的管理、监督主体。①国家行政管理机关。包括地方行政管理机关，它们在同级人民政府领导下，负责管理全国和地方的饭店工作；②根据法律的规定，在饭店法律关系中实行监督权的各级行政、物价、审计、税务等机构。

（2）饭店法律关系的实施主体。①饭店，②客人，③公司、企业以及国内外旅游组织等。由于许多旅游饭店直接同外国旅行社等组织发生业务联系，因此外国旅游组织同我国旅游饭店发生经济交往时，也会成为我国饭店法律关系的一方当事人。

2. 饭店法律关系的客体

饭店法律关系的客体，是指饭店法律关系主体之间权利和义务所共同指向的对象。

在通常的情况下，法律关系主体都是围绕着一定的事物彼此才能形成一定的权利、义务，从而建立法律关系的。这里的权利、义务所指向的事物，便是饭店法律关系的客体。如果仅有法律关系的主体和内容，而无权利和义务所指向的事物——客体，这种权利和义务是无实际意义的，法律关系也难以成立。可以作为饭店法律关系客体的，主要有物和行为两种类型。

物，是指现实存在的为人们可以控制、支配的一切自然物和劳动创造的物。饭店法律关系的客体包括饭店客房、餐饮、娱乐场所、商品、物品等。货币作为饭店费用的支付手段，也是饭店法律关系的客体。

行为，是指权利主体的活动，它是饭店法律关系中重要的客体。饭店法律关系中的行为，可以分为服务行为和饭店管理行为。

饭店服务行为，是把客人迎进来、送出去，以及做好客人在店期间住、食、娱、购、行等各个环节的服务工作。

饭店管理行为，是一种直接或间接地为客人提供服务的活动，包括饭店总经理、部门经理、主管、领班等进行的管理活动。通过他们的管理工作，使得饭店服务行为形成一个统一的整体，为客人提供各种方便。

3.饭店法律关系的内容

饭店法律关系的内容，是指饭店法律关系主体间的权利和义务。法律关系主体间的权利和义务，构成了法律关系的内容。由于权利和义务把饭店法律关系的主体联结起来，因此权利和义务在饭店法律关系中不可缺少。

（1）饭店法律关系主体的权利。是指饭店法律关系主体依法享有的作为或不作为，以及要求他人作为或不作为的一种资格。当饭店法律关系的主体一方因另一方或他人的行为而不能行使和实现其权利时，有权要求国家有关机关依据法律，运用强制手段帮助实现其权利。饭店法律关系主体的权利主要包括以下三方面内容：

①饭店法律关系主体有权做出或不做出一定的行为。如饭店有权拒绝携带危险品的客人进入饭店。

②饭店法律关系主体有权要求另一方按照规定相应做出或不做出一定的行为。如客人入住饭店后，有权要求饭店提供符合其等级标准要求的服务。又如客人在饭店消费后，有权要求饭店出示票据。

③饭店法律关系主体的合法权益受到侵害时，有权要求国家有关机关依据法律，保护其合法权益。如客人在饭店内由于饭店的原因使客人的人身受到损害得不到赔偿，有权要求旅游投诉受理机关保护自己的合法权益。

（2）饭店法律关系主体的义务。是指饭店法律关系主体所承担的某种必须履行的责任。这种责任包括三方面内容：

①饭店法律关系主体按照其权利享有人的要求做出一定的行为。如饭店在收取客人

支付的费用后，就有义务按照客人的要求及时清扫房间。

②饭店法律关系主体按照其权利享有人的要求，停止一定的行为。如客人在房内休息时，要求饭店停止客房服务，服务员不得随意进入客人的房间清扫卫生。

③饭店法律关系主体不履行或者不适当履行义务，将受到国家法律的制裁。如饭店内发生重大事故、事件造成客人在饭店内遭到人身损害或财产损失，不但要承担其赔偿责任，还要受到法律的制裁。

第2节 旅游住宿业治安管理制度

我国十分重视旅游住宿业的治安管理。1987年11月10日经国务院批准，由公安部发布了《旅馆业治安管理办法》（以下简称《办法》）。《办法》是我国旅游住宿业治安管理的基本行政法规，对于保障我国旅馆业的正常经营和旅客的生命财产安全、维护社会治安，起了重要作用。

一、开办旅游住宿企业的治安管理

《办法》规定，开办旅馆，其房屋建筑、消防设备、出入口和通道等，必须符合消防治安法规的有关规定，并且要具备必要的防盗安全设施。这一规定在于保障旅馆企业的正常经营，同时也是为了保障旅客的生命财产安全。

申请开办旅馆应经主管部门审查批准，经当地公安机关签署意见，向工商行政管理部门申请登记，领取营业执照后，才可以开业。经批准开业的旅馆，如有歇业、转业、合并、迁移、改变名称等情况，应当在工商行政管理部门办理变更登记后三日内，向当地的县、市公安局、公安分局备案。之所以作这样的规定，从治安管理的角度出发，便于掌握旅馆的有关情况，加强对旅馆的治安管理。

二、对旅馆经营中的治安管理

旅馆的经营，必须遵守国家的法律，要建立各项安全管理制度，设置治安保卫组织或者指定安全人员。凡是经营旅游住宿业务的企业，按照《办法》规定都必须设置治安保卫部门，如饭店的保安部等。为了加强治安管理，《办法》规定旅馆接待旅客住宿必须登记；同时，旅客住店登记时，旅馆必须查验旅客的身份证件，并要求旅客按规定的项目如实登记。在接待境外旅客住宿时，除了要履行上述查验身份证件、如实登记规定项目外，旅馆还应当在24小时内向当地公安机关报送住宿登记表。

旅客住店时，往往都随身携带一些财物，为了保障旅客财物的安全，减少失窃、被盗等治安案件的发生，《办法》规定，旅馆必须设置旅客财物保管箱、保管柜或者保管室、保险柜，并指定专人负责保管工作。对旅客寄存的财物，要建立严格和完备的登记、领取和交接制度。

旅馆对旅客遗留的物品，应当加以妥善保管，并根据旅客登记所留下的地址，设法将遗留物品归还原主；如果遗留物主人不明，则应当揭示招领，经招领 3 个月后仍然无人认领的，则应当登记造册，并送当地公安机关按拾遗物品处理。这种处理方法，不仅是我国社会主义道德的要求，而且也是法规的规定。对于旅客遗留物品中的违禁物品和可疑品，旅馆应当及时报告公安机关处理。同时，旅馆在经营中，如果发现旅客将违禁的易燃、易爆、剧毒、腐蚀性和放射性等危险物品带入旅馆，必须加以制止并及时报告公安机关处理，以避免安全事故的发生。公安机关对违禁将上述危险物品带入旅馆的旅客，可以依照《中华人民共和国治安管理处罚法》有关条款的规定，予以行政处罚。如果因此造成重大事故、造成严重后果并构成犯罪的，由司法机关依法追究刑事责任。

三、旅馆企业开办娱乐服务场所的管理规定

随着旅游业的发展，旅馆也从以往单纯提供住宿、餐饮服务，发展为提供住宿、餐饮、娱乐、健身等多项服务，特别是旅游星级饭店也规定必须要提供上述服务项目。对此，《办法》规定，在旅馆内开办舞厅、音乐茶座等娱乐、服务场所的，除执行本《办法》有关规定外，还应当按照国家和当地政府的有关规定管理。国务院于 1999 年 3 月 26 日发布了《娱乐场所管理条例》（以下简称《条例》），2006 年 1 月对该《条例》进行了修订，修订后的《条例》对娱乐场所的管理内容主要包括：

（一）实行娱乐经营许可

《条例》对娱乐场所投资者和从业人员有所限制。《条例》规定，有下列情形之一的人员，不得开办娱乐场所或者在娱乐场所内从业：

（1）曾犯有组织、强迫、引诱、容留、介绍卖淫罪，制作、贩卖、传播淫秽物品罪，走私、贩卖、运输、制造毒品罪，强奸罪，强制猥亵、侮辱妇女罪，赌博罪，洗钱罪，组织、领导、参加黑社会性质组织罪的。

（2）因犯罪曾被剥夺政治权利的。

（3）因吸食、注射毒品曾被强制戒毒的。

（4）因卖淫、嫖娼曾被处以行政拘留的。

《条例》规定，设立娱乐场所，应当向所在地县级人民政府文化主管部门提出申请；设立中外合资经营、中外合作经营的娱乐场所，应当向所在地省、自治区、直辖市人民政府文化主管部门提出申请，提交投资人员、拟任的法定代表人和其他负责人没有条例所禁止情形的书面声明。

申请予以批准的，颁发娱乐经营许可证，并依规定核定娱乐场所容纳的消费者数量；不予批准的，申请人将收到说明理由的书面通知。娱乐场所改建、扩建营业场所或者变

更场地、主要设施设备、投资人员，或者变更娱乐经营许可证载明的事项的，应当向原发证机关申请重新核发娱乐经营许可证。

（二）国家机关及其人员不得经营娱乐场所

《条例》明确规定，县级以上人民政府文化主管部门负责对娱乐场所日常经营活动的监督管理；县级以上公安部门负责对娱乐场所消防、治安状况的监督管理。因此，国家机关及其工作人员，与文化主管部门和公安部门的工作人员有夫妻关系、直系血亲关系、三代以内旁系血亲关系以及近姻亲关系的亲属，不得开办娱乐场所，也不得参与或者变相参与娱乐场所的经营活动。

《条例》指出，国家机关及其工作人员开办娱乐场所、参与或者变相参与娱乐场所经营活动的，对直接负责的主管人员和其他直接责任人员依法给予撤职或者开除的行政处分。

文化主管部门、公安部门的工作人员明知其亲属开办娱乐场所或者发现其亲属参与、变相参与娱乐场所的经营活动，不予制止或者制止不力的，依法给予行政处分；情节严重的，依法给予撤职或者开除的行政处分。

（三）禁止在娱乐场所从事的活动

《条例》称，国家倡导弘扬民族优秀文化，禁止在娱乐场所内从事下列活动：

（1）违反宪法确定的基本原则的。

（2）危害国家统一、主权或者领土完整的。

（3）危害国家安全，或者损害国家荣誉、利益的。

（4）煽动民族仇恨、民族歧视，伤害民族感情或者侵害民族风俗、习惯，破坏民族团结的。

（5）违反国家宗教政策，宣扬邪教、迷信的。

（6）宣扬淫秽、赌博、暴力以及与毒品有关的违法犯罪活动，或者教唆犯罪的。

（7）违背社会公德或者民族优秀文化传统的。

（8）侮辱、诽谤他人，侵害他人合法权益的。

（9）法律、行政法规禁止的其他内容。

《条例》还明确指出，任何人不得非法携带枪支、弹药、管制器具或者携带爆炸性、易燃性、毒害性、放射性、腐蚀性等危险物品和传染病病原体进入娱乐场所。

（四）五种地点不得设立娱乐场所

《条例》规定，娱乐场所的边界噪声，应当符合国家规定的环境噪声标准。

《条例》规定，娱乐场所不得设在下列五种地点：

（1）居民楼、博物馆、图书馆和被核定为文物保护单位的建筑物内。

（2）居民住宅区和学校、医院、机关周围。

（3）车站、机场等人群密集的场所。

（4）建筑物地下一层以下。

（5）与危险化学品仓库毗连的区域。

对营业时间，《条例》规定，每日凌晨 2 时至上午 8 时，娱乐场所不得营业。

（五）禁止娱乐场所经营单位及其人员从事的活动

《条例》规定，娱乐场所及其从业人员不得实施下列行为，不得为进入娱乐场所的人员实施下列行为提供条件：

（1）贩卖、提供毒品，或者组织、强迫、教唆、引诱、欺骗、容留他人吸食、注射毒品。

（2）组织、强迫、引诱、容留、介绍他人卖淫、嫖娼。

（3）制作、贩卖、传播淫秽物品。

（4）提供或者从事以营利为目的的陪侍。

（5）赌博。

（6）从事邪教、迷信活动。

（7）其他违法犯罪行为。

娱乐场所的从业人员不得吸食、注射毒品，不得卖淫、嫖娼；娱乐场所及其从业人员不得为进入娱乐场所的人员实施上述行为提供条件。

（六）不得接纳和招用未成年人

《条例》规定：歌舞娱乐场所不得接纳未成年人。除国家法定节假日外，游艺娱乐场所设置的电子游戏机不得向未成年人提供。娱乐场所也不得招用未成年人。

《条例》还规定，娱乐场所应当在营业场所的大厅、包厢、包间内的显著位置悬挂含有禁毒、禁赌、禁止卖淫嫖娼等内容的警示标志、未成年人禁入或者限入标志。标志应当注明公安部门、文化主管部门的举报电话。

（七）娱乐场所不得宰客

《条例》要求，娱乐场所提供娱乐服务项目和出售商品，应当明码标价，并向消费者出示价目表；不得强迫、欺骗消费者接受服务、购买商品。

《条例》规定，营业期间，娱乐场所的从业人员应当统一着工作服，佩戴工作标志并携带居民身份证或者外国人就业许可证。从业人员应当遵守职业道德和卫生规范，诚实守信，礼貌待人，不得侵害消费者的人身和财产权利。

（八）必须安装透明门窗

《条例》规定，歌舞娱乐场所的包厢、包间内不得设置隔断，并应当安装展现室内整体环境的透明门窗。包厢、包间的门不得有内锁装置。营业期间，歌舞娱乐场所内亮度不得低于国家规定的标准。

同时，《条例》对歌舞娱乐场所的建筑、设施安全等做出一系列规定。

（九）安装闭路电视监控

《条例》规定，歌舞娱乐场所应当在营业场所的出入口、主要通道安装闭路电视监控设备，并保证闭路电视监控设备在营业期间正常运行，不得中断。闭路电视监控录像资料应当留存 30 日备查，不得删改或者挪作他用。

（十）违法记录将予曝光

为加强对娱乐场所的监督管理，《条例》规定，文化主管部门、公安部门和其他有关部门应当建立娱乐场所违法行为警示记录系统；对列入警示记录的娱乐场所，应当及时向社会公布，并加大监督检查力度。

《条例》指出，文化主管部门、公安部门和其他有关部门应当记录监督检查的情况和处理结果。监督检查记录由监督检查人员签字归档。公众有权查阅监督检查记录。

（十一）须用正版音像制品、电子游戏产品

《条例》指出，娱乐场所使用的音像制品或者电子游戏应当是依法出版、生产或者进口的产品。歌舞娱乐场所播放的曲目和屏幕画面以及游艺娱乐场所的电子游戏机内的游戏项目，不得含有危害国家安全、煽动民族仇恨等内容；歌舞娱乐场所使用的歌曲点播系统不得与境外的曲库连接。

《条例》还规定，游艺娱乐场所不得设置具有赌博功能的电子游戏机机型、机种、电路板等游戏设施设备，不得以现金或者有价证券作为奖品，不得回购奖品。

四、旅馆内严禁各种违法犯罪活动

任何人只要持有效证件即可在旅馆住宿、就餐以及娱乐，难免会有一些违法犯罪分子混迹其间，进行某种违法犯罪活动。为此，《办法》规定，旅馆内严禁卖淫、嫖宿、赌博、吸毒、传播淫秽物品等违法犯罪活动。对于上述违法犯罪活动，公安机关可以依照《中华人民共和国治安管理处罚法》有关条款的规定，处罚有关人员，对于情节严重构成犯罪的，由司法机关依照《中华人民共和国刑法》追究刑事责任。

旅馆工作人员在工作中，如果发现违法犯罪分子、形迹可疑的人员和被公安机关通缉的罪犯，应当立即向公安机关报告，不得知情不报或者隐瞒包庇。如果旅馆工作人员发现犯罪分子知情不报或者隐瞒包庇，公安机关可以酌情予以处罚。如果旅馆负责人参与违法犯罪活动，其所经营的旅馆已成为犯罪活动场所，公安机关除依法追究其刑事责任外，还应当会同工商行政管理部门对该旅馆依法处理。

根据《中华人民共和国反恐怖主义法》（2018 修正）第 86 条的规定，服务提供者未按规定对客户身份进行查验，或者对身份不明、拒绝身份查验的客户提供服务的，主管部门应当责令改正；拒不改正的，根据情节，对服务企业及其直接负责的主管人员和其他直接责任人员处以罚款。

五、公安机关对旅馆治安的管理职责

公安机关是旅游住宿业治安的主管部门，依法负有以下职责：

（1）指导、监督旅馆建立各项安全管理制度和落实安全防范措施；

（2）协助旅馆对工作人员进行安全业务知识的培训；

（3）依法惩办侵犯旅馆和旅客合法权益的违法犯罪分子。

公安人员到旅馆执行公务时，应当出示证件，严格依法办事，要文明礼貌待人，维护旅馆的正常经营和旅客的合法权益。旅馆工作人员和旅客应当予以协助，同心协力，共同维护和搞好旅游住宿业的治安管理工作。

第 3 节　中国旅游饭店行业规范

《中国旅游饭店行业规范》（以下简称《规范》），是旅游饭店自律的行为规范，不具有国家法律的地位。但《规范》中所体现的旅游饭店行业的行业惯例，即在商业交往的过程中所形成的习惯性规则，符合商业交往的需求，因此，秉着尊重惯例的原则，在司法实践中行业惯例可能得到适用。而且，饭店在经营过程中也会依照行业规范来提供服务。

一、颁布实施《规范》的意义

《中国旅游饭店行业规范》（2002 年）是中国旅游饭店业协会颁布和实施的第一部饭店行业规范，标志着我国饭店业向更加成熟的方向迈出了新的一步，管理进一步走向深入和细化。2009 年 8 月，中国旅游饭店业协会再次修订《中国旅游饭店行业规范》（以下简称《规范》），使《法规》更加完善。

《规范》依据《中国消费者权益保护法》《合同法》《国务院关于计算外宾住房天数的规定》《国际饭店新规程》及有关国际惯例制定。《规范》共十一章四十三条，涉及饭店预定、登记、入住；饭店消费；保护客人的人身和财产安全；保护客人的贵重物品和一般物品；洗衣服务；停车场管理等内容。同时明确规定了饭店的权利和义务。《规范》主旨是倡导诚实守信，强化饭店对客人的承诺，维护客人和饭店的合法权益；规范企业经营活动，维护企业经营秩序；引导饭店按国际规则办事，使饭店经营更加符合国际惯例；逐步建立饭店行业的信誉和行业规范体系。

《规范》由中国旅游饭店业协会于 2002 年 5 月 1 日起颁布实施。该规范是依据《中国消费者权益保护法》《合同法》《国务院关于计算外宾住房天数的规定》《国际饭店新规程》及有关国际惯例制定的《规范》总共十一章四十三条涉及饭店预订、登记、入住；

饭店消费；保护客人的人身和财产安全；保护客人的贵重物品；保护客人的一般物品；洗衣服务；停车场管理等内容，明确规定了饭店的权利和义务。

第一，《规范》是中国消费行业的第一规范，也是中国饭店业发展几十年来的第一部规范，是指导和规范饭店自律行为的准则，标志着中国旅游饭店业逐步走向成熟。中国旅游饭店业是目前国内市场化程度较高，并与国际接轨较为顺畅的行业。虽然星级评定制度为我国饭店业从整体上较快达到国际水准奠定了基础，但是由于没有统一的行业规范，在一定程度上影响了饭店经营。因此，尽快建立起符合国际饭店的运营规范，成为我国旅游饭店业发展的必由之路。

第二，《规范》在一定程度上弥补了国家现行法律规范不健全的缺陷，是完善旅游饭店业法规建设的重要步骤。在饭店业大力发展的同时，相应的饭店与客人之间的纠纷也随之增多。由于我国目前旅游饭店业法规建设相对滞后，因此，饭店与客人一旦出现纠纷，往往各执一词，无据可依，客人的权益得不到保障，一定程度上也影响了饭店经营者的合法权益。饭店业呼唤《饭店法》等相应的行业规范早日出台，从而明确饭店的权利和义务。《规范》的实施既弥补了国家现有法律规范的不足，也为行业主管部门制定《饭店法》等相应法律法规摸索了经验，为我国饭店行业法规体系的建立奠定了良好的基础。

第三，《规范》是引导饭店客人消费行为、保障消费者合法权益的有效手段。为了充分保障消费者的合法权益，根据国家有关法律法规，《规范》规定了旅游饭店在接受客人、保护客人人身和财物安全方面的责任和义务，同时对消费者在饭店消费的权利、义务进行细化界定，让消费者能明明白白地消费，让消费者享有更多的知情权。

第四，《规范》的实施是主动应对我国入世、全球经济一体化竞争和挑战的重要举措。随着我国入世和全球经济一体化，我国旅游饭店业尽管开放较早，但同样面临竞争与挑战。面对这种竞争和挑战，各国都在创造良好的市场环境和法律环境，我国饭店要在国际市场竞争中生存和发展，就必须苦练内功，通过规范经营、诚信服务，树立我国饭店业在国际上的良好形象。而规范的经营和服务，需要一个客观、公正、公平的标志，采用符合国际惯例、规则的规范去评价。《规范》的实施抛弃了过去的一家饭店一种规范，行业没有统一规范的不足，采用了与国际规则接轨的办法，对中国旅游饭店业融入国际饭店业的竞争，起了积极作用。

二、饭店对客人的义务 [①]

（一）履行住宿合同约定的义务

饭店与客人签订住宿合同的，应当按照合同的规定履行约定的义务。《规范》第四

---

① 卢世菊，旅游法规［M］.武汉：武汉大学出版社，2003.

条、第五条均做了规定："饭店应当与客人共同履行住宿合同""由于饭店出现超额预定而使客人不能入住的，饭店应当主动替客人安排本地同档次或高于本饭店档次的饭店入住，所产生的有关费用由饭店承担"。饭店违反合同的约定或不履行义务，是对客人合法权益的侵犯，客人可追究饭店的违约责任，造成损失的，可以要求饭店支付赔偿金。这不仅仅是《规范》的要求，更是在履行《合同法》的相关规定。

（二）保护客人人身安全的义务

这是饭店对客人的一项基本义务，很多国家的饭店法或有关法律都明确规定，饭店有保护客人人身安全的义务。《规范》根据《旅游业治安管理办法》规定："为了保护客人的人身和财产安全，饭店客房门应当装置防盗链、门锁、应急疏散图，卫生间内应当采取有效的防滑措施。客房内应当放置服务指南、住宿须知和防火指南。有条件的饭店应当安装客房电子门锁和公共区域安全监控系统。"只要按照规定建立、健全了一套安全管理制度，并有证据证明为防止事件的发生已采取了一切可能的措施，或者证明损害的发生不是或不完全是饭店的过错，就可以减轻或免除饭店的责任。

（三）保护客人财物安全的责任

1. 保护客人财物安全的一般责任

饭店对住店客人携带的财物负有保护的义务。客人在饭店住宿期间财物被盗或被损坏的事件时有发生，其中固然有客人自己的行为造成的原因，但饭店忽略了有效地保护好客人的财物安全，也是一个重要因素。饭店对客人财物安全的责任，在一些国家法律中有明确的规定。《规范》中也明确规定："饭店应当采取措施，防止客人放置在客房内的财物灭失、毁损。由于饭店的原因造成客人财物灭失、毁损的，饭店应当承担责任。"

2. 保管寄存物品的责任

饭店应当保管好客人寄存在饭店的行李等物品。《规范》规定："饭店保管客人寄存在行李寄存处的行李物品时，应当检查其包装是否完好、安全，询问有无违禁物品，并给双方确认后签发给客人行李寄存牌。"只要客人将行李等物品交给饭店，经双方确认后，客人拿到了行李寄存牌，双方的保管合同就告成立。对客人寄存的一切物品，饭店不得挪用或者让第三者使用。《规范》还同时规定，客人寄存的行李中如有贵重物品的，应当向饭店声明，由饭店员工验收并交饭店的贵重物品保管处免费保管。客人事先未声明或不同意核实，在该物品灭失、毁损后，如果责任在饭店一方，饭店可以按照一般物品予以赔偿。

3. 保管客人贵重物品的责任

妥善保管好客人的贵重物品是饭店的一项重要责任，为避免贵重物品的灭失而给饭店带来的高额赔偿，一些国家的饭店法都规定饭店须设置贵重物品保险柜，要求客人将随身携带的贵重物品存放在贵重物品保险柜内。《规范》根据《旅馆业治安管理办法》作出规定："饭店应当在前厅处设置有双锁的客人贵重物品保险箱。贵重物品保险箱的位置应当安全、方便、隐蔽，能够保护客人的隐私。饭店应当按照规定的时限免费提供住店客人贵重物品的保管服务。"饭店应将客人交存的贵重物品保存好，如果寄存在饭店贵重物品保险箱内的财物被盗或损坏，饭店应承担赔偿责任。如果客人没有按规定将贵重物品寄存在饭店前厅贵重物品保险箱内而在客房里灭失、毁损，在《规范》没有颁行之前，遇到这种情况，饭店和客人双方可能要经过旷日持久的沟通、协商。《规范》规定："对没有按规定存放在饭店前厅贵重物品保险箱内而在客房里灭失、毁损的客人的贵重物品，如果责任在饭店一方，可视为一般物品予以赔偿。"

（四）保护客人车辆的责任

饭店和客人之间通常会因饭店停车场内的车辆损坏或丢失而发生纠纷，有的是车辆被盗，有的是车辆的零部件丢失，有的是放在车内的物品丢失，诸如此类情况，客人能否要求饭店赔偿呢？《规范》明确规定："饭店应当保护停车场内饭店客人的车辆安全。由于保管不善，造成车辆灭失或者毁损的，饭店承担相应责任。但因为客人自身的原因造成车辆灭失或者毁损的除外。双方均有过错的，应当各自承担相应的责任。""饭店应当提示客人保管好放置在汽车内的物品。对汽车内放置的物品的灭失，饭店不承担责任。"

（五）保护客人隐私权的义务

隐私是指个人生活方面不愿意让他人知道的正当的私人秘密。公民的隐私权受法律保护，任何组织和个人非经法定程序不得公开公民的秘密，饭店当然也不得随意将客人的隐私透露给他人。饭店工作人员除履行职责、保护客人安全外，未经许可不得进入客房。为此，《规范》规定："饭店应当保护客人的隐私权。饭店员工未经客人许可不得随意进入客人下榻的房间，除日常清扫卫生、维修保养设施设备或者发生火灾等紧急情况外。"

（六）警示客人注意安全的义务

我国《消费者权益保护法》第十八条规定："经营者应当保证其提供的商品或者服务符合保障人身、财产安全的要求。对可能危及人身、财产安全的商品和服务，应当向消费者做出真实的说明和明确的警示，并说明和标明正确使用商品或者接受服务的方法以及防止危害发生的方法。"据此，《规范》规定："对可能损害客人人身和财产安全的场所，饭店应当做出明确的警示和正确接受服务项目的说明。这些警示说明应当简洁明了，不致使人产生歧义。"如饭店在除尘打蜡时，应在地面各个通道放置诸如"小心地滑，以防摔跤"的指示牌。如果饭店没有履行提供明确的警示和正确使用说明的义务，造成客人人身、财物损害的，饭店应当依法承担责任。如果饭店履行了上述义务，并尽可能地为防止事件的发生采取了措施，饭店可以免除或减轻责任。

（七）提供真实情况的义务

饭店对自己的产品和服务，应当向客人提供真实的信息，不得作令人误解的虚假宣传。为此，《规范》第九条、第十一条明确规定："饭店应当将房价表置于总服务台显著位置，供客人参考。饭店如给予客人房价折扣，应当面约定。""饭店可以对客房、餐饮、洗衣、电话等服务项目加收服务费，但应当在房价表及有关服务价目单上注明。"在饭店竞争日趋激烈的情况下，各饭店更应诚信经营，树立形象，切不可以不正当的手段欺骗客人，这既是一种短期行为，更是一种违法行为。

（八）提供符合等级标准的产品与服务

饭店为客人提供的产品与服务必须与饭店的等级和收费标准相符合，保证店内各项设施设备运转良好。如果饭店提供的服务存在问题，《规范》规定："饭店应当采取措施及时加以改进。"由于饭店所提供的产品和服务与饭店的等级和收费标准不相符而给客人造成损失的，饭店应当根据损失程度大小向客人赔礼道歉，或给予相应的赔偿。

《规范》第三条规定："饭店应当遵守国家的有关法律法规和规章，遵守社会道德规范，诚信经营，维护中国旅游饭店行业的声誉。"因此，饭店在为客人提供服务或产品的过程中，除履行上述义务和责任以外，还应当履行国家法律法规的其他义务。这些法律法规主要包括《中华人民共和国食品法》《中华人民共和国消防法》《中华人民共和国产品质量法》《中华人民共和国消费者权益保护法》《中华人民共和国合同法》《旅馆业治安管理办法》等。

三、饭店对客人的权利 [①]

（一）对有些客人不予接待的权利

饭店虽是一个为住店客人与社会公众提供住宿和服务的公共场所，但为保障饭店正常经营，饭店可以对有些情况说"不"。《规范》规定以下情况可以不予接待：

（1）携带危害饭店安全的物品入店者。饭店对携带有易燃、易爆、剧毒、腐蚀性和放射性等危险物品住店的客人，可以进行劝阻，如客人不听劝阻，饭店有权拒绝其入店，并报告公安机关及时处理，以避免安全事故的发生。

（2）从事违法活动者。为保障客人的安全，维护饭店的声誉，饭店有权拒绝试图在饭店从事违法犯罪活动的客人；对于入店有违法行为的客人，饭店有权阻止，劝阻无效的，可以要求其离店。同时，饭店工作人员如果发现违法犯罪分子、形迹可疑人员，应及时向公安机关报告。

（3）影响饭店形象者。曾经一些旅游饭店特别是一些豪华的饭店为了维护其自身的形象，对一些衣冠不整的客人不予接待，经媒体报道引起广泛讨论，甚至在北京、南京等地还发生过因客人衣冠不整被拒之门外，而将饭店告上法庭的事情，因此《规范》赋予饭店恕不接待影响饭店形象者的权利。"衣冠不整者"是指其穿着不符合当今的文化习俗和行为规范，还包括那些酗酒滋事者、携带动物入店者，饭店有权拒绝有这些行为

---

① 卢世菊.旅游法规［M］.武汉：武汉大学出版社，2003.

者入住，并有权要求他们离店。

（4）无支付能力或曾有过逃账记录者。如果旅客无力或拒绝偿付饭店的服务费用，或曾有过逃账记录，饭店有权不予接待。已经住进店的，饭店可以要求其离店并有追回欠账的权利。

（5）饭店客满。如果客房已满，自然无法接纳新来的客人和接受新的预订。无论在当时饭店是实际住满还是订满，饭店都可以向新来者说明情况而加以谢绝，并不用承担任何责任。

（二）谢绝客人自带酒水进入餐厅等场所享用的权利

修订后的《规范》中，将原版第九章第二十九条规定做以下调整："饭店如果谢绝客人自带酒水和食品进入餐厅、酒吧、舞厅等场所享用，应当将谢绝的告示设置于经营场所的显著位置，或者确认已将上述信息用适当方式告知客人"，并且删除了饭店经营者权力宣示的内容，促进饭店行业规范回归行业自律。

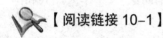 **【阅读链接 10-1】**

2009 版《规范》修订之一——"限制自带消费品入场"①

限制自带消费品入场消费现象出现于何时，无从考证。它成为一个引起消费者与经营者矛盾的问题则缘起于 2002 年 3 月中国旅游饭店协会发布的《中国旅游饭店行业规范》。该规范第 29 条规定："饭店可以谢绝客人自带酒水和食品进入餐厅、酒吧、舞厅等场所享用，但应当将谢绝的告示设置于有关场所的显著位置""经营者有权对消费者自带酒水和食品收取相应的服务费……"等规定。从此，"谢绝自带酒水"渐渐成为全国餐饮业的行规。对于自带酒水的消费者收取"开瓶费"也就成了衍生出来的惯例。虽然限制自带消费品入场消费行为属于经营者行使经营自主权的行为，但行业规范宣示经营者的这种权利、积极肯定限制自带消费品入场消费行为却是不适当的。2009 年 8 月，中国旅游饭店协会对《规范》进行修订，其中第 29 条修改为："饭店如果谢绝客人自带酒水和食品进入餐厅、酒吧、舞厅等场所享用，应当将谢绝的告示设置于经营场所的显著位置，或者确认已将上述信息用适当方式告知客人"，删除了权力宣示的内容，更强调了行业自律。

饭店利用行业规范组织、引导经营者实施限制自带消费品入场消费行为会导致限制竞争的后果，有损消费者的合法权益，故行业规范不应组织、引导经营者实施该类行为，而应当从自律的角度对该类行为进行规范和约束。

---

① 王新红 . 不干预、规制与自律：限制自带消费品入场消费行为的法解释学分析 . 政治与法律 .2018.2.

（三）收取客人合理费用的权利

新《规范》中对原版第三章第十条进行修订，删去了"12 点退房，超过 12 点加收半天房费，超过 18 点加收 1 天房费"的规定，取而代之的是："饭店应在前厅显著位置明示客房价格和住宿时间结算方法，或者确认已将上述信息用适当方式告知客人。"

另外，为使目前旅游饭店中唯一享受的优惠政策落实，《规范》规定："根据国家规定，饭店可以对客房、餐饮、洗衣、电话等服务项目加收服务费，但应当在房价表及有关服务价目表中注明（非旅游饭店不能加收服务费）。"

（四）要求客人赔偿饭店损失的权利

如果客人故意或过失损坏饭店的物品，饭店有权要求客人赔偿。《规范》规定："饭店有义务提示客人爱护饭店的财物。由于客人的原因造成损坏的，饭店可以要求客人承担赔偿责任。由于客人原因维修受损设施设备期间导致客房不能出租、场所不能开放而发生的营业损失，饭店可视其情况要求客人承担责任。"

 【阅读链接 10-2】

2009 版《规范》修订之二——"12 点退房"的国际惯例[①]

饭店业"12 点退房"的行规正式退出全国旅游饭店业行规，更换的条款未对收费时间点作明确规定，仅要求明示。中国旅游饭店业协会最新公布的《中国旅游饭店行业规范》（中国旅游饭店业协会 2009 年 8 月修订版）中，已经删去了"12 点退房，超过 12 点加收半天房费，超过 18 点加收 1 天房费"的规定。取而代之的第三章第十条为："饭店应在前厅显著位置明示客房价格和住宿时间结算方法，或者确认已将上述信息用适当方式告知客人。"

中国旅游饭店业协会 2002 年制定的《中国旅游饭店行业规范》中，第三章第十条规定：饭店客房收费以"间／夜"为计算单位（钟点房除外）。按客人住一"间／夜"，计收一天房费；次日 12 时以后、18 时以前办理退房手续者，饭店可以加收半天房费；次日 18 时以后退房者，饭店可以加收一天房费。此前，"12 点退房结账"行规引发消费者质疑。在这种旅游饭店统一退房时间垄断经营之下，消费者实际上丧失了依据不同退房时间选择饭店住宿的消费选择权。而且在这种具有垄断色彩的行业规范的庇护之下，公平交易商业原则难以在饭店退房时间领域得到体现，消费者在住宿退房时间上的公平交易权难以获得保障。

该协会此次废除此条规定，在维护消费者在住宿时间结算的权益上迈出新的第一步，标志着饭店业朝着更加个性化、人性化方向发展。

---

① 郑州晚报转载：国际惯例之"宾馆饭店业 12 点退房"遭取消《城市问题》2009 年第 9 期.

四、建立和完善旅游饭店法规的作用

目前，中国旅游饭店业的相关规制多以行政法规为主，新修订 2009 版《规范》仍是行业自我约束性质的规范章程，不具有强制执行的法律效力，实际的适用范围和执行力度难以达到理想的状态。随着中国饭店业融入国际大环境进程的加快，顾客和饭店行业之间新的利益冲突凸显，饭店新业态、新形式急需新的规范和法规来监管。在兼顾多方利益的基础上，建立和完善中国饭店法律制度，已经是饭店业健康发展和保护消费者权利、解决国际纠纷的客观要求。具体作用体现在以下几个方面：

1. 饭店法为饭店和客人双方划定行为规范

饭店法的行为规范的作用首先体现在它明确了饭店和消费者双方的权利义务准则和一些具体要求。它是衡量双方的合同、行为是否合法有效的标尺，并促进双方在法律允许的范围内经营和消费，为双方矛盾的解决提供了准绳。

2. 饭店法是饭店和消费者权益的保证

饭店法的作用首先体现在它明确了饭店和消费者的权利及义务。在实际生活中，由于各种原因导致的合同违约、侵权纠纷尚无法杜绝。此时饭店法的强制作用得以体现，它是保证合同依法履行、受害方损失得到补偿的坚强后盾。饭店法可以通过正当的行政或法律程序，由纠纷受理机构判定给予受害方一定的法律救济，强制违法人执行有关判决。

3. 饭店法对国家机关、饭店和消费者的行为建立了规范和准则

饭店在日常运作中，经常会和政府管理部门发生纵向的管理与被管理的关系。这就要求政府在对饭店进行管理时，要遵循法律的实质和程序规定，饭店的经营和饭店客人的行为也要符合法律和行政管理的要求。

4. 饭店法是国家用法律手段加强对旅馆、饭店经营宏观调控的重要手段

在我国饭店业发展的历程里，经济政策、行政手段都发挥过作用，而用法律对饭店业进行调控是社会主义市场经济的客观要求。

总之，以法律形式确认现行饭店制度中一些切实可行且合理的做法、行规以及国际惯例，明确现实生活中存在较多争议的议题，是当前有能力做到而且应当做到的。

第4节　食品安全管理法规

食品安全是指食品无毒、无害，符合应当有的营养要求，对人体健康不造成任何急性、亚急性或者慢性危害。饭店是向旅游者提供食宿的场所，因此，学习和了解食品安全方面的法规制度对饭店业是十分重要的。1995 年 10 月 30 日，第八届全国人民代表大

会常务委员会第十六次会议通过了《中华人民共和国食品卫生法》；1997 年 3 月 15 日，卫生部发布了《食品卫生行政处罚办法》；2000 年 1 月 16 日，卫生部发布了《餐饮业食品卫生管理办法》；2009 年 2 月 28 日，第十一届全国人民代表大会常务委员会第七次会议通过了《中华人民共和国食品安全法》（以下简称《食品安全法》）。该法共十章 104 条，自 2009 年 6 月 1 日起施行，《食品卫生法》同时废止。这些法律法规的制定，特别是《食品安全法》的颁布，为保证食品安全，防止食品污染和有害因素对人体的危害，保障公众身体健康和生命安全，提供了强有力的法律保证。以下简要介绍《食品安全法》中与饭店餐饮生产经营相关的主要内容。

一、食品安全风险监测和评估

《食品安全法》规定，国家建立食品安全监测制度和评估制度。这一规定对食品安全起到了积极的促进作用。通过检测和风险评估，对食品安全做出的判断更具有科学性，将使食品安全标准更科学、更准确。

（一）食品安全风险监测

《食品安全法》规定，国家建立食品安全风险监测制度，对食源性疾病、食品污染以及食品中的有害因素进行监测。

国务院卫生行政部门会同国务院有关部门制定、实施国家食品安全风险监测计划。省、自治区、直辖市人民政府卫生行政部门根据国家食品安全风险监测计划，结合本行政区域的具体情况，组织制定、实施本行政区域的食品安全风险监测方案。

国务院质量监督、工商行政管理和国家食品药品监督管理等有关部门获知有关食品安全风险信息后，应当立即向国务院卫生行政部门通报。国务院卫生行政部门会同有关部门对信息核实后，应当及时调整食品安全风险监测计划。

（二）食品安全风险评估

《食品安全法》规定，国家建立食品安全风险评估制度，对食品、食品添加剂中生物性、化学性和物理性危害进行风险评估。

国务院卫生行政部门负责组织食品安全风险评估工作，成立由医学、农业、食品、营养等方面的专家组成的食品安全风险评估专家委员会进行食品安全风险评估。

国务院卫生行政部门通过食品安全风险监测或者接到举报发现食品可能存在安全隐患的，应当立即组织进行检验和食品安全风险评估。

国务院农业行政、质量监督、工商行政管理和国家食品药品监督管理等有关部门应当向国务院卫生行政部门提出食品安全风险评估的建议，并提供有关信息和资料。

国务院卫生行政部门应当及时向国务院有关部门通报食品安全风险评估的结果。这个结果是制定、修订食品安全标准和对食品安全实施监督管理的科学依据。

国务院卫生行政部门应当会同国务院有关部门，根据食品安全风险评估结果、食品安全监督管理信息，对食品安全状况进行综合分析。对经综合分析表明可能具有较高程度安全风险的食品，国务院卫生行政部门应当及时提出食品安全风险警示，并予以公布。

二、食品安全标准

制定食品安全标准，应当以保障公众身体健康为宗旨，做到科学合理、安全可靠。食品安全标准是强制执行的标准。《食品安全法》规定，除食品安全标准外，不得制定其他的食品强制性标准。食品安全标准应当包括下列内容：

（1）食品、食品相关产品中的致病性微生物、农药残留、兽药残留、重金属、污染物质以及其他危害人体健康物质的限量规定。

（2）食品添加剂的品种、使用范围、用量。

（3）专供婴幼儿和其他特定人群的主辅食品的营养成分要求。

（4）对与食品安全、营养有关的标签、标识、说明书的要求。

（5）食品生产经营过程的卫生要求。

（6）与食品安全有关的质量要求。

（7）食品检验方法与规程。

（8）其他需要制定为食品安全标准的内容。

《食品安全法》要求，国务院卫生行政部门应当对现行的食用农产品质量安全标准、食品卫生标准、食品质量标准和有关食品的行业标准中强制执行的标准予以整合，统一公布为食品安全国家标准。在食品安全国家标准公布前，食品生产经营者应当按照现行食用农产品质量安全标准、食品卫生标准、食品质量标准和有关食品的行业标准生产经营食品。

没有食品安全国家标准的，可以制定食品安全地方标准。企业生产的食品没有食品安全国家标准或者地方标准的，应当制定企业标准，作为组织生产的依据。国家鼓励食品生产企业制定严于食品安全国家标准或者地方标准的企业标准。

三、食品生产经营

（一）对食品生产经营安全性的要求

《食品安全法》规定，食品生产经营应当符合食品安全标准，并符合下列要求：

（1）具有与生产经营的食品品种、数量相适应的食品原料处理和食品加工、包装、贮存等场所，保持该场所环境整洁，并与有毒、有害场所以及其他污染源保持规定的距离。

（2）具有与生产经营的食品品种、数量相适应的生产经营设备或者设施，有相应的消毒、更衣、盥洗、采光、照明、通风、防腐、防尘、防蝇、防鼠、防虫、洗涤以及处理废水、存放垃圾和废弃物的设备或者设施。

（3）有食品安全专业技术人员、管理人员和保证食品安全的规章制度。

（4）具有合理的设备布局和工艺流程，防止待加工食品与直接入口食品、原料与成品交叉污染，避免食品接触有毒物、不洁物。

（5）餐具、饮具和盛放直接入口食品的容器，使用前应当洗净、消毒，炊具、用具使用后应当洗净，保持清洁。

（6）贮存、运输和装卸食品的容器、工具和设备应当安全、无害，保持清洁，防止食品污染，并符合保证食品安全所需的温度等特殊要求，不得将食品与有毒、有害物品一同运输。

（7）直接入口的食品应当有小包装或者使用无毒、清洁的包装材料、餐具。

（8）食品生产经营人员应当保持个人卫生，生产经营食品时，应当将手洗净，穿戴清洁的工作衣、帽；销售无包装的直接入口食品时，应当使用无毒、清洁的售货工具。

（9）用水应当符合国家规定的生活饮用水卫生标准。

（10）使用的洗涤剂、消毒剂应当对人体安全、无害。

（11）法律、法规规定的其他要求。

（二）禁止生产经营的食品

《食品安全法》规定，禁止生产经营下列食品：

（1）用非食品原料生产的食品或者添加食品添加剂以外的化学物质和其他可能危害人体健康物质的食品，或者用回收食品作为原料生产的食品。

（2）致病性微生物、农药残留、兽药残留、重金属、污染物质以及其他危害人体健康的物质含量超过食品安全标准限量的食品。

（3）营养成分不符合食品安全标准的专供婴幼儿和其他特定人群的主辅食品。

（4）腐败变质、油脂酸败、霉变生虫、污秽不洁、混有异物、掺假掺杂或者感官性状异常的食品。

（5）病死、毒死或者死因不明的禽、畜、兽、水产动物肉类及其制品。

（6）未经动物卫生监督机构检疫或者检疫不合格的肉类，或者未经检验或者检验不合格的肉类制品。

（7）被包装材料、容器、运输工具等污染的食品。

（8）超过保质期的食品。

（9）无标签的预包装食品。

（10）国家为防病等特殊需要明令禁止生产经营的食品。

（11）其他不符合食品安全标准或者要求的食品。

（三）食品生产经营的许可制度

《食品安全法》规定，国家对食品生产经营实行许可制度。从事食品生产、食品流通、餐饮服务，应当依法取得食品生产许可、食品流通许可、餐饮服务许可。取得餐饮服务许可的餐饮服务提供者在其餐饮服务场所出售其制作加工的食品，不需要取得食品生产和流通的许可。

（四）从业人员健康管理制度

《食品安全法》规定，食品生产经营者应当建立并执行从业人员健康管理制度。患有痢疾、伤寒、病毒性肝炎等消化道传染病的人员，以及患有活动性肺结核、化脓性或者渗出性皮肤病等有碍食品安全的疾病的人员，不得从事接触直接入口食品的工作。

食品生产经营人员每年应当进行健康检查，取得健康证明后方可参加工作。

（五）对食品原料、食品添加剂和食品相关产品的安全要求

《食品安全法》规定，食品生产者采购食品原料、食品添加剂、食品相关产品，应当查验供货者的许可证和产品合格证明文件；对无法提供合格证明文件的食品原料，应当依照食品安全标准进行检验；不得采购或者使用不符合食品安全标准的食品原料、食品添加剂、食品相关产品。

食品生产企业应当建立食品原料、食品添加剂、食品相关产品进货查验记录制度，如实记录食品原料、食品添加剂、食品相关产品的名称、规格、数量、供货者名称及联系方式、进货日期等内容。食品经营者应当按照保证食品安全的要求贮存食品，定期检查库存食品，及时清理变质或者超过保质期的食品。

《食品安全法》还规定，食品生产者应当依照食品安全标准关于食品添加剂的品种、使用范围、用量的规定使用食品添加剂；不得在食品生产中使用食品添加剂以外的化学物质和其他可能危害人体健康的物质。

生产经营的食品中不得添加药品，但是可以添加按照传统既是食品又是中药材的物质。按照传统既是食品又是中药材的物质的目录由国务院卫生行政部门制定、公布。

声称具有特定保健功能的食品不得对人体产生急性、亚急性或者慢性危害，其标签、说明书不得涉及疾病预防、治疗功能，内容必须真实，应当载明适宜人群、不适宜人群、功效成分或者标志性成分及其含量等；产品的功能和成分必须与标签、说明书相一致。

（六）食品召回制度

《食品安全法》规定，国家建立食品召回制度。食品生产者发现其生产的食品不符合食品安全标准，应当立即停止生产，召回已经上市销售的食品，通知相关生产经营者和消费者，并记录召回和通知情况。

食品经营者发现其经营的食品不符合食品安全标准，应当立即停止经营，通知相关生产经营者和消费者，并记录停止经营和通知情况。食品生产者认为应当召回的，应当立即召回。

食品生产者应当对召回的食品采取补救、无害化处理、销毁等措施，并将食品召回

和处理情况向县级以上质量监督部门报告。

四、食品检验

《食品安全法》规定，食品检验机构按照国家有关认证认可的规定取得资质认定后，方可从事食品检验活动。但是，法律另有规定的除外。

食品安全监督管理部门对食品不得实施免检。食品生产经营企业可以自行对所生产的食品进行检验，也可以委托符合本法规定的食品检验机构进行检验。

五、食品安全事故处置

《食品安全法》规定，食品生产经营企业应当制定食品安全事故处置方案，定期检查本企业各项食品安全防范措施的落实情况，及时消除食品安全事故隐患。

发生食品安全事故的单位应当立即予以处置，防止事故扩大。事故发生单位和接收病人进行治疗的单位应当及时向事故发生地县级卫生行政部门报告。任何单位或者个人不得对食品安全事故隐瞒、谎报、缓报，不得毁灭有关证据。

县级以上卫生行政部门接到食品安全事故的报告后，有关部门进行调查处理，并采取下列措施，防止或者减轻社会危害：

（1）开展应急救援工作，对因食品安全事故导致人身伤害的人员，卫生行政部门应当立即组织救治。

（2）封存可能导致食品安全事故的食品及其原料，并立即进行检验；对确认属于被污染的食品及其原料，责令食品生产经营者依照本法的规定予以召回、停止经营并销毁。

（3）封存被污染的食品用工具及用具，并责令进行清洗消毒。

（4）做好信息发布工作，依法对食品安全事故及其处理情况进行发布，并对可能产生的危害加以解释、说明。

调查食品安全事故，除了查明事故单位的责任，还应当查明负有监督管理和认证职责的监督管理部门、认证机构的工作人员失职、渎职情况。

六、监督管理

《食品安全法》规定，县级以上质量监督、工商行政管理、食品药品监督管理部门履行各自食品安全监督管理职责，有权采取下列措施：

（1）进入生产经营场所实施现场检查。

（2）对生产经营的食品进行抽样检验。

（3）查阅、复制有关合同、票据、账簿以及其他有关资料。

（4）查封、扣押有证据证明不符合食品安全标准的食品，违法使用的食品原料、食品添加剂、食品相关产品，以及用于违法生产经营或者被污染的工具、设备。

（5）查封违法从事食品生产经营活动的场所。

《食品安全法》还规定，国家建立食品安全信息统一公布制度。下列信息由国务院卫生行政部门统一公布：

（1）国家食品安全总体情况。

（2）食品安全风险评估信息和食品安全风险警示信息。

（3）重大食品安全事故及其处理信息。

（4）其他重要的食品安全信息和国务院确定的需要统一公布的信息。

七、法律责任

对违反本法规定的，《食品安全法》规定了法律责任和处罚办法。在处罚力度上，《食品安全法》充分体现了既要保护消费者利益，又能对企业产生一定的威慑力。

（一）各种违法生产经营活动的法律责任

各种违法生产经营活动包括：

1. 未经许可从事食品或食品添加剂生产经营活动

《食品安全法》规定，未经许可从事食品生产经营活动，或者未经许可生产食品添加剂的，由有关主管部门按照各自职责分工，没收违法所得、违法生产经营的食品、食品添加剂和用于违法生产经营的工具、设备、原料等物品；违法生产经营的食品、食品添加剂货值金额不足一万元的，并处二千元以上五万元以下罚款；货值金额一万元以上的，并处货值金额五倍以上十倍以下罚款。

2. 食品生产经营者的违法行为

《食品安全法》规定，违反本法规定，有下列情形之一的，由有关主管部门按照各自职责分工，没收违法所得、违法生产经营的食品和用于违法生产经营的工具、设备、原料等物品；违法生产经营的食品货值金额不足一万元的，并处二千元以上五万元以下罚款；货值金额一万元以上的，并处货值金额五倍以上十倍以下罚款；情节严重的，吊销许可证：

（1）用非食品原料生产食品或者在食品中添加食品添加剂以外的化学物质和其他可能危害人体健康的物质，或者用回收食品作为原料生产食品。

（2）生产经营致病性微生物、农药残留、兽药残留、重金属、污染物质以及其他危害人体健康的物质含量超过食品安全标准限量的食品。

（3）生产经营营养成分不符合食品安全标准的专供婴幼儿和其他特定人群的主辅食品。

（4）经营腐败变质、油脂酸败、霉变生虫、污秽不洁、混有异物、掺假掺杂或者感官性状异常的食品。

（5）经营病死、毒死或者死因不明的禽、畜、兽、水产动物肉类，或者生产经营病死、毒死或者死因不明的禽、畜、兽、水产动物肉类的制品。

（6）经营未经动物卫生监督机构检疫或者检疫不合格的肉类，或者生产经营未经检验或者检验不合格的肉类制品。

（7）经营超过保质期的食品。

（8）生产经营国家为防病等特殊需要明令禁止生产经营的食品。

（9）利用新的食品原料从事食品生产或者从事食品添加剂新品种、食品相关产品新品种生产，未经过安全性评估。

（10）食品生产经营者在有关主管部门责令其召回或者停止经营不符合食品安全标准的食品后，仍拒不召回或者停止经营的。

《食品安全法》还规定，违反本法规定，有下列情形之一的，由有关主管部门按照各自职责分工，没收违法所得、违法生产经营的食品和用于违法生产经营的工具、设备、原料等物品；违法生产经营的食品货值金额不足一万元的，并处二千元以上五万元以下罚款；货值金额一万元以上的，并处货值金额两倍以上五倍以下罚款；情节严重的，责令停产停业，直至吊销许可证：

（1）经营被包装材料、容器、运输工具等污染的食品。

（2）生产经营无标签的预包装食品、食品添加剂或者标签、说明书不符合本法规定的食品、食品添加剂。

（3）食品生产者采购、使用不符合食品安全标准的食品原料、食品添加剂、食品相关产品。

（4）食品生产经营者在食品中添加药品。

（二）一般食品安全问题的法律责任

《食品安全法》规定，违反本法规定，有下列情形之一的，由有关主管部门按照各自职责分工，责令改正，给予警告；拒不改正的，处二千元以上二万元以下罚款；情节严重的，责令停产停业，直至吊销许可证：

（1）未对采购的食品原料和生产的食品、食品添加剂、食品相关产品进行检验。

（2）未建立并遵守查验记录制度、出厂检验记录制度。

（3）制定食品安全企业标准未依照本法规定备案。

（4）未按规定要求贮存、销售食品或者清理库存食品。

（5）进货时未查验许可证和相关证明文件。

（6）生产的食品、食品添加剂的标签、说明书涉及疾病预防、治疗功能。

（7）安排患有本法第三十四条所列疾病的人员从事接触直接入口食品的工作。

《食品安全法》还规定，违反本法规定，事故单位在发生食品安全事故后未进行处置、报告的，由有关主管部门按照各自职责分工，责令改正，给予警告；毁灭有关证据的，责令停产停业，并处二千元以上十万元以下罚款；造成严重后果的，由原发证部门吊销许可证。

同时，《食品安全法》还规定，违反本法规定，造成人身、财产或者其他损害的，依法承担赔偿责任。生产不符合食品安全标准的食品或者销售明知是不符合食品安全标准的食品，消费者除要求赔偿损失外，还可以向生产者或者销售者要求支付价款十倍的赔偿金。违反本法规定，应当承担民事赔偿责任和缴纳罚款、罚金，其财产不足以同时支付时，先承担民事赔偿责任。构成犯罪的，依法追究刑事责任。

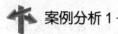 **案例分析 1** --

互联网酒店的规范化管理——以 Xbed 为例 [①]

在互联网、移动互联网和通信技术的推动下，以共享经济为代表的新兴商业模式已然崛起。Xbed 酒店对传统酒店业进行创新，以纯互联网模式实现了"房间的社会共享化""酒店配套设施共享化"和"客房人力服务的共享化"。其凭借更加个性化的产品服务对传统酒店模式产生极大的冲击力，也引发了一系列行业规制问题。

在 Xbed 的体系里，其服务模式为：酒店＝手机＋床垫，没有实体的前台、客房接待和保安，顾客全程自助利用互联网订房退房。酒店通过去"集中化""实体化"的运营模式，有效整合了闲置的房屋、人力服务、装修成本，击破当前传统酒店行业面临的痛点，因而被称为"最稳定的互联网酒店解决方案"。然而，互联网酒店本身发展还不完善，新业态管理的相关行业法律滞后，导致顾客信任问题、侵权责任认定问题、个人隐私与信息安全泄露等问题的出现，成为其重大监管隐患。

作为共享经济时代的探索者和受益者，以 Xbed 为代表的互联网酒店应该加强与政府的交流，向政府提供实践上的帮助和指导，共同推进互联网酒店的法制化、规范化管理，当然，行业自身更应该担负起责任，设计好共享服务的准入机制和交易机制，保证供需资源之间的流动。只有构建互联网酒店规范化管理的建议体系，在责任监管、安全保障、信用机制等方面完善法律规范，才能促进行业健康持续的发展繁荣。

案例讨论题

请阐述互联网时代，建立和完善新业态酒店行业规范的必要性。

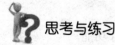 **思考与练习**

1.什么是饭店法？饭店法的调整对象是什么？

---

① 王丹婷.互联网酒店的规范化管理——以 Xbed 为例.中国集体经济.2018.21.

2. 简述饭店法的作用。

3. 饭店法是怎样形成的？谈完善我国饭店法的必要性。

4. 什么是饭店法律关系？饭店法律关系的构成要素有哪些？

5. 简述旅游住宿治安管理的主要内容。

6. 颁布实施《中国旅游饭店行业规范》的意义有哪些？

7. 简述《中国旅游饭店行业规范》规定的饭店对客人的义务和权利。

8. 简述食品卫生管理法规制度的主要内容。

推荐文献

李原. 现代饭店管理原理［M］. 成都：四川大学出版社，2001.

卢世菊. 旅游法规［M］. 武汉：武汉大学出版社，2003.

喻江平. 旅游法规教程［M］. 北京：中国科学技术出版社，2008.

刘平. 上海旅馆业管理立法研究［J］. 政府法制研究，2006（11）.

公安部. 旅馆业治安管理办法.1987.11.10.

国务院. 娱乐场所管理条例.1999.3.26.

中国旅游饭店业协会. 中国旅游饭店行业规范.2002.5.1.

中华人民共和国食品安全法.2008.2.28.

袁国宏. 我国饭店业可持续发展的政策、法律和法规建设［J］. 商业研究，2000-11-10.

高海生，史广峰，赖启福. 我国旅馆服务法律法规研究综述［J］河北建筑科技学院学报（社科版），2006-06-30.

王新建，杨文棋. 中国大陆与中国澳门饭店法规比较研究［J］北京第二外国语学院学报，2004-10-30.

左帅. 旅游业的发展及旅游法规的作用分析［J］旅游纵览，2016（11）.

第11章 饭店业职业经理人

【学习目标】

通过对本章的学习，应该掌握饭店职业经理人的概念和特征；熟悉饭店职业经理人的角色定位；了解饭店经理人的心智模式与职业能力。

【内容结构】

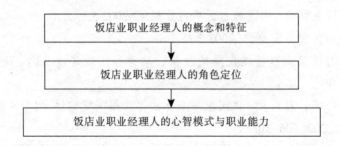

【重要概念】

职业经理人　领导　领导者的影响力　心智模式　心理素质　职业能力

第1节　饭店业职业经理人的概念和特征

我国的饭店业是与国际接轨较早的行业，是改革开放 30 年来引进外资最多，引进国外科学先进的管理机制、管理方法最早，聘用外籍管理人员最多的行业，也是中国各行业中产生职业经理人最早、最多、成长最为成熟的行业。然而，现有经理人多数为半途改行或官派型、经验型、利益型，他们缺乏国际化、集团化、市场化的运行经验，还不能称其为真正意义上的职业经理人。目前，我国饭店业正在寻求走集团化、品牌化、连锁化、国际化、网络化的发展道路，急需一批熟悉国际饭店业的行规、法规、操作模式，具有国际战略眼光的职业经理人队伍。

一、饭店业职业经理人的概念

职业经理人（Professional Managers）的概念最早出现在西方 19 世纪末。在资本主义进入垄断阶段以后，大量家族制企业开始聘请外来高管管理自己的企业，这就是所谓所有者与经营者的分离。于是出现了一批以企业经营管理为专门职业的中高层管理人士，即职业经理人。20 世纪 50 年代以后，随着市场全球化和市场格局的重新划分，职业经理人被赋予了新的含义，托拉斯、康采恩的管理方式与人力资源状态有着极强的新特征。尽管后来职业经理人的含义在不断深化，但其基本本义只有两条：一是职业的，即以契约形式将经营职责与个人回报界定清楚，将业绩作为报酬的基础，职权利与奖惩机制均透明化、契约化；二是经理人，即企业中的高层管理人士，以专业智慧获取超常报酬。

中国的职业经理人概念和角色出现于 20 世纪 90 年代末，其产生的背景同样是所有者与经营者的分离。

目前，学术界对于职业经理人的定义有多种，一个有代表性的说法是，所谓职业经理人，是指在一个所有权、法人财产权和经营权分离的企业中承担法人财产的保值增值责任，全面负责企业经营管理，对法人财产拥有绝对经营权和管理权，由企业在职业经理人市场（包括社会职业经理人市场和企业内部职业经理人市场）中聘任，而其自身以受薪、股票期权等为获得报酬主要方式的职业化企业经营管理专家。

中国饭店协会制定的《中国饭店业（酒店、酒家）职业经理人资格条件》中，对饭店业职业经理人作了如下定义：饭店业职业经理人是运用系统的现代饭店经营管理知识和管理经验，对饭店（或一个部门）进行经营和管理，是以经营管理饭店为职业的职业管理者。

总之，饭店业职业经理人，应当忠于自己热爱的事业，具有饭店业的专业知识和管理经验，懂得本行业的法律法规及国际惯例，具备担任饭店管理职位的职业能力，适应不同的饭店环境，能以一定的价格在市场中自由流动，从而获取薪酬和实现自身职业生涯的目标。

二、饭店业职业经理人的特征

什么是饭店职业经理人？不是打工的都是职业经理人，也不是行家都可以成为职业经理人，真正的饭店职业经理人必须具有如下特征：

（一）以经理为职业

职业经理人是以做经理人为长期或终身职业的人。作为饭店职业经理人，要把饭店工作当作自己的事业来看待，而不仅仅是把它作为谋生的手段，在工作中寻找到乐趣，实现自己对世界观、人生观、价值观的正确理解。同时，能够不断地挑战自我、开拓进取，充实自己的生活，丰富自己的人生。

职业经理人对自己的未来不仅仅是憧憬或幻想，而是制定有切实可行的职业生涯拓展目标，并且随着时间的推移和条件的成熟，逐步向着自己的目标迈进。当职业经理人的职业生涯目标与企业发展目标相一致时，职业经理人往往地位稳固，业绩上升，标志着他已经成为一个成功的职业经理人。

（二）良好的职业品行

成为合格的职业经理人最关键的一点，就在于具有职业素质，包括职业管理素质和职业道德素质，有"才"无"德"是不能称其为职业经理人的。具体来说，一个合格的职业经理人，应具备以下素质：

（1）忠实于所服务的企业，忠实于领导和员工，忠实于顾客；

（2）在工作中勤奋敬业，无私奉献，尽职尽责，大公无私；

（3）严守公司商业秘密，不做有损饭店形象和利益的事；

（4）严格履行与饭店签订的合同条款，严于律己，忠于职守，乐业奉献等。

忠实坦诚，有人格魅力，有领导能力，有凝聚力是职业经理人职业道德中不可缺少的职业品格。中外优秀的职业经理人，都是职业技能高超，思想品德高尚，忠诚于事业，忠诚于企业，忠诚于社会，以职业与道德水准来严格要求和衡量自己言行与工作的人。

职业经理人的职业操守关乎其职业声誉，决定其职业生涯的成功与否。在饭店纷繁复杂的工作之中，才华、专业、能力往往不是第一位的，忠诚、敬业才是第一位的。

（三）以饭店管理为专业

职业经理人是具有职业素养的经理人，饭店职业经理人一般都受过良好的高等教育、专业教育或培训。他们具有系统的现代饭店经营管理知识、良好的饭店管理能力、丰富的饭店管理经验，熟悉饭店环境，掌握饭店运行规律，是饭店管理的行家里手。他们对饭店经营管理工作不仅能够适应，而且能够不断创新，拥有战略眼光，是企业承上启下的中坚力量，不断提升企业在业界的形象和声誉，确保饭店经营目标的顺利实现。

饭店职业经理人具有良好的职业素养，还表现在他们在长期的经营管理实践中能正常地对待自己的职业和工作，往往也就磨炼出一种良好的职业心态，拥有健康、平和的心态和良好的心理素质，在业绩良好时不骄不躁，不被胜利冲昏头脑；在行业不景气时不垂头丧气，能够理智对待并善于冷静地处理企业危机。

（四）由市场选择和评价

职业经理人同企业家有本质的区别，企业家最主要的特点是拥有企业资本的所有权，同时担任企业经营管理职责，而职业经理人通常不拥有企业资本的所有权，同企业是一种雇佣关系。

饭店职业经理人既不是自封的，也不是组织部门任命的，而是由市场来选择及评价的。市场评价的高低决定了其职业价值的高低，决定了其职业生涯的长短。一般来说，他们的市场价位来源于三个方面：（1）享有职业声誉，遵循职业操守，具有责任感和敬业精神；（2）具有专业经营管理才能，经营业绩突出；（3）具有良好的市场流动性，能够长期被市场接受。具备了这些，他们就应该算是真正的饭店职业经理人。

职业经理人是以做经理人为终身职业或长期职业，但并不意味着他们长期或终身在一个企业里工作。职业经理人拥有自主择业和变动工作单位的权利和便利，可以在人才市场上自由流动，自由选择东家。

（五）对饭店财产的保值增值责任

职业经理人存在的唯一目的和天职就是为宾客创造利益，为企业带来价值。饭店职业经理人要充分利用饭店企业现有的资源（包括人力资源、资金、能源、设施设备、时间和信息等），为宾客提供优质服务，为企业和投资者赢取最高的利润。

所谓饭店职业经理人就是那些以饭店经营和管理为职业的人，也就是说，他们以此为生，就像医生以治病为生，律师以打官司为生一样，这种生存特点使得职业经理人本能地追求企业赢利。因此，作为一名饭店职业经理人，要想使自己的职业生涯能够长久，无论在哪一家饭店，都必须把"为宾客创造利益，为企业带来价值"作为自己的奋斗目标。

第 2 节　饭店职业经理人的角色定位

作为经理人在职业生涯过程中，首要的问题就是定位自己的职业角色，明白自己在企业运营和架构中处在什么位置，应该做什么，不应该做什么，应该如何发挥自己的作用，为企业和自己创造价值。角色定位不准或不清晰，就容易造成角色错位、角色越位、角色不到位和角色迷失等现象。

一、作为下属的职业经理人

（一）职业经理人是企业和老板的替身或代言人

职业经理人，虽然不是真正的"老板"，但是在许多员工看来，他就是老板，是他在前台冲锋陷阵，左右着公司和每一个员工的发展前景，引领着整个企业的发展方向。

是职业经理人在全面负责着企业的运作，如财务、人事、经营等，承担着法人财产的保值、增值责任。高层职业经理人在公司里处于"一人之下、万人之上"的位置，有时，高层职业经理人的建议也会左右着老板的决定。中层经理人受权经营管理企业某一方面的业务和工作，替上司和老板承担着团队管理、经营决策等任务，当然也担负着企业确定的绩效责任。

所以，职业经理人的言行是一种职务行为。职业经理人在客户、供应商、经销商、零售商、政府、媒体等外部事务面前，代表企业行使法人权力并承担相应义务；对内则代表董事会或老板、上司，受权领导管理不同层级的事务与团队，并对负责范围内的决策与绩效负最后的责任。

（二）职业经理人是高级"打工者"和执行者

职业经理人是打工者，因为大多数经理人并不拥有企业的所有权，与普通员工同样是老板聘请来的员工。所以，职业经理人的工作，只能在董事会或老板授权的范围之内开展，尤其是遇到与董事会或老板的想法不一致的时候，若难以说服老板，而且又想留下来继续工作，妥协是职业经理人没有办法的选择，毕竟是老板决定其在企业中的命运。换一种说法，职业经理人就是一个在笼子里的"舞者"，如何在既定的"笼子"里跳出优美而卖座的"舞蹈"则要看每一个职业经理人的职业本事。

所以，高效执行能力是职业经理人的一项最基本的能力。你只能影响和参与董事会或老板的重大决策，一旦董事会或老板做出决定，经理人的任务就是不折不扣地执行。同时，在执行的过程中，经理人有责任和义务及时、全面、准确地向上司或老板反馈执行中遇到的或可能遇到的问题，由决策者做出继续执行或者撤销原来的决定。

但是职业经理人并不是一个普通的、一般意义上的打工者。经济学家、清华大学经济管理学院教授魏杰指出："在以知识经济为背景的新经济时代，职业经理人和技术创新者两种人正以'人力资本'的形态登上历史舞台。"因此，职业经理人与企业关系的本质，应该是资本与资本的关系，即货币资本与人力资本的对等关系。这就与打工的概念有了本质的区别，打工者是以自己的劳动获得相应的报酬，而职业经理人是以自身的人力资本和智力资本与企业的货币资本进行合作。

二、作为上司的职业经理人

作为企业的职业经理人，都要管理一定数量的直接下属。对于这些直接下属而言，职业经理就是他们的上司。在下属面前，职业经理人必须扮演五种角色：

（一）职业经理人是管理者

作为上司的职业经理人，首先是管理者。管理是通过他人达成组织目标的艺术，其主体就是管理者。饭店管理是饭店管理者选择目标市场，确定服务内容、经营方针、营销策略，对饭店所拥有的资源进行有效的计划、组织、指挥、协调和控制，形成高效率的服务生产系统，以达到饭店经营目标的一系列活动的总和。

因此，作为饭店管理者的经理人，必须掌握现代饭店管理理论，熟悉饭店管理的各种技能和方法。必须在充分了解市场需求的前提下，合理配置饭店的有限资源（包括劳动力、资金、能源、材料、设备、时间、信息等），发挥各项管理职能，使饭店资源效用最大化，实现饭店的经营目标。

（二）职业经理人是领导者

领导就是在社会共同活动中，具有影响力的个人或集体，在特定的结构中通过示范、说服、命令等途径，动员下属实现群体目标的过程。对下属施加影响力的个人或集体称为领导者。

领导者发挥领导功能的有效程度取决于领导者所具有的影响力的大小。领导者的影响力分为权力性影响力与非权力性影响力两大类。

1. 权力性影响力

权力性影响力是由社会赋予个人的职务、地位、权力等构成的，所以它是掌权者才具有的，具有一定的强制性，也称为强制性影响力。权力性影响力对领导者来说具有外加性，对被领导者来说具有很大的强迫性和不可抗拒性。

2. 非权力性影响力

非权力性影响力也叫自然影响力，它与外加权力无关，是靠领导者自身的个性特征与作为而形成的。包括领导者的品德、知识、能力和资历等。从领导者角度说，非权力性影响力具有很强的内在性；对被领导者来说，具有很强的自愿性（心悦诚服）。领导者和被领导者关系和谐、心理相容。

这两种影响力可以用一个词来概括：领导者的"权威"——权力和威信。运用权力影响是管理者而不是领导者经常采用的方法，领导者通常运用的是非权力性影响力。

领导和管理是两个截然不同的概念，两者的最大区别体现为：领导是一种变革的力量，而管理则是一种程序化的控制工作。具体讲，两者的区别主要体现在以下三个方面：第一，领导具有全局性，管理具有局部性；第二，领导具有超前性，管理具有当前性；第三，领导具有超脱性，管理具有操作性。

一般来说，组织中的领导者必然是管理者；管理者不一定是领导者，但应努力成为领导者。

饭店设备、产品、信息、时间等需要管理，也可以管理，而人却需要领导。职业经理人的角色不只是对所拥有的资源进行计划、组织、指挥、协调和控制，而关键在于发挥影响力，把下属凝聚成一支有战斗力的团队，激励和指导下属选择最有效的沟通渠道，处理成员之间的冲突，帮助下属提升能力。这是饭店职业经理人十分重要的角色。

（三）职业经理人是教练

一项国际调查表明：员工的工作能力 70% 来自他的上司，是他的上司在工作中辅导或教练来的。另外的 30% 可能来自于企业的培训和教育活动。这就意味着，如果经理人不懂得如何去教练、培养、辅导自己的下属，下属很可能就不具备那 70% 的能力。因此，提升下属的工作能力，使他们在为企业工作中得以成长，是经理人责无旁贷的重要任务。而当好教练是经理人至关重要的角色之一。如果下属的能力没有提升，就是经理人的重大失职。

职业经理人要做一个好教练，必须竭尽所能，有勇气接受失败，并具有不断追求成功的决心；必须不断学习，学习新技术及新方法，与时俱进。

（四）职业经理人是游戏规则的制定者和维护者

职业经理人在本企业游戏规则的制定和执行中，发挥着非常重要的作用。例如，员工对饭店的某些规章制度感到不满意，如果职业经理也有这样的感觉，他也不能在员工面前表露出来，而是通过正常的渠道向饭店提出建议。当员工在私下议论饭店的规章制度时，职业经理要告诉他们遵守饭店规章制度的重要性，或者告诉他们要通过正常的渠道向饭店的高层反映。

假如职业经理当着下属的面发牢骚，评论饭店的规章制度如何如何不合理，就会导致员工不遵守规章制度，或者对饭店的规章制度指手画脚或私下议论。

在现实中，存在类似这样的破坏饭店游戏规则的事情。例如，员工用饭店的电话聊私事，职业经理人假装没看见，甚至他自己本身也可能有类似的行为。这种情况就属于不维护公司规章制度的现象，由于职业经理人起的是带头作用，如果你首先破坏了规则，你的下属就会持有错误的认识，带着这种错误的认识去执行任务，必然会带来极大的负面效应。

规章制度只是一种规定，是否见效的关键就在于执行，职业经理人与基层的管理人员及普通员工的关系最为密切，对于饭店规章制度的维护起着极大的作用。

（五）职业经理人是绩效伙伴

绩效伙伴的概念，是现代国际企业中非常流行的一个概念。可以说，职业经理人是下属的绩效伙伴，双方通过共同的努力，实现下属的工作目标，进而实现职业经理人的目标，最终实现公司的目标。

职业经理人不能高高在上，向下属分配完工作等着要结果，或者在下属做得不好时就训斥一顿。你与下属之间是绩效伙伴的关系。绩效伙伴的含义是：

1. 绩效共同体

经理人的绩效依赖于下属，下属的绩效也依赖于经理人。互相依存，谁也离不开谁。

2. 双方平等

既然是伙伴，就是一种平等的、协商的关系，而不是一种居高临下的发号施令的关系。通过平等对话指导和帮助下属，而不是通过指责、批评帮助下属。

3. 从下属的角度考虑问题

经理人应从对方的角度出发，考虑下属面临的挑战，及时帮助下属制订绩效改进计划，提升能力。

第 3 节　饭店职业经理人的心智模式与职业能力

饭店职业经理人是负责饭店企业日常经营管理的复合型人才。饭店经理人的决策和指挥正确与否，对于饭店目标的实现影响重大，甚至决定了饭店企业的成败。而饭店经理人的决策与指挥的正确与否，取决于他的心智模式和职业能力。

一、饭店业职业经理人的心智模式

所谓心智模式（Mental Model）是指由于过去的经历、习惯、知识素养、价值观念等形成的基本固定的思维认识方式和行为习惯。心智模式一旦形成，便根深蒂固于人们心中，影响人们认识周围世界，使人自觉或不自觉地从某个固定的角度去认识和思考所发生的问题，并用习惯的方式予以解决。任何一个人都有自己特殊的心智模式，这既是教育的功劳也是个人在特定生活工作环境中逐步形成的。饭店业的特殊性当然也影响着饭店职业经理人的心智模式的特征，而正是这种独特的心智模式才会产生创意，产生管理的冲动和行为，最终完成饭店企业的目标。那么，饭店职业经理人的心智模式是怎样的呢？观察优秀的饭店经理人，我们或许可以发现他们心智模式的共同特征。

（一）远见卓识

以超群的远见卓识为企业确立方向，是经理人的首要职责。经理人的自身价值观取向，在建立企业愿景中扮演极其重要的角色。他们的价值观和信仰为企业文化奠定了基础，促进了战略的实施；他们规划的超前、创新、全面，是企业形成独特经营风格、领先竞争对手的前提。

远见卓识是经理人心智模式中比较重要的方面，它反映了经理人的思维方式和价值观念，使经理人对某个问题能有超越一般人的看法，而这恰恰是产生创意的基础。远见卓识作为经理人心智模式的重要组成部分，其表现形式为：

1. 随时掌握当代最新的管理、科技成果、知识和信息

饭店经理人需全面掌握管理学理论、财务管理知识、设施设备知识、法律知识、心理学知识以及运筹学、统计学等方面的综合知识。由于饭店管理理论的不断完善，新知识、新技术、新技能的不断运用，经理人必须能够不断地掌握当代最新的管理理论知识，最新的科技动态，最新的文化发展，并且能够将这些在自己的脑海中加以融会贯通，这是产生对某一问题有超越常人看法或认识的基础。因为这些新的知识和信息是对

过去知识体系的一种冲击和发展，可以使人们对过去久思不解的问题得到新的启迪。例如，倘若你不知道企业流程改造的基本知识，当然也就不会产生本企业流程变革的对策；你不了解顾客满意战略理论，就不可能在企业内部抢先运用顾客满意战略，不可能真正实现顾客满意导向。随时掌握新的知识和信息，并能够将其融会贯通，这是保证经理人具备较高的思维起点的关键，也是形成一种良好心智模式的重要方面。

2. 系统的思维方式

饭店经理人的思维方式不同于普通员工的思维方式。大多数人的思维方式往往是一种线性的思维方式，即通常用一种固定的模式遵循 1 加 1 必然等于 2 的思路来思考问题。在线性思维方式下，一般人对某个问题的看法都是大同小异的，因为其思维方式大致相同。能够成为优秀的经理人，他们通常采取一种系统的全方位的思维方式，即从系统的具体构造到系统的综合，从局部到全局，从现象到原因的思考方式。系统思维方式也可以说是辩证的思维方式，看问题通常涉及两个不同的方面，不仅看到其现象还要看其原因。不仅如此，系统思维还是发散性思维，对任何思考对象的相关方面都可能去想一番，事实上许多管理上的创意就是这样诞生的。

作为饭店经理人不要将关注点仅停留在本行业上，同时要更多地关注与饭店业密切相连且有着关联特征的行业，如房地产行业、社会饮食娱乐业等，将这些行业的新理念、新方法等导入饭店服务与管理实践中，只有这样才能创新管理模式，保持饭店企业的活力与生命力。

3. 奋发向上的价值取向

作为经理人，其价值取向虽说不至于与当时社会的价值观格格不入，但依然有其特殊的一面，这就是追求事业成功和永不满足的价值观。一般的人对事业也有追求，但他易于满足，而那些有所作为的人对事业的追求则绝无止境。也正是在这样的价值取向和心智状态下，才使得他们去勇攀管理的高峰、企业成功的高峰，成为管理的真正主体。

饭店经理人作为企业的统领和中坚力量，在带领企业前进的过程中，必然会遇到各种困扰和阻力，饭店在发展完善的过程中也会经历许多曲折，经理人的个人心态将直接影响企业的整体士气，如果经理人积极进取，有强烈的成功欲望，其所带领的团队也必然是蓬勃向上充满生机和活力的。反之，则必然是士气低落缺乏战斗力的。所以对经理人而言，重要的是要时刻保持一种旺盛的进取精神，用自己的积极情绪去感染团队，即使再困难，也不应流露恐惧、无奈、消沉。当遇到困难时，要积极面对，把困难看作是一种机遇和挑战。

（二）健全的心理素质

心理素质指的是一个人的心理活动过程和个性方面表现出的持久而稳定的基本特点。心理现象是每个人都具有的一种精神活动，按其性质可以分为心理活动过程和个性心理特征两部分。前者包括人的认识活动、情感活动和意念活动，这三种活动相互影响、密切联系，构成人的心理活动过程。后者包括人的态度、信念、兴趣、爱好、气质、性格、能力等心理特点，是这些心理特点的综合。作为饭店经理人，其心理因素对成就、创新都有重要影响。其中，以下几种心理特征是非常重要的：

1. 自知和自信

人贵有自知之明，善于自知是经理人的重要心理特征，因为只有时时能够自知才能准确判断自己的长处和短处，才能准确地了解自己所处的地位，才能扬长避短，充分发挥自己的特长。没有自知的人即便有创意的产生，也不能将其有效地付诸实践。

当然自知是建立在自信基础上的。自信就是始终对自己抱有充分的信心，保持足够的勇气。有些管理者不能创新，除了没有创意之外，便是缺乏应有的信心和勇气。一个优秀的经理人往往既有自知之明，又有十足的自信。自知使其能够把握自己，自信使其能够有持之以恒的动力，这些对经理人来说都是十分重要的。

2. 情感和情绪

情感是人对现实中事物或现象的态度体验。情感有时可能以鲜明勃发的形式表现为外在的情绪，因此，情感和情绪是两种有区别而又难以划分的主观体验。优秀的经理人应有良好的情感和情绪，这主要表现在：

（1）理智感。理智感就是经理人在智力活动和追求真理过程中所产生的情感体验，它与经理人的认知活动、求知欲望和兴趣，以及对真理的追求相联系。一个有理智感受的经理人，就会有一种锲而不舍追求真理的精神，而这是管理成功的重要因素。饭店管理平凡琐碎、耗时费力，如果没有执着的精神，很难有所成就。

（2）道德感。道德感可以理解为经理人根据一定的行为规范，在评价他人或自己的思想言行是否合乎道德标准时所产生的一种情感。道德感有社会的内容，也有伦理的内容。经理人通常对组织的发展、组织的员工有强烈的责任心，有约束自己行为的道德责任等。

（3）美感。美感对于经理人来说也很重要。这种情感是在审美活动中逐渐培养起来的，只有在审美过程中创造性才能提高。管理既是科学，也是艺术。管理需要创新，创新本身是一种很有美感的事情，许多伟大的创新者常常把自己的创新工作看作是一种追求至善至美的工作，看作是一种最大的美的享受。

3. 意志和胆识

意志，从心理学上讲是意识的调节方面，是个体自觉地确立目标，根据目标来支配、调节行为，从而实现预定目标的心理过程。优秀经理人的意志具体表现为坚定性、果断性、顽强、自制、独立精神以及勇敢大胆、恪守纪律、坚持原则等。经理人的意志坚强首先表现在"非从众主义"的特征，有强烈的个性。在多元化的现代社会，面对竞争激烈的市场，不迷惘、不随波逐流，有自己坚定的目标，有知难而进的顽强精神，即使困难重重也始终不放弃目标，这样才能取得管理的成功。

所谓胆识是指做出决断时的胆略气魄。管理是一件具有较大风险的冒险型事业，其失败的可能性很大，如果经理人没有胆识，是很难胜任管理这一颇具挑战性的工作的。管理在未取得成功时，很可能不为大多数人所理解，甚至形成舆论，从而对管理主体产生非常大的压力；如果此时他没有胆识，不能顶住各种压力，管理工作就可能半途而废。因此，胆识和意志是保证一个经理人坚定自己的信念，坚持走自己的路，从而走向成功的重要条件。

4. 宽容和忍耐

宽容和忍耐是饭店经理人必备的心理素质。宽容不仅仅是一种美德，而且也是一种技巧，它体现了优秀经理人理智、自信的心理品质。宽容有两层意思，一是对有过失误的人或反对过自己的人要宽容；二是对比自己能力强的人不嫉妒，不搞"武大郎开店"，因为管理需要众多人员的配合和协调才可能取得成功。

宽容主要表现在对人方面，忍耐则更多地表现为经理人对组织事业、对管理工作以及对条件、局势、时间等的心理承受能力。当一项管理必须花费较长时间的努力才可能成功时，当其屡次失败前途未卜时，当众多人给予批评不予支持时，当没有人理解你的工作性质时，经理人就应该表现出忍耐的心理素质，唯有忍耐才能持之以恒，才能获得最终的成功。所以，作为一个经理人没有良好健全的心理素质，是很难成功的，这反过来也证明管理成功的不易。

（三）优秀的品质

优秀的品质是形成一个人良好行为习惯的重要因素和基础。经理人良好心智模式的形成离不开其优秀品质的养成。"小胜在智，大胜在德。"饭店经理人要在职场上成就一番事业，必须具有优秀的思想品质。经理人的优秀品质主要应包括以下几个方面：

1. 勇于开拓

勇于开拓是经理人应具备的最基本品质。这种品质表现为不断进取的精神，胸怀大志的气质，敢于拼搏的勇气，不怕失败的韧劲儿。管理也是一种开拓性的工作，不能开拓的人是无法成为经理人的，因为即便他有创新意识，也会因缺乏勇气而无法下定行动的决心。勇于开拓意味着改革创新，也就意味着向风险挑战，不怕失败，善于在失败中探索，将失败转化为成功。

2. 使命感

"使命感"是职业精神的灵魂。使命感，就是知道自己在做什么，以及这样做的意义，就是把自己与一个伟大的事业联系在一起，释放生命的激情。使命感是一种无论给予自己的任务有多么困难，都要有一定要完成的坚强信念。使命感决定了一个经理人的心胸、眼界、魄力和胆识，没有使命感的经理人不可能成为一个出色经理人。成功的饭店经理人都能牢记使命，目标明确，志向高远，对企业和社会有强烈的责任心。为社会创造财富，为企业创造效益，为顾客创造价值，为下属创造利益。

3. 勤奋好学

学习的重要性不言而喻，"一次性学习时代"已告终结，学历教育已被终身学习所取代。现在的市场变化迅速，新的饭店经营管理思想和方法不断涌现，新技术和新产品也层出不穷。职业经理人的知识结构，心理素质，艺术修养，公关能力，协调能力，专业技能，思想观念，领导才能等，必须适应社会的发展和竞争的需要。在知识经济时代，学习力是职业经理人的核心竞争力，因此，饭店职业经理人必须勤奋好学，不断成长。只有这样才能跟上时代的发展，才能掌握最新的理论和知识，并在饭店经营管理实践中加以应用，从而取得市场的成功，逐渐建立权威。

4. 乐观热情

乐观是种超脱豁达的心态，为人乐观对人对事业必然热情，这种品质是优秀经理人所必需的品质。管理的过程绝非一帆风顺的过程，困难、挫折和失败的可能性很大，不为人理解或遭到他人嘲笑的可能性也很大。在这种条件下，经理人如果没有乐观热情的品质，很可能丧失信心，从而使管理的工作中断。反之，乐观与热情可使经理人在创新过程中始终能做到干劲十足，充满信心，因而创新成功的可能性也就增大。

5. 诚实与机敏的作风

科学是诚实的，来不得半点虚假。管理也是企业组织的一项科学实验，它必然要求做实验的人实事求是，不能有半点虚伪和作假。投机取巧者虽然有时可蒙混过关或能取巧，但最终不能取得正果。饭店经理人一定要有诚实的品质，扎扎实实一步一个脚印地工作，才有可能取得事业的成功。但诚实并不意味着木讷，诚实需要机敏，因为机敏可以帮助经理人敏锐地抓住机会，适时地采取有效行动，使成功的可能性加大。

二、饭店业职业经理人的职业能力

能力是知识和智慧的综合体现。饭店业职业经理人要成功地经营管理饭店，必须具备相应的职业能力。职业能力是指职业经理人所应具备的基本管理技能和领导才干，即其管理岗位职责所要求的能力。它是由专业知识、领导与管理水平、实践经验等整合而形成的一种综合能力。主要包括以下几个方面：

（一）决策能力

今天的时代是所有企业面临不断变化革新的时代。企业有技术专家，有智囊群体，他们负责给企业提出多种建议性方案，而经理人的职责就是从中进行选择，拍板决断，所以说管理就是决策。决策能力就是善于透过纷繁复杂的事物表象，抓住问题的本质，做出准确而有预见性分析判断的能力。饭店职业经理人，要根据企业所处的内外部环境及企业的实力，对饭店未来的发展方向、目标、战略等重大问题做出决策，其决策能力的高低，在很大程度上决定着饭店的兴衰。

所以，决策能力是经理人最常用也最需要的一种能力。成功的经理人兼有经济学家的思维，组织家的才干，科学家的技术，战略家的眼光，勇于决断的才能。如果职业经理人缺乏这种决策能力，就难以分辨各种方案的优劣，无法进行准确的取舍，那么，即使他的其他能力再强，也不会成为一个出色的经理人。

科学决策是企业攸关生死的大事，这要求经理人必须具备完善的决策知识和果断、科学的决策能力，在复杂纷乱的事物中善于抓住最本质的东西，弄清因果关系，临机做出准确的决策，才能在日益激烈的竞争中胜出。

为提高企业各项决策的成功概率，经理人在决策中要认真处理好下述各种决策的辩证关系：企业决策与经营决策；战略决策与战术决策；重大决策与日常决策；集体决策与个人决策。

（二）组织能力

组织就是把管理要素按目标的要求结合成一个整体。组织职能包含两方面含义：一是指饭店的组织结构和组织管理体制，确定各个职能机构的作用，规定各机构的权限和责任，人员的分工协作，建立起一个统一有效的管理系统；二是指根据饭店各个时期任务所规定的目标，合理地组织和调配饭店的人力、物力、财力，形成接待能力，开展饭店业务。组织职能的两层含义是同时并存而发挥效用的。

组织能力是指饭店职业经理人为了实现企业的经营目标，运用组织理论，把饭店经营活动的各个要素和环节，从相互关系和时间、空间的联系上，有效合理地整合起来的能力。组织结构设计是否合理，各部门间配合是否顺畅，管理层次是否分明，这些都直接关系到饭店运转能否正常进行，从这个意义上讲，组织能力是管理能力中最基础的能力。

饭店经理人必须是优秀的组织者：（1）按饭店的决策，建立饭店合理的组织结构，确定各部门、各层次的划分；（2）选拔和聘任各级管理人员；（3）确定管理人员和服务员的编制定员；（4）确定各部门的责、权、利，并予以监督；（5）明确并协调各级各部门的关系；（6）对各种业务、各业务活动群体进行组合，形成系统；（7）配备、培训、使用、激励各岗位人员，同时建立合理的报酬制度；（8）建立和健全饭店各有关的规章制度。

（三）执行能力

执行力是决定企业成败的一个重要因素，是 21 世纪构成企业竞争力的重要一环。在激烈竞争的市场中，一个企业的执行力如何，将决定企业的兴衰。

无论是在中国还是在其他国家，执行力是每一个企业当前所面临的首要问题。执行力是一整套行为和技术体系，它能够使公司形成自家独特的竞争优势。那些长期以来的绩优公司以及最新崭露头角的企业，无不是具有出类拔萃的执行能力。

所谓执行，准确地说，就是系统化的流程，它主要包括对方法和目标的严密讨论、质疑，坚持不懈地跟进及相关责任的落实。执行力，就个人而言，就是把想干的事干成功的能力；对于企业，则是将长期战略一步步落到实处的能力。执行力是企业成功的一个必要条件，企业的成功离不开好的执行力，当企业的战略方向已经或基本确定，这时候执行力就变得最为关键。

企业发展需要资金、技术、人才，更需要发展企业的支撑点，这个支撑点不是某一个人，而是以某一个人为核心的团队。这个团队是否协调、发挥作用如何，首先取决于这个团队的核心人物，其次取决于这一团队的价值取向和整体素质。一个优秀的饭店职业经理人必须具有强有力的领导力和强有力的执行力。美国 ABB 公司董事长巴尼维克曾说过："一位经理人的成功，5% 在战略，95% 在执行。"

如何有效地带领团队，不断提高饭店管理水平和服务质量，有赖于职业经理人的执行能力。饭店经理人好比一支球队的教练，而教练的主要工作应当是在球场上完成的，他应该通过实际的观察来发现球员的个人特长，只有这样才能为球员找到更好的位置，将自己的经验、智慧和建议传达给自己的球员。

只有那些参与到饭店运营当中的经理人，才能拥有足以把握全局的视角，并且做出正确的取舍决策。为此，饭店经理人必须亲自执行三个流程：挑选管理团队、制定战略、引导饭店企业运营，并在此过程中落实各项计划。

（四）协调能力

协调能力是指通过解决各方面的矛盾，使员工为实现计划目标密切配合、统一行动的能力。协调能力不仅是指协调饭店内外的各种关系，还包括协调各种人际关系，增进人们之间的相互尊重和谅解。职业经理人应该善于协调，充分调动人们的积极性、主动性和创造性，从而形成一种凝聚力，保证饭店目标高效地实施。

饭店是一个多部门、多功能的综合企业，众多的部门和功能在运行和发挥作用时，一方面要保持自身的有效性，同时要注意不偏离饭店的总体目标，任何部门的不和谐，都会影响整体，这就需要协调；另外，对各级管理组织与各个管理环节来说，按计划目标运作是最有效的协调。但计划本身也会有缺陷，这就需要调节计划来达到协调。

饭店职业经理人必须是一位协调者：把计划的总目标和各部门计划目标相互平衡衔接起来；按照指挥链，与上司和下属协调；通过与同级的工作协调，得到饭店其他部门的积极支持；通过公共关系协调外部资源；通过对饭店业务的调整，适合宾客的需要，使供求双方相互融合。

（五）沟通能力

管理上有一个著名的双 50%，即经理人 50% 以上的时间用在了沟通上，如开会、谈判、指示、评估。可是，工作中 50% 以上的障碍都是在沟通中化解的。可见在管理实践中沟通具有举足轻重的作用。一个沟通不好的经理人，是无法带领一个团队的。美国普林斯顿大学对一万份人事档案进行分析，结果发现："智慧""专业技术"和"经验"只占成功因素的 25%，其余 75% 取决于良好的人际沟通。

沟通是管理最为重要的组成部分，可以说沟通是任何管理艺术的精髓。在管理的实际操作中，无论是计划、组织、指挥、决策，还是协调、激励和控制，无不要求饭店经理人具有良好的语言及非语言的沟通技能。

有效的沟通由沟通、倾听和反馈三部分组成。沟通是一种艺术，语言是需要技巧的。不同的对象，不同的环境，不同的时间需要不同的表达方式。例如，与客户、消费者沟通时，首先要让自己充满激情。目光的接触，积极的回应（包括点头、手势、面部表情等），避免分心的举动，确认理解（提问）和反馈（复述对方的话）等。与同事、下属、上司沟通时，首先应该是开诚布公，采取积极主动的方式，敢于直接面对问题，寻找解决问题的方法，既要坚持自己的原则，又要承认别人的工作。总之，沟通最终的目的是追求"双赢"的结果。

（六）控制能力

控制能力是指对计划执行情况不断进行监督检查，发现问题后及时采取纠正偏差措施，以保证原定目标顺利地实现的能力。在当今和未来的世界中，唯有变化是永恒的。因此，职业经理人必须具有敏锐的洞察力、准确的分析能力和果断的行动调整能力，控制饭店的经营活动，以达到实现目标和发展企业的目的。

要实行控制，必须具备三个基本条件：第一，有明确的标准；第二，及时获得发生偏差的情况；第三，有纠正偏差的有效措施。三者之间的逻辑关系是很明显的，没有标准，就没有衡量的依据；不了解情况，便无法知道变化的形势；没有纠正偏差的措施，管理活动便失去控制。

饭店及其产品的特殊性，使得控制工作对现代饭店管理具有更为重要的意义。饭店经理人必须是有效的控制者：致力于饭店控制系统制度的建立，做好事先控制；在饭店服务、经营的过程中实施控制和监督（现场控制），发现随机偏差，即行处理和纠正；在业务结束后，对已结束的过程进行检查考核，把结果系统化，再将结果和目标（标准）进行核对（反馈控制），以利于饭店服务与管理工作持续改进。

（七）应变能力

饭店职业经理人要有果断的应变能力，善于改革和应变，能在变化的时代把事业干下去。

市场经济的运行有其客观规律，但也有不少偶然因素。根据市场运行的客观规律，可以预见变化的规模、时间、趋势，事先制订方案，并在实施过程中修改完善，使主观指导与客观实际相吻合。但突发事件很难预料，无法事先制订方案，只能临机处置。对突发事件的性质、原因、规模、趋势及时做出准确的判断，并采取相应措施的能力即应变能力。应变越快越好，快是以判断准确、决策科学、措施得力、结果满意为前提的。

应变能力是饭店经理人的基本功。应变能力的强弱是考核饭店经理人素质的重要标准。一般来说，应变能力等于职业经理人精神加准确的判断能力、广泛的知识及专业水平之和。

所以要求饭店经理人视野开阔，具有全球眼光，超前战略，能在变化中产生应对的创意和策略，能审时度势，随机应变，能在变动中辨明方向并持之以恒地实现目标。

（八）创新能力

在现代饭店经营中，创新是至关重要的。美国著名的管理学者杜拉克在 20 世纪 90 年代初就发表了没有创新就是死亡的论断。所谓创新就是把一种从来没有过的关于生产要素的新组合引入生产体系。饭店的生存与发展需要不断创新，创造新的产品，新的服务，新的管理，新的经营，新的文化。这一切都要求职业经理人在经营管理中要具有善于敏锐地察觉旧事物的缺陷，准确地捕捉新事物的萌芽，打破常规的思维方式，拿出大胆、新颖、可行的解决问题的办法的能力，即创新能力。不创新就不能创造明天，就不能把握未来；没有创新能力，就不是一个合格的职业经理人。

创新能力无疑是饭店职业经理人最重要的能力。经理人的创新能力，在于对环境变化的探测，及时提出新观念、新方案和新办法。他们应有对新环境、新事物、新问题敏锐感知的能力，尤其在出现某种新的动向、裂痕时有非凡灵敏的觉察力，善于捕捉信息，加工出新观念、新设想。他们要思维活跃、富有胆识，不迷信权威，不崇拜偶像，不为过时的老观念、老框框所束缚，敢想、敢说、敢改革，不断探索新世界的奥秘，走出新路子。

饭店创新的内容十分广泛，涉及饭店经营管理活动的方方面面。主要包括：理念创新、知识创新、组织创新、制度创新、技术创新、产品创新和环境创新等。

（九）指挥能力

指挥能力就是通过正确地下达命令和指导下属，把有关工作统率起来的能力。在饭店运营过程中，饭店职业经理人要根据计划的执行情况，及时果断地指导下属改进工作，保证饭店经营目标的顺利实现。能否有效地指挥下属把工作做好，是职业经理人职业能力的重要方面，也是现场管理不可缺少的重要手段。

第 4 节　中国饭店职业经理人的现状及发展

中国改革开放四十多年来，酒店业从借鉴世界先进经验到探索符合国情的特色运营模式，在不断摸索中得到快速发展，一批优秀的管理者队伍初具规模，为酒店持续发展奠定了重要基础。但是，与发达的欧美国家相比，职业经理人市场尚不完善，仍存在差距。面对经济体制转型期的诸多制约因素，如何培养酒店职业经理人，优化整合人力资源，促进酒店行业整体效益的提高，已经成为一个迫在眉睫的问题。

一、现状及问题

中国酒店职业经理人制度是伴随着酒店现代企业制度的发展而发展的，职业经理人制度发展经历了以下五个发展阶段：

第一阶段，改革开放前，计划经济体制下，酒店经营以政府接待活动为主，管理者主要是政府委派的官员；第二阶段，改革开放初期，现代企业制度初步形成，酒店业逐渐从政府接待型企业转变为自主经营、自负盈亏的经济实体，经营权与所有权开始分离。期间，外资酒店和民营酒店企业快速发展起来，职业经理人市场初见端倪；第三阶段，1993年《公司法》的实施，对职业经理人的职权界定和法律规范，为职业化水平提升奠定基础；第四阶段，进入21世纪，特别是中国加入WTO后，面对激烈的国内外市场竞争，酒店职业经理人需求空前高涨；第五阶段，2004年8月1日中国发布实施了第一个酒店职业经理人国家标准——《酒店业职业经理人执业资格标准》，标志着酒店职业经理人制度走向正规化、专业化、标准化的阶段。

从中可以看出，中国酒店职业经理人主要由原国有和集体企业行政干部转型经理人、私营酒店企业职业经理人和业主型创业者转型经理人、三资企业中海外集团引进的职业经理人等组成，海外职业经理人主要集中在跨国酒店集团和五星级酒店；职业经理人薪酬差异较大，总体水平偏低；学历学识水平有待提高，国际化复合型人才短缺，职业化水平较低，一定程度上影响和制约了酒店业的良性发展。主要问题表现在以下几个方面：

（1）非职业化现象普遍存在。中国酒店经理人非职业化情况比较突出。目前，大多数国有酒店企业的经营管理者以政府行政官员委派为主，由于上级主管部门对酒店产权及经理人权力的约束作用，制约了企业家的拼搏、进取、创新和冒险精神的发挥，同时也助长了"内部人控制"及腐败滋生问题的出现。民营酒店以家族式的管理方式为主，企业家大多集创业者、所有者、决策者和执行者于一身，董事会难以发挥作用。面对酒店规模扩张和竞争加剧的市场环境，其弊端逐步呈现出来。家族式的"人治管理"出现的主要问题是：人员职业化素质参差不齐、管理随意性强、规范性差、决策缺乏科学依据等。具有完整、系统、成熟的制度体系的外资酒店，为职业经理人的培养和聘用奠定了重要机制基础，成为优秀的酒店管理人才聚集地。

（2）缺乏有效的价值评估体系。目前，国内缺乏酒店职业经理人市场机制和价值评估标准体系，使酒店职业经理人的价值难以实现。这种局面导致酒店职业经理人自身修养、综合素质以及职业化能力出现问题，甚至扭曲，影响和制约了酒店业的健康发展。

（3）培养模式落后。传统的培养模式在时代交替中逐渐暴露许多弊端。几年来，中国的酒店教育虽对国外的酒店人才培养模式有所借鉴，但对如何结合本国国情，建设适合本国和行业发展的酒店管理人才培养模式还处于探索阶段，导致培养的酒店人才无法满足行业用人需求。

二、发展对策

饭店业职业经理人的成长不仅取决于职业经理人素质的不断提高，更重要的是取决于饭店现代企业制度的建立和职业经理人健康成长职业环境。针对目前我国酒店职业经理发展现状及存在问题分析，关于酒店职业经理人市场发展路径问题的探讨从以下几个方面展开。

（一）现代企业管理制度是基础

职业经理人制度的形成是市场经济及现代酒店业发展的需要，高水平的职业经理人群体的形成是现代企业管理制度的前提。中国饭店企业应建立明晰的产权结构和公司治理制度，通过市场机制来衡量饭店业职业经理人的价值和薪酬，解决好饭店所有者与饭店业职业经理人的矛盾冲突，为酒店职业经理人发展奠定重要基础。

（二）良好的外部环境是保证

建立公平、公正、公开的市场机制为酒店职业经理人的培养和发展提供重要保证。酒店职业经理人的成长需要政府进一步推进现代企业制度改革，不断完善职业经理人相关立法，优化饭店行业协会环境，建立酒店职业经理人的培训、认证、考核、约束等机制，保证足够数量的酒店职业经理人队伍，实现酒店所有者和职业经理人的和谐相处、利益共赢的目标。

（三）职业经理人自身建设是前提

饭店业职业经理人责任重大，他们的能力直接关系到酒店运作成功与否。为此，饭店业职业经理人应当在树立正确的职业意识和培养良好的职业心态和职业道德，提升自身职业能力和职业声誉，妥善解决好与饭店所有者之间诸如能力、利益、道德和信念上的冲突，努力实现自身价值。自身价值能够实现，这是饭店业职业经理人成熟的重要标志，也是饭店业职业经理人阶层形成的重要前提。

 【阅读链接 11-1】

如家 CEO 孙坚：我这样做职业经理人 [①]

本期财智讲坛，《财富山东》报选择了在业内有着广泛影响的如家酒店集团 CEO 孙坚作为报道对象，一起探讨职业经理人的成长、为人之道。

经理人如何把控扩张风险

财富山东：在中国，在资本催化之下，企业高速扩张然后出事的例子有不少。比如蒙牛、分众传媒。如家酒店如此高速扩张，是否有系统风险？如何控制？

孙坚：抛弃地震等公共风险不讲。就企业经营风险而言，最重要还是在于人，也就

---

① 如家 CEO 孙坚：我这样做职业经理人．来源：大众日报 ｜ 2010-11-08 09：37：01．

是人的理念：做企业到底要做什么？如果只是为了做数量，可能出事；如果是为了服务好客人，善待客人、员工，他们就会善待企业，帮你克服不确定环境中的风险。马云说过，只有价值观相同的人，才能在不确定环境中帮助企业渡过难关，所有流程、制度都是事情发生以后制定的。人如果对价值观认同，那么发生事情之后，在没制度、流程情况下，价值观帮助员工判断，决定是做还是不做。

财富山东：如家现在有近700家分店，未来还要超过1000家，这么多店，你数可能都数不过来，如何能有效管控？

孙坚：连锁业最终靠的是文化，如家要建立"家"文化—快乐的做人文化和关爱的助人文化，但企业大了，组织架构和层级设置多了，就会稀释文化。我们现在是建立三大系统，通过直线路和旁线路两个方向，来建立企业文化。第一，对区域经理，进行理念教育，中层要敢于担当，要担起责任。第二，利用BBS、观察员等，建立店长和公司沟通的制度，打通区域传输到总店总经理的沟通反馈渠道。第三，利用员工食堂，建立员工和公司层面的沟通。文化往下走的时候，层级多，越被稀释，被阻断。现在，按正常管理架构，从公司到店长、到员工，层级很多。就要设法穿越这些层级，直接到达员工。公司人力资源部通过员工关系平台，把公司对区域经理、店长的要求，公布到员工食堂里，让员工每天都能看到。这样，系统是透明的，店长不执行也不行。

（四）先进的人才培养机制是动力

建立教育和产业一体化的人才培养机制，是迅速培养一支高素质、高水平饭店职业经理人的有效途径。首先，中国应借鉴国内外的成功经验，完善优化有自身特色的酒店职业人才培养模式。设计多层次个性化的人才培养模式，形成多元化的人才队伍结构，更好地为各种类型的企业提供人才保证；高等院校作为高级经理人培养的重要基地，应积极推进校企联合，使校企优势互补，实现学、产、研相结合的培养模式，采取"双向—定制"组合方式，培养具有国际化、市场化和创新意识的复合型人才，提升职业胜任力，促进职业教育与社会企业的无缝对接，实现共赢。

 【阅读链接 11-2】

国外酒店职业经理人才培养模式 [1]

1. 瑞士洛桑模式

瑞士是世界上最早开展正规饭店教育的国家，洛桑酒店管理学院是一所驰誉国际的职业大学，培养具有高水平工作能力的国际酒店高级管理经营人才。"洛桑模式"成为

---

[1] 王莹，谷玉芬.国外酒店职业经理人才培养模式.商业经济.第2014年第9期.

国际公认的店管理人才培养模式。它的成功之处就是关注酒店行业的特点和需求，产教结合、学以致用，把学校的学科型教育转变为适应酒店的应用型教育上。突出特点就是"店校合一"这一特点体现在"两个结合"：一是理论与实践相结合；二是书本知识的讲授与实际操作的指导相结合。课程一般设理论课、实践课、语言课三类。并且会根据国际行业发展不断推陈出新。洛桑学院对教师的要求很高，必须要有酒店管理的经历，并要求在一段教学后到酒店进修培训。

2. 美国的"康奈尔模式"

美国的饭店管理教育起源于康奈尔大学的酒店管理学院。"康奈尔模式"实质是产学研合作模式。其教育目标是"为全球培养21世纪接待业的领袖"。美国的饭店教育是实务色彩很浓的职业性教育。课程体系以职业能力为导向，由核心课程、饭店选修课、限定选修课、自选课、实践五部分组成。采用理论和实践、学习和研究相结合的教育方式。重视实践，要求学生在毕业前拥有800小时的实习。教师队伍专兼结合，要求教师具备在实际部门工作的经验。

3. 澳大利亚 HOSPITALITY 培训包模式

澳大利亚的高校不单独开设旅游饭店管理专业，而是根据澳洲旅游市场实际情况，将旅游饭店管理细分为旅游饭店、饭店管理、闲暇管理和会展管理等多门专业。澳大利亚的饭店教育采用的是 HOSPITALITY 培训包。该培训包具有两个显著特点：一是它针对的是整个服务行业的岗位群，既包括一般技能和素质，也包括特殊岗位技能。这使得通过该培训包的学习，学员具有较好的综合素质，可选择的岗位群比较宽泛。二是该培训包的内容详尽，对有关技能进行了充分分解和细化，并按阶梯递进，既有综合素质培养，也有单项操作技能训练，每项技能的考核一目了然。学员掌握了某项技能后继续进行下一技能的学习。

4. 日本的产学研模式

日本的饭店教育始于1935年创立的东京 YMCA 国际饭店专科学校，1963年的东洋大学短期大学开设了饭店旅游学科，1967年饭店旅游在立教大学以独立学科的形式出现，1980年开设了国际饭店旅游专业的私立域西高中在鹿儿岛县成立。日本的饭店教育基本形成了比较完整的教育体系。产官学三位一体是日本职业教育的传统，在饭店教育上也不例外。强调基础性和宽口径，注重学校教育与企业教育相结合。课程设置紧紧围绕职业能力为本位的培养目标，与社会需求和学生就业紧密相关，十分注重对学生实践能力的培养，并实行严格管理制度和考核制度。强调与国际接轨，注重国际交流与合作。

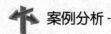 案例分析 --

饭店总经理一天工作"菜单"

7：30~8：00巡视检查工作

"一日之计在于晨"，总经理每天早晨上班后，坚持对饭店的巡视检查工作十分重要。通过巡视工作，可以了解饭店各部门各岗位员工的工作状况，还可以检查各岗位员工是否工作到位、精神饱满。经常接触各部门的员工，可为大家留下对总经理的美好印象，同时在巡视过程中发现问题，为每日的工作晨会提供了素材。

8：00~8：30案头批阅工作

A.案头工作之一是阅读报刊，了解和掌握国内外当天及近期重大新闻和有关信息，为总经理提供一个外界信息思想源。特别是国内外一些旅游市场信息和饭店管理服务方面的信息，这样有助于为总经理决策经营提供思路。

B.另一项案头工作是阅读各类饭店运转管理方面的经营报告，了解饭店的经营运转情况。总经理每天要阅读的报告有：每日营业日报；每日出租率报告；每日水电气的能耗日报；每日餐饮成本报告；当日抵店客情预报；当日抵店的VIP客情报告；营运质检（大堂、餐饮、安全、设备状况）报告；一周客情预报；一周VIP客情报告；一周宴会计划；一周会议计划；一周团队安排计划；一周重大接待活动情况报告。

C.案头工作还包括阅读批署各类工作文件。通知各类文函往来，各部门与总经理及时沟通信息。一些重要的事情和工作，一定要通过书面行文上报、总经理签字批署意见后下发执行，这充分体现了饭店运转管理的规范化和程序化。

D.最后一点时间是留给大堂副理的工作晤谈。大堂副理出示每日的工作日志，经总经理阅批，寻求解决问题的办法和对策。

8：30~9：00每日工作晨会

从某种意义上说，饭店日常运转管理工作，是从晨会开始的。通过晨会的召开，完成各相关部门通报（财务/前厅/销售/工程/保安/其他）→各部门提出部门整体运作协调事宜→总经理作出相应工作指令→部门跟进措施的晨会工作程序。

9：00~9：30部门碰头会

根据晨会遗留事宜随机召集相关部门主管讨论决定有关事宜，有关跟进措施在第一时间出台。

9：30~11：00

根据每日工作晨会和部门碰头会的内容，总经理做相应案头处理工作，及时布置实施。主要内容是前次晨会未尽事宜和当日晨会提交事宜。

11：00~11：30

在做完案头工作后，约见部门主管，处理其部门承办、跟进、协调事宜。

11：30~12：00

巡视饭店对客营运服务系统（餐厅 / 案会 / 会议 / 前厅 / 大堂 / 其他营运区域）。这段时间是饭店营运的高峰，住店和非住店客人消费相对集中，此时正是检查饭店各主要营运部门服务质量的契机。

12：00~13：00 午餐 / 休息

13：00~13：30 案头工作

根据中午巡视所掌握到的第一手信息资料下达相关工作指令。

13：30~15：00 参加部门系统运转会议

总经理可选择性地参加系统运转重要会议。总经理参加饭店有关系统运转会议，通过对各部门互通情况，发现、协调、解决各相关部门协调上的问题与矛盾，总经理当场解决部际协调事宜，但不宜作为会议主持者下达工作指令。部门系统运转会议须形成纪要，备忘在案。

15：00~16：30 对外联络工作，拓展业务

饭店总经理，有时还要起到公关宣传及促销的作用。拜访当地政府和有关主管部门，通报饭店经营管理情况，征得各方面的支持和协作。并走访当地业界及企业，与特殊客户增进友谊和感情，宣传饭店产品，取得一定的社会影响。

16：30~17：30

案头工作或在饭店公共消费区域做休闲式晤谈。这段时间是总经理与饭店行政人员沟通和增进感情交流的最佳时期，以帮助和解决他们思想上、工作上的问题。

17：30~18：30

拜访、约见住店 VIP 客户。饭店经理经常拜访、约见重要客人，让他们感到被人重视的感觉，起到了推销、公关的作用。

18：30~20：30

诚邀 VIP 客人共进晚餐。总经理接待会见客人，当然是有重点、有范围的。礼节性的拜访、会见，如 VIP 宾客抵、离店时的迎来送往，主动看望 VIP 客人；促销性的拜访、会见和接待，与海内外旅行社经理及代理商交谈，就属于这一类；征求意见、改进服务管理工作的拜访会见，如主动征求常住客人和团队陪同意见等。

20：30~23：00 案头工作

夜深人静正是思想的火花迸发之时，最适合文字工作的撰写。繁忙的一天过去了，总结一天的工作是为了更好地拓展包括明天的未来工作。

23：00~24：00 饭店夜间巡视

总经理一天的工作日程安排从早晨巡视开始到夜间巡视结束。此时的巡检工作以饭

店后台为主，以安全为重。

案例讨论题

结合案例，谈谈现代饭店总经理必须具备怎样的素质和能力。

思考与练习

1. 什么是饭店业职业经理人？饭店业职业经理人有哪些特征？

2. 谈谈饭店职业经理人的角色定位。

3. 什么是心智模式？饭店业职业经理人应有怎样的心智模式？

4. 饭店业职业经理人的职业能力主要包括哪些方面？

5. 为什么说创新能力是饭店业职业经理人最重要的能力？

6. 查阅相关资料，谈谈对我国饭店业职业经理人队伍建设的现状与思考。

推荐文献

芮明杰.管理学［M］.北京：高等教育出版社，2000.

李原.现代饭店管理原理［M］.成都：四川大学出版社，2001.

吴旭云.饭店职业经理人职业资格培训课程［M］.沈阳：辽宁科学技术出版社，2003.

谷玉芬.饭店业职业经理人职业特性新认识［J］.商场现代化，2007（1）.

魏小安.市场呼唤酒店职业经理人［DB/0L］.［2005—08—25］.http：//www.ce.cn/.

汪俊.中国境内国际品牌酒店跨文化人力资源管理研究［D］.南昌大学，2014.

李成杰.国际品牌酒店新生代员工离职倾向研究［D］.山东大学，2018.

洪虎.民企发展更需要职业经理人［J］.企业管理，2019（9）.